教育部哲学社会科学研究后期资助项目（项目编号：13JHQ051）

ZHONGGUO KUAYUESHI FAZHAN

JINRONG ZHICHI YANJIU

YI QIANFADA DIQU WEILI

中国跨越式发展
金融支持研究

——以欠发达地区为例

龚晓菊　/ 著

知识产权出版社

全国百佳图书出版单位

—北京—

图书在版编目（CIP）数据

中国跨越式发展金融支持研究：以欠发达地区为例/龚晓菊著. —北京：知识产权出版社，2021.10

ISBN 978 - 7 - 5130 - 6612 - 9

Ⅰ.①中… Ⅱ.①龚… Ⅲ.①不发达地区—区域经济发展—金融支持—研究—中国 Ⅳ.①F127②F832.7

中国版本图书馆 CIP 数据核字（2019）第 246358 号

责任编辑：兰　涛　　　　　　　　责任校对：潘凤越
封面设计：郑　重　　　　　　　　责任印制：孙婷婷

中国跨越式发展金融支持研究
——以欠发达地区为例

龚晓菊　著

出版发行：知识产权出版社 有限责任公司	网　址：http://www.ipph.cn
社　址：北京市海淀区气象路 50 号院	邮　编：100081
责编电话：010－82000860 转 8325	责编邮箱：lantao@cnipr.com
发行电话：010－82000860 转 8101/8102	发行传真：010－82000893/82005070/82000270
印　刷：北京虎彩文化传播有限公司	经　销：各大网上书店、新华书店及相关专业书店
开　本：787mm×1092mm　1/16	印　张：21.25
版　次：2021 年 10 月第 1 版	印　次：2021 年 10 月第 1 次印刷
字　数：358 千字	定　价：88.00 元
ISBN 978-7-5130-6612-9	

目　录

绪　论

一、研究背景及研究意义

（一）研究背景

改革开放以来，我国经济社会总体发展水平快速提高，国内生产总值和占世界生产总值的比重显著增长。近年来，我国已经成为世界第二大经济体、第一大工业国、第一大货物贸易国和第一大外汇储备国，连续多年对世界经济增长贡献率超过 30% ，成为世界经济增长的主要稳定器和动力源。但一直以来，我国欠发达地区的经济发展不平衡现象也十分明显，和发达地区的发展差距不断加大，区域发展不平衡的问题成为制约我国经济社会和谐发展的重大问题，严重影响和拖累了总体经济的发展。

我国政府一贯重视区域经济协调发展。为了促进区域协调发展，党中央国务院于 20 世纪末提出西部大开发战略，之后又相继实施了东北老工业基地振兴战略和大力促进中部崛起战略。党的十七大和十七届三中全会进一步明确，促进区域协调发展、构建和谐社会是加快推进我国社会主义现代化进程的重要任务，提出："要继续实施区域发展总体战略，深入推进西部大开发，全面振兴东北地区等老工业基地，大力促进中部地区崛起，积极支持东部地区率先发展。"可以说，自 1999 年以来，我国已逐步形成西部开发、东北振兴、中部崛起、东部率先的区域发展总体战略。区域发展总体战略的有效实施和不断完善，有力推动了我国区域经济协调发展。这四大板块加起来覆盖了我国全部国土，但是各板块之间的发展差距依然较大，并且缺乏相互连接的战略通道。

党的十八大以来，以习近平同志为核心的党中央站在实现"两个一百年"奋斗目标、实现中华民族伟大复兴中国梦的历史高度，统揽战略全局，相继提出了"一带一路"倡议、京津冀协同发展、长江经济带发展三大战略。目前，我国已形成了"四大板块"和"三大战略"的区域发展战略体系。在这一体系中，"四大板块"战略是从国家战略层面对全国区域协调发展的统筹安排和总体部署；"三大战略"聚焦国际国内合作和协同发展，在区域发展战略体系中起着引领、支撑和桥梁的作用。"四大板块"与"三大战略"相结合能够产生多重效应，激发区域发展的内生活力，将推动形成一批新的增长点、增长极和经济轴带，由此拓展经济发展新空间，提高我国经济潜在增长率。❶ 在2017年党的十九大报告中，习近平总书记进一步强调"实施区域协调发展战略"，提出要加大力度支持革命老区、民族地区、边疆地区、贫困地区加快发展，强化举措推进西部大开发形成新格局，深化改革加快东北等老工业基地振兴，发挥优势推动中部地区崛起，创新引领率先实现东部地区优化发展，建立更加有效的区域协调发展新机制。区域发展总体战略已经成为指导我国经济社会发展的重大战略方针。

因此，加快欠发达地区跨越式发展，逐步缩小同发达地区的差距，是加快推进我国社会主义现代化进程的战略任务，是紧扣我国社会主要矛盾变化，按照高质量发展的要求提出的重要举措，也是全面建成小康社会进而实现全体人民共同富裕与全体国民共享改革发展成果的内在要求，更是构建社会主义和谐社会与践行新发展理念的必然要求与建设现代化经济体系的重要举措。

经济发展理论和世界各国的实践均已充分证明，投资规模的适度扩大对经济增长具有一定的拉动和推动作用：在需求方面，投资规模的扩大可以引起对消费品需求的增加与促进就业；在供给方面，投资有利于扩大再生产，增加社会产品的供给。因此，投资不仅是经济发展必不可少的基本要素，而且对其他生产要素起着黏结作用，是促进欠发达地区经济腾飞的启动剂和催化剂。而金融作为一种重要的资本融通工具，已成为现代经济运行的核心，是整个社会资金融通的总枢纽，是影响和决定现代经济增长的核心因素，在促进欠发达地区经济发展方面，金融无疑具有不可替代的作用。

配合区域发展总体战略，国家相继出台了一系列扶持性政策，金融政策是其中一项重要内容。但是，作为我国区域发展相对落后的地区，主要是中西部地区和东部地区的落后地区，在区域发展中存在的金融支持问题尤为突出，表现为：（1）金融服务呈现边缘化，金融供给不足，欠发达地区获得资金支持困难；（2）金融制度创新不足，外部性影响严重；（3）金

---

❶ 魏后凯. 走中国特色区域协调发展道路［N］. 经济日报，2018－10－11.

融生态环境不良、金融结构发展不平衡；（4）不科学的政绩观、发展观以及现行政绩考核制度和财政体制引发的地区封锁、条块分割，极大地限制了金融要素在全国的自由流动；（5）二元金融制度对经济社会的健康发展和区域协调发展均产生了深刻影响。这正是本书以金融支持政策为切入点研究欠发达地区经济跨越式发展的基本出发点和立足点。

（二）研究意义

欠发达地区的发展问题不仅是我国经济持续健康发展、构建和谐社会的重大问题，更是关乎区域协调发展的关键。由于金融支持可以弥补欠发达地区资金流匮乏，并从整体上实现资金资源在各区域之间的最优配置，所以欠发达地区的金融支持是打破我国现有区域经济发展不平衡的重中之重，并成为欠发达地区经济快速发展的动力源，因此，研究欠发达地区金融支持具有重大的现实意义。

欠发达地区是指受历史、区位、观念、资源禀赋等条件的限制和国家不平衡发展战略的影响，在经济和社会的发展水平上与发达地区有较大的差距，经济综合实力达不到本国现有水平的平均值，生产力发展不平衡，科技水平还不发达的区域。

因此，本书著者以促进我国欠发达地区经济的跨越式发展为目标，以金融作为一种有效的政策工具，从金融支持欠发达地区发展的视角，理论分析欠发达地区经济社会发展特点和金融需求特点。在对比分析典型国家欠发达地区金融支持经验的基础上，对我国欠发达地区现行的金融支持政策效果进行评价，总结存在问题和典型经验，并在此基础上，依据金融支持与区域经济发展的内在机制，提出我国欠发达地区金融支持政策优化和创新的方向与路径，并提出产业政策、财政政策等方面的配套措施，以期为国家制定针对欠发达地区发展的金融政策提供决策依据。

本书研究的理论意义在于，构建我国欠发达地区跨越式发展金融支持的分析框架和政策研究，丰富区域经济学、发展经济学和金融学关于欠发达地区跨越式发展及金融支持的相关理论，揭示我国欠发达地区金融支持与经济发展之间的内在关系和作用机理。

本书研究的现实意义在于，根据对我国欠发达地区跨越式发展金融支持现状的考察，提出加快我国欠发达地区跨越式发展金融支持的思路与对策，可以为我国欠发达地区各级政府制定跨越式发展金融支持政策提供决策参考。

二、文献综述

关于欠发达地区跨越式发展金融支持问题，国内外学者都从不同角度进行了一定程度的研究。

（一）国外关于欠发达地区发展的研究现状

国外学者较早开展了欠发达地区发展的研究，这些研究主要集中在欠发达与发达地区的概念、跨越式发展相关理论、金融和经济发展的关系，以及欠发达地区金融支持研究等方面。

1. 欠发达地区的定义及其形成原因

关于欠发达地区的定义，国外学者们有着不同的理解。如果以发达的工业化国家或者地区的经济和社会发展指标为参照，欠发达（less-developed 或 under-developed）至少具有两个明显特征：一是人均 GDP 水平低；二是工业化程度低。国外学者和一些国际机构对欠发达国家进行了很多研究，这是我们理解"欠发达"这一概念的理论和经验基础。欠发达国家（less-developed Country）或地区是相对于发达国家或地区而言的，发达国家（Developed Country）是指经济发展水平较高、技术先进且人均 GDP 水平高从而支持了较高生活水平的国家，这些国家普遍是完成了工业化的国家。相应地，欠发达国家是指经济发展水平较低、技术较为落后、生活水平较低的国家。欠发达国家普遍是非工业化国家。在一个国家内部，尤其是在国土面积较大的欠发达国家内部，往往存在类似于发达国家与欠发达国家差距的区域间差距。相对于人均产值高和工业化水平高的发达地区而言，欠发达地区是经济综合实力达不到本国平均水平，科技水平和工业化程度较低的区域。

在一个国家内部，不同区域之间之所以会出现发达程度的较大差异，与区域间的区位条件、资源禀赋、历史积累，以及国家的区域发展政策都是分不开的。在世界经济地域体系中，中国相对于发达国家是欠发达国家；若相对于联合国公布的那些最不发达国家而言，中国则是发达的。

此外，应对欠发达地区作动态的理解。现在的欠发达地区可能是未来的发达地区。欠发达地区在一定时期内和一定条件下，会发生质的飞跃，跻身于发达地区行列。欠发达地区如何成为发达地区，这是发展经济学和区域经济学的主要问题。托达罗（Todaro，1992）认为，生活水平低、自我尊重不够和有限的自由都对积累的因果过程发生作用，从而维持了欠发达。人民生活水平没有提高，发展的前景实际上是不存在的。因此，从长期欠发达状态向发达迈进的先决条件是提高人民的生活水平。库兹涅茨（Kuznets，1966）、钱纳里（Chenery，1975）与赛昆（Syrquin，1975）研究了国民收入中工业的份额与人民生活水平的提高的某些特性之间的关系，发现二者存在较强的相关性，而且这种联系绝非偶然。通过提高人民的生活水平和国民收入中工业的份额即工业化，即可实现欠发达地区的跨越式发展。

关于欠发达形成的原因，美国经济学家纳克斯（Nurkse R.，1953）于1953年提出了贫困恶性循环理论，他认为在发展中国家存在着供给和需求两个恶性循环。从供给方面看，低收入意味着低储蓄能力，低储蓄能力引起资本形成不足，资本形成不足使生产率难以提高，低生产率又造成低收入，这样周而复始完成一个循环。从需求方面看，低收入导致低购买力，低购买力引起投资引诱不足，投资引诱不足又使生产率难以提高，低生产率又造成低收入，这样周而复始又完成一个循环。在这种情况下，两个循环相互影响、相互作用，使整体的经济状况无法好转，经济增长难以实现，造成欠发达。

2. 跨越式发展相关理论

国外一些学者把"后发优势论"作为跨越式发展的重要理论基础。其中，关于经济跨越式发展的理论多是从后发优势理论、追赶理论的角度来阐述跨越式发展的问题。

格申克龙（Gerschenkron，1952）于1952年提出了后发优势学说。格申克龙在总结德国和意大利等国经济追赶成功经验的基础上认为，后进国相对于先进国在技术的使用上有一种潜在的优势，即后发优势（advantage of backwardness）。它是指后起国家在推动工业化方面往往具有先发国家里并不存在的特殊有利条件。这种有利条件是来自落后本身与其经济的相对落后性共生的优势。后发展是相对于先发展而言的，因而后发优势涉及的主要是时间跨度。至于国家之间在人口规模、资源禀赋和国土面积等方面的差别则不属于后发优势范畴，而是与传统的比较优势相关。他还提到，在一个相对落后的国家，经济发展的承诺和停滞的现实之间的紧张状态，激起国民要求工业化的强烈愿望，以致形成一种社会压力。这种压力一方面源于后起国家自身经济的相对落后性及对维护和增进本国利益的考虑；另一方面是先进国家的经验刺激和歧视的结果。因此，落后国家普遍提出

要迅速实现工业化的要求。❶

纳尔逊（Nelson，1966）、列维（Levy，1966）等于1966年进一步证明了后发优势学说。纳尔逊指出，后进国家技术水平的提高同它与技术前沿地区的技术差距呈正比。他还进一步指出，后发国技术进步速度虽然常常高于先发国，但在逐渐接近时又会慢下来，从而保持着一个"均衡技术差距"。列维则从现代化的角度将后发优势理论具体化，在分析了后进国家与先进国家在经济发展前提条件上的异同后，指出后发外生型现代化与早发外生型现代化的条件有着明显的差异，并认为后发优势有以下五点内容：一是后发国对现代化的认识比先发国在自己开始现代化时丰富得多；二是后发者可以大量采用和借鉴先发国成熟的计划、技术和设备以及与其相适应的组织结构；三是后发国家可以跨越先发国家的一些必经发展阶段，特别是在技术方面；四是由于先发国家的发展水平已达到较高阶段，可使后发国家对自己现代化前景有一定的预测；五是先发国家可以在资本和技术上对后发国提供帮助。❷列维尤其提到资本积累的问题。他认为，先发式现代化过程是一个逐步进化的过程，因而对资本的需求也是逐步增强的。后发式现代化因在很短的时间内迅速启动现代化，对资本的需求就会突然大量增加，因此后发国需要特殊的资本积累形式。实行这种资本积累，也必然要有政府的介入。❸

阿伯拉莫维茨（Abramovitz，1989）于1989年提出了追赶理论。他认为，无论是以劳动生产率还是以单位资本收入衡量，一国经济发展的初始水平与其经济增长速度都是呈反向关系的，即一国经济越落后，增长速度就越高，反之，一国经济越发达，增长速度较低。按照这一假说，所有后进国家必然会赶上先进国家。然而，这一结论与大部分发展中国家与发达国家的差距正在不断拉大的事实是不相符的。于是，阿伯拉莫维茨进一步指出，假说的关键是分清"潜在"与"现实"的区别。这一假说是潜在的而不是现实的，只有在一定的限制下才能成立。第一个限制因素是技术差距，即后发国与先发国之间存在着技术水平的差距，它是经济追赶的重要外在因素，正因为存在技术差距，才使经济追赶成为可能。由此阿伯拉莫

---

❶ Alexander G. Economic Backwardness in Historical Perspective ［M］. Harvard University Press, 1962.

❷ Nelson, S, Phleps, E. Investment in Human, Technological Diffusion, and Economic Growth ［J］. American Economic Review, 1966 (5).

❸ Ievy, M. Modernization and the Structure of Societies: A Setting for Intenational Relations ［M］. Princeton: Princeton University Press, 1966.

维茨得出其假说的第一个引申结论：生产率水平的落后使经济的高速发展成为可能。第二个限制因素是社会能力，即通过教育等形成的不同技术能力，以及具有不同质量的政治、商业、工业和财经制度是经济追赶的内在因素。外在的技术差距与内在的社会能力相互作用，形成的复合因素，构成了经济追赶由潜在变为现实的总因素。❶

1993年，伯利兹和克鲁格曼等（Brezis and Krugman，1993）在总结发展中国家成功经验的基础上提出了基于后发优势的技术发展"蛙跳"（Leap-flogging）模型。它是指在技术发展到一定程度、本国已有一定的技术创新能力的前提下，后进国可以直接选择和采用某些处于技术生命周期成熟前阶段的技术，以高新技术为起点，在某些领域、某些产业实施技术赶超。❷ 1995年，巴罗和马丁（Barro and Sala-i-martin）的模型表明，一国过去模仿的技术越多，其继续实行技术模仿的相对成本就越高。❸ 1996年，范艾肯（Van E. R.，1996）在开放经济条件下建立了技术转移模仿和创新的一般均衡模型，他强调的是经济欠发达国家可以通过技术的模仿、引进或创新，最终实现技术和经济水平的赶超，并转向技术的自我创新阶段。❹

尽管后发优势学说是以一个国家的经济发展为研究对象，研究后进国家如何缩小与先进国家的差距从而赶上甚至超越先进国家的问题。但由于这些研究并没有将"国家"作为模型的硬性约束条件。因此，也适用于一个国家内部不同地域之间的区域发展研究。

3. 金融与经济增长的关系

国外对金融与经济增长的关系的研究大多集中在二者之间具有单向的因果关系或双向的因果关系上。

（1）单向因果分析。

在单向因果关系上，很多学者作出了贡献，表现在金融和经济增长之间存在正向的相关关系。约瑟夫·熊彼特（Joseph A. S.，1912）最早开始研究经济增长与金融发展，并认为金融能够推动经济的增长。他认为，金融机构可以从市场中选出最有可能获得成功的企业家和创新产品，并为其

❶ Abramjoritz, M. Thinking about Growth ［M］. Cambridge：Cambridge University Press, 1989.

❷ Brezis, Paul K. , Tsiddon. Leap-frogging in International Competition：A Theory of Cycles in National Technological Leadership ［J］. American Economic Review, 1993 (83).

❸ Barro, R. J. and Sala-I-Martia, X. Technlogical Diffusion, Convergence, and Growth ［J］. National Bureau of Economic Research (Working Paper Series), 1995, 5151.

❹ Van E. R. Catching Up and Slowing Down：Learning and Growth Patterns in an Open Economy ［J］. Journal of International Economics, 1996, 41.

提供资金用于生产经营与产品创新，进而可以促进地区经济增长。1969年，戈德史密斯（Goldsmith）提出了金融结构理论，为金融发展理论奠定了基础。他在《金融结构与金融发展》一书中指出，金融理论的职责在于找出决定一国金融结构、金融工具存量和金融交易流量的主要经济因素。他创造性地将一国金融相关比率 FIR（Financial Interrelation Ratio，指某一时点上现存金融资产与国民财富之比）与经济增长联系起来衡量金融发展，采用定性和定量分析相结合，以及国际横向比较和历史纵向比较相结合的方法，确立了衡量一国金融结构和金融发展水平的基本指标体系。通过对 35 个国家近一百年的资料研究和统计分析，戈德史密斯得出了金融相关率与经济发展水平正相关的基本结论，为此后的金融研究提供了重要的方法论参考和分析基础，也成为 20 世纪 70 年代以后产生和发展起来的各种金融发展理论的重要渊源。❶ 金（King，1993）和莱文（Levine，1993）通过建立经济增长指标和金融发展指标，对 80 个国家的数据进行实证分析并得出结论：不同时期金融发展与经济增长之间都存在显著的正相关性，即金融发展能够促进经济的增长。莱文（Levine，1998）等人对金融发展与经济增长关系进行了实证研究，结果显示：金融机构的"外部"发展与经济增长存在显著的正相关性。这个"外部"发展不是由经济增长导致的，而是由法律环境决定的，因此该研究证明：金融发展能促进经济增长，金融发展与经济增长之间存在着单向的因果关系。罗斯·列文（Ross Levine，2002）采用面板数据，运用高斯混合模型（GMM）的实证研究，得出结论：金融机构的发展对经济增长具有显著的正相关性。戴达（Deidda，2002）和法图（Fattouh，2002）通过检验金融中介发展与经济增长之间的关系发现，随着金融中介发展程度的加深，金融发展与经济增长的关系会逐渐明显，当金融中介发展程度处于较高水平时，两者之间呈显著的正相关性。阿洪（Aghion，2005）等人对 71 个发展中国家 35 年的数据进行了研究，得出结论：经济增长水平不受教育、地理环境及制度的影响，而是由于金融发展水平的限制，且金融发展水平越低，经济增长的可能性就越低；反之，则金融发展水平的提高能够促进经济的增长。

有的学者从发展中国家的角度来研究金融和经济增长之间的关系。麦金农（Mckinnon，1973）和肖（Shaw，1973）改变了以往学者以成熟的市场经济国家的金融体系为对象的传统，以发展中国家的金融与经济发展作为研究对象。他们的研究表明，发展中国家存在着明显的金融抑制现象，

---

❶ 雷蒙德·W. 戈德史密斯. 金融结构与金融发展 [M]. 上海：上海人民出版社，1995.

并提出了以金融自由化为主的金融深化理论。该理论认为，金融在发展中国家的经济发展中具有非常重要的作用，并认为金融深化的储蓄效应、投资效应、就业效应和收入效应都可以促进发展中国家的经济增长。❶

有的学者认为，在不同时期，金融和经济增长之间的关系也不同。里奥哈（Rioja，2004）和瓦列夫（Valev，2004）的实证研究认为，在不同发展阶段，金融发展与经济增长之间的关系是不相同的。当金融发展处于低水平阶段时，金融发展与经济增长之间的关系不明显；当金融发展水平提升到较高水平时，金融发展对经济增长有较显著的促进作用。伊勒马兹库代（Yilmazkuday，2011）基于84个国家和地区1965—2004年的数据对金融发展与经济增长关系的"门槛效应"进行了研究，得出高通胀对以金融深度衡量的金融发展在某种程度上存在"挤出效应"，长期看不利于经济增长，当人均收入超过一定水平时，金融发展对经济增长的作用机制才能显现出来。❷

（2）双向因果分析。

一部分学者从双向的因果关系来分析金融和经济之间的关系。汗（Khan，1999）以韩国等10个国家近40多年的数据，采用多变量自回归模型（VAR法）进行论证分析，得出金融与经济之间存在着双向的因果关系的结论。德梅特里亚德（Demetriades，1996）和侯赛因（Hussein，1996）探索了发展中国家的金融发展与经济增长之间的格兰杰因果关系，结果显示，大多数发展中国家的金融发展对经济增长均有推动作用，经济增长也能促进金融的发展，两者具有双向的因果关系，同样说明一个国家的制度会影响金融发展与经济增长的关系。

4. 欠发达地区的金融支持

国外学者对欠发达地区的金融支持的研究表现在作用、体系和路径上。

英国经济学家白芝浩（Bagehot，1873）发现金融体系通过提供大型工业项目融通需要的资本而在英国工业革命进程中发挥了关键作用。❸ 希克斯（Hicks，1969）进一步指出，英国工业革命中使用的技术在工业革命之前就已经存在，并指出通过向需要资本的大型项目融资，金融创新使这些

---

❶ 罗纳德·W. 麦金农. 经济发展中的货币与资本［M］. 上海：上海三联书店，1998.

❷ Hekan Y. Thresholds in the Finance-Growth Nexus：A Cross-Country Analysis［J］. Word Bank Economic Review，2011，25（2）：278–295.

❸ Walter B. Lombard Street［M］. Illinois，Homewood：Irwin Press，1873.

技术得以实现并贡献于经济增长，他认为，英国工业革命的成功源于金融改革的成功。❶

考克斯和阿沃德（COX，K. R. and Wood，A. 1994）提出美国建立了特色的联邦储备制度及双线银行制度，提高了商业银行在欠发达地区发展过程中的支持力度，并且制定了有利于欠发达地区发展的金融政策。例如，针对欠发达地区实行低的存款准备金率，通过多项优惠措施鼓励移民，通过贷款及保险等方式支持欠发达地区的农业发展。

帕特里克（Patrick，1996）是最早关注欠发达国家经济增长的经济学家之一，他在《欠发达国家的金融发展和经济增长研究》一文中阐述了研究金融发展和经济增长的两种方法：demond-following 和 supply-leading。他提出，欠发达国家应该采取的政策是在货币供给带动下的金融优先发展政策。

赛斯·劳隆斯（Saez Lawrence，1999）提出，印度为了解决本国的经济发展不平衡的问题采取了一系列的金融措施：第一，确定需要国家给予金融支持的一些欠发达地区；第二，在欠发达地区成立咨询机构，专门研究对欠发达地区的金融支持政策；第三，实施多项鼓励政策，促进国内资金和国外资金对欠发达地区的投资；第四，向欠发达地区的信贷提供优惠政策，促进欠发达地区自身工业发展，并且通过完善农村金融体系建设，设立农业保险、农业发展基金等方式支持欠发达地区的发展。

杰弗瑞·珀肴和罗宾·杨（Jeffery Poyo and Robin Young，1999）对拉丁美洲的小额信贷进行了一系列研究，通过对拉丁美洲的非政府组织模式的小额信贷高商业化程度的研究，他们发现，因为国家正规的金融机构不包括非政府组织模式的小额信贷，因此要想落后地区业务可坚持发展和可持续发展，就需要商业化来解决。

谭春枝和张家寿（2007）研究了巴西为了开发欠发达地区先后采取的成立政策性银行、提供优惠信贷、大量利用外资、设立各类基金等金融支持措施。

谭春枝和张家寿（2007）发现日本的经济发展呈现明显的两极分化，形成以东京、名古屋和大阪为中心的三大都市经济圈的高收入地区和与之在地理上相隔很远的低收入的边缘地区，如北海道地区、东北地区、中部东山地区、四国地区和九州地区等。为了促进这些欠发达的边缘地区的发展，"二战"后日本采取了诸多金融支持措施，可归纳为六个主要方面：

---

❶ Hicks J. A Theory of Economic History [M]. Oxford: Clarendon Press, 1969.

一是制订金融支持法令，二是制订金融支持计划，三是成立专门的政策性金融机构，四是加大公共投资力度，五是充分利用民间闲散资金，六是发行地方特别债券。❶

（二）国内关于欠发达地区发展的研究现状

国内学者对欠发达地区发展的研究主要集中在以下两种视角。第一，区域差距。中国国土面积大，东部、中部、西部发展不平衡，有的地区已经相当发达，而有的地区仍然属于欠发达地区，因此，如何缩小区域差距，实现欠发达地区的快速发展也构成了一种研究视角。第二，农村问题。二元经济是发展中国家特有的经济形式，我国也不例外，而我国农村大多数属于欠发达地区，因此国内学者研究欠发达地区发展问题经常以农村为研究对象。基于以上两种视角，我国学者对欠发达地区和本书相关的研究有：金融和经济发展，欠发达地区的内涵及制约因素，欠发达地区的跨越式发展和欠发达地区金融支持体系。

1. 欠发达地区的内涵及制约因素

我国幅员辽阔，经济发展不平衡，国内学者针对我国欠发达地区的相关研究很多，主要表现在其内涵及发展的制约因素。

对于"欠发达地区"的内涵及其定义，学者们有着不同的理解。首先，学者们对于"欠发达地区"的定义有着不同的见解。胡鞍钢（1995）将人均 GDP 低于全国人均 GDP 75% 的低收入地区和 75% ~ 100% 的下中等收入地区界定为欠发达地区。❷ 武友德（2000）以经济发展程度来定义"欠发达地区"。他认为，欠发达地区是开发程度低的落后地区或边缘地区，其内部经济发展缓慢且受到外部抑制，经济发展尚未突破"起飞转折点"。❸ 陆立军（2001）指出，欠发达地区的社会总体发展水平受到历史、地理位置等条件的限制，欠发达地区的经济和社会总体发展水平较低，但经济方面潜力较大，资源丰富，随着改革的深化，社会的发展，制度的创新，在新一轮的经济增长中有可能实现高速发展。❹ 杨晓光、王传盛等（2006）认为，欠发达地区是指由于机会缺失、信息不完全等原因而造成的发展缓慢或者发展停滞的区域，这些区域具有低下的生产率，低下的生活水

---

❶ 张家寿，谭春枝. 日本对欠发达地区的金融支持及其启示——世界若干国家对欠发达地区金融支持研究系列论文之三 [J]. 改革与战略，2007 (11)：89—93.

❷ 胡鞍钢. 中国地区发展不平衡问题研究 [M]. 北京：中国软科学，1995 (8)：42—50.

❸ 武友德. 不发达地域经济成长论 [M]. 北京：中国经济出版社，2000.

❹ 陆立军，郑燕伟. 欠发达地区如何迈向现代化 [J]. 浙江经济，2001 (9)：32—33.

平,对农业生产和初级农产品高度依赖,对外开放程度低等特征,并根据国家统计局农村社会经济调查总队编纂的《中国县(市)社会经济统计年鉴(2001)》中的数据,使用各县(县级市)的人均 GDP 来确定欠发达地区。❶

关于欠发达地区的主要制约因素,学者们主要从劳动力因素、资本因素、制度因素及外部环境等方面加以阐述。

关于劳动力因素,樊士德、朱克朋(2016)基于微观调研数据的视角,着重研究了劳动力外流给农村和欠发达地区带来的福利效应,认为劳动力外流将会导致欠发达地区人力资本的短缺与产出损失。❷ 樊纲(2004)通过考察我国 20 世纪 80 年代和 90 年代地区经济差距的变动趋势,分析劳动力、人力资本等生产要素在各地区间的配置与流动状况及其动因,考察这些因素对地区差距变化的作用。❸

关于资本因素,蒙永亨和蒋蓉华(2006)认为,资金的"逐利性"往往使得欠发达地区的资金向发达地区流动,造成欠发达地区的资金供应不足,需要借助特殊的金融政策来支持欠发达地区发展,比如说建立分权型的中央银行制度,建立单一制的商业银行制度,设立政策性金融机构,以及实行信贷倾斜政策等。张新民(2017)通过主成分分析法研究了制约甘肃省陇南市普惠金融发展的问题,提出扩大金融机构物理网点覆盖率、加快金融基础设施建设、加强金融机构从业人员队伍建设、创新"三农"、扶贫、小微企业等社会弱势群体金融服务产品和方式、优化区域金融生态环境等促进欠发达地区普惠金融发展的建议。

关于制度因素,韩沂(2012)通过实际调查研究后发现,欠发达地区存在金融供给不足、担保以及抵押困难、信贷政策的执行出现偏差等问题,导致了农户贷款难现象的出现,并据此提出我们应加强政策引导,保证强农惠农信贷政策的执行力度及执行方向的正确性。侯亚军(2016)通过研究中国欠发达地区城镇化进程的金融体系改革与创新提出,我国欠发达地区发展主要受金融支持体系的影响,包括金融机构分布不均、金融工具、市场单一化、金融制度不健全等都对我国欠发达地区的经济发展有制

❶ 杨晓光,王传胜.盛科荣.基于自然和人文因素的中国欠发达地区类型划分和发展模式研究 [J].中国科学院研究生院学报,2006(1):97—104.

❷ 樊士德,朱克朋.劳动力外流对中国农村和欠发达地区的福利效应研究——基于微观调研数据的视角 [J].农业经济问题,2016(11):31—41.

❸ 王小鲁,樊纲.中国地区差距的变动趋势和影响因素 [J].经济研究,2004(1):33—44.

约作用。❶ 张仁枫（2013）认为，欠发达地区发展滞后，制度没有及时得到创新是根本。❷

关于外部环境，王月瑶（2017）从宏观方面分析了制约我国欠发达地区经济发展的因素，包括历史基础、自然条件、中央战略布局、经济制度，政治文化和传统文化等，并提出相关建议。戴其文（2017）分别从全球化参与程度和地方化政策两个视角对广西区域发展的空间格局进行城市尺度上的剖解。从全球化和地方化的相互联系的视角，以县域尺度探讨广西水平层面上的空间差异，总结了我国欠发达地区发展过程中的制约因素主要有经济环境以及全球化和地方化的冲击。

2. 欠发达地区的跨越式发展

关于跨越式发展的内涵，学者们分别从阶段跨越、整体跃升、生产力等多角度进行了探讨。

谭崇台（1999）指出，跨越式发展是在特定的阶段充分发挥与利用后发优势，对先进国家的经验与技术等进行吸收与借鉴，并且打破经济发展的一般常规经验，跨过发达国家或地区已经走过的某些经济发展阶段，从而带动经济的跨越式发展。❸ 樊纲（2004）、贺善侃（2003）提出，跨越式发展是指某区域在特定的历史条件下，利用并创造后发优势实现经济社会超常规、跨越发展。❹

谢玲华（2007）认为，跨越式发展是指欠发达国家或地区立足自己的优势，通过对自身发展优势要素与发达国家或地区的先进技术成果与积累经验的充分利用，并且对地区产业结构的优化调整与城乡经济的协调发展，最终实现欠发达国家或地区经济整体水平的提升。

陈志良（2002）强调跨越式发展的实质就是生产力的跨越式发展。他认为，生产力的跨越式发展不是一个单纯的量的扩大和在原有生产力结构基础上的量的扩大，而是一个生产力本身组成即生产力的结构、平台发生变革和对原有结构的打破的概念，同时也是一个新的生产力结构。❺

❶ 侯亚军. 中国欠发达地区城镇化进程的金融支持体系改革与创新［J］. 改革与战略，2016（9）：103—106.

❷ 张仁枫. 欠发达地区跨越式发展路径创新的系统性分析［J］. 系统科学学报，2013（4）：65—68.

❸ 谭崇台. 发展经济学的新发展［M］. 武汉：武汉大学出版社，1999.

❹ 樊纲. 发展的道理［M］. 北京：三联书店，2004；贺善侃. 发展哲学论纲［M］. 北京：三联书店，2003.

❺ 陈志良. 生产力跨越式发展及其当代特点［J］. 中国人民大学学报，2002（2）：8—13.

关于欠发达地区跨越式发展，不少学者对其制约因素进行了研究。韦海鸣（2004）在对我国西部地区的研究中发现，西部地区跨越式发展的实现受到资本、人力资源、技术、制度四方面"瓶颈"因素的制约，而且它们之间是紧密联系、相互影响、相互作用的，能够形成多重的恶性循环。❶匡小平、赵松涛（2009）从分析制度创新在跨越式发展中的关键作用入手，提出欠发达地区跨越式发展中的主要制度障碍，其中包括市场化制度变迁进程滞后、所有制结构单一、人力资源的开发机制不健全、行政管理制度的不完善等。最后，提出欠发达地区跨越式发展中的制度创新，并认为要实现跨越式发展，制度创新是关键。❷张仁枫（2013）认为，影响欠发达地区跨越式发展的原因是制度没有及时得到创新、欠发达地区与东部地区间的产业同构现象长期存在、缺少有效的区域自主创新机制。

欠发达地区跨越式发展实施的路径选择是对于跨越式发展理论的验证与实践，因此关于这方面的研究也是学者关注的焦点之一。简新华（2002）、刘娟（2005）、郭将（2010）等都在各自的研究中指出，发展中国家在经济发展中存在资本、技术、人口、制度、管理、竞争等方面的后发劣势，发挥优势、克服劣势才能实现跨越式发展。邹东颖（2006）在其有关后发优势与后发国家路径研究的报告中指出，可以通过多种方式实现技术后发优势和制度后发优势，并指出中国要实现跨越式发展，就必须充分利用和实现技术和制度的双重后发优势；但她也同时指出，中国目前没有处在可以实现跨越式发展的阶段。李淑梅（2007）指出，欠发达地区要实现跨越式发展，必须充分利用当地的资源优势，加快工业化发展进程，组建农业"龙头企业"，大力推进农业产业化；推进科教发展和技术创新，增强经济发展后劲；坚持以城带乡，不断推进城镇化进程；借用发达地区的外力，走异地开发的路子。李卫平（2010）合理地将后发优势理论应用于青海省跨越式发展的研究，表明要通过 SWOT 分析，合理利用后发优势，实现青海省的跨越式发展。谢煊（2012）针对新疆维吾尔自治区的具体发展情况，提出了实现跨越发展的路径是在总体科学规划的指导下，用好中亚区域经济合作平台，通过建立现代交通体系、现代产业体系、现代文化体系，把新疆建设成中国与中亚各国的交通走廊、物流走廊和经济走

❶ 韦海鸣. 西部地区实现跨越式发展的制约因素分析 [J]. 重庆邮电学院学报（社会科学版），2004（5）：31—34.

❷ 匡小平，赵松涛. 欠发达地区跨越式发展中的制度创新 [J]. 贵州社会科学，2009（6）：93—96.

廊，实现新疆跨越式发展。❶ 张仁枫（2013）对欠发达地区跨越式发展路径创新进行了系统性分析，并提出了一条欠发达地区实现跨越式发展的创新性路径，包括推进欠发达地区自主创新的制度建设、加快欠发达地区的产业结构调整力度、推动欠发达地区的区域开放、促进优势产业的发展，形成产业优势等。刘小龙（2015）主要探讨了以贵州省为代表的欠发达地区实现跨越式发展的现实依据和路径，并通过对比以广东省为代表的发达地区数据和全国平均数据，指出欠发达地区的发展现状和发展需要改变的方向。王隆德（2017）以海东市经济跨越式发展为背景，分析金融业发展基础及其面临的挑战，探索提高金融支持区域经济发展的有效路径。聂艳玲（2017）从"互联网＋"角度出发，探讨现代农业跨越式发展的路径选择，主要包括加强"互联网＋"现代农业思维认识、基础设施建设、信息系统建立、"新农人"培育、农业金融改善等。陈增帅（2019）针对破解西部经济欠发达地区发展不平衡、不充分的难题，提出了创新发展理念和发展思路，加大政策支持、创新和完善投融资机制，深化收入分配制度和相关领域改革，以及培育、建立多层次开放合作新机制等的路径选择。❷

3. 金融和经济发展

（1）金融和经济增长的关系。

国内学者在国外研究的基础上，针对中国各地区金融发展与经济增长的关系问题做了深入的研究，主要集中在二者之间存在正相关关系、负相关关系，以及双向因果关系等方面。

谈儒勇（1999）采用最小二乘法对 1993—1998 年的季度数据进行了实证研究，结论是我国金融中介的发展和经济增长之间存在着明显的正相关性。周立（2004）认为，金融发展水平与经济增长之间存在显著的相关性，而且这个相关性并不只在同时期才表现出来，从数据分析来看，金融发展的初始水平与未来经济的长期增长都有着显著的相关性。韩廷春、夏金霞（2005）对金融结构、金融效率与经济增长三个因素进行研究，考察了 1992—2002 年的统计数据，认为经济增长的直接原因是银行结构的变迁与银行效率的提升，即银行体系的发展能促进经济的增长。因此，健全金融组织体系，发展股票市场与债券市场能够促进我国的经济增长。王希航

---

❶ 谢煊. 以开放促发展是新疆实现跨越式发展的重要路径［J］. 财政研究，2012（11）：57—60.

❷ 陈增帅. 破解西部欠发达地区发展不平衡不充分难题的路径选择［J］. 新东方，2019（2）：40—45.

（2006）对山东省各地区的金融和经济发展状况进行实证研究，得出结论：山东省各地区的金融发展与经济增长之间存在显著的正相关关系，金融发展与经济增长之间也存在因果关系，并且初始阶段的金融发展有助于经济的长期增长。钱方明、孙克、汤钟尧（2008）对浙江省各地区金融发展与经济增长的关系进行实证分析，实证结果显示：金融相关比率 FIR 和人均贷款余额与经济增长指标均存在显著的正相关性，浙江省的经济与金融存在着相互促进、同步发展的关系，即金融发展不仅促进了 GDP 的增长，经济增长也能带动金融发展。李村璞、何静（2018）基于我国 2003—2016 年的季度行业数据，使用非线性面板平滑转换模型，从金融发展的结构和金融深度两个方面研究了金融发展对经济增长的影响。[1] 李健、张兰、王乐（2018）采用动态面板回归模型和广义矩估计方法（Generalized Method of Moment，GMM），对 1998—2015 年中国 30 个省级行政区进行了实证研究，得出金融发展对经济增长的影响取决于金融发展与实体部门经济之间的增长差异，即金融发展水平与实体部门经济增长相适应。[2]

王敏慧（2010）对陕西省的地区经济增长与金融发展做了实证研究，结果显示：该地区的经济增长与金融发展之间存在不显著的负相关性，且两者之间表现为单向的格兰杰因果关系，即经济增长是金融发展的格兰杰原因，但地区金融发展不是地区经济增长的原因。作者认为，出现单向因果关系的原因是由于该地区存在金融抑制现象。[3] 叶志强（2011）通过对 1978—2006 年我国各省相关数据进行实证分析，实证结果表明金融发展显著扩大了城乡收入差距，并与农村居民的收入增长呈负相关关系，并且在金融发展的过程中，城乡居民收入不但没有下降反而在扩大，因此，他认为我国的金融发展与经济增长不具有相关性。

史永东等（2003）对我国 1978—1999 年的指标数据进行实证研究，结论是金融发展能够明显地推动我国的经济增长，并且我国经济增长与金融发展之间存在着双向因果关系。王世祥（2011）对宁夏回族自治区同心县经济增长与金融发展做了实证研究，结论为该地区经济增长与金融发展之间存在着双向格兰杰因果关系，且该地区存在金融抑制问题，表现为县

---

[1] 李村璞，何静. 适度金融发展与经济增长：基于我国产业数据的分析［J］. 经济问题，2018（10）：52—57.

[2] 李健，张兰，王乐. 金融发展、实体部门与中国经济增长［J］. 经济体制改革，2018（5）：26—32.

[3] 陈学军，张沁梅，李云芳. 湖南民族贫困地区经济发展中金融支持问题与对策研究［J］. 中南林业科技大学学报（社会科学版），2016（3）：50—54.

域金融体系和金融市场机制的不健全。

（2）金融支持和经济发展。

国内学者对金融支持经济发展也做了深入的研究，他们的研究主要集中在金融支持经济发展存在的问题和金融支持经济发展的优化策略方面。

关于金融支持经济发展存在的问题，王婷婷、刘凤、陆岷峰（2012）认为，目前我国地区金融发展普遍滞后于地区经济的发展，表现为地区金融组织体系的滞后、有效信贷投入的滞后、地区金融服务水平的滞后以及配套政策的滞后等。郭艳玲（2013）以山东省91个县为例，研究地区金融发展、金融体系效率和地区经济增长之间的关系。研究表明，地区金融发展规模、银行体系效率对地区经济发展均有显著的正向影响，并且发达地区的金融与经济之间的关系是"需求追寻"型，而中等发达和欠发达地区的金融与经济的关系是"供给引导"型。建议增加金融供给量，提高金融体系效率等促进经济与金融的发展。苌飞超、金环（2018）通过对我国金融支持经济发展的现状分析，提出我国金融支持经济发展存在的问题，即金融经济环境不良、金融的结构发展不平衡和金融创新能力较弱。

关于金融支持经济发展的优化策略，谢问兰、董晓林等（2008）以江苏省为例，提出了为了促进地区经济的发展和金融与经济的良性互动，地区应注重金融体系的完善，调整地区经济结构，加强地区金融生态建设等。王婷婷、刘凤、陆岷峰（2012）提出金融支持经济发展的建议对策：创新地区金融组织体系和监管体系，加大地区金融政策扶持力度，以及创新地区金融产品和服务，并营造良好的地区金融环境。苌飞超，金环（2018）认为，要提升我国金融支持经济发展的力度，要完善金融建设，就要打造良好的金融环境，优化金融结构，实现多元化金融建设和推进金融创新，提高金融服务水平。

（3）金融支持和欠发达地区经济发展。

学者们对金融支持欠发达地区经济发展也做了深入的研究。他们的研究主要集中在金融支持欠发达地区经济发展存在的问题和金融支持欠发达地区经济发展的优化策略方面。

关于金融支持欠发达地区经济发展存在的问题，黄国平、陈宇（2010）以抚州市为例来研究欠发达地区金融支持县域经济发展的问题，通过调查与分析，提出了在支持县域经济发展中，金融发展存在的诸如2003—2009年县域主要经济、金融总量指标快速增长，但各项贷款总量指标相对滞后，县域信贷结构面临深入调整，以及金融体制矛盾、金融深化指标下降等问题。❶未增阳、华晶晶（2012）对湖北省经济增长与金融发展现状进行实证研究。他们指出，经济发展中金融支持存在着一些制约因素，如金融体系不健全、金融供给不足、贷款投向不合理、金融产品缺乏创新与特色等，并提出了相关建议对策以促进县域地区经济增长与金融发展。牛磊、王岩（2012）从农村经济出发，研究我国农村经济发展的金融支持障碍，具体表现为：农村金融体系不健全，金融支持乏力、农村经济缺乏完善的信用体系，信用环境建设滞后、金融工具单一，技术手段落后、农村金融的法律和政策环境尚不完善。❷陈学军、张沁梅、李云芳（2016）主要对湖南民族贫困地区经济发展中的金融支持问题与对策进行研究，研究发现，湖南民族地区经济发展中金融支持主要在金融体系、生态环境和创新力度等方面存在问题，并提出相应的对策。

关于金融支持经济发展的优化策略，伍艳（2005）对西部欠发达地区城镇化进程中的金融支持进行研究，提出推进西部欠发达地区城镇化的金融支持战略，具体表现为：推行在金融一体化、效率和安全前提下的金融区域创新，发展西部欠发达地区金融机构体系，并进行数量上的扩张，推行融资证券化，实现货币市场与资本市场的有机结合、建立"市场主导型"的资本形成机制。❸黄国平、陈宇（2010）针对抚州市金融支持县域经济发展的问题，提出了要建立科学的考核奖惩机制，提高县域金融资源的利用效率、加快县域经济结构转型，拓宽县域信贷支持载体、进一步优化县域信用环境，切实防范金融风险、加快县域金融服务创新等优化措施。牛磊、王岩（2012）针对我国农村经济发展的金融支持障碍，提出了建立、健全农村金融体系，加大金融支持力度，严格规范农村民间金融信用体制，扩大信用范围，推进农村金融工具创新，增强金融服务功能，优化农村金融支持法律环境等建议和对策。胡馨月（2016）针对新型城镇化进程中的金融支持问题，以湖北省恩施州龙凤镇为案例，深入探讨欠发达地区新型城镇化建设中的金融支持路径，将新型城镇化划分为土地城镇化、人口城镇化、产业城镇化三个方面，并分别从这三个方面探讨欠发达地区新型城镇化建设过程中不同城镇化的概念。龙建平（2018）以欠发达

---

❶ 黄国平，陈宇. 欠发达地区金融支持县域经济发展的问题与建议——以抚州市为例 [J]. 武汉金融，2010（9）：53—54.

❷ 牛磊，王岩. 论当前我国农村经济发展中的金融支持 [J]. 对外经贸，2012（5）：63—64.

❸ 伍艳. 西部欠发达地区城镇化进程中的金融支持 [J]. 西南民族大学学报（人文社科版），2005（2）：126—129.

地区吉安市为例，总结了金融支持乡村振兴的现状，立足金融支持乡村振兴战略面临的现实问题，积极探索金融支持乡村振兴的路径，并提出了金融支持乡村振兴的主要措施，包括持续完善农村金融服务体系，加大农业基础建设信贷投入、提升农村金融要素供给水平，积极夯实农村金融环境建设等。❶

4. 欠发达地区金融支持体系

关于欠发达地区金融支持体系的研究，国内学者多从金融支持体系构建的必要性、金融支持体系存在的问题和金融体系的构建等方面进行分析。

对于欠发达地区来说，金融支持并不是一时的某个金融优惠政策或措施，或者只是大量资金的简单注入，而是需要构建合理的金融支持系统，因此，对于欠发达地区金融支持体系的构建很有必要性。李艳（2010）从前期对欠发达地区进行金融支持的经验中总结发现：由于缺乏全面系统性的支持，并未从根本上改变欠发达地区资金"瓶颈"与流失现象。欠发达地区金融支持必须构建一个有着清晰目标的、相对完备的、动态协调的支持系统，并着力促进区域金融发展，以形成金融与经济的良性互动局面，进而促进欠发达地区的经济发展。赵具安（2016）认为，一个地区金融体系的发达完善程度和结构效率状况，直接影响该地区各类经济主体和产业的发展、科技创新、基础设施建设、城镇化推进、社会事业发展、民生改善和社会公平。❷

关于欠发达地区金融支持体系存在的问题，学者们也进行了较多的研究。严长远（2012）提出了欠发达地区农村金融体系存在的整体性问题，具体表现为：农村金融的改革进程严重滞后于城市金融改革，在农村金融服务中，信贷对象在业务办理中往往缺乏抵押物，或者与金融机构要求的财产资格存有明显差距，农业本身具有的特质与金融资本的安全要求之间存在矛盾。❸ 熊彬、谢换春（2014）剖析了目前中国农村金融体系中存在的一系列问题，具体表现为：政策性金融机构支农有限，商业性金融的主导地位弱化，农村信用合作社没有发挥主力军作用，民间金融缺乏必要的规范引导，农村金融市场规模狭小、主体不全，农村资金净流出过大，农

---

❶ 龙建平. 欠发达地区金融支持乡村振兴的路径选择 [J]. 金融与经济, 2018 (11)：189—92.

❷ 赵具安. 西部欠发达地区金融体系建设问题研究——以甘肃省天水市为例 [J]. 广西经济管理干部学院学报, 2016 (28)：92—98.

❸ 严长远. 欠发达地区农村金融体系构建与发展研究 [J]. 农业经济, 2012 (5)：97—99.

村居民能够参与交易的金融商品有限等。● 赵具安（2016）以甘肃省天水市为例，分析了西部欠发达地区金融体系存在的主要问题，具体表现为：金融发展基础条件不佳，制约金融业快速发展和金融体系完善，金融体系不健全不发达，金融服务不能有效满足金融需求。侯亚军（2016）通过分析认为，我国金融业对欠发达地区城镇化建设的重要作用还没有完全发挥出来，金融支持体系存在着金融机构分布不均制约城镇化进程，金融工具单一化无法满足城镇化快速发展有效需求，金融市场单一化无法满足城镇化进程中的金融服务需求，金融制度不健全对城镇化发展具有制约作用等问题。❷

对欠发达地区金融支持体系的构建，国内学者进行了大量的研究，安增龙、姚增福、王乐玲（2007）针对黑龙江农业产业化的特点，从政策性金融、合作性金融、商业金融和民间金融等四个方面构建了支持体系，核心的内容是要充分发挥各种金融支持的功能以及整合后的高效率。❸ 李艳（2010）提出，欠发达地区金融支持系统的要素包括欠发达地区金融支持的主体和客体，其中主体为商业金融支持、政策金融支持和民间金融支持，客体为基础设施建设、产业结构调整、企业结构优化和生态环境保护等。❹ 严长远（2012）针对欠发达地区农村金融体系存在的整体性问题，提出了构建欠发达地区现代农村金融体系的基本思路和措施，即必须大力推进欠发达地区的农村金融体系改革，尝试建立有效的农村金融政策扶持体系，加强农村地区金融产品创新，拓宽金融服务供给渠道，加强农村金融体系的监管等。何佳（2014）提出了亟须通过加大财政支持力度、建立健全法律法规、完善农业金融服务体系、制定税收和金融扶持政策等措施，构建完善的金融支持体系，从而促进农业循环经济在我国西部欠发达地区的发展。❺ 付剑（2014）以山西省为例通过实证分析验证了金融支持循环经济发展的力度不足的事实，进而提出了相应的商业性直接融资金融

● 熊彬，谢换春．论新农村经济建设中的金融支持体系构建 [J]．现代化农业，2014（8）：46—48.

❷ 侯亚军．中国欠发达地区城镇化进程的金融支持体系改革与创新 [J]．改革与战略，2016（9）：103—106.

❸ 安增龙，姚增福，王乐玲．黑龙江农业产业化金融支持体系构建的理论研究 [J]．时代金融，2007（6）：40—42.

❹ 李艳．欠发达地区经济发展的金融支持系统构建 [J]．经济问题探索，2010（11）：158—164.

❺ 何佳．西部欠发达地区农业循环经济金融支持体系构建研究 [J]．理论探讨，2014（1）：97—100.

支持体系、商业性间接融资金融支持体系和政策性金融支持体系的构建。❶
熊彬、谢换春（2014）提出了重新构建我国农村政策性金融体系：将农业发
展银行办成粮棉储备银行，将信用社办成准政策性银行，成立农村信贷信用
担保机构，成立农民合作金融组织等，以期真正实现中国农村金融发展和农
村经济增长的良性循环。侯亚军（2016）针对当前欠发达地区城镇化进程中
金融支持存在的主要问题，提出了促进欠发达地区城镇化进程的金融支持体
系改革与创新的对策建议，即积极推进效率、一体化基础上的金融区域创
新，大力发展欠发达地区的金融市场，完善金融服务体系，促进金融市场结
构优化，加快融资证券化进程，加快建立以市场主导为基础的金融资本形成
机制。

（三）文献述评

通过对国内外相关文献的分析，本书著者发现，关于欠发达地区的经
济发展研究一直是学者们研究的重点和焦点。从已有的研究成果来看，学
者们的研究主要集中在"欠发达"的内涵及制约因素，欠发达地区的跨越
式发展，金融和经济发展，欠发达地区的金融支持体系等方面。关于"欠
发达"的内涵研究，国内学者主要是从人均 GDP、经济发展水平等角度来
划分的；对于欠发达的制约因素，国内学者多集中在劳动力、资本、制度
等因素上，但还不太全面。关于欠发达地区的跨越式发展，国外的学者主
要对跨越式发展的相关理论进行了探讨，而国内的学者多从跨越式的定
义、制约因素、路径选择等角度进行了分析。比如，对于欠发达地区跨越
式发展实施的路径选择，国内学者主要提出的有：合理利用后发优势形成
自己的优势产业，利用信息化带动农业、工业发展，推进欠发达地区自主
创新、制度创新等路径。这些路径具有很大的借鉴意义，但在这些路径中
很少是从金融支持的角度提出的。关于金融和经济发展，国外主要从实证
的角度来分析了金融和经济增长的关系，国内则更加细分地从金融和经济
增长的关系、金融支持和经济发展、金融支持和欠发达经济发展进行了探
讨。对于金融和经济增长的关系的研究，既有对整个国家的研究也有对不
同地区的，且多为实证分析，但学者们大多只研究了经济增长，没有提到
金融与经济发展的关系。对于金融支持和经济发展的研究，既有金融支持
一般经济发展的对策，也有金融支持欠发达地区经济发展的建议。关于欠
发达地区金融支持体系的研究，大多集中在金融支持体系构建的必要性、

---

❶　付剑. 山西省循环经济发展的金融支持体系构建 ［J］. 经济问题，2014（4）：110—115.

金融支持体系存在的问题和金融体系的构建等方面，较少提到欠发达地区跨越式发展的金融支持体系。

综上所述，尽管学者们关于金融对经济支持作用的一般性分析得很多，但关于欠发达地区如何实现跨越式发展的研究既不充分也不深入，尤其是金融支持欠发达地区跨越式发展的研究更是欠缺。因此，研究欠发达地区经济跨越式发展问题，必须抓住欠发达地区经济发展的首要"瓶颈"是资金流这一本质，把欠发达地区跨越式发展中的金融支持问题作为整体来研究，注重定性分析和定量分析的结合、规范分析和实证分析的结合，注重经济与金融的互动性研究，全面揭示欠发达地区经济金融运行存在的问题，并提出欠发达地区跨越式发展的金融支持体系，这既是本书的立意也是本书的目标。

三、基本思路

改革开放以来，我国经济社会总体发展水平快速提高，但欠发达地区与发达地区的发展差距却不断扩大，区域发展不平衡问题成为制约我国经济社会和谐发展的重大矛盾。为了促进区域协调发展，党中央、国务院相继提出了实施西部大开发，振兴东北地区等老工业基地，大力促进中部地区崛起，积极支持东部地区率先发展的区域发展总体战略，成为指导我国经济社会发展的重大战略方针。因此，加快欠发达地区跨越式发展，逐步缩小同发达地区的差距是加快推进我国社会主义现代化进程的战略任务，也是全体国民共享改革发展成果，构建社会主义和谐社会的必然要求。同时，经济发展理论和世界各国的实践已充分证明，投资不仅本身是经济发展必不可少的基本要素，而且对其他生产要素也起着粘结作用，是促进欠发达地区经济腾飞的启动剂和催化剂。而金融作为一种重要的资本融通工具，在促进欠发达地区经济发展方面无疑有着不可替代的作用。这正是本书以金融支持政策为切入点研究欠发达地区经济跨越式发展的基本出发点和立足点。

笔者的研究思路是：首先提出理论基础并分析国际经验的借鉴，其次，在此基础上，对我国欠发达地区经济发展和金融支持现状进行考察并加以实证分析，最后提出针对我国中西部地区金融支持的对策建议，提出构建金融支持体系的配套政策。具体研究思路和技术路线见图1。

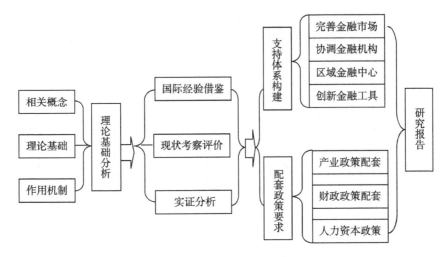

图1 研究思路和技术路线

具体来看，著者的基本研究思路如下。

首先，阐述"欠发达地区"的相关概念及其特点，表明欠发达地区是指受历史、区位、观念、资源禀赋等条件的限制和国家不平衡发展战略的影响，在经济和社会的发展水平上与发达地区存在较大的差距，经济综合实力达不到本国现有水平的平均值，生产力发展不平衡，科技水平还不发达的区域。欠发达地区是一个相对概念，从空间上看，相对东部经济地带，我国中西部是欠发达地区，但在东部发达地区也有欠发达的县域，在西部欠发达地区也有发达的县域；从时间上看，现在的欠发达地区，在一定条件下通过跨越式发展也可能跻身发达地区行列。由于本书著者是从宏观上研究我国欠发达地区的金融支持问题，同时考虑到问题的集中性、矛盾的突出性、统计数据的可获得性和可对比性，所以在"欠发达地区"的界定上采用目前我国通用的东、中、西部地理划分法，即以中部六省和西部十二省（自治区、直辖市）作为研究对象。

其次，运用跨越式发展的理论基础、欠发达地区金融支持的相关理论以及作用机理来说明金融对于欠发达地区跨越式发展的作用。欠发达地区的经济发展问题是一个世界性的命题，主流经济理论对如何促进欠发达地区经济发展给予了高度关注，发展经济学理论更是直接以欠发达国家和欠发达地区为研究对象。尽管不同学派分别从资源、资本、技术、制度变迁等多个视角强调各种技术经济措施对于欠发达地区经济发展的重要性，但几乎所有学派都对资本的作用给予了充分肯定，认为通过资本的大力注入，加快欠发达地区的资源开发、产业发展和基础设施建设等，是促进欠发达地区经济腾飞的"启动剂"和"催化剂"。增加对欠发达地区的资本投入有多种途径，如国家财政转移支付、国家直接投资、利用外资和国际援助等，但金融作为最重要的资本融通工具，对于欠发达地区的经济发展具有不可替代的作用。第一，金融作为一种资金政策工具，直接影响着全社会的资本流向，从而决定着欠发达地区的要素流入流出水平和产业结构演进方向；第二，金融作为一种重要的生产服务，区域金融体系的完善程度成为影响其他产业发育和发展的重要基础条件；第三，金融业作为成长性、辐射性极强的高端产业，其本身就是欠发达地区跨越式发展的重要突破方向。

鉴于金融对于欠发达地区经济发展的重要作用，世界许多国家，包括美国、日本等发达国家，都十分注重利用金融政策支持欠发达地区的发展，并进行了有益的政策实践，这些对于我国利用金融政策支持欠发达地区发展具有重要的借鉴意义。一是立法保障金融政策向欠发达地区倾斜。如美国的《社区再投资法》要求存款机构必须为其所在社区提供信贷支持，而且其中一部分必须贷给社区的中低收入人群。二是设立专门机构管理欠发达地区的经济开发。如美国在各发展区都设有经济开发署和其他洲际开发委员会等，专门负责对欠发达地区的援助开发工作。三是支持欠发达地区完善金融体系。如美国、日本等国家设立专门的区域性政策金融机构，建立非营利性的重点产业开发银行，支持地方建立单一制的地方性商业银行等。四是实施差别化的金融调控和管理政策。如通过降低商业银行存款准备金率、扩大中央银行再贴现额度、实施优惠利率政策、扩大国家财政贴息贷款和政策性银行贷款规模等措施，促进欠发达地区投资规模的增加。五是建立区域金融中心带动相关区域发展。如巴西马瑙斯自由贸易区的建立和发展，在20世纪70年代堪称"欠发达地区培育经济增长极的全球典范"。六是创新适合欠发达地区经济特点的金融产品和服务。如孟加拉国等国家在农村金融服务中推动小额信贷及民间金融的发展。七是设置区域经济协调发展的专门基金。如欧盟的"欧洲区域发展基金"和日本的"开发公库"等，都有效地促进了欠发达地区的经济发展。

笔者重点考察欠发达地区的现状。首先，从经济增速、产业结构、固定投资、创新示范区四个方面对我国中西部欠发达地区的经济发展状况进行评价。其次，从金融供给和需求两方面探索欠发达地区的金融运行情况。在分析欠发达地区金融需求的基础上，分析了中部和西部两个欠发达地区研究金融支持的现状和存在的问题。可以发现，自实施中部崛起和西

部大开发战略以来，我国政府对欠发达地区经济发展采取了一系列支持性
金融政策，在一定程度上促进了欠发达地区的经济发展。但与欠发达地区
对金融的需求相比，目前的金融政策仍存在许多需要进一步完善和深化的
领域。第一，欠发达地区资本市场落后。主要表现为：一是上市公司数量
少。截至 2019 年 3 月，全国共有境内上市公司 3 584 家，其中，中西部省
份有 940 家，占总数的 26.22%；而东部省份则有 2 490 家，占总数的
69.50%。二是欠发达地区在资本市场融资能力薄弱。以历史上筹资最高年
份的 2013 年为例，在全国 A 股市场筹资中，中部地区占比 14.9%，西部
地区占比 24.7%。2018 年，在地区社会融资增量占比中，中部地区占全国
增量的 19.0%，西部地区社会融资增量占全国增量的 18.8%。第二，欠发
达地区金融体系不完善。表现为欠发达地区金融机构数量少、覆盖程度
低。从银行业金融机构的数量看，截至 2018 年 12 月，中西部 18 省（自治
区、直辖市）共有银行机构数量 114 085 个，平均每省占比 2.8%，而同期
我国东部省份银行业机构数量 90 803 个，平均每省占比 4.02%。第三，欠
发达地区证券业及其分支机构占比较小，2018 年，总部设在中部的证券公
司数量占比为 9.37%，西部地区为 14.84%，而同期东部地区则为
71.09%。这种金融体系不健全的现象严重影响欠发达地区的经济发展。而
进一步的实证研究则证实，我国中西部地区金融支持与其经济发展存在显
著的因果关系，这凸显了强化金融支持的政策含义。

通过前文对欠发达地区跨越式发展金融支持的理论研究、国际比较、
现状描述和实证分析，本书著者接着提出了给予欠发达地区实现跨越式发
展以金融支持的思考，主要是研究欠发达地区实现跨越式发展的可行性、
必要性、机遇以及实现跨越式发展的条件等，并以湖北省、云南省为例研
究实现跨越式发展的实践，最终提出欠发达地区实现跨越式发展的主要
问题。

最后，在上述大量分析的基础上，不仅提出我国促进欠发达地区实现
跨越式发展的四大金融政策，而且还提出了针对中西部地区金融支持的对
策建议。四大金融支持政策主要包括以下四个方面。

（1）培育发展的金融市场。要积极培育货币市场与资本市场两个层
次：在货币市场方面，要采用区域性、倾斜性的货币政策吸引资金流入欠
发达地区。首先，要进一步降低准备金率及再贴现率，逐步提高再贷款与
再贴现限额，提高欠发达地区基础货币供应量；其次，要进一步实行差别
化的优惠利率，切实降低欠发达地区资本价格；最后，放宽金融机构业务
创新和市场准入限制，吸引更多的国内外金融机构增加对欠发达地区的信

贷投入，加强欠发达地区货币政策与财政政策的协调配合。在资本市场方面，首先，要加大欠发达地区股票及债券发行的政策倾斜力度。对欠发达地区企业上市政策实行适当的区域或产业优先，特别是在创业板市场应提高欠发达地区企业的上市比例，形成欠发达地区"板块效应"；其次，要开放债券市场，允许地方银行发行地区金融产业债券，同时加大企业债券发行力度；再次，要加快完善信用担保体系，在欠发达地区试点成立企业信用担保机构，为当地企业发行债券筹资进行担保，从而提高企业发行债券筹资的可能与效率；又次，应发展各种基金，如开发基金、产业投资基金及中外合资基金等形式；最后，重点培育并发展区域性资本市场，建立区域性金融中心，形成对周围地区的集聚和辐射作用，引导资源有效配置。

（2）健全完善金融机构体系。要深化欠发达地区的金融机构改革，围绕将"抽水机"改为"蓄水池"的科学金融功能观，进行各方面的金融制度建设，逐步完善组织体系，切实减少金融业交易成本，提高资源配置效率，真正发挥金融在支持欠发达地区经济增长中的作用。首先，在政策性金融机构方面，尽快组建新的政策性金融机构，该机构应针对区域特色，重点关注重大项目建设、产业发展及进出口发展等领域；拓宽政策性金融机构的融资渠道，可以适当增加对社会保障基金、邮政储蓄、保险基金、住房公积金等社会资金的融资力度，使其成为政策性金融长期稳定的资金来源；加强对政策性银行风险的防范和控制，提高政策性金融运行效率。其次，在国有商业银行方面。一是适当降低欠发达地区设立金融机构的门槛，适度降低欠发达地区设置区域性商业银行、非银行金融机构在资本金、营运规模等方面的要求；二是对欠发达地区国有商业银行给予更为积极的优惠政策，如在商业银行内部实行资产负债比例管理与贷款规模管理相结合，加大授信力度，增强欠发达地区商业银行支持经济大开发的信贷供给能力；三是帮助欠发达地区商业银行减轻包袱，各商业银行总行要考虑欠发达地区的实际，适当加大欠发达地区银行不良资产剥离的额度；四是加大对欠发达地区银行营运资金的拨付，增强欠发达地区银行资金实力；五是倾斜支持呆账、坏账的核销，考虑欠发达地区银行承担国家政策性业务较大的实际，各商业银行总行对欠发达地区银行呆账、坏账要适当放宽政策，做到准备金整体上划，呆账、坏账全部由总行核销。再次，在中小金融机构方面，中央银行对欠发达地区现有中小金融机构的发展给予必要的扶持。一是要允许中小金融机构针对不同的贷款对象和贷款种类确定不同的贷款利率，允许中小金融机构在中央银行规定的幅度内适当提高居民和企业的存款利率水平，使中小金融机构的存贷款客户有一个风险和利益的比较选择空间；二是扩大欠发达地区中小金融机构的资金来源和应用渠道。三是支持中小金融机构业务创新，增加业务品种；四是改变现有不利于中小金融机构发展的限制性政策，为中小金融机构营造公平竞争的环境，积极促进多种形式的中小金融机构的发展，稳步推进小额贷款公司和融资租赁机构的发展，进一步引进和建立区域性非国有商业银行，加快组建中小企业商业信用联合会，建立完善全国性银行在欠发达地区的村镇银行。最后，在保险机构方面，要切实重视保险业在欠发达地区对于经济平稳持续发展的"保障剂"作用，尤其重视建立农业保险体系，保障农业生产持续发展，稳定提高农民收入水平。

（3）构建欠发达地区金融改革试验区。支持欠发达地区实现跨越式发展需要开展多方面的金融创新。根据国际经验，本书认为，我国可以在欠发达地区选择部分区域中心城市试点建立区域金融改革试验区，针对欠发达地区的金融需求，推进金融体制、机制改革的先行先试，并以开放民间金融为试验重点和突破口，系统化设计政策体系，探索促进欠发达地区实现跨越式发展的政策模式。以西南地区为例，可以选择西南地区的中心城市成都作为区域金融改革试点城市，试点进行金融配套改革。为推动这一中心的快速形成，一是要充分发挥政府的推动作用，中央政府应当明确中西部绿色金融中心的功能和定位，从区域经济协调发展、地区间均衡的角度予以支持；二是加强金融法规建设和金融管理；三是积极改善金融生态环境，着重开发新的金融工具；四是积极争取国家的政策支持，采取对江西省、贵州省和新疆维吾尔自治区的金融倾斜政策；五是加强区域金融交流合作；六是创新区域科技金融。

（4）大力创新金融工具。金融工具是实现资源优化配置的必要媒介。首先，风险投资作为金融工具创新的一种重要形式，在引导资金合理配置方面发挥着越来越大的作用。其次，在欠发达地区扶贫工作中，证券期货类金融工具尚属"新鲜事物"，近年来，证券期货扶贫工具开始在欠发达地区扶贫工作上被广泛应用。最后，政府需要从优化激励机制、加快人才培养、强化风险防控等方面采取具体措施，充分发挥融资租赁在欠发达地区经济发展中的作用，进一步提升金融支持的层次与水平。针对中部地区跨越式发展的金融支持对策主要从政府应加强对中部地区政策性金融支持、完善中部地区金融服务体系、加快中部地区金融机构内控制度改革和优化中部地区生态金融环境等方面展开；针对西部地区跨越式发展的金融支持对策主要从制定符合西部地区发展战略的金融发展政策、形成西部地区金融发展与国内外投资、贸易的良性互动关系、制定长效机制、解决人力资本流失，以及调整贷款结构、避免惜贷等方面展开。

促进欠发达地区经济实现跨越式发展是一项系统工程，需要以金融政策为核心，加强部门协作，实现国家产业政策、财政政策和人力资源政策等各种调控工具全方位的配合，以期形成合力，共同促进欠发达地区经济社会的协调发展。

第一，产业政策配套。制约欠发达地区经济社会发展的首要因素是产业结构不合理。欠发达地区要结合地区资源禀赋优势和区位特点，因地制宜地优化产业布局，调整产业结构。具体而言，要大力发展高新技术产业，促进高技术产业集群的形成；发展包括风能、太阳能、地热能在内的低碳经济发展；加快发展以金融保险业、现代物流业、现代商贸业、旅游业、信息与科技服务业、文化产业及中介服务业为代表的现代服务业；巩固装备制造业和军工产业；大力发展移动金融。

第二，财政政策配套。一是要完善规范化的新型转移支付制度；二是加大对基础产业的财政投入；三是要加大税收优惠，从以直接优惠为主转向以间接优惠为主；四是要采用适当财税政策导向；五是要发挥财政补贴制度的作用；六是要注重财政政策和金融政策的联合实施。

第三，人力资本政策配套。人力资本是决定一个国家和地区经济增长与发展的重要因素。首先，要大力发展国民教育；其次，要建立科学的人力资本投资与回报的收入分配机制、完善开放的人力资本市场配置机制、有效的人力资本市场体系及相应的政策法规体系，弥补市场缺陷；再次，为创造人力资本积聚良好的环境；最后，要促进人力资源形成机制，进一步加大信息技术投资。

四、研究框架

（一）研究框架

本书著者从金融支持的角度研究促进我国欠发达地区经济跨越式发展问题，旨在推进我国区域经济协调发展、构建社会主义和谐社会、全面建成小康社会、实现全体人民共同富裕。更具体地讲，本书最终将构建一套适合我国国情的促进欠发达地区实现经济跨越式发展的金融支持政策体系。其主要研究思路为：通过对金融支持欠发达地区经济发展进行理论分析、国际经验借鉴、现状考察、实证分析、金融支持体系设计、配套改革措施等内容的研究，试图构建促进我国欠发达地区经济跨越式发展的金融支持政策体系。本书的主要内容共分为九大部分展开。

1. 欠发达地区跨越式发展的金融支持理论研究

本部分将依据区域经济学、发展经济学和金融学理论，以习近平新时代中国特色社会主义思想为指导，研究欠发达地区跨越式发展的内涵和外延、可行性与必要性、影响因素和障碍、实现跨越式发展的条件等；研究金融支持欠发达地区跨越式发展的理论基础、作用机理、路径选择等，为本书奠定理论基础。这是本书第1章的主要内容。

2. 欠发达地区经济发展金融支持的国际经验借鉴

本部分将从金融支持体系构成、机构设置、金融支持方式、运作机理与实现途径、政策性与商业性金融支持的工具选择、金融支持政策等方面，选取一些发达国家、新兴经济体国家和发展中国家，对其金融支持欠发达地区经济发展的经验进行深入探讨，以期对当前我国欠发达地区的跨越式发展提供经验借鉴。这主要在第2章中讨论。

3. 欠发达地区经济发展分析

清醒地认识现状是分析存在的问题、提出可行的政策建议的前提。基于此，本书将分别从我国中西部地区经济发展特征及经济发展中存在的问题等方面对其经济发展现状进行评价。中西部欠发达地区经济增速显著提升、产业结构逐步优化升级、投资增速明显加快、创新示范区发展良好，并且积极承接国际和沿海地区外资产业转移，中西部欠发达地区经济取得了稳步发展，但同时还存在着地区生产总值占比较低、产业结构层次需进一步高度化等问题。这主要在第3章中讨论。

4. 欠发达地区金融支持的现状考察

金融体系的完善是支持欠发达地区经济实现跨越式发展的基础。基于此，本书将从金融政策、金融市场、金融机构及金融深化等方面对欠发达地区经济发展的金融需求、金融供给现状进行详细考察，进而发现欠发达地区在金融业、资本市场、"软环境"建设等方面存在的问题，主要表现在信用环境不佳、资本市场发展较为落后、金融工具相对不完备、农村非正规金融发展不足等方面。这主要在第4章中讨论。

5. 欠发达地区经济发展金融支持的实证分析

本部分的实证分析通过采用计量估计等方法定量分析金融支持的效果及其影响因素，包括银行、证券、保险等对不同地区（中西部）金融支持的实证分析，具体通过收集相关的经济、金融指标数据，以获取的欠发达地区各省加总的国内生产总值为被解释变量，以金融规模指标、金融结构指标、金融发展效率指标为解释变量，构建PVAR模型并通过平稳性检验与协整检验，实证分析欠发达地区金融支持与其经济发展的相关关系以及格兰杰因果关系，从而证实我国中西部地区金融支持与其经济发展存在显著的因果关系。

6. 欠发达地区跨越式发展金融支持的思考

本部分主要研究欠发达地区跨越式发展的可行性与必要性、机遇以及实现跨越式发展的条件等，并以湖北、云南两省为例研究跨越式发展的实践，最终提出欠发达地区实现跨越式发展的主要问题。

7. 欠发达地区实现跨越式发展的金融政策体系构建

本部分主要体现在第七章，这是本书的核心部分。通过前文的现状描述、实证分析和国际比较，试图从金融市场、金融机构、金融改革试验区、金融工具等方面构建我国欠发达地区经济发展的新型金融支持体系，进而促进欠发达地区实现跨越式发展。

8. 欠发达地区跨越式发展的金融支持对策建议

本部分将细化研究对象，针对我国中西部地区不同的发展现状和存在的问题，分别具体探讨相应的对策建议，进一步提高金融发展对欠发达地区实现经济跨越式发展的水平。并以金融体系作为支持点，进一步提出有针对性的对策建议来解决制约欠发达地区经济持续发展的一系列问题，提高金融服务经济的水平。

9. 欠发达地区经济跨越式发展的其他重要配套政策

欠发达地区经济的跨越式发展乃至区域经济的协调发展，不仅需要一套适合国情的金融支持体系，而且需要其他相关政策的配套。本部分将从产业政策、财政政策、人力资本政策等相关配套政策的改革提出要求，为政府决策提供参考。

五、研究方法及创新之处

（一）研究方法

本书运用的方法有理论与实践相结合分析法、案例分析法、实证分析法、系统分析法等，具体研究途径如下。

1. 理论与实践相结合分析

对区域经济、发展经济、跨越式发展、金融支持相关理论进行分析，进而探讨欠发达地区的经济发展与金融支持的内在作用机理；同时以我国中西部作为一个整体研究对象，由理论分析研究过渡到实践，探讨我国欠发达地区跨越式发展金融支持现状及对策，始终把理论和实践紧密地结合在一起进行研究。

2. 案例分析

把我国中西部地区作为欠发达地区的典型代表进行分析，提出了我国中西部地区跨越式发展的思路，并选择典型行业和地区，对这些地区跨越式发展的金融支持进行案例分析，以期总结经验、发现问题。

3. 实证分析

利用欠发达地区金融行业相关数据与欠发达地区经济发展数据相关指标建立模型进行实证分析，进而对各地区的金融发展与经济增长关系进行计量分析，试图找出欠发达地区经济增长与金融发展之间的关系。

4. 系统分析

在政策研究上指出金融政策体系是一个系统工程，并提出促进我国欠发达地区实现跨越式发展的四大创新性金融政策及相应的配套政策，具有可操作性和前瞻性。

（二）创新之处

在研究理论上，提出了欠发达地区跨越式发展的相关理论，并从金融支持的角度分析欠发达地区实现发展的途径，从理论层面揭示了欠发达地区金融支持与经济发展之间的内在关系和作用机理。在研究视角和理论上具有一定的创新意义。

在研究内容上，把我国中西部地区作为欠发达地区的典型代表进行分析，并对这些地区提出了跨越式发展，且通过严谨的数据统计与图表分析，从供给与需求两个方面对欠发达地区的经济发展、金融支持现状与存在的问题进行详细考察，最终构建欠发达地区跨越式发展的金融支持体系，具有一定的研究特色。

在研究方法上，通过收集相关的经济、金融指标数据，获取欠发达地区各省加总的国内生产总值为被解释变量、金融规模指标、金融结构指标、金融发展效率指标为解释变量，构建时间序列模型并通过检验与协整检验，实证分析欠发达地区金融支持与其经济发展的相关关系以及格兰杰因果关系，从而证实了我国中西部地区金融支持与其经济发展存在显著的因果关系，凸显了强化金融支持的政策含义。

在政策研究上指出金融政策体系是一个系统工程，提出了针对我国中西部地区发展存在问题的金融支持对策建议，并提出了促进我国欠发达地区实现跨越式发展的四大创新性金融政策及相应的配套政策，具有可操作性和前瞻性。

第1章 欠发达地区跨越式发展的金融支持理论基础

欠发达地区的经济发展问题是一个世界性的命题。本章将依据区域经济学、发展经济学和金融学理论，以习近平新时代中国特色社会主义思想为指导，从金融支持欠发达地区发展的视角，在理论上分析欠发达地区跨越式发展的内涵与外延、影响因素、经济社会发展特点和金融需求特点、实现跨越式发展的条件等；研究金融支持欠发达地区跨越式发展的理论基础、作用机理、路径选择等，为本书奠定理论基础。

第1节 欠发达与欠发达地区的内涵

一、"欠发达"问题的提出

如果以发达的工业化国家或者地区的经济和社会发展指标为参照，欠发达地区有一些明显的共同特征：一是落后性，与发达地区形成较鲜明的对比；二是二元经济结构，少数较发达城市与广大落后农村并存；三是经济发展水平低，其国民生产总值在全国所占比重较低，有些地方甚至是未开发的处女地；四是社会发育程度低，商品经济不发达，科教文卫水平落后；五是少数民族聚居；六是资源较富集，由于未被开发，一般具有丰富的自然资源，如水利水电、森林、动植物资源、天然矿产等。

国外学者和一些国际机构对欠发达国家进行了很多研究，这是我们理解"欠发达"这一概念的理论基础和经验基础。由于欠发达国家或地区是相对于发达国家或地区而言的，而发达国家是指经济发展水平较高、技术先进且人均 GDP 水平高从而支持了较高生活水平的国家，❶ 这些发达国家普遍是已完成了工业化的国家。相应地，欠发达国家是指经济发展水平较低、技术较为落后、生活水平较低的国家。欠发达国家普遍是非工业化国家。在一个国家内部，尤其是在国土面积较大的欠发达国家内部，往往存在类似于发达国家与欠发达国家差距的区域间差距。相对于人均产值高和工业化水平高的发达地区而言，欠发达地区是经济综合实力达不到本国平均水平、科技水平和工业化程度较低的区域。

二、欠发达形成的原因

关于欠发达形成的原因，美国经济学家纳克斯于 1953 年提出了"贫困恶性循环理论"。我国也存在着欠发达。我国中西部欠发达地区不是中华人民共和国成立后形成的，而是过去较长历史时期形成的，由于自然、历史、地理条件的差异（东部沿海，中西部多为山地、盆地），中西部一直处于劣势区位中，使得我国生产力主要集中在东部沿海地区。再加上改革开放初期，我国实行了东部沿海地区率先发展的非均衡的区域政策，即在区域发展目标上，主张先富带动后富，鼓励一部分有条件的地区优先发展，并通过这些地区的快速发展带动其他地区的发展；在政策倾向和投资重点的选择上，以发展东部沿海地区为主；在财政、金融等方面，对沿海地区给予了若干优惠倾斜政策；在对外开放上，对东部较发达地区的经济自主权逐渐下放，加深了东部地区的市场化程度。比如，我国于 1980 年首先在深圳、汕头、珠海和厦门设立经济特区，1984 年又进一步开放了 14 个沿海城市，而在中西部地区的管理体制还保留了很多计划经济体制的成分。加之改革开放初期的一系列区域政策极大促进了东部区域的经济发展，且东部沿海地区在发展劳动密集型产业、出口加工产业等方面取得了重大进展，同时进一步加剧了不同区域之间发展程度的差异。

三、欠发达的相对性

在世界经济地域体系中，中国相对于发达国家是欠发达国家，但相对于联合国公布的那些最不发达国家，中国却是发达的。欠发达地区是相对于发达地区而言，在一定地理范围内的相对概念。比如，在全国经济体系中，相对于东部地区，中西部是欠发达地区；相对于上海、江苏、广东，

---

❶ 事实上，通过开发自然资源也可以达到较高的人均国民生产总值，而这样的国家未必有较先进的技术，比如沙特阿拉伯开发石油等。

云南、贵州、广西是欠发达地区。同时，在省份（包括发达省份）内部，有的地区是发达的，有的地区则是欠发达的。比如，广东省的珠三角是发达地区，而珠三角外围则是欠发达地区。又如，广西壮族自治区也是如此。作为一个西部省份，广西壮族自治区是一个欠发达地区，但广西壮族自治区内部也有发达城市和欠发达城市，南宁作为首府是广西壮族自治区内的一个发达地区，而百色、河池等地区则是广西壮族自治区内的欠发达地区，甚至是落后地区和贫穷地区。同时，欠发达地区与贫困地区不完全等同，贫困地区属于欠发达地区，但欠发达地区未必是贫困地区。

在我国，多数贫困地区位于经济发展相对落后的中、西部山区，这些地区往往又是革命老区、少数民族地区和边远地区，因而贫困人口聚居的地区习惯称之为"老、少、边、穷"地区。在全国经济地域体系中，依照"十二五"以来"四大板块"的划分，相对于东部沿海经济地带，我国的中西部和东北地区是欠发达地区。就整体而言，西部地区相对于中部地区是欠发达地区，相对于东部沿海经济带是"更"欠发达的区域。尽管这一划分被官方和学术界普遍采用，但毫无疑问，笼统地将某一区域尤其是"大"区域视为欠发达地区是不科学的，至少是不严谨的。因为即便在一个区域内部，不同次级经济区之间在发展水平上的差距往往要大于"四大板块"之间的差距。在某个发达省份内部，相对于发达的县域，有的地域也是欠发达的。因此，研究我国区域差距问题必须考虑到这点，否则，以此为基础的研究提出的政策措施就会达不到预期目标。

发达地区、欠发达地区和不发达地区的界定主要以经济发展水平为划分依据。同时，发达地区、欠发达地区和不发达地区都是经济概念，而且都是动态的。欠发达地区可以通过技术进步、工业化等途径实现经济起飞，跨入发达地区行列，而不发达地区也可以通过类似的手段跨入欠发达地区行列。欠发达地区只是经济方面较弱，并不是指各方面都欠发达，而且欠发达地区往往存在着经济发展的特有潜力和后发优势。此外，应对欠发达地区作动态的理解。现在的欠发达地区可能是未来的发达地区。欠发达地区在一定时期内和一定条件下，都会发生质的飞跃，跻身于发达地区行列。

欠发达地区如何成为发达地区，这是发展经济学和区域经济学研究的主要问题。托达罗（Todaro, 1992）认为，生活水平低、自我尊重不够和有限的自由都对积累的因果过程发生作用从而维持了欠发达。人民生活水平没有得到提高，发展的前景实际上是不存在的。因此，从长期欠发达状态向发达迈进的先决条件是提高人民的生活水平。库兹涅茨（Kuznets,

1966）、钱纳里（Chenery）和赛昆（Syrquin）（1975）研究了国民收入中工业的份额与人民生活水平的提高的某些特性之间的关系，发现二者存在较强的相关性，而且这种联系绝非偶然。那么，如何提高人民的生活水平和国民收入中工业的份额即工业化，实现欠发达地区的跨越式发展，这正是本书的重点。

四、欠发达地区的划分

我国理论界目前对"欠发达地区"并没有明确而统一的认识。以什么指标体系来衡量地区的发展水平是关键。其中，最直观、最常用的基础指标是人均收入水平，即人均 GDP。由于发展是在经济总量和人均量增长的基础上的结构优化和社会进步，这是发展经济学家和一些国际机构，如世界银行的共识，因此，用这一指标来衡量地区发展程度，其局限性是显而易见的。这一指标体系既不能反映经济结构的优化也不能真实地表征一国或者地区的社会进步程度。基于此，许多学者和国际机构致力于研究能全面反映发展的指标体系。联合国发展计划署（UNDP）于 1990 年建立的人类发展指数（HDI）是一个被广泛认可的关于地区经济发展的指标体系，主要包括预期寿命指数、教育指数和 GDP 指数三个分项指标。但该指标范围过于狭窄，未能反映包括可持续发展能力等重要因素。联合国千年发展目标（MDGs）指标体系则更加强调消除贫困饥饿，保障穷人的基本生存、共享经济社会发展成果，以及确保环境的可持续性。国内不少学者也对此进行了研究。杨伟民（1997）在借鉴人类发展指数的基础上提出了发展程度指数，这是一个综合指数，涵盖了人均收入、产业结构指数、人均投资指数、城乡差距指数、基础设施、教育程度、城市化水平、生活水平和人口负担等十个子指数。这一指标能够全面地反映地区经济发展水平，比较不同地区发展程度。胡鞍钢（1995）则采用经济指标划分方法，主要参照世界银行的通用做法，按人均 GNP 或 GDP 对各区域进行分类，即将全国各省、自治区直辖市（不含港、澳、台）分为低收入、下中等收入、上中等收入和高收入四类区域。从地域分类与人均收入水平分组比较看，低收入组中有 5 个省份位于西部，5 个省份位于中部；下中等收入组中有 3 个省份位于西部，4 个省份位于中部，2 个省份位于东部；上中等收入组中有 1 个省份位于西部，1 个省份位于中部，4 个省份位于东部；高收入组中的 5 个省份均位于东部。可见，人均收入水平分组并不与与区域分类呈一一对应的关系，但是由低收入组和下中等收入组构成的欠发达区域大部分省份位于中西部区域，而上中等收入组和高收入组大部分省份则位于东部区域。

实际上，从现有研究看，不论是依据上述指标体系的划分还是根据地理区位或者经济指标的划分（这两者是目前最流行的划分方法，也是官方认可的划分方法），不同划分方法得出结果是基本一致的。四大板块中的次级区域（省和直辖市）到底哪些归入发达地区，哪些归入欠发达地区，大部分是有共识的。尤其是将西部地区的各省市归入不发达地区，将东部沿海地区归入发达地区的认识是基本一致，对作为地理过渡带的中部地区的认识有些差异。这说明，地区经济发达程度既与收入有相关性也与资源禀赋有相关性，我们在数据处理时应充分认识到这一点。地理划分法是按地理位置将全国划分成几个地带或区域，进而确定各地带或区域分属于发达或欠发达地区。而经济指标划分法是按收入组划分的。

"七五"计划时期，根据地理位置，结合经济建设条件，现实的经济技术水平，以及存在的地区差异等因素，将我国大陆划分为三大经济地带，其中，东部沿海地带包括辽宁、河北、天津、北京、山东、江苏、上海、浙江、福建、广东、广西和海南12个省、市、自治区；中部地带包括黑龙江、吉林、内蒙古、山西、安徽、江西、河南、湖北、湖南9个省、自治区；西部地带包括陕西、甘肃、宁夏、青海、新疆、四川、云南、贵州、西藏9个省、自治区。2000年，我国为促进地区协调发展采取了西部大开发战略，2001年3月，九届全国人大四次会议通过的《中华人民共和国国民经济和社会发展第十个五年计划纲要》对实施西部大开发战略再次进行了具体部署，西部地区特指陕西、甘肃、宁夏、青海、新疆、四川、重庆、云南、贵州、西藏、广西、内蒙古12个省、自治区和直辖市，相应地，东部地区除广西，调整为11省自治区，中部地区除去内蒙古，调整为8省自治区。"十二五"时期，我国明确提出实施区域总体发展战略，第一次将"西部开发、中部崛起、东北振兴、东部率先发展"同时纳入国家区域经济发展的总体框架当中。此时，西部地区特指陕西、甘肃、宁夏、青海、新疆、四川、重庆、云南、贵州、西藏、广西、内蒙古12个省、自治区和直辖市，相应地，东部地区除去广西、辽宁，调整为10省自治区，中部地区调整为山西、河南、湖北、湖南、安徽、江西6省，东北地区特指黑龙江、辽宁、吉林3省。到了"十三五"时期，其规划在区域发展总体战略的内容上体现了政策的延续性，对"四大板块"的安排在总体上依然保持了政策的一致性。但正如前文所述，由于欠发达地区是一个相对概念，对于东部发达地区来说，中部地区和东北老工业基地也是欠发达地区。如果我们仅对经济区做欠发达与发达的"两分法"，而不考虑过渡带，在以东部地区作为发达地区参照的标准下，西部 12 省、市，中部 6 省市和东北的老工业区则均是不发达地区。

五、"欠发达地区"的定义

国内文献对"欠发达地区"的一个代表性界定是：由于历史、观念和区位等条件的制约，社会经济运行处于不平衡的状态，生产要素可得性及其利用率低，技术进步速率慢，缺乏适应并促进社会经济发展的制度安排，由此造成的社会经济发展水平相对较低的地区。[1] 就静态而言，欠发达地区是社会经济指标处于较低水平的地区；就动态而言，是经济发展速度滞后的地区。欠发达地区作为一个相对的、历史的和动态的概念，其基本含义是发展程度较低，经济社会竞争力不强。

通过分析，我们认为，欠发达地区是指受历史、区位、观念、资源禀赋等条件的限制和国家不平衡发展战略的影响，在经济和社会的发展水平上与发达地区有较大的差距，经济综合实力达不到本国现有水平的平均值，生产力发展不平衡，科技水平还不发达的区域。欠发达地区是个相对概念，在空间上看，相对于东部经济发达地带，中西部是欠发达地区，但东部发达地区也有欠发达的县域，西部欠发达地区也有发达的县域；从时间上看，现在的欠发达地区，在一定条件下通过跨越式发展也可能跻身于发达地区行列。因此，从区域的划分来看，欠发达应该指发达地区以外的所有地区，包括中西部地区和东北的老工业基地。具体到我们国家而言，相对东部发达地区，中部和西部地区、东北地区是欠发达地区，在欠发达地区的界定上采用目前我国通用的"四大板块地理划分法"。由于本书是从宏观上研究欠发达地区的金融支持问题，同时考虑到问题的集中性、矛盾的突出性、统计数据的可获得性和可对比性，所以最终是以中西部地区的各省、市作为研究对象，这在一定意义上并不会影响结论的适用性和政策的可操作性。

---

❶　林勇，张宗益，杨先斌. 欠发达地区类型界定及其指标体系应用分析 [J]. 重庆大学学报（自然科学版），2007（12）：119—124.

第2节 跨越式发展的基本理论

跨越式发展是指在一定的历史条件下，在相对较短的时间内实现常规经济发展过程需要较长时间才能完成的经济现象。通常是一些落后者通过引进发达地区的先进技术、知识和经验等使生产力水平迅速提高从而达到先行者的水平甚至是超越先行者。实现跨越式发展可以促进地区经济持续发展并实现社会经济的进步。

对于通过跨越式发展促进欠发达地区的经济发展这样一个世界性的命题，主流经济理论都给予了高度关注并进行了很多研究，一些理论基础如马克思跨越论、后发优势论、追赶理论、非均衡增长理论、经济起飞理论等都涉及跨越式发展问题，但都没有系统地总结出跨越式发展理论，因此本书除收集整理和分析前人的理论，也在此基础上试图探讨跨越式发展理论及其构成。

一、马克思跨越论

马克思通过对俄国等国家的特殊性和具体性的研究，提出了跨越资本主义阶段的"卡夫丁峡谷"设想，这可以看作是早期的跨越式发展理论。马克思认为，俄国在村社土地公有制的特殊国情下可以借助和西方资本主义生产"同时存在"的历史条件，使之"不通过资本主义制度的卡夫丁峡谷，而把资本主义制度的一切肯定的成就用到公社中来"❶。也就是说，以俄国为代表的东方社会可以不经过资本主义社会制度而直接进入社会主义社会。俄国十月社会主义革命胜利后，列宁则在总结最初几年解决民族问题的经验，以及19世纪末20世纪初德国生产力快速发展并赶超英国的历史事实时，将马克思关于跨越式发展社会主义的理论与民族经济的发展直接联系起来，提出了落后国家或民族可以避免资本主义，直接过渡到社会主义的思想。❷ 同时，在马克思主义者看来，社会主义的成功相对他们批

---

❶ 马克思，恩格斯. 马克思恩格斯全集 [M]. 北京：人民出版社，2003：436.

❷ 列宁在《关于民族和殖民地问题委员会的报告》中指出："对于目前正在争取解放，而战后已经有了进步运动的落后民族，国民经济的资本主义发展阶段是不可避免的说法究竟对不对？我们对这个问题的回答是否定的……在先进国家无产阶级的帮助下，落后国家可以不经过资本主义发展阶段而过渡到苏维埃制度，然后经过一定的发展阶段过渡到共产主义。"

判的资本主义而言，就是一种后发优势。

总而言之，马克思认为，经济落后的东方国家由于所处的历史环境，有可能跨越资本主义的"卡夫丁峡谷"，而直接享用资本主义的肯定成果，走上社会主义道路。这也是跨越式发展的精髓所在。马克思关于"跨越"思想的理论认识，对于如何促进落后的国家和地区实现其经济跨越式发展这一问题，具有高度的哲学指导意义，同时也为研究后发国家和地区的发展问题奠定了方法论基础。

二、后发优势论

后发优势论是跨越式发展的重要理论基础。美国经济史学家格申克龙在总结德国和意大利等国经济追赶成功经验的基础上提出后发优势论，即后进国相对先进国，在技术的使用上有一种潜在的优势，后起国家在推动工业化方面往往有先发国家并不存在的特殊有利条件。这种有利条件是来自落后本身与其经济的相对落后性共生的优势。后发展是相对于先发展而言的，因而后发优势涉及的主要是时间跨度。至于国家之间在人口规模、资源禀赋和国土面积等方面的差别则不属于后发优势范畴，而与传统的比较优势相关。他还提到，在一个相对落后的国家，经济发展的承诺和停滞的现实之间的紧张状态，激起国民要求工业化的强烈愿望，以致形成一种社会压力。这种压力，一方面源于后起国家自身经济的相对落后性及对维护和增进本国利益的考虑；另一方面是先进国家的经验刺激和歧视的结果。因此，落后国家普遍提出要迅速实现工业化的要求。

1993 年，伯利兹和克鲁格曼等在总结发展中国家成功经验的基础上提出了基于后发优势的技术发展"蛙跳"模型。它是指在技术发展到一定程度、本国已有一定的技术创新能力的前提下，后进国可以直接选择和采用某些处于技术生命周期成熟前阶段的技术，以高新技术为起点，在某些领域、某些产业实施技术赶超。

尽管后发优势学说是以一个国家的经济发展为研究主体，研究后进国家如何缩小与先进国家的差距从而赶上甚至超越先进国家的问题。但由于这些研究并没有将"国家"作为模型的硬性约束条件。因此，也适用于一个国家内部不同地域之间的区域发展研究。

三、追赶理论

阿伯拉莫维茨在 1989 年提出了追赶理论。追赶理论同样是跨越式发展的重要理论基础。他认为，无论是以劳动生产率还是以单位资本收入衡量，一国经济发展的初始水平与其经济增长速度都是呈反向关系的，即一国经济越落后，增长速度就越高；反之，一国经济越发达，增长速度越低。按照这一假说，所有后进国家必然会赶上先进国家。然而，这一结论与大部分发展中国家与发达国家的差距正在不断拉大的事实是不相符的。于是，阿伯拉莫维茨进一步指出，假说的关键是分清"潜在"与"现实"的区别。这一假说是潜在的而不是现实的，只有在一定的限制下才能成立。第一个限制因素是技术差距，即后发国与先发国之间存在着技术水平的差距，它是经济追赶的重要外在因素，正因为存在技术差距，才使经济追赶成为可能。由此阿伯拉莫维茨得出其假说的第一个引申结论：生产率水平的落后使经济的高速发展成为可能。第二个限制因素是社会能力，即通过教育等形成的不同技术能力以及具有不同质量的政治、商业、工业和财经制度是经济追赶的内在因素。外在的技术差距与内在的社会能力相互作用，形成的复合因素，构成了经济追赶由潜在变为现实的总因素。

这一理论的核心在于只有当外在技术差距与内在的社会能力相互作用形成复合因素时，假说才会成立，此时后进国家将赶上先进国家。追赶理论同样为我们研究后发国家或者是后发区域尽快缩小与先发国家及先发区域的发展差距并实现其经济跨越式发展这一问题，提供了理论指导与思路。

四、非均衡增长理论

欠发达地区与发达地区在区域经济社会发展方面的差距，是跨越式发展的逻辑起点。其发展必然落实在区域经济增长上。因此，从区域或者空间上认清欠发达地区落后的原因，是实现跨越式发展的主要方面。

(一) 增长极理论

弗朗索瓦·佩鲁 (Francois Perroux, 1950) 提出了"增长极" (growth pole) 概念。他认为，如果把发生支配效应的经济空间看作力场，那么位于这个力场中的推进性单元就可以描述为增长极。增长极是围绕推进性的主导工业部门而组织的有活力的高度联合的一组产业，它不仅能迅速增长，而且能通过乘数效应推动其他部门的增长。因此，增长并非出现在所有地方，而是以不同强度先出现在一些增长点或增长极上，这些增长点或增长极通过不同的渠道向外扩散，对整个经济产生不同的最终影响。所以，他反对均衡增长的自由主义观念，主张经济非均衡增长。

在上述理论的基础上，弗里德曼 (J. R. Friderman) 在他 1966 年的

《区域发展政策》和 1969 年的《极化发展理论》中提出了"核心区—边缘区"假说,他把空间极化发展思想归纳为一种普遍适用的主要用于解释区际或城乡之间非均衡发展过程的理论模式。他认为,任何空间经济系统均可分解为不同属性的核心区和外围区。

该理论的核心在于试图解释一个区域如何由互不关联、孤立发展,变成彼此联系、发展不平衡,又由极不平衡发展变为相互关联的平衡发展的区域系统。但佩鲁主要从正面论述了"增长极"对自身和周边地区经济发展的带动作用,忽视了其不利影响。

(二) 循环积累因果理论与"地理上的二元经济"结构理论

缪尔达尔 (Gunnar Myrdal, 1957) 提出了"地理上的二元经济"结构 (Geographical Dual Economy) 理论,弥补了增长极理论的这一缺陷。缪尔达尔认为,生产要素自由流动和市场机制自发调节可以使各地区经济得到均衡发展的观点不符合发展中国家的实际。他用"循环积累因果关系论"说明了地理上的二元经济结构产生的原因和消除的办法。他认为,某些地区受到外部因素的影响,经济增长速度快于其他地区,经济发展会出现不平衡。这种不平衡发展会引起"累积性因果循环",通常累积效应有两种相反的效应,即回流效应和扩散效应。前者指落后地区的资金、劳动力向发达地区流动,导致落后地区要素不足,发展更慢;后者指发达地区的资金和劳动力向落后地区流动,促进落后地区的发展。一般在经济发展的初期,首先是从一些较好的地区开始,即回流效应,这将使发达地区发展更快,欠发达地区发展更慢,地区经济差距会逐渐增大,形成地理上的二元经济结构。而区域经济能否得到协调发展,关键取决于两种效应孰强孰弱。因此,缪尔达尔等人认为,要促进区域经济的协调发展,必须要有政府的有力干预。

这一理论的核心就在于缪尔达尔利用扩散效应和回流效应,它阐释了经济发达地区优先发展对其他落后地区的促进作用和不利影响。这对于发展中国家解决地区经济发展差异问题具有重要指导作用。

(三) 赫希曼的不平衡增长理论

在对一个国家内各区域之间的经济关系进行了深入的研究后,赫希曼 (Hirschman, 1958) 提出了"极化—涓滴效应"学说,解释经济发达区域与欠发达区域之间的经济相互作用及影响。他认为,如果一个国家的经济增长率先在某个区域发生,那么它就会对其他区域产生作用。为了解释方便,他把经济相对发达区域称为"北方",欠发达区域称为"南方"。北方的增长对南方将产生不利和有利的作用，分别称为"极化效应（Polariza-tion effect）"和"涓滴效应（Trickle-down effect）"。而且在区域经济发展中，涓滴效应最终会大于极化效应而占据优势，国家将出面干预经济发展，加强北方的"涓滴效应"，促进南方的经济发展，同时，也有利于北方的经济继续增长。

另外，他还从现有资源的稀缺和企业家的缺乏等方面对平衡增长理论进行了批评，指出其不可行性。他肯定了大规模投资对促进经济发展的重要性，但强调如何使投资得到有效的利用。在如何选择优先进行投资的部门的问题上，赫希曼批评了当时占统治地位的哈罗德—多马模型（Harrod–Domar Model），认为经济的发展并不主要取决于资本形成，而是取决于现有资源并最大限度地发挥其效率的能力，进而指出在国民经济中，各产业、部门之间存在着某种关系，即"联系效应（context effects）"，分为前向联系和后向联系。

平衡增长与不平衡增长是从不同角度、不同时期、不同阶段考虑问题的。不平衡增长是从资源有效配置的角度，考虑在经济发展初期如何把有效资源分配于最有生产潜力的产业中，但是当经济发展到一定阶段，为保持一定的均衡，平衡增长就成为必然。因此，赫希曼强调，平衡增长是目标，不平衡增长是手段。我国经济社会还处于社会主义初级阶段，应采取不平衡增长战略，通过一些适度倾斜的政策，解决资源合理配置的重大课题，使欠发达地区实现跨越式发展，缩小区域间的经济差距，进而达到全国经济的可持续发展。

显而易见，区域经济非均衡增长理论作为跨越式发展的基本理论，更适用于研究我国欠发达地区实现经济跨越式发展这一问题。

五、经济起飞理论

经济起飞理论又称作罗斯托起飞模型，是由美国经济学家 W. 罗斯托于 1960 年在《经济成长的阶段》一书中提出的，是经济发展的历史模式。罗斯托认为，人类社会发展共分为六个经济成长阶段：第一个阶段是传统社会阶段，这个阶段的特征是不存在现代科学技术，生产主要依靠手工劳动，农业居于首要地位，消费水平很低，存在等级制，家庭和氏族起着重要作用，因此在该阶段，社会生产效率低下，人均收入不高。第二个阶段是为起飞创造前提的阶段，即从传统社会向起飞阶段过渡的时期。在这一时期，世界市场的扩大成为经济成长的推动力，这一阶段的重要任务是经济体制改革，为发展创造条件。第三个阶段是起飞阶段。这一阶段经过前一阶段量的积累，社会发展有了质的变化，这是进入发达地区行列的"分水岭"。根据罗斯托的解释，起飞就是突破经济的传统停滞状态。实现起飞需要满足三个条件：① 较高的积累率，即积累占国民收入的 10% 以上；② 要有起飞的主导部门；③ 建立能保证起飞的制度，例如建立能代替私人资本进行巨额投资的政府机构等。一个国家或一个地区只要具备上述三个条件，经济就可实现起飞，一旦起飞，经济也就可以自动持续增长了。第四个阶段是成熟阶段。这是起飞阶段之后的一个相当长的、虽有波动但仍持续增长的时期。其特点是现代技术已被推广到各个经济领域，吸收使用现代科技成果的能力大大提升，工业将朝着多样化发展，新的主导部门逐渐代替起飞阶段的旧的主导部门，经济结构不断发生变化。第五个阶段是高额群众消费阶段。在这个阶段，人均收入已经上升到远远超过满足基本需求，社会具有高度发达的工业体系。第六个阶段是追求生活质量阶段。在此阶段，人们开始追求自己关注并感兴趣的事情，不单着眼于收入的增长，根据马斯洛的需求层次理论，居民开始追求自我实现层面的价值。

该理论的核心就在于提出了人类社会发展会经历的六个经济成长阶段，尽管并非所有的欠发达国家或地区在走向发达时都会经历这六个经济成长的阶段，但这一理论仍然给欠发达地区实现跨越式发展带来很多启发。

六、跨越式发展理论构成

马克思跨越论、后发优势论、追赶理论、非均衡增长理论、经济起飞理论等基本理论都是从不同角度来探讨跨越式发展。马克思跨越论从社会制度角度出发，认为以俄国为代表的东方社会可以不经过资本主义社会制度而直接进入社会主义社会，从而实现跨越式发展；后发优势论和追赶理论是从国家的角度论述后进国家通过发挥自己的后发优势必然会赶上先进国家；而非均衡增长理论则从区域空间角度提出一个国家的落后区域可以通过非均衡发展进而实现赶超，从而达到区域协调；经济起飞理论从经济发展的历史模式角度提出了人类社会发展会经历的六个经济成长阶段。本书将在此基础上探讨跨越式发展理论的内涵、特征及其影响因素等。

（一）跨越式发展理论的内涵

所谓跨越式发展，是指在一定的历史条件下，在相对较短的时间内实现常规经济发展过程需要较长时间才能完成的经济现象，通过引进发达地区的先进技术、知识和经验等，使生产力水平迅速提高，实现社会经济的进步。跨越式发展是在科技进步的推动下，努力实现产业、技术、质量好效益的高水平跨越；是在提高综合竞争力的前提下，缩小与发达地区的差距，甚至赶上和超过发达地区的一种赶超式发展。

它具体包括以下三个方面的内容：首先，跨越式发展的主体是欠发达的国家或地区。这些国家与地区和发达的国家和地区之间的经济发展水平存在着一定的差距，只有这样才存在追赶的空间和跨越发展的可能。其次，跨越式发展的本质是一种高水平的、快速的经济发展方式，它不需要花费大量的时间去研发技术、摸索经验，可以直接运用发达地区和国家已经有的各项技术、管理经验、制度体制，在不违背发展规律的前提下，用尽可能短的时间达经济发展的目标。最后，这种跨越式发展是一种赶超先进的发展。后发国家和地区在学习了先发地的先进技术和管理经验之后，在不断地提高自身的综合竞争力的同时缩小与发达地区之间的差距，甚至赶上或超过发达地区。

发达市场经济国家的经验表明，依靠经济自身力量的常规经济发展过程往往需要很长时间。后进国家或者一个国家内部的后进地区如果通过常规手段实现经济发展目标，可能与发达地区的差距越来越大。而跨越式发展战略可以缩短发展的过程，使落后地区在较短时间内赶上发达地区。

（二）跨越式发展理论的特征

跨越式发展存在以下四方面特征。

1. 跨越式发展是超常规发展

它打破了以往渐进的、稳步的经济发展的过程，以一种快速、高效的方式出现，在较短时间内使生产力水平迅速提高，使产业结构由低级形态向高级化、合理化转变，实现经常规经济发展过程需要较长时间才能完成的经济目标，进而实现整体社会经济的跨越式发展。

2. 跨越式发展是高质量发展

它不是靠单纯的硬拼资源消耗、资本投入和技术研发投入来实现经济增长的低效的发展方式，而是充分发挥利用自己作为相对落后区域特有的各项后发优势，吸收和借鉴发达地区的经验教训，引进、利用先发地区已有的先进技术，实现以较少的资源投入、较低的成本花费获取较高的收入和较快的发展。因此，跨越式发展是更加依赖先进的科技的高速、高效的经济发展方式。

3. 跨越式发展的本质是一种非均衡的发展

根据赫希曼的不平衡增长理论，经济相对发达的地区对相对落后的地区具有"极化—涓滴效应",通过经济相对发达地区的带动作用,一个地区将会由极不平衡发展变为相互关联的、平衡发展的区域系统。而跨越式发展的本质就是一种非均衡的发展模式。它不追求在各个方面的齐头并进,而是根据具体情况在不同行业和领域有所侧重。以重点领域为突破带动其他领域,以重点行业为先导带动整个行业的水平提高,先从部分地区入手,再实现整个区域的经济飞跃和发展。它不是一种全面的齐头并进,面面俱到的发展模式,而是一种以点带面的发展方式。

4. 跨越式发展是一种可持续发展

它要在经济社会发展和人口、资源、环境相协调的情况下,提高可持续发展能力,使经济社会发展始终充满生机和活力。

（三）欠发达地区跨越式发展的主要影响因素

欠发达地区跨越式发展的主要影响因素包括以下四个方面。

1. 人力资本因素

自美国经济学家舒尔茨提出人力资本,尤其是丹尼森对索洛余值的经验研究发表以来,人们越来越重视人力资本在经济发展中的作用。1929—1957 年美国人力资本投资所起的作用占经济增长率的 33%,到 20 世纪 90 年代已达 90% 以上;1951—1955 年日本人力资本投资所起的作用占经济增长的 58.5%,1955—1960 年达到 82.1%,1967—1970 年达到 87.6%,到 20 世纪 90 年代已经达到 90% 以上。由此可见,人力资本投资对经济增长所起的主要作用。❶

人力资本理论的提出改变了人们对劳动力的传统理解。劳动力不再是一个被动的生产要素,而是一种可以通过投资来提高其水平的要素。一个国家或者地区在不增加劳动力存量的情况下可以通过人力资本投资来提高其水平。欠发达地区的现实情况往往是劳动力存量大,但人力资本水平低,人力资源不足。根据国家统计局第六次全国人口普查数据,我国劳动力资源数量是 92 148 万人,为全球第一;而根据联合国开发计划署的相关数据,2018 年我国的人类发展指数（Human Development Index）为 0.752,仅仅排全球第 86 位。由此可见,我国人力资源数量与质量之间的矛盾非常突出,而这种情况在欠发达地区尤为明显。2017 年,全国普通高等学校在校学生人数为 2 753 万人,西部 12 省、自治区中有 10 个省,自治区均低于全国平均水平,最低的西藏自治区仅为 3.56 万人。富余的低水平劳动力

---

❶　尹庆双. 西部经济跨越式发展社会环境研究［M］. 北京:中央编译出版社,2000:77.

使欠发达地区在区域间的产业分工中处于不利地位，这种分工类似于发达国家和发展中国家在国家地域产业中的垂直型分工格局，容易将欠发达地区的产业结构固化在低层次的初级产业和原材料产业上，不能支持产业结构的高级化和地区产业竞争力的提高。

突破人才约束，实现人力资源的加速积累是欠发达地区生产力实现跨越式发展的先导和可持续条件。实现人力资源加速积累的主要途径是教育。欠发达地区要实现跨越式发展，就必须超常规发展各级各类教育事业，培养不同层次的各级各类人才，实现人力资源水平的快速提升；深化干部人事制度改革，健全人才评价、选拔任用和激励保障机制，为经济发展提供人力资本支持。

2. 技术因素

随着经济全球化的到来，大数据、人工智能和5G等重大科技创新成果层出不穷，这些技术在发达地区已初见成效，但是在欠发达地区还处于发展初期。这些技术的短缺往往是欠发达地区实现跨越式发展的"瓶颈"，但同时欠发达地区也很容易凸现资源优势和劳动力优势。欠发达地区可以凭借自己的资源优势与丰富的劳动力优势从发达地区引进先进技术和资金，并与当地的资源与劳动力建立耦合，形成新的生产力，从而跨越发达地区的技术与资本原始积累的漫长周期，实现技术的跨越，缩短欠发达地区与发达地区经济发展的时空年限。这是跨越式发展的支撑因素。

一般情况下，欠发达地区的经济增长方式为劳动密集型，该种方式具有耗费大量人力、能力和产能低等特点，不能科学合理地配置欠发达地区的资源优势。要想真正实现节能降耗生产模式，欠发达地区应寻找新思路的产业技术政策，有效实现经济跨越式发展。突破技术约束是实现跨越式发展的支撑条件。在坚持全面发展、重点突破的原则下，充分利用当地知识、信息和技术等要素快速传播的机遇，实现高新技术的跨越式发展。一方面，各级政府应发挥好引导作用，创造公平竞争的市场环境，建立规范的市场秩序，给企业以技术创新的动力和压力；通过政策引导，把握技术发展的方向，在具有很强外部性和公益性领域组织力量重点攻关等；另一方面，企业应充分发挥技术创新能力，实现技术和生产的结合，不断改进生产方式，提高生产能力，促进地区经济实现跨越式发展。

3. 金融和资本因素

从我国改革开放以来的实践看，资本存量的多寡，特别是资本增量形成的快慢，往往成为促进或阻止经济增长的基本要素。目前，欠发达地区存在巨大的资金缺口，一方面，由于这些地区经济落后，建设的起点低，人口多，面积大，又需要大量的资金；另一方面，资金又极为匮乏。从国家资金支持看，国家公共资源对欠发达地区的支持不可能以牺牲发达地区和全国的经济增长速度为代价。在全国资本总量有限的情况下，国家对欠发达地区资金的支持难以充分满足其对资金的强大需求。另外，东部发达地区的对口支援也是有限度的，同样不可能从根本上解决西部欠发达地区资本短缺的困难，这大大阻碍了欠发达地区的跨越式发展。例如，2017 年年末，全国社会融资规模存量为 174.6 万亿元，其中中部仅占 20.1%、西部仅占 21.6%，合起来不超过东部的 53.9%，由此可见，中西部地区融资较难，资金极为短缺，这进一步阻碍了其经济的发展。

突破资本约束是欠发达地区实现跨越式发展的必要条件。要从根本上解决欠发达地区资金短缺的问题，就必须大力发展金融产业。首先，要拓宽资金渠道，弥补西部地区的资金供给缺口，改善金融机构不健全和投资主体缺失的现状，保证资金流通顺畅。其次，要发挥金融中介的作用，合理引导资金的流动方向，提高使用效率，同时确保中小企业的融资。最后，在改革金融体制方面，完善金融市场秩序，建立金融中心，实现金融自由化。为欠发达地区实现跨越式发展提供金融支持，也是本书在后续各章节中重点研究的问题。

4. 制度因素

制度是一个涵盖范围很广的范畴，不仅包括体制、政策和法规，而且包括道德、伦理、观念和习惯等。欠发达地区的制度缺陷是阻碍其发展的重要因素，主要体现在：（1）观念滞后，封闭意识和传统思维等还较为严重；（2）行政管理方式落后，行政效率低；（3）市场运行机制有待进一步完善，要素市场体系有待进一步健全，人才管理体制、教育体制、科技创新体制、就业机制、社会保障体制等都滞后于市场经济的发展要求。欠发达地区的经济制度是由其落后的生产力水平决定的，但随着发达地区新技术、新生产方式及新企业结构的引入，必然要求经济制度发生变革，以适应新的生产力发展要求。制度创新可以为欠发达地区的经济增长提供适宜的制度环境和制度保证，为欠发达地区实现跨越式发展提供持续的动力。既有的制度很容易因惯性而形成路径依赖，成为制约欠发达地区发展的顽固因素。

对欠发达地区而言，要突破制度约束，首先，是观念创新，克服"等、靠、要"的思想，充分发挥主动性和积极性。其次，是体制创新。欠发达地区的许多政策、法规和措施还无法起到很好地聚集资本、改善人力资源状况和提高整体技术水平的作用，因此要不断改善公平竞争的市场环境和秩序，完善市场体系，推进现代企业制度的认真落实，加快行政体制改革，为欠发达地区实现跨越式发展营造良好的体制环境。

第3节　欠发达地区跨越式发展金融支持的相关理论

经济发展离不开金融支持，欠发达地区要实现跨越式发展更离不开金融支持。通常而言，一般的金融支持理论包括金融结构理论、金融深化理论及金融约束理论。上述金融支持的相关理论对欠发达地区实现跨越式发展同样适用，其实用性体现在：金融结构的引导起决定作用；金融深化的反金融起抑制作用；金融约束具有稳定性作用。

一、金融结构理论与欠发达地区

金融结构理论由戈德史密斯于1969年首先提出并建立，他定义了金融结构和金融发展，研究金融结构的分类、变迁等问题，并且总结出金融发展，即金融结构变迁的八条规律。其中，金融结构、金融发展度量指标、金融相关率较多地为其他学者采用。金融相关率是指金融资产总额与GDP的比率。此外，金融结构相关指标还有金融资产结构指标、金融机构和非金融机构金融工具发行比率、金融工具发行额占未清偿额的比率、金融中介机构的相对规模、金融机构相关程度、企业内部融资与外部融资相对规模等。戈德史密斯在《金融结构与金融发展》一书中指出，金融理论的职责在于找出决定一国金融结构、金融工具存量和金融交易流量的主要经济因素。他创造性地将一国金融相关比率FIR（Financial Interrelation Ratio，指某一时点上现存金融资产与国民财富之比）与经济增长联系起来，采用定性和定量分析相结合衡量金融发展的方法，以及国际横向比较和历史纵向比较相结合的方法，确立了衡量一国金融结构和金融发展水平的基本指标体系。通过对35个国家近一百年的资料研究和统计分析，戈德史密斯得出了金融相关率与经济发展水平正相关的基本结论，为此后的金融研究提供了重要的方法论参考和分析基础，也成为20世纪70年代以后产生和发展起来的各种金融发展理论的重要渊源。

金融结构的发展对欠发达地区经济的发展具有引导和决定的作用，具体表现在：一是它能提高储蓄和投资的总水平。一方面，金融工具的出现使一个单位的投资可以大于或小于储蓄，摆脱自身出现能力的限制；另一方面，金融工具具有一定的营利性，鼓励储蓄，从而增加可用于投资的总量。二是能够提高资金配置效率。金融机构在实现其经营利润最大化的目标下，把有限的资金配置到资本边际收益率高于平均水平的项目、部门和行业，从而促进经济增长。

二、金融深化理论与欠发达地区

金融深化理论由肖和麦金农提出并且建立，该理论的现实基础是金融抑制现象。所谓金融抑制是指政府过度干预金融市场，并实施管制性金融政策，从而导致金融市场发生扭曲，难以通过利率、汇率等价格指标反映资源稀缺程度，其表现是经济货币化程度低、资产报酬差距大、存在信贷配给现象、内部融资比重大，低于实际利率抑制储蓄从而使投资不足对经济增长产生负面影响。麦金农和肖改变了以往学者以成熟的市场经济国家的金融体系为对象的传统，以发展中国家的金融与经济发展为研究对象。他们的研究表明，发展中国家存在着明显的金融抑制现象。政府一般对利率实行严格的管制。在利率管制下，发展中国家普遍存在的通货膨胀往往促使实际利率为负值。一方面，负实际利率损害了储蓄者的利益，削弱了金融体系集聚金融资源的能力，使金融体系的发展陷于停滞甚至倒退；另一方面，负实际利率向借款人提供了补贴，刺激后者对金融资源的需求，造成金融资源供求缺口，从而需要实行信贷配给。但是，政府往往会根据自己的偏好分配金融资源，从而损害了金融体系在配置资源中的功能。因此，发展中国家应该取消上述金融抑制政策，通过放松利率管制，控制通货膨胀，使利率反映市场对资金的需求水平，使实际利率为正值，恢复金融体系集聚金融资源的能力。

简言之，金融深化理论是针对当时发展中国家实行的金融抑制政策提出的，其主张金融自由化改革。该理论认为，金融对经济发展并不是中性的，金融对经济的作用可以是促进的，也可以是阻碍的，关键取决于政府的政策选择。该理论既弥补了一般货币理论忽略发展中国家货币特征的缺陷，又克服了传统发展理论忽略货币金融因素的不足，突出强调了金融体制和金融政策在经济发展中的核心地位，进而为发展中国家制定金融政策，推行货币金融改革提供了理论依据。

金融深化对欠发达地区经济发展的作用，具体表现在：一是打破金融市场的垄断格局，使欠发达地区金融市场的功能更加完善、金融工具不断丰富和完善，从而能够向欠发达地区有储蓄意愿的经济个体提供更多的储蓄产品，吸收更多的储蓄资金，有利于进一步的投资和优化资源配置。通过放宽对金融体系和市场的管制和束缚，允许并鼓励民营金融事业发展，发展现代金融部门，发展金融市场，使储蓄顺利转化为投资。二是放弃存贷利率的人为干预，促进资本形成。不对利率进行人为的限制，使其成为资本价格的真实反映，这在一定程度上解决了信用经济中的"信息不对称问题"，有利于实现融资的市场化。三是允许汇率浮动，使汇率正确反映外汇市场的供需状况，鼓励出口和吸引外资。四是放弃以通货膨胀刺激经济发展的做法，为经济发展营造良好的物价环境。

三、金融约束理论与欠发达地区

金融约束理论是介于金融抑制与金融自由化之间的一种理论。金融约束是发展中国家从金融抑制状态走向金融自由化过程中的一种过渡性政策，是针对发展中国家在经济转轨过程中存在的信息不畅、金融监管不力的情况而对金融深化理论的发展和改进的理论。该理论强调政府的政策引导作用，校正补充市场"失灵"的问题，因此，它是一种选择性的干预政策，其与金融抑制政策是不一样的。金融抑制是从金融部门赚取租金，而金融约束是政府通过一系列的金融政策在民间部门创造租金机会，而不是直接向民间部门提供补贴。这里的"租金"是指政府通过制定存贷利率限制、市场准入限制、资本运作机制和稳定的宏观政策等来使金融机构获得竞争性市场所能产生的收益（张亦，2006）。

金融约束政策对欠发达地区经济发展的作用渠道主要有：一是控制存贷款利率。为了增加银行的"特许权价值"租金，政府可以把存款利率控制在较低的水平上，保证实际存款利率为正，从而降低银行成本，减少银行的道德风险，激发其促进经济发展的作用。二是制定严格的市场准入限制政策。通过制定严格的限入政策，控制银行的数量，从而保障租金免于恶性侵占，保证金融体系的稳定性和安全性。三是制定限制资产替代性政策。金融约束论认为，发展中国家的非正式银行部门资金使用效率低于正式银行，若存款从正式银行中流出，就会降低资金使用效率，不利于银行的发展，从而影响经济的发展。

第4节 欠发达地区跨越式发展中的金融支持机理

传统上，人们将经济分为货币经济与实体经济，即所谓的二分法。二分法割裂了经济增长与金融的关系。凯恩斯理论分析了货币供求变动通过利率，进而影响实际投资和产出的传导过程，而以哈罗德—多马为模型代表的经济增长理论进一步实现了凯恩斯货币经济理论的长期化和动态化。但该理论对经济增长的关注也只是着重于国民收入、储蓄、投资、就业等总量水平，金融对经济增长的作用被归结到投资或资本积累对经济增长的长期作用上。总之，自发展经济学兴起以来，已经有大量关于经济发展与金融关系的研究，这些研究实际上将金融发展与金融制度变迁视为经济发展的一个重要内容。

一、跨越式发展中的金融支持作用

如前所述，尽管经济发展的实质是实体经济总量和人均量的持续上升。但是，现代经济中的金融既是实体经济得以流转和增殖的工具，也是经济发展的重要内容。虽然增加对欠发达地区的资本投入有多种途径，如国家财政转移支付、国家直接投资、利用外资和国际援助等，但金融作为最重要的资本融通工具对于欠发达地区的经济发展具有不可替代的作用。

金融对欠发达地区经济发展的作用表现为：首先，金融作为一种资金政策工具，直接影响着全社会的资本流向，从而决定着欠发达地区的要素流入流出水平和产业结构演进方向；其次，金融作为一种重要的生产服务，区域金融体系的完善程度成为影响其他产业发育和发展的重要基础条件。此外，金融业作为成长性、辐射性极强的高端产业，本身就是欠发达地区跨越式发展的重要突破方向。可以说金融支持是促进欠发达地区经济腾飞的"启动剂"和"催化剂"。

大量研究表明，不发达国家或地区落后的金融制度是阻碍资本形成的最主要原因。在区位、历史因果积累和国家政策的共同作用下，我国各区域间在金融制度上存在较大差距。各地区的金融发达程度有巨大差距。这一方面抑制了欠发达地区的资本形成；另一方面欠发达地区有限的资本却以各种形式在高利润的诱惑下流向了发达地区。落后的金融制度加剧了业已存在的"不发达的恶性循环"。一个地区的经济一旦进入自我循环的负反馈，就很难通过自身力量走出去。

资本市场的落后与发展滞后严重制约了经济社会的快速发展。很显然，仅靠欠发达地区自身的力量不可能解决其自身的金融问题。随着中国经济的进一步市场化和国际化，这种差距可能还会继续扩大，区域间的资本形成能力上的差距也会越来越大。就现状而言，资本不足、资本积累与配置效率低下严重制约着欠发达地区的经济发展。自实施西部大开发和中部崛起战略以来，中央政府对欠发达地区采取了一系列金融支持政策，如扶贫贴息贷款政策、小额信贷扶贫政策以及税收减免政策等，这些政策的实施在一定程度上缓解了欠发达地区资金紧张的状况，促进了资本形成和经济发展。但这些常规的金融支持政策不能从根本上解决区域间的金融差距问题。

在这种情况下，欠发达地区仅靠传统经济增长方式很难在一个可预见的时期内减小与发达地区的差距。作为促进跨越式发展的主要方面，金融制度的非常规模式、制度设计及政策调整将是必不可少的内容和环节。我们将在这方面做必要的探讨。为此，我们将运用已有关于欠发达国家或地区金融研究的理论和经验总结，并基于对我国欠发达地区发展现状的考察和实地调研，提出具有操作性的非常规性金融政策支持模式。

二、欠发达地区金融的主要功能

（一）欠发达地区的金融融资功能

聚集资金就是把分散的资金聚集成资本并转化为投资。欠发达地区是经济发展相对落后的区域，其居住者多为农民等，显然，在这种情况下，他们的收入主要分为两部分，一部分用于消费，另一部分用于储蓄。在欠发达地区，由于金融中介的缺乏与金融服务的低下使得那里居民的储蓄选择较为单一，一般为实物储蓄，但这些实物储蓄大多增值率较低，不利于居民个人财富的快速增长。随着金融市场的发展，金融系统为公众提供了具有高流动性和相对稳定收益的金融工具与更多的投资渠道，这使得欠发达地区的资金盈余者更加自愿地将自身的盈余资金交给金融部门进行储蓄和再分配，在实现财富增值的同时，享受到金融部门提供的各项金融服务，从而实现了实物储蓄向货币储蓄的转变。同时，欠发达地区储蓄率的上升将会增加可投入的资本总量，有利于储蓄增值向投资的转化，从而为经济发展提供强有力的资金支持。

（二）欠发达地区的金融配置功能

优化资源配置是指在社会资本总量不变的条件下，以投资者"效益最大化"为原则，使货币资金在不同部门和企业之间进行高效流动，最终达到帕累托最优状态的过程。经济增长的机会在不同的地区、产业、市场主体间存在差异。在欠发达地区，一些暂时没有较好投资机会的企业、农户，很有可能成为资金的供给者而将闲置的资金存入金融机构和金融中介，从而使全社会资金使用效率更加有效。随着金融自由化和金融发展水平的逐渐提升，金融中介机构不断发展壮大，欠发达地区的资金配置效率大大提高，这将促进欠发达地区产业结构的优化升级，推动欠发达地区经济增长的集约化和高效化。

（三）欠发达地区的金融信息反映功能

市场上存在的信息不对称和交易成本的问题会带来许多风险，而金融市场和金融机构可以为投资者提供资金保值甚至升值的机会，并以集中投资或者分散投资的形式来降低风险。一方面，金融市场作为资金集散的中心场所，联系着千家万户和各行各业，收集并反映各行各业的资金供需情况及其发展动态信息，为欠发达地区的相关企业提供市场动向、产业发展前景、国家政策等信息，有效地减少由于信息不对称造成的风险；另一方面，利用金融市场的各种金融工具可以降低和分散欠发达地区中长期大额资金占用的风险。

三、金融支持欠发达地区实现跨越式发展的作用机理

经济决定金融，金融又反作用于经济，金融作为现代经济的核心，既是调控宏观经济的重要杠杆，也是微观市场要素组合的"龙头"。随着国民经济的日益发展，金融业越来越直接影响着社会生产、分配、交换和消费的全过程，促进经济和社会的发展。在供给侧改革持续深化的大背景下，金融作为供给侧的核心要素，在推动实体经济发展方式由粗放型向集约型转变的过程中发挥着重要作用，尤其是欠发达地区要实现经济跨越式发展，更离不开金融的支持作用。根据戈德·史密斯的分析，金融提高了一国的储蓄水平和投资水平，并通过有效配置资金功能的实现促进经济发展；金融发展水平越高，资金的使用效率也将随着金融活动活跃程度的提高而不断增强。

以下将从三个方面来分析金融对欠发达地区实现跨越式发展的作用机理。

（一）通过货币市场来支持

首先，货币市场是短期资金融通的市场，是指融资期限在一年以下的金融市场，具有传导货币政策的功能。众所周知，中央银行实施货币政策主要是通过再贴现政策、法定存款准备金政策、公开市场业务等的运用来影响市场利率和调节货币供应量以实现宏观经济调控目标的，在这个过程中，可以通过货币市场来促进社会经济持续平稳发展。

其次，在货币市场中，通过商业银行，资金供给方可在市场上将短期

多余的闲置资金集中再融出以实现资金效用最大化，资金需求方可通过直接融资渠道融入资金以补足短期资金缺口或进行更大规模的投资。

最后，银行可以运用特定的经济杠杆，如存贷款利率、外汇汇率、信贷规模等来改变流通中的货币数量和流向，使资金在由发达地区向不发达地区流动的同时优化产业结构，实现经济的集约型增长。

（二）通过资本市场来支持

资本市场作为金融市场的主要组成部分，其作用在于通过迅速有效地把资金从储蓄者手中转移到投资者手中的转移机制，实现资本在不断地运动中保值增值，并以此来促进整个社会资源的优化配置。

第一，资本市场可以通过直接融资将区域内、外企业和居民的盈余资金通过储蓄集中起来转化为投资并投入到实体经济中，提高资金的流转速度，有利于企业的技术创新与进步，便于企业进行规模扩张，获取规模收益，使该区域实现跨越式发展。同时，通过资本资产风险定价来引导企业、行业乃至整个国民经济进行增量资本资源的积累与存量资本资源的调整，在一定程度上解决了信用经济中的"信息不对称问题"，进而实现剩余资金在市场上的有效配置。

第二，资本市场可以帮助欠发达地区的企业完善经营机制，改变公司的治理情况，提高企业经营效益，通过证券组合及信息积累来实现风险的分散和共担，提高投资者对大规模资金需求项目投资的积极性，进而拉动欠发达地区的投资和经济增长。

（三）通过产业结构来支持

一般而言，金融发展有助于推进区域产业结构升级，通常产业结构的调整有两种基本方式：一种是存量结构调整；另一种是增量结构调整。首先，国民进行的储蓄投资等金融活动能改变资金的流量结构，资金流会带动其他生产要素的流动，改变生产要素分配情况并作用于资金存量结构，实现对产业结构的调整。其次，金融总量的适度扩张可以扩大产业规模，以资本市场或者银行信贷、信托贷款等手段调节产业结构增量，可以通过改变投融资结构模式进而实现产业结构的优化。金融市场，尤其是其中的资本市场通过多样而透明的交易制度和灵活而低廉的交易成本，提高资产的流动性和增加投资的透明度，便于投资者依据充分的市场信息来选择收益较高的风险资产投资组合，使资本从生产效率低的产业流向生产效率高的产业，进而实现产业结构的优化升级。最后，金融业的不断发展能够提高第三产业在整体经济中的占比，达到优化产业结构的效果。因此，可以通过不断提高欠发达地区的金融发展水平来优化欠发达地区的产业结构。

金融支持欠发达地区经济发展的作用机理，如图 1.1 所示。

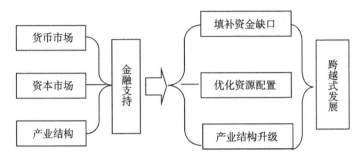

图 1.1 金融支持欠发达地区经济发展的作用机理

第2章 欠发达地区经济发展
金融支持的国际经验

区域间经济发展不协调是各个国家发展过程中普遍面临的问题，鉴于金融是现代经济的核心，对于欠发达地区经济发展的重要作用，世界上许多国家和地区，包括美国、日本、英国、德国、巴西等国家都十分注重利用金融政策支持欠发达地区的经济发展，并进行了有益的政策实践，发达国家对经济欠发达地区的积极干预政策有效地遏制了本国各地区经济发展差异不断扩大的趋势。他山之石，可以攻玉。尽管不同国家的社会制度、基本国情、历史文化和经济体制都存在一定的差异性，但发达国家对欠发达地区金融支持的经验对我国欠发达地区经济发展和强化金融支持功能提供了有利的研究基础。我国要在坚持适应性、合理性和有效性的原则下，有选择地借鉴国外欠发达地区经济发展金融支持的经验，构建一套适合我国国情的促进欠发达地区实现经济跨越式发展的金融支持政策体系，推动我国区域经济协调发展，构建和谐社会。

第1节 发达国家对欠发达地区的金融支持措施

发达国家都具有相对雄厚的经济实力，在解决区域经济发展不协调的过程中，借助其发达的经济，根据实际国情建立起一套促进欠发达地区经济发展的金融体系，并且按照这个体系不断完善欠发达地区金融发展，结合广泛的区域金融政策，通过要素市场对经济体的资本、土地、劳动力、技术等进行配置重组，最终实现经济社会的稳定和效率与公平的结合。本节选取了美国、日本、英国、德国这四个区域经济协调发展较成熟的发达国家，通过分析其金融支持体系和金融支持政策，汲取有益于我国欠发达地区经济发展的经验。

一、美国对欠发达地区的金融支持措施

作为世界上最发达的市场经济国家，美国在其发展初期的区域经济发展极不平衡。美国的东部、北部及大西洋沿岸开发较早，聚集了大量的现代制造业，带动了经济的发展；西部、南部和太平洋沿岸开发较晚，基本上是落后的农业区，经济发展缓慢。区域经济发展不平衡，不仅制约了美国整体经济的发展，而且影响了美国政治的稳定。为了缩小各个区域经济发展的差异，自 20 世纪 30 年代开始，美国采取了一系列的金融支持措施促进区域间的协调发展。经过较长时间的调整，政策成效显现，到 20 世纪 80 年代，美国各区域的发展基本趋向均衡。美国在对欠发达地区经济发展的金融支持经验方面，可以总结为金融支持体系和金融政策体系两个方面。

（一）金融支持体系

美国对欠发达地区的金融支持体系较为完善，建立了以联邦储备银行为核心、以商业性金融为基础、以政策性金融及合作性金融为补充的完整的金融体系；建立了既能保证金融业宏观整体统一又能兼顾欠发达区域的分权式中央银行制度；制定了促进一大批地方商业银行发展的"双线注册银行制度"，并且在欠发达地区成立了多种政策性金融机构，以促进各地区的协调发展。美国的商业性银行金融机构营业网点的设立范围广，各城镇均有乡村银行，为农村贷款需求提供支持。合作金融在美国的欠发达地区的发展中起着举足轻重的作用，联邦中期信贷银行、合作社银行，以及联邦土地银行针对农村地区的不同金融需求，有针对性地进行金融支持。农村政策性信贷机构的设立也为欠发达地区的金融支持起到了补充作用。

第一，联邦储备制度对全国金融业实施分层管理，在中央一级设立了联邦储备委员会，相当于中央银行总行；根据对经济区域的划分，在各经济区设立联邦储备银行，相当于中央银行分行。美国共设有 12 个地区性的联邦储备银行，这 12 个联邦储备银行可以根据情况在本地区设立分行，目前，美国全国共有 25 个分行。分权性中央银行制度决定了地区性联邦储备银行可以实行自我管理，独立性很强，权力很大，进而可以根据本地区经济金融发展需要制定有针对性的金融政策。

"双线注册银行制度"是指在美国，商业银行、储蓄机构和信用社可以选择向联邦政府注册成为国民银行，也可以向州政府注册成为州立银行，这种制度催生了大量地方性商业银行，商业银行的资金首先要用于当地经济发展的需要，不允许资金跨州经营和向外扩张，这一政策满足了区

域经济发展的需求。此外，各州都有自己的金融管辖权，自己制定并执行本辖区的金融法规，为了便于监管和协调各州的金融管理机构的政策，成立了各州金融管理者协会。

第二，美国政府建立了多种类的政策性金融机构对欠发达地区开发实行产业倾斜。20 世纪 30 年代后，美国先后成立了进出口银行等进出口政策性金融机构、农业政策性信贷机构以及住宅建设信贷机构等。农村合作性金融体系包括联邦中央信贷银行、联邦土地银行、联邦中期信贷银行以及合作社银行。其主要目的是通过对农业相关组织、农业发展项目放贷，扩大农业可用资金的来源，改善农民工作条件和福利，增加农民收入，加快农业发展。

美国还形成了一套比较完善和稳定的农业保险体系对农民和农业给予补贴。从联邦农作物保险公司到私营保险公司，美国的保险体系加强了欠发达地区农作物保险，分散了农业风险。

（二）金融支持政策及方式

1. 运用资本市场的力量促进产业组织合理化

马歇尔认为，自由竞争会扩大企业的生产规模，形成规模经济，提高产品的市场占有率，又不可避免地造成市场垄断，而垄断发展到一定程度又必然会阻止竞争，扼杀企业活力，造成资源的不合理分配。因此，产业组织合理化就是要解决规模与竞争的矛盾问题，实现企业的集团化发展和大、中、小企业之间的分工协作，提升产业绩效。在市场经济条件下，这需要通过资金、生产要素、无形资产及技术等的集中和跨企业、跨行业的流动、组合来实现，而资本市场通过资本集中、价格发现和资产重组机制可有力地促进企业实现集团化发展和企业间的专业化协作。美国政府不直接干预产业的进入、退出及产业组织结构，而是充分发挥资本市场的力量，使各相关利益主体在竞争中实现企业最佳规模的选择和产业内企业组织结构合理化。如自 19 世纪末至今，美国五次大的兼并浪潮使其产业集中度、企业规模结构和公司治理结构日益合理化，资本市场在其中发挥了关键作用。此外，由于中小企业在任何国家和地区的数量占比都比较大，因此对于中小企业的扶持至关重要，而融资问题一直是制约中小企业发展的瓶颈。美国在金融支持中小企业发展方面，为中小企业设立专门的股票市场纳斯迈克，NASDAQ。NASDAQ 是全美交易商协会于 1971 年建立的世界上第一个电子股票市场，它为美国中小企业特别是高科技型企业的成长创造了良好的条件。NASDAQ 设立中小企业柜台市场，为不能在证券交易所上市的中小企业提供融资便利。截至 1999 年年底，美国 92% 的软件企业、82% 的计算机制造企业均得到过该市场的支持。政府的"小企业信贷保证计划"为地方开发投资公司和小企业投资公司发行的债券提供担保，为中小企业融资服务。

2. 利用风险投资机制发展高新技术产业

在美国，企业有一套完善的风险投资及风险资本的退出机制。二板市场对 20 世纪末美国"新经济"的发展和产业结构的升级起了重大作用，而风险投资机制的建立和完善离不开政府的支持，政府支持是风险投资业迅速发展的关键因素和必要前提。美国政府通过立法、财政税收优惠制度、贷款担保制度等为风险投资业的发展创造了良好的环境。1958 年，美国国会通过的《小企业投资法》授权联邦政府设立小企业管理局，经小企业管理局审查和核发许可的小企业投资公司可获得优惠的信贷支持，有力地推进了以半导体技术为代表的新兴产业的发展。20 世纪 70 年代末 80 年代初，政府实行鼓励退休基金进入创业资本的政策，使创业资本获得了大规模、长期化的稳定资金来源，并降低创业资本的资本收益税，促进了以计算机为代表的新兴产业的发展。进入 20 世纪 90 年代后，政府又实行鼓励高新技术产业发展的政府采购政策，使信息和生物工程等产业得以迅猛发展。英国、法国也采取了税收优惠、贷款担保等政策促进本国风险投资业的发展，以加快发展高新技术产业，实现产业结构的高级化。

3. 弥补市场失灵的政策性金融支持

美国的政策性金融体系是相对比较健全的，在整个金融体系的资源配置中政策性金融的相对比重在下降，但其重要的经济社会作用仍然是不容忽视的。该国政策性金融活动主要是为弥补市场失灵，以缩小地区经济发展差距和扶持弱势产业和中小企业为主。中小企业由于在满足社会需求、优化产业分工、创造就业机会等方面具有特殊的作用，同时也是技术创新的重要力量，因而这一企业群体直接影响了该国经济的繁荣与发展，对中小企业的扶持也就成为该国产业政策的一项重要内容。

在美国，政府对中小企业政策性贷款的数量很少，中小企业发展的资金来源除自有资金外，大部分来自金融投资公司，主要是中小企业投资公司和风险投资公司。中小企业投资公司可以从联邦政府获得非常优惠的贷款支持，然后通过低息贷款、购买或担保购买公司证券的方式向中小企业提供资金，其中官办的中小企业投资公司主要是引导民间资本的投向。风险投资则是依靠其"高风险、高收益"的魅力集聚来自银行、企业、保险、私人等各方资金，为勇于创新而难以从一般渠道得到贷款的中小企业提供贷款和无担保或者担保不充分的贷款。

4. 实施有差别的金融管理调控政策

分权性中央银行制度使得各联邦储备银行可以根据本地区经济发展情况，自行制定、调整不同的贴现率来促进投资和经济发展。美联储依据地区间的差异、银行规模的大小设置不同标准的法定准备金率。1913年颁布的《联邦储备法》建立的联邦储备银行体系，最早规定中心储备城市的银行为18%，储备城市银行为15%，乡村银行为12%，这一比率根据市场的变化不断调整，但依据不同地区银行设置不同准备金的做法依然没有改变。美国对不同规模的商业银行也制定了不同的资本金要求，即银行所在地人口不足6 000人的，最低资本金为5万美元；在6 000~50 000人的之间，资本金为10万美元；超过50 000居民的，最低资本金为20万美元。同时，美国政府还实施有差别的信贷政策及税收优惠或低税率政策，采取优惠信贷等措施鼓励私人企业在欠发达地区投资，尤其是向南部农村投资，并且对投资的企业给予信贷保证，通过提供财政援助等方式为投资农村创造良好的外部投资环境。美国政府除通过各种手段对存贷款及其流向施加影响，还创办一些政策性信贷机构，让国家直接参与存款、放款业务活动，以增强自己对不同地区经济的影响。20世纪30年代世界经济危机之后，美国通过了《联邦信贷纲要》，先后成立了美国进出口银行、各类农业信贷机构和住宅建设信贷机构。这些金融机构在经营中政策色彩重，对落后地区经济发展乃至一些基础设施建设都起到了重大作用。

5. 制定社会投资法律，解决银行间问题以保护地方经济、金融利益

经济法律是美国进行区域经济调控的关键。美国是典型的资本主义市场国家，国家经济几乎没有政府计划，政府依据立法对宏观经济的发展进行间接调控，从而保证国民经济有序发展。在促进区域协调发展的过程中，美国依靠严格的法律制度，保证援助不发达区域工作的顺利进行。比如，通过金融立法解决中小企业融资问题。1953年，美国国会通过了《小企业法案》和《小企业融资法案》，并成立了美国联邦中小企业管理局（Small Business Admission，SBA），以解决中小企业向商业银行、各种投融资机构贷款存在的规模小、抗风险能力差、缺少担保等问题，引导民间资本向中小企业投资。1977年，美国颁布实施《社区再投资法案》（Community Reinvestment Act，以下简称CRA），保证了优惠资金的稳定供给。根据CRA的相关规定，商业银行要拨出一部分资金专用于银行所在地黑人以及贫穷居民经济活动的需求。随意跨州经营、在资金上向外扩张是不允许的。1993年，美国颁布了第一个比较系统解决不发达区域经济发展问题的

《联邦受援区和受援社区法案》，该法案旨在调动联邦、州、地方政府和企业的力量促进落后地区发展，从而使美国从一个区域发展不平衡的国家向区域发展均衡国家过渡。

表 2.1　美国对欠发达地区金融支持政策

出台时间	政策	主要内容
1953 年	《小企业法案》《小企业融资法案》	解决中小企业向商业银行、各种投融资机构贷款存在的规模小、抗风险能力差、缺少担保等问题，引导民间资本向中小企业投资
1977 年	《社区再投资法案》（以下简称 CRA）	商业银行要拨出一部分资金专用于银行所在地黑人及贫穷居民经济活动的需求。随意跨州经营、在资金上向外扩张是不允许的
1993 年	《联邦受援区和受援社区法案》	该法案旨在调动联邦、州、地方政府和企业的力量促进落后地区发展，从而使美国从区域发展不平衡的国家向区域发展均衡国家过渡

6. 对落后区域实施规范的财政转移支付

对落后区域实施规范的财政转移支付是美国区域调控的常用手段。虽然美国的州和地方具有一定的独立性，但是就其财政来说，联邦政府集中了大部分的财政，但州和地方政府却承担着管理州内投资环境和社会福利、治安、教育、卫生等大部分社会和公共事业管理的职能。因此，联邦政府有必要通过财政支付给州和地方政府财政补助，美国联邦的财政转移支付以补助金形式为主，并且分为不限制用途的一般性补助和指定专门用途、实行专款专用的专项补助两大类。一般性补助主要是用来平衡地方政府财力，缩小不同地区收入差别，在使用上比较灵活；而对专项补助，除限制其用途外，联邦政府常常要求地方财力予以必要的配套，以此来强化联邦政府的政策意向。自"二战"以后，落后的南部一直就是联邦财政补助的重点，进入 20 世纪 80 年代，区域间的补助差异有所减轻，但是落后地区依然占有较大份额。美国的联邦补助金制度，其实质是一种由联邦政府出资、州地政府办事的财政体制，它有助于纵向政府间的财政平稳和横向区域间的经济均衡。联邦政府把高收入地区的部分收入转移到低收入地区，可以缓解由于区域发展差异造成的支付能力差异，从而实现调控区域经济均衡发展的目的。❶

---

❶ 王涛 . 美国区域调控的经验及其对我国的启示 ［J］. 内蒙古财经学院学报，2007（1）：10—13.

二、日本对欠发达地区的金融支持措施

第二次世界大战之后，日本经济一片萧条，日本政府采取了一系列的金融政策和措施使得日本经济进入了高速增长期，但在高速增长过程中，出现了区域间发展不协调的问题。20世纪中期以来，日本的经济发展呈现明显的两极分化，以东京、大阪、名古屋为中心的三大都市经济圈与在地理上相隔很远的低收入边缘地区如北海道地区、东北地区、中部东山地区、四国地区和九州地区之间经济发展存在较为明显的差距，区域间的差距成为阻碍日本经济发展的重要因素。❶ 20世纪60年代后，日本制定了合理的区域开发政策，优化社会资源配置，注重调整地区结构，促进了区域间的协调发展，成为"二战"后日本经济持续高速增长的重要保证。到20世纪70年代中期，日本跻身发达国家行列。

（一）金融支持体系

"二战"后，日本逐步形成了以日本银行为中心、以民间银行为主体、以政策性金融机构为补充的比较健全的金融体系。其中，日本银行担任日本的中央银行，引导着整个金融体系的运营。与其他国家不同的是，日本的中央银行在执行金融政策方面服从政府的指令，自主性和独立性均相对较弱。民间金融机构按照其办理的存贷款期限的长短、交易的规模和业务的性质可以分为商业银行、专业金融机构、保险公司和证券公司等。它们均以盈利为目的，在日本的金融体系中处于主体地位，具有一定的独立性，其经营活动不受政府的直接干预。政策性金融机构则根据一些特别法设立的、以财政投融资金为原资进行融资活动。政策性金融机构主要支持政府扶持的产业和涉及社会整体利益的项目。它们是为了贯彻国家政策而在不同的领域里设立的机构，包括2家政策性银行、9家公库、3家公团、8家事业团，以及多种特别会计和基金等。它们在贷款中优先考虑政策目的，按照政府规定的特定政策和目的从事金融活动，从不同角度、不同程度上弥补了商业性金融机构的不足。

1. 日本的中央银行

日本银行是日本的中央银行，履行中央银行的职能，包括：发行纸币现钞并对其进行管理；执行金融政策；作为政府银行的同时，担任"最后

---

❶ 张家寿，谭春枝. 日本对欠发达地区的金融支持及其启示——世界若干国家对欠发达地区金融支持研究系列论文之三［J］. 改革与战略，2007（11）：89—93.

的贷款者"这一银行角色；执行与各国中央银行和公共机关之间的国际关系业务等。日本银行成立于 1882 年，在 100 多年的发展与完善过程中，逐步形成了具有健全的金融手段和管理机制的中央银行。然而，与国外的一些中央银行相比，日本银行具有相对较弱的自主性和独立性，大部分金融政策是由大藏省指导做出，并且大藏省才是实行金融行政的机构。

2. 日本的民间银行

日本的民间金融机构按照其办理存贷款期限的长短、交易的规模及业务的性质可以分为商业银行、专业金融机构、保险公司和证券公司等。民间银行的经营活动主要是以营利为目的，并且不受政府的直接干预。其中，商业银行主要办理短期金融，可以根据其规模和经营状况分为都市银行、地方银行和第二地方银行。都市银行的总行都设在大都市；地方银行以总行所在的都、道、府、县为主要营业地区的银行。第二地方银行则是主要面向中小企业和个人的金融交易，与地方银行相比，与当地有着更密切的联系。专业金融机构由外汇金融机构、长期金融机构、中小企业金融机构和农林渔业金融机构组成。外汇金融机构指外汇专业银行，即东京银行，专门从事外汇交易和外贸金融业务，与政府有着密切的关系。长期金融机构主要办理长期信贷业务，对大企业需要的设备投资提供贷款。中小企业金融机构主要包括相互银行、信用金库、信用组合、劳动金库和商工组合中央金库。农、林、渔业金融机构包括农、林、渔业协同组合及其中央机构——农林中央公库，专门在农村吸收贷款，并且为农、林、渔业提供贷款。日本的其他金融机构指保险公司、债券公司、投资信托委托公司等。

3. 日本的政策性金融机构

政策性金融机构是解决欠发达地区金融供求不匹配，扶持弱势产业发展，提高落后地区收入水平的重要机构。日本拥有体系完备、分工明确且种类繁多的政策性金融机构，即著名的"二行九库一基金"体系，其完全是由政府主导、由政府全额出资，以经济发展和国民生活安定为目的，在中小企业融资出现困难时，为补充民间金融机构的不完备而设置的政策性金融机构。具体包括主要以大企业为融资对象，支持、鼓励出口而建立的日本输出入银行；为引导和推动重点产业加速发展而建立，负责提供产业开发设备贷款的日本开发银行；以中小企业、农、林、渔业及个体经营者为融资对象，提供开业资金而建立的日本国民金融公库；为住宅建设提供资金的住宅金融公库；为改善农业和中小企业筹集长期资金困难而建立的农、林、渔业金融公库和中小企业金融公库；为开发落后地区而建立的北海道东北开发金融公库和冲绳振兴开发金融公库；适应地方公营企业发展的融资要求而建立的公营企业金融公库；为中小企业提供信用担保而建立的中小企业信用保险公库；为提高医疗和环境卫生水平而建立的医疗金融公库和环境卫生金融公库；适应对外经济援助发展而建立的海外经济合作基金由原来隶属日本进出口银行的"东南亚开发合作基金"分离更名而来。❶

（二）金融支持政策

日本政府对欠发达地区开发主要采取了如下灵活多样的支持政策和支持方式。

第一，立法。计划与立法相结合是日本开发落后地区的成功经验之一。自20世纪40年代以来，日本先后制定了一系列的金融法令，主要有《北海道开发法》和《北海道开发金融公库法》，随后才成立了北海道东北开发金融公库，有效满足了北海道和东北地区开发对中长期资本的需求。在促进地方开发的公库上还有《东北开发促进法》《九州地方开发促进法》《北海道东北开发公库》和《冲绳振兴开发金融公库》等。此外，政府每隔十年左右时间都会根据各个地区经济发展的情况，对原有法令进行修改或者重新制定新的法令。与此同时，日本政府在相关法律的基础之上，还制定了操作性更强的制度，如《输出贸易票据制度》《输出贸易保险制度》《设备现代化资金贷款制度》《农业信用保险制度》《中小企业信用保险制度》等。典型的金融支持法令如表2.2所示。

表2.2　日本对欠发达地区实施的金融支持法令

出台时间	政策	主要内容
1950年	《北海道开发法》《北海道开发金融公库法》	设置了专门的直属中央政府的北海道开发厅，厅下面设北海道开发局，另在中央单为地方开发设立开发机构，与地方政府并存
1953年	《北海道东北开发公库》	促进地方开发的金库
1957年	《东北开发促进法》	促进日本东北地区开发的法律
1959年	《九州地方开发促进法》	促进日本九州地区开发的法律
1972年	《冲绳振兴开发金融公库》	促进地方开发的金库

第二，高投入政策。日本政府为了鼓励资本流向欠发达地区而采取了

---

❶ 龚晓菊，吴琼. 欠发达地区跨越式发展金融支持的国际经验借鉴［J］. 现代财经（天津财经大学学报）［J］. 2011（8）：53—61.

高投入政策，即国家和地方按事业计划拨出专款，以无偿扶持为主，辅以低息长期贷款，并动员民间资本参与开发。具体方法是：首先，向欠发达地区投资的企业提供优惠低息贷款，贷款利率只有一般银行利率的 60% 左右，在此基础上，贷款企业还可以享受规定期限的归还贷款宽限期。其次，对欠发达地区的投资给予利息补贴，比如，对北海道的公路及其他基础设施的改造就多补贴 18%。最后，中央政府还设立欠发达地区发展基金，提供中长期低息贷款或为开发提供担保，尤其对私人信贷机构提供高达 90% 的信贷保险，对欠发达地区居民生活水平方面实行全民年金和全民保险制度，以确保欠发达地区的居民生活不会因为经济水平的差异而受到影响。

第三，为落后地区开发和发行特别公债，并实行优惠税收和贷款政策，主要用于国务大臣指定的落后地区筹措道路建设、渔港建设、住宅建设和医疗设施，以及其他政令规定的各种设施和振兴地方传统产业所用资金。对落后地区的企业和事业单位实行优惠税收和贷款政策，这样做一方面使资金相对集中地投向了具有发展意义的项目；另一方面引导地方政府从全局出发，按中央政府意图去开发落后地区，加快其发展。

第四，对不同时间段政府确立的主导产业和基础产业实行优惠政策，为政府重点发展的产业部门和新兴产业部门提供低息贷款，制定《临时利率调整法》，限定最高利率，确保产业投资效益。政府还设立"复兴金融公库"，以财政拨款和发行复兴金融债券的方式筹集资金，为推行"倾斜式生产方式"的产业政策提供资金支持。产业结构的优化升级是世界各国经济发展的必由之路，各个国家在不同阶段都应该有不同的主导产业，为经济的持续增长及均衡发展不断地开拓广阔的空间。日本的海运造船、电力、汽车、机械、钢铁、煤炭、石油炼制等行业都因受益于这一政策性金融而蓬勃发展起来。

第五，为政府重点发展的产业部门和新兴产业部门提供低息贷款，确保产业投资效益，同时制定专业化银行体制。以电力工业为例，1961—1968 年，因享受银行低息贷款政策的优惠，其贷款利息减轻额占设备投资的 20% 以上，大大节约了成本，为企业的再发展输送了"血液"。各类性质的专业性银行分工明确，各自服务的对象和从事的业务种类都有严格的分工，这样就确保了日本能够将有限的金融资源投入到重点产业中，从而调节和优化了产业结构。

三、英国对欠发达地区的金融支持措施

工业革命最早开始于英国，技术的发展使得英国各个区域依托自身的

优势开展专业化的生产，逐步形成了以纺织业、钢铁工业、造船业、煤炭业为支柱的产业结构。这四大产业成为英国 19 世纪的主要出口工业，使得英国在 19 世纪处于世界领先位置。在这一过程中，英国依托交通、燃料等要素，形成了曼彻斯特、伯明翰、舍菲尔德以及西约克郡等工业中心，之后通过辐射作用，逐渐向周边扩散，使得这些工业成为这些中心城市所在区域的支柱产业。然而在历史、工业结构、市场和技术因素的综合作用下，以往专业化的优势也成了弊端，专业化造成了工业结构单一，随着英国支柱产业的逐步衰落，其很难与新的企业产生联系，这就失去了新的产业基础，最终使得以这些工业为主导产业的地区也从经济发达的工业中心转变成为经济衰退的落后地区，区域间的差距日益凸显。随着第一次世界大战的爆发，区域间的差异进一步扩大，英国作为多民族国家，区域间不协调发展不仅极大阻碍了国家经济发展，而且引起了人民的不满，不利于民族团结。于是，英国政府开始出台一系列的金融政策进行整治，这使得英国不仅是第一个开始工业革命的国家，而且成为第一个治理区域间经济发展不协调的国家。

（一）金融支持体系

英国的金融业发展历史悠久，1644 年，英国成立了世界上第一家商业银行——苏格兰银行。苏格兰银行履行中央银行的职能，其银行系统实行严格的分业经营和分业监管政策。20 世纪 90 年代，英国金融业爆发了一系列有重大影响的金融事件，如巴林银行破产、国民西敏寺银行危机等，使得英国商业银行、保险公司与投资银行不断整合，形成了混合经营的金融体系。英国对欠发达地区的金融支持是由有组织的正规金融体系与无组织的民间借贷构成的"金融双元性"体制，主要包括政府对企业的金融支持与对农业的特殊金融支持。

第一，实行税收优惠政策。为鼓励中小企业发展，吸引企业在欠发达地区投资设厂，英国政府很早就开始实施税收减免政策。如公用事业、制造业、矿业、运输业等符合奖励标准的各生产事业减征所得税 10%；新创办的公司 3 年内免征所得税；特殊地区委员能够为设在特殊地区的公司豁免最高长达五年的租金，地方税或者收入税。❶ 为了增强国际竞争力，促进中小企业产业升级，英国于 1990 年年底通过了《产业升级条例》，该条

---

❶ 唐谏珍. 德国区域经济发展模式及其对广西的借鉴［J］. 区域金融研究，2017（9）：70—80.

例规定了多种税收优惠措施，这样就可以以法律的强制性保证英国政府对各个行业税收的灵活性。

第二，完善企业金融体系，设立发展基金。在融资方面，除一般银行办理中小企业融资外，主要由专门的中小企业银行办理。在信用保证方面，英国政府采取为具有发展潜力但担保品欠缺的中小企业提供信用保证，协助其获得金融机构的贷款，并分担金融机构融资的风险，提高金融机构对中小企业提供融资的信心。采取措施确保有足够的资金用于高新技术产业的发展，为此成立了发展基金和发展银行，引进创业投资的理念，鼓励建立创业投资公司，保证了基金的成功创办。

第三，对农业的特殊金融支持。农业贷款利率不完全是实行优惠低利贷款，而是区分不同贷款性质和不同贷款期限，以确定不同的贷款利率水平。一般来说，对专项性质农业贷款和风险较小、期限较短的贷款采用低利贷款，而对经营性农业贷款和风险较大、期限长的贷款采用适当较高的贷款利率。政府财政投融资对中小企业和农业的资金保障，克服了生产效率低、后续发展力量薄弱等问题，提高本国劳动就业率，维护社会稳定，从而有效地促进了英国国民经济的发展。

四、德国对欠发达地区的金融支持措施

德国位于欧洲的中部，共有 16 个联邦州，14 808 个地区，面积为357 376平方千米。其整个国土面积的一半左右用于农业，国土面积的3/10是森林，而用于居住和交通的面积占国土面积的近1/8，是世界上高度城市化、高度工业化的国家，联邦、州、地区三个行政级共同承担城镇建设发展的任务。"二战"后，美苏冷战使德国分裂为东德和西德，德国国内物资极度短缺，面临着严重的衰败局面。尽管如此，德国仍然取得了高速的经济发展。1950—1966 年，西德经济快速发展，被称为"德国的经济奇迹"。德国统一后的初期，东部成为德国严重的落后地区，在加快振兴东部地区的过程中，德国充分利用开放性金融，促进东部地区的经济发展，使得西部与东部之间的差距与各州内地方经济的差距正在缩小。德国经济在金融危机之后依然屹立不倒，与德国政府长期追求区域经济协调发展的总体目标有着密不可分的关系。正确分析和理解德国在促进欠发达地区经济发展、推动区域经济一体化中采取的措施，对我国区域经济的发展有着很好的启发和借鉴作用。

（一）金融支持体系

德国现代金融体系的发展始于 19 世纪中叶。当时德国正在处于工业迅

速发展的时期，股份制银行、储蓄银行和合作银行相继产生并得到发展。银行既对企业贷款也对企业投资，银行和企业相结合拉开了德国全能银行的序幕。但是，第二次世界大战的爆发改变了德国银行业的发展趋势，希特勒的军国主义使德国银行业遭到严重破坏。"二战"结束后，盟国为均衡各方利益，将德国划分为联邦德国（西德）和民主德国（东德）。西德采用资本主义制度，实施美国的分业经营；东德则采用社会主义制度，实施计划经济。1989 年年底，随着柏林墙的拆除，东德并入西德，德意志联邦共和国实现了统一。德国全面建立起"混业经营制度"，即全能银行除了可以从事典型的银行业务，如除存款、贷款、电子银行业务外，还可以经营有价证券、客户理财及保险等业务。综上所述，德国的金融体系分别经历了混业经营、被迫分业经营、重新混业经营这三个阶段。

德国是一个典型的实行金融混业经营的国家，全能银行占主导地位是德国银行体系的基本特征，德国在"二战"后之所以能够迅速崛起，在很大程度上归功于其混业经营的银行体系。"二战"后，西德经历了短暂的美式分业经营制度，随后由于自身发展的需要，西德又恢复到综合银行制度，银行不但能从事贷款、存款等商业银行业务，而且能办理贸易结算，开展证券的发行、认购等投行业务，为企业提供"一揽子"的金融服务。而"二战"后的东德，银行业的发展道路与西德是完全不同的。东德遵循的是苏联模式，实行中央银行制度，且银行制度必须配合中央政权的计划经济政策，原金融机构不能再开展银行业务，原民营金融机构被没收，重新成立地方银行和储蓄银行完全接受原有银行。在这种不同的金融体系之下，经过不到 20 年的发展，原本制造业发达、产业基础较好的东德却远远落后于西德。两德统一后，由于东部的银行体制与西部的银行体制不协调，导致德国联邦银行无法对全国的现金流通和信贷规模实行管理，为了促进东部经济的发展，需要对东部的银行体系进行重建。首先是打破东部银行严格专业分工的格局，鼓励竞争，建立"全能银行制度"。为了促进东部"全能银行制度"的尽快产生，1990 年联邦银行允许西部金融机构在东部设立分支机构，或是与东部银行合作与合资，并可以在东部经营一切银行业务。由于东部银行业务单一，不能为客户提供多种类、全方位的金融服务，面对西部全能银行没有竞争优势，于是被西部银行大量合并或是与西部银行进行资产上的重组，从而推动了东部银行体系的转换。到 1994 年年底，德国对原东德地区的改造基本完成，德国全面建成以综合性银行为主的银行体系。经过 20 多年的发展，混业经营的银行体系促进了东部经济的发展，东部经济不断缩小与西部之间的差距。

除混业经营的银行体系，紧密的银企关系也是促进德国经济协调发展的原因。德国的股票市场并不发达，企业主要是在债券市场融资，债券市场又是以银行为主要中介机构，银行在德国的金融体系中发挥着巨大的作用。德国的商业银行与企业的关系是商业银行作为企业的主办银行，一个公司的主办银行是对该公司持股或者贷款最大的银行，主办银行作为企业的贷款人、股东和监事会成员，容易获得企业的内部信息，还可以对企业的经营管理进行指导和监督，这样就解决了信息不对称和委托代理的问题。

德国银行体系的混业经营和主办银行制度对于原东德地区的经济增长都起到了促进的作用，混业经营在融通资金和分散风险上具有优势，而且可以为客户提供便利，主办银行制度则解决了信息不对称和委托代理的问题。经过 20 多年的发展，证明德国商业银行体系效率较高，中央银行较高的独立性对经济的稳定发展发挥着重要的作用。

（二）金融支持政策及方式

对于德国来说，统一前的东德属于相对欠发达地区，为了促进东部欠发达地区的经济发展，德国政府采取了以下措施。

第一，采取提供优惠贷款和财政补贴等方式支持贫困地区的发展。为改善经济较为落后地区的生态环境，对环境污染治理项目提供优惠贷款；对手工业、旅游业等产业提供低息贷款，促进当地传统产业和特色产业的发展；在公交、水电、煤气、热能供应等公共事业的收费标准上实行地区价，降低贫困地区居民和企业成本；在出售土地时，实行价格优惠或者分期付款等措施来鼓励更多的企业投资贫困地区；通过给予财政补贴的方式引导私人资本对水电设施、通信设施、交通设施等基础设施进行投资；对于在筹建过程中遇到困难的企业提供优惠贷款，促进中小企业的发展。

第二，大力资助工商业投资。德国统一后，新加入联邦的原东德地区必须进行现代化改造。为了促进对东部的工商业投资，德国政府采取了税收优惠、"改善地方经济结构共同任务"投资补贴、优惠贷款、自有资金补助、国家担保、东部投资基金等几项资助措施来加强东部企业自有资金基础；对于具有重大影响、经济关联度大、有利于发挥地区比较优势的投资项目，实行包括税收减免、加速折旧、贴息贷款和投资补贴在内的投资促进政策。其中，税收优惠补贴主要是投资附加补贴和特别折旧两项。投资附加补贴主要是对购买和生产一定购置价以上新的、可损耗和可移动的固定资产，购置或生产至少一定年限作为企业的固定资产留在受资助地区而进行的补助。特别折旧是对可损耗的固定资产的购置和生产费，兴建和扩建厂房等收益投资进行的援助。共同补贴任务是鼓励对工商业和经济基础设施进行投资，如对创建和扩建企业、企业的转向和全面改造，以及购买停产或者停产危险的企业的投资进行补贴，补贴率可达到 10%～25%。在促进工商业投资的过程中，除政府采取的强有力的措施，信托局起到了中心作用。信托局通过建立一个资本公司对那些全民所有制联合企业、机构及其他法律上独立的经济实体进行结构改组和实行私有化，通过私有化的过程，尽可能给现有企业带去先进的管理技术和经验，由此推动企业现代化改造过程，获得现有生产要素的最大化价值，创造更多的就业岗位，并且引发新的投资，信托局还通过接受债务和其他原有的经济负担，通过配备自由资本及同意给予平衡债权等方式，从财政上促进这一现代化过程的最终实现。

第三，设置协调区域发展的新机构。两德统一后，联邦政府为了协调东部、西部的经济发展速度，设置了一些助力区域协调发展的新机构，主要包括德国统一基金会、货币转换基金委员会、信托局等机构。德国统一基金会是作为一个没有法律能力的联邦特种资产而筹建起来的，联邦政府首先采取这一应急措施旨在使得老州至少能参与东德地区允诺的财政分配，同时，这一基金会的成立还起到了将信贷融资从公众比较明了的联邦预算中独立出来，然而这一机构只是一个过渡性的组织，暂时服务于向东德地区转移货币，在适当的时机建立一个财政平衡且涉及面更广泛的新法律框架，然后将其解散。货币转换基金委员会是在东德地区作为具有独立法人地位的公共权力基础上成立的，其后又在统一协定框架下被联邦政府所接受，东德和西德的货币转化过程并非针对所有的付款要求，也不要求所有负债都要进行统一和协调。在没有采取特殊的保障措施的情况下，大多数金融机构及功能类似于金融机构的外贸企业按照规定的"德国马克期初平衡表"计算几乎都是负债累累的，并且企业无法遵循有关的其他一切平衡的规定，货币转换基金会吸收所有这类机构的平衡债权，这些债务和债权将按市价由贷款清理委员会负责连续支付利息进行清偿。● 信托局则在将东德地区企业从以计划经济为导向转变为以市场经济为导向方面具有非常重要的作用，其任务是按照社会市场经济的原则对全民所有的资产进行私有化及评估，并且通过私有化尽快减少国家作为企业家从事的一些活

● 孙敏. 促进东西部的平衡发展——德国重新统一后的财税政策对我国的借鉴意义 [J]. 财政研究，2001（11）：73—76.

动，从而使尽可能多的企业增加竞争能力，并由此保障就业及创造新的就业机会。

第四，制定并实施东部经济发展的法律及纲领。德国有关促进区域协调发展的法律体系十分健全，联邦政府试图通过对东部地区强有力的扶持政策来达到加快东部经济发展、提高人民收入水平的目的。德国实行的是社会市场经济体制，国家在市场经济中主要负有调节的任务，它规定市场活动的框架条件，区域政策的基本原则及主要内容体现在《联邦基本法》《促进经济稳定与增长法》等一系列法律、法规中，联邦、州、政府在法律界定的范围内各司其职，只有在法律框架内的"问题地区"才能获得区域政策的支持。在开发欠发达地区的过程中，德国将区域规划和法规作为实施开发政策的基础和依据，建立了完善的区域政策法规和规划体系，其中区域规划的制定由专门的管理机构负责，整个过程十分重视民众的参与。

六、韩国对欠发达地区的金融支持措施

如今的韩国已告别了 20 世纪 50 年代的贫困和混乱，成为世界上少数几个同时实现了显著经济成就的国家之一。韩国的经济增长得益于三个"五年计划"和两次成功的经济转型，即 20 世纪 70 年代从轻工业向重工业的转型，以及 20 世纪 90 年代从重工业向电子和精密机械工业的转型。[1] 韩国经济在腾飞的时候，其经济发展区域差距也呈现出明显扩大的趋势。在第一至二个"五年计划"期间，经济发展好的区域集中于资源发展基础比较好的京釜铁路沿线地区，从而形成了"京釜经济发展轴"，包括大田、大邱等地区。在第三个"五年计划"期间，积极发展重化工业，对东南沿海提供了新的发展机遇，从而形成了东南沿海重化工业经济圈，以釜山为中心向北延伸至蔚山和浦项等地。20 世纪 80 年代以后，重点发展技术密集型产业，将区域开发重点转移到西部沿海地区。正是由于历史原因和政府政策导向造成了这些地区与韩国其他地区的经济差距进一步扩大。[2] 1997 年东南亚经济危机后，韩国改变过去大企业集团船队式经营战略，采取大企业与中小企业和高附加值企业同时并重的方针，从资金、税收、信贷、人力、技术等方面采取一系列政策措施，大力支持落后地区的经济发展。这些政策对我国欠发达地区发展同样具有一定的借鉴意义。

---

[1] 洪元杓 . 韩国赶超战略回顾：经济增长与技术创新［J］. 经济论坛，2018（7）：19—23.
[2] 刘紫秀，李晓佼 . 韩国区域经济差异状况分析［J］. 中国外资，2012（10）：183—184.

（一）金融支持体系

韩国金融体系以韩国银行为中央银行，并通过制定《韩国银行法》的方式保障中央银行的独立性与中立性，其主要职能是通过国家金融和信贷体系的稳健运行及职能的完善，促进经济的增长和国家资源的有效利用。此外，为了保证第一个"五年计划"的顺利实施，掌握经济发展必需的金融产业，政府建立和进一步完善了各种金融机构和制度，逐步形成以韩国银行为中央银行，由商业银行、专业银行构成的银行机构和开发机构、投资机构、储蓄机构、寿险机构组成的非银行金融机构，以及由证券机构、信用担保机构、风险投资机构等其他机构共同组成的金融体系。

出现区域间经济发展不协调之后，为了满足经济落后地区产业和经济发展的需要，实现经济均衡发展，韩国政府先后设立了中小企业银行、国民银行、韩国住宅银行、农业协同组合、水产业协同组合和畜牧业协同组合等专业银行。由于特殊产业部门营利性较低，难以获得资金支持，专业银行的设立极大地缓解了特殊产业部门资金供需的矛盾。同时，为了平衡地区间的经济发展水平，韩国政府决定设立地方银行，先后成立了釜山银行、大丘银行、忠清银行等十家地方银行，其主要业务与全国性商业银行相似。

（二）金融支持政策

韩国金融对欠发达地区的政策支持主要体现在以下六个方面。

第一，长期低息优惠贷款政策。这是涉及面最广、使用最多的金融支持手段。韩国政府的低息政策性贷款大部分由农协转贷给农民，农民在获得这些贷款时，要以土地和家庭财产作担保。此外，为了确保农业机械的售后服务，韩国还提供长期低息贷款，设置售后服务业所。

第二，设立专项基金。为了促进落后地区经济的发展，韩国政府设置了水利资金、新农村综合开发事业基金、农业开发基金、营农资金、农村住宅资金、农业机械化基金、农渔村地域开发基金等大量的专项基金；民间团体也设置了农地基金、振兴农产品基金等。这些基金的设立，有效地解决了落后的农村地区建设资金不足的问题，推动了农村各项建设事业的顺利开展。

第三，担保政策。在韩国，经济增长的主力军是民间企业，政府不仅通过信贷来指导企业的经营行为，还制定政策、法律来保护和扶持私人企业。政府对私人企业进行微观调控最重要的手段就是对银行信贷和外国贷款的分配权的控制。企业接受外国贷款担保主要通过以下三种方式，公共贷款担保，即国家制定专门法律规定对由外国政府或国际金融机构提供的贷款的担保；私人长期贷款担保（三年以上），即由政府、韩国外汇银行或商业银行提供的担保；私人短期信贷的担保。通过这样的形状，政府既保障了私人企业充分利用廉价的信贷迅速发展，又可以通过控制信贷数量支配私人企业，形成了良好的政府与企业的互动关系。

第四，税收优惠政策。韩国政府为发展地域经济而制定的第二阶段综合对策中决定，为增加就业岗位，提高地方人民收入，对于从首都圈地区向地方产业转移的企业，将延长减免其法人税和所得税期限，前 7 年减免 100%，后 3 年减免 50%，减免税时间长达 10 年。

第五，鼓励外资优惠政策。主要是采取公共贷款和商业贷款的方式，而直接投资在外国总投资额中是次要的。韩国政府已于 1984 年 7 月开始实行新的外资政策，放宽和取消了对外商直接投资的种种限制，其中最重要的一条就是实行自动批准制度。2006 年 10 月，韩国产业资源部和产业研究院发布"外国人直接投资中长期战略"，将吸引外资优惠政策的鼓励方向，由仅局限吸引高技术及其相关产业扩大到发展落后地区，并不受投资业种限制，外国投资企业都可享受优惠政策。韩国成功利用外资支持国内经济发展的经验很有借鉴意义。

第六，加强对中小企业和农业的资金扶持力度。韩国政府在经济发展和产业结构调整的过程中，财政投融资对中小企业和农业的资金保障帮助其克服了生产效率低、后续发展力量薄弱等问题，为提高就业率、维护社会稳定，更好地促进国民经济发展发挥了巨大的作用。

第 2 节　新兴经济体对欠发达地区的金融支持措施

国际上对于新兴经济体的划分还存在着较大的分歧，从最广泛的意义上来讲，新兴市场国家是指所有尚未达到发达国家水平的国家。大量经济金融机构在研究新兴市场国家问题时，对这类特殊的经济体进行划分，不同的界定方法给出了不同的新兴国家群体。其中，中国、墨西哥、阿根廷、巴西、印度尼西亚、波兰、南非、印度和土耳其等国家作为新兴市场国家得到了各个分类方法或者分类机构的广泛认可，是新兴市场国家的广泛代表。随着全球经济开放程度的逐渐深化，新兴市场国家在国际市场上的地位日益壮大，尽管目前新兴市场国家在经济体制和市场机制的成熟程度方面无法与主要发达国家相比，但是在不断完善经济体制的过程中，新兴市场经济体不断增强国家的综合实力，成为推动全球经济稳步增长的动力，在国际舞台上发挥着不可替代的作用。

本节将分析与我国同处于新兴经济体的巴西、印度这两个新兴市场国家在促进欠发达地区经济增长过程中采取的金融支持措施，汲取有助于我国区域协调发展的经验教训。

一、巴西对欠发达地区的金融支持措施

巴西可划分为五个区域：北部地区、东北地区、东南地区、南部地区和中西部地区。其中，东南部地区最发达，东北部地区最不发达，是一个典型的欠发达地区。东北部地区面积占巴西的18%，人口占30%，因周期性旱灾的危害，其生产总值仅占全国的12%，人均年收入800美元，仅为巴西全国平均数2 000美元的40%。为了缓和区域经济发展失衡的矛盾，促进中西部和北部的发展，改善区域经济和产业结构布局，缩小贫富差距，巴西首先采取了迁都的方法，并采取了一系列开发欠发达地区的战略决策，如先后采取了成立政策性银行、提供优惠信贷、大量利用外资、设立各类基金等金融支持措施。

（一）建立健全金融支持体系

巴西在拉丁美洲属于金融业较为发达的国家，拥有较为健全的金融体制。其金融体系由国家货币委员会、巴西中央银行、商业银行、投资银行、国家经济开发银行，以及其他国营、私营和外资金融机构组成。其中，国家货币委员会负责制定国家的财政和金融政策，规定银行准备金比例，管理资本市场，指导金融机构；巴西中央银行是国家中央发行银行，受国家货币委员会直接指导，主要业务是发行货币、提供贷款、经营外汇、监督全国银行和其他金融机构的活动；商业银行主要业务则是吸收存款和发放贷款，这些银行主要分布在东南部和南部地区；巴西的投资银行发展历史较短，主要是为企业发展和建设项目提供中、长期信贷，以及有关的流动资金放款；巴西的国家开发银行分为联邦开发银行和州开发银行两种，联邦开发银行主要为国家重点项目提供资金，州开发银行主要办理中、长期信贷，提供国内外贷款担保等业务。[1]

巴西对欠发达地区的支持主要通过政策性金融机构进行，并且制定了

● 赵长华. 巴西金融体系简介 [J]. 外国经济参考资料，1983（4）：38—39.

非常严格的针对农业的贷款比例。若是低于规定比例，则将差额部分上缴中央银行，由中央银行再统一贷出。为了支持小农户的贷款，巴西又规定了小农户的贷款比例在整个农业贷款中的比重。此外，为了给欠发达地区的开发提供强有力的金融政策支持，巴西成立了多家政策性银行。早在1952 年巴西政府就组建了国家经济开发银行，以财政部、巴西银行和中央银行的财力对西部的开发给予资金支持。巴西政府还设立了各地区的经济开发银行，如 1954 年建立了东北部银行，1957 年建立了亚马孙信贷银行。20 世纪 60 年代成立了国家住房建设银行，负责保管"保障就业基金"。各种政策性银行的建立为欠发达地区的发展筹集了大量资金，1964 年以来，国家经济开发银行、东北部银行、国家住房建设银行和各州经济开发银行发放的贷款一直占全国投资信贷总额的 70%，其中大部分贷款用于欠发达地区的开发。此外，巴西政府还先后建立了东北部开发管理局、中西部开发管理局、亚马孙地区开发管理局和南部地区开发管理局，用以协调本地区内的开发项目和跨州项目、公共和私人投资。开发落后地区需要大量资金，开发项目获得批准后，便由各自相应的金融机构提供中长期优惠贷款。

（二）金融支持政策

对落后地区的农产品进行价格补贴，是巴西政府促进农民增收政策的一项重要内容。20 世纪 70 年代，巴西政府开始调整国民经济发展战略，价格补贴政策从 1975 年开始就在主要农产品中实行。自 1995 年起，巴西政府出台了两个新的价格政策，即"期权合约补贴制度"和"产品售空计划"。

为农民提供良好的金融服务是巴西政府扶持欠发达地区农业和农民的一项重要措施。金融服务的支点主要有以下三个。

一是农业信贷优惠。政府根据农民上一年度的产值及其土地面积发放贷款，小农、中农和大农场主分别可获得所需资金 100%、70% 和 55% 的贷款，利率各不相同，依次提高 2~3 个百分点。1971 年 11 月，巴西政府制订了向中西部地区的中小农户提供农村信贷的计划，贷款年利率为12%，为期 3 年。为了鼓励南部地区的农民移民至中西部地区，政府向每个移民户提供偿还期为 10 年、宽限期为 4 年的 25 万美元的优惠贷款，用于购买土地和农具。

二是保险服务。由联邦中央银行单独负责农业保险，其他银行只作为代理。具体分为备耕、种植、管理和销售 4 个阶段进行保险，并与发放农业信贷同步进行，保险范围以生产成本为上限。政府给农民提供 50% 的保险金补贴，余下的由农民自己负担。

三是帮助农民化解债务。其中一项重要政策是通过立法的形式允许到期不能还款的农民可以继续与放款者协商而延期还贷。通过政策扶持，巴西农民收入增加较快，基本上消除了城乡收入差距。农民收入的提高，为农业发展、国家经济发展和社会稳定打下了坚实基础。

（三）金融支持方式

巴西充分利用国际金融市场利率较低的机会，大胆采取国际融资、举债发展的策略。例如，为了促进内地经济的发展，解决地区经济发展不平衡的问题，巴西于1956年4月正式迁都巴西利亚，而为了建设新首都，巴西借入了2 500亿美元的外债。

巴西政府通过优惠的金融和税收政策，吸引外国资本和国内经济发达地区的资本，鼓励他们积极参与巴西欠发达地区的开发。当时采取的优惠政策主要包括减免进口税，在一定时期内豁免所得税，资金不足时，可以得到政府的低息优惠贷款等。

在吸引外国直接投资方面，巴西政府主要采取以优惠政策鼓励国外企业到内地投资，建立自由贸易区吸引外国投资，以及地方政府提供优惠条件以吸引国外投资等方式。在吸引国内私人资本对欠发达地区进行投资方面，巴西政府主要采取税收优惠政策。比如，1963年6月，联邦政府颁布的4239法令规定，凡按东北部开发管理局的规定在东北部投资设厂者，可免除50%的所得税。

此外，为了筹集充足资金以促进欠发达地区的经济发展，巴西设立了多种类型的基金。如设立"社会一体化基金"来缩小欠发达地区与发达地区经济差距；设立"亚马孙开发私人投资基金"以促进亚马孙地区经济发展；设立"国家减贫基金"给人力发展指数低于0.5的城市提供社会和人力资本发展所需的基础设施；设立"发展畜牧业基金"以发展农牧业；设立"巴西扫盲基金"降低欠发达地区文盲率；等等。这些基金的成立和运作，对巴西欠发达地区经济的发展起到了一定的促进作用。

二、印度对欠发达地区的金融支持措施

印度是个多民族国家，人口最多的是印度斯坦族，其人口总数占全国总人口的一半，其他人口较多的民族有泰卢固、马拉地等9个民族。此外，在边远山区还居住着数十个少数民族或部落。印度各民族的经济发展水平、文化水平不同，甚至相差很大，这给印度的经济发展带来了一定的困难。国家

独立后，印度政府为了解决各地区、各民族经济发展不平衡的问题，采取了一系列的金融支持措施，使得印度欠发达地区经济获得了发展，但仍然未能很好地解决地区间经济发展不平衡的问题。尽管如此，印度对欠发达地区金融支持的经验教训给中国区域间经济协调发展带来了重要启示。

（一）金融支持体系

印度的金融体系属于银行主导型，建立了由中央银行、国有商业银行、国有专业银行、私营银行和外资银行组成的较为完善的金融体系。印度最早的商业银行成立于 17 世纪初。到 1951 年，印度共有 430 家商业银行，银行体系已初具规模，主要包括商业银行、合作银行和非银行金融机构。印度独立后，曾先后两次对大的私营商业银行实行了国有化，这一政策的出发点是印度政府认为，私有制和市场经济是印度过去失败的症结所在，而国有化则可以保证对优先发展部门及弱势部门的信贷支持，并将服务区域扩张到偏远乡村。除对私营银行实施国有化，印度在这个阶段还建立了大批国有专业银行。另外，也保留了部分小型私营银行和独立之前成立的外资银行，从而形成了中央银行、国有商业银行、国有专业银行、私营银行和外资银行在内的具有印度特色的多层次的银行体系。印度支持欠发达区域经济发展的金融模式是正规金融机构与非正规金融结构联合的金融服务模式，即非正规金融机构向正规金融机构进行借款，以此获得发展需要的资金，同时，非正规金融机构还向农户吸收存款，按照"自主核算、自主运营、自负盈亏"的商业化模式运营。

与其他国家不同，由于印度的农业人口比例较大，发展农村金融对于欠发达地区经济繁荣有着积极的推动作用，因此其银行体系是农业和小工业融资的重要渠道，在历次金融改革中，印度始终坚持银行对农业、农村和小企业的投入，极少撤销与之相关的金融机构。自 20 世纪 60 年代起，印度实施"绿色革命"，以推行现代化农业技术为中心，辅之农业信贷、财政补贴、价格支持等措施支持农业的发展，与此相适应，印度农业金融体系也得到逐步完善和发展。

印度农业金融体系主要以国家和农村发展银行为主，包括各类商业银行、地区农业银行、国家合作银行及国家土地开发银行，完善的农村金融体系使得印度欠发达区域的经济得到了快速发展。其中，国家农业与农村发展银行是印度农村金融体系的最高一级机构，是印度政策性的金融机构，对其他农村金融机构具有一定的监督、管理和协调作用。作为一家农业政策性银行，印度国家农发行根据国家相关的产业政策和金融政策，制定针对本国欠发达区域金融机构的规章制度、业务管理和信贷方法，及时发布相关的政策性金融信息等，帮助各类农村金融机构提供农业类再贷款业务，帮助它们解决信贷资金不足的问题。印度商业银行有着几百年的发展历史，1969 年之前主要为私人商业银行服务，为了更好地完善欠发达区域金融市场，不断强化对欠发达地区的资金投入，满足资金多层次、多元化的需求，印度政府分别于 1969 年和 1980 年对商业银行形成了两次国有化改革，同时，印度商业银行法律要求商业银行对农业贷款的额度不得少于总量的 20%，对农业基础薄弱的地区不得少于 60%。地区农村银行主要是为了满足难以从商业银行或合作银行获得信贷资金的农村贫困人口而设立，由中央政府、地方政府和商业银行按比例出资共建，地区农村银行主要设在农村，具有商业银行和合作银行的特征，服务区域仅限于特定的区域，并且其服务对象只限于无地农民或农村小手工业者等贫困人口，通过分期的形式借贷给农民以维持其基本的生产、生活需要。农村信用合作银行是印度最重要的农业信贷机构，由初级农业信用社、中心合作银行和邦合作银行组成。初级农业信用社是最低一级的农村金融机构，可以有效满足欠发达区域居民的生产、加工及销售等需要。中心合作银行是地区一级的中层信贷合作金融组织，主要是对初级农村信用社提供贷款支持，调整彼此间的资金短缺。邦合作银行是印度各邦的集合体，是各邦内所有的中心合作银行的集合，是最高的信贷合作机构。印度国家土地开发银行是印度农村金融市场中的中、长期的农村金融机构，一般分为邦中心土地开发银行和初级土地开发银行。

（二）金融支持政策及方式

1. 成立援助落后地区咨询机构

1968 年，印度国家发展委员会任命专门工作组，就如何为落后地区工业提供财政金融刺激的问题提出建议。该工作组提出，应该给予落后地区工业发展较多补贴、税收优惠、运输补贴等多种优惠，这些建议得到了印度政府的采纳。此外，印度政府考虑到将落后地区的发展作为总发展一部分进行全面规划的必要性，于 1980 年建立了一个高层次的全国落后地区发展委员会，专门审查和鉴别落后地区，包括对资金优惠、投资补贴等刺激落后地区工业发展计划的运行情况，并且在此基础上提出了如下建议：邦政府和中央政府应有发展落后地区的专门计划；应专门向当地计划组织分配基金，以促进落后地区发展；各邦必须在规定年度内，将款项用于其规定的项目；鼓励工业配置到落后邦的某些地区中心，以便促进这些地区的

经济发展。印度政府于"六五"期间审查并实施了这些建议。❶

2. 对落后地区的财政金融援助

印度是个典型的农业大国，从 20 世纪 60 年代起，印度实施"绿色革命"，以推行现代化农业技术为中心。在这一过程中，农业投资需求激增，农村贷款供求迅速扩大。为了解决这一问题，印度政府积极采取发展农业信贷、财政补贴、价格支持等措施支持农业的发展，逐步形成和完善了由合作银行、政策性金融机构、国有商业银行及私人信贷者组成的农业金融体系；实行"作物保险"，并制定"自然灾害法"，即如果遇到自然灾害，政府可根据灾情给予生产者补偿，以维持农民的收入；为了弥补国内资金的不足，印度政府从 20 世纪 60 年代中期起，开始大量争取外国农业信贷，包括国际货币基金组合、国际农业发展基金会的贷款及外国政府间双边援助资金等。

3. 促进国内外资本对落后地区的投资

为了促进落后地区的发展，印度中央政府极力鼓励私人资本或国外资本在落后地区进行投资，并且采取了一系列的刺激手段。第一，税收优惠。从 1974 年起，在欠发达地区兴建工业企业，允许扣除 20% 的利润后交纳所得税。第二，投资补贴。从 1970 年起，对欠发达地区固定资本投资超过 50 万卢比者，按 10% 给予补贴，之后又提高到 20%。第三，运输补贴。从 1973 年起，对在山区及边远地区兴建工业的企业，其原材料及成品的运费补贴为 50%。第四，许可证优先。从 1972 年起，优先发放欠发达地区的工业许可证。第五，费用补贴。提供有设备、有水电的开发区，在一定年份内免除水费、货物上市税，对销售税提供无息贷款等。此外，还对受反垄断法及外汇管制法控制的公司在欠发达地区投资放松限制，并给予优惠。

第 3 节　发展中国家对欠发达地区的金融支持措施

发展中国家在全球经济体中占有大多数，联合国开发计划署于 2010 年发布的报告中对全球各国的分组进行了重新修正，经过修正后，发达国家

❶ 谭春枝，张家寿. 印度对欠发达地区的金融支持及经验教训［J］. 广西民族大学学报（哲学社会科学版），2007（1）：145—148.

总数达到 22 个，发展中国家或地区共有 172 个，通常是指亚洲、非洲、拉丁美洲及其他一些地区。发展中国家往往具有以下特征：生产率水平低、生活水平低，受到资本存量、技术发展、管理水平以及人力资源水平等因素的束缚，生产率普遍较低。尽管发展中国家作为开发中国家，在经济、技术和人民生活水平等方面与发达国家相比都比较低，各发展中国家发展水平参差不齐，但是一些发展速度比较迅猛的国家，如孟加拉国和泰国，在其发展过程中，实施了具有本国特色的金融支持措施，值得我国借鉴和引用，本节将以孟加拉国和泰国为例展开分析与研究。

一、孟加拉国对欠发达地区的金融支持措施

孟加拉国位于南亚地区，是世界上人口密度高的国家之一，同时也是世界上不发达的国家之一，贫穷是孟加拉国残酷的现实，限制了其在经济和社会方面的发展。孟加拉国的贫困有着明显的区域差异，在孟加拉国的四个直辖市及七个大区中，朗布尔区贫困人口比例最高，达到了 46.2%，其次是博里萨区和库尔纳区，其贫困人口分别达到 39.4% 和 32.1%；而在吉大港区、锡尔赫特区、拉杰沙希区都拥有相对较低的贫困人口，分别占 26.2%、28.15% 和 29.8%。孟加拉国的贫困问题具有明显的地区差异，一些长期遭受极端天气和自然灾害的地区贫困问题非常严峻，西北部的朗布尔区以及西南部的博里萨尔区、库尔纳区的贫困问题最为严重，这些地区的共同特征是人口密度为较大的地区。

进入 21 世纪以来，孟加拉国经济持续保持着良好的发展势头，根据孟加拉国统计局的数据统计结果，2017 年较低的贫困线人数为 11.7%，2017 年较高的贫困线人数为 23.5%，几乎是 2005 年的一半，2005 年的贫困线人数较低的人数是 25.1%，上层贫困县人数为 40%。在 20 世纪的前十年里，孟加拉国年均经济增长率达到 5.5%，在 2010—2015 年这五个财年，孟加拉国的经济增长率基本维持在 6.5%，与 20 世纪 70 年代相比，几乎翻了一番，国际经济增长率有了明显的提高，位居南亚第二。国民生产总值自 2009 年突破千亿大关以来，持续高走，据世界银行近日发布的《全球经济展望》预测，孟加拉国 2018—2019 财年 GDP 增速为 7%，经济发展势头强劲，2018 年国际货币基金组织表示，孟加拉国正在从低收入群体向中等收入国家转变。❶

---

❶ 资料来源：中国驻孟加拉国经商参赞处。

（一）金融支持体系

孟加拉国是一个典型的农业大国，80%左右的人口生活在农村，国民经济主要依靠农业，属于土地高度集中的私有制国家，全国25%的人口拥有90%以上的土地。有相当一部分农民主要以租种土地、经营小本生意、手工业或养殖业维持生计。为了获得所需要的资金，广大农民需要向金融机构进行贷款。由于孟加拉国落后的经济状况，使得农村地区的货币极度缺乏，农民由于没有财产进行抵押，信用无法得到保证，往往被正规的金融机构排除在外，所以贫困农民获得资金是相当困难的。除正规的金融机构，在农村还存在高利贷的形式，但是高利贷的残酷剥削是农民无法承受的，况且，即使是高利贷业也不会随意借给没有任何资产作为抵押的农民。这种模式下形成的恶性循环，使得贫困地区的经济发展遥遥无期。

为了扶持孟加拉国落后地区经济的发展，1976年诺贝尔和平奖获得者尤努斯和孟加拉国中央银行与政府机关共同出资创办了孟加拉国的乡村银行——格莱明银行，提出了"小额信贷"模式。在此基础上，孟加拉国还形成了具有本国特色的金融体系，即以乡村银行系统为基础的乡村小型借贷系统。这一模式有别于传统的金融体系，在非政府组织中扮演开创者、主导者和推动者的角色，政府和商业金融机构主要扮演非政府组织支持者的角色。这种充分发挥非政府组织机构作用的微型金融体系在孟加拉国政府及国际组织的支持下得到了迅速的发展，对于世界其他欠发达地区的发展起到了借鉴作用。与以营利为目的的正规的金融机构相比，格莱明银行反其道而行之，确立了以贫困群体为贷款对象，专门向中低收入阶层提供存款、贷款和保险等小额信贷金融服务，使得那些没有任何财产担保的农民也能成为金融服务的受益人，即使在遭受严重自然灾害和灾害重建期间，农民仍然可以获得小额信贷机构的帮助和扶持。正是基于这一独特视角，这种新兴的银行业务得到了广大农民的支持，使得小额信贷成为一个运营通畅的资金链，农户通过贷款而脱贫，从而促进了欠发达区域经济的发展。

1983年，经孟加拉国政府立法，格莱明银行转变为独立的银行，被正式纳入孟加拉国金融体系，政府拥有10%的股份，余下的90%的股权由借款人拥有。作为非政府组织的格莱明银行，自1988年起就不再接受孟加拉国政府和国际机构的资金援助，成了一个自负盈亏的商业机构，发展到目前共有1个总行、12个分行、108个支行、1 195个营业所。随着信息技术的发展，孟加拉国小额贷款机构充分利用计算机网络开展业务，改善运营条件、降低运营成本、提高运营效率和市场竞争力，给农民带来了真正的实惠，促进了孟加拉人民共和国欠发达地区经济的发展。这一模式也被其他国家借鉴、引用，帮助全球数百万人脱贫，被誉为"世界上规模最大、效益最好的扶贫模式"。

（二）金融支持政策及方式

1. 政府组织的金融支持政策

孟加拉国近两届政府主张实行市场经济，推行私有化政策，改善投资环境，大力吸引国外投资，积极创建出口加工区，优先发展农业。小额信贷在孟加拉国促进欠发达区域经济发展的过程中起到了非常明显的作用，增加了贫困人群的资本积累。为了继续发挥小额信贷的作用，孟加拉国政府针对极端贫困人群开展了许多信贷项目，直至消除贫困。小额信贷以女性为主要贷款对象，这是其最突出的特点，这在一定程度上给予女性更多接受教育、提高身体质质、增强社会话语权的机会。在贷款利息上给予优惠，减轻贷款者的负担，使小额信贷在减缓贫困上发挥有效的作用。政府对乡村银行的发展给予支持，向其提供资金支持，以4%~5%的利息向农村银行提供贷款，提供免税的优惠政策支持，并且还设立了小额信贷管理局。为了鼓励私人投资，孟加拉国政府还提供一定的财政支持，确保农民土地自有权，鼓励和促进女性创业发展，促进技术革新，提供更多的商业服务。

2. 国内非政府组织的金融支持政策

孟加拉国被称作"世界非政府组织和救援事业的首府"，非政府组织在推动欠发达地区经济发展的过程中起到了主导作用，有力地推动了国家和社会的进步与发展，在资源获取、减缓贫困、推动发展、促进社会公平等方面都扮演了重要的角色。

格莱明银行对孟加拉国贫困地区的发展有着决定性影响，其倡导的小额信贷模式已经成为世界各国推动欠发达地区发展的典范。自成立以来，格莱明银行已累计向贫困人群提供了2 079.6亿塔卡，合44.6亿美元，并且银行的代偿贷款全部由银行自有资金和多数贷款者的存款提供，格莱明银行几乎每年都盈利，这些收入款项多被用于银行内部员工的工资、补贴、福利、支付存款利息及灾难恢复的复苏基金。此外，格莱明银行还给贫困人群提供微型企业贷款和住房项目；为贫困学生提供高等教育贷款；为贷款者设立养老基金等。

1972年，全球影响力第一的非营利组织——孟加拉国乡村发展委员会成立,该组织以多种乡村发展模式,解决正规或非正规教育、医疗保健等领域的问题,是以微型贷款为支撑的乡村综合发展项目。乡村发展委员会的扶贫对象主要为孟加拉国的赤贫户,并且针对不同程度的贫困人群制定具体的帮扶计划,同时提供贷款和其他金融服务。发展至今,孟加拉国乡村委员会涉及的主要领域包括信用卡发放、为成年人及儿童提供非正式的教育服务、基础健康护理、妇女维权方面的法律咨询等。孟加拉国乡村发展委员会的微型金融体系业务主要通过两个途径:其一,向贫困人群提供小型借贷,培养其借贷及偿债的能力,并且除在自己国家开展工作,还在非洲、中东,以及阿富汗、斯里兰卡等国建立了相应的机构,在欠发达地区救济难民、提供微型贷款、就业培训,还在当地建立了多所小学,雇佣当地员工;其二,该组织还通过创办农村发展委员会银行向中小型企业提供借贷,主要面向家禽饲养企业、冷藏设备企业、互联网服务提供商、地产经营商、医疗服务和住房信贷商。与其他任何一个非正式组织一样,孟加拉乡村委员会的信用贷款和非信用贷款都是依靠捐赠资金来运作的,该组织不向商业银行贷款,也不向孟加拉国银行借款。

2003 年成立的穆罕默德研究中心为孟加拉国总人口 85% 的穆斯林群体摆脱贫困作出了重要贡献,弥补了孟加拉国政府及非政府组织机构没有针对伊斯兰教徒进行扶贫的战略缺口。该组织首先以经济收入为基础,将家庭分为两种,即有责任缴纳"济贫税"和有权接受"济贫税"帮扶,首先,动用一切力量鼓励人们向可信任的机构缴纳"济贫税",将国内的所有收入汇总到一个或多个伊斯兰教银行并创立基金,向指定的接受帮扶的人发放股份凭证;其次,在乡村和城镇及工业领域创建相应规模的发展计划,并加大对这些计划的投资,从而创建更多的就业机会;再次计算利润并定期发放福利,之后进行盈余再投资,不断扩大基金规模;最后,每年对受助者家庭进行核算,评估某家庭是否还存在收益赤字,以判断该家庭是否还需要继续接受资助。这是一个伊斯兰教性质的小额信贷机构,为贫困的穆斯林提供了经济帮助,并使他们通过自身的力量摆脱贫困。❶

3. 国际社会对孟加拉国的金融支持政策

孟加拉国经济发展缓慢,国土面积的 80% 都属于贫困区域,因此孟加拉国仅仅依靠自身的力量难以解决国家贫困问题,需要长期接受国际援助。1971 年,孟加拉国独立后,孟加拉国政府就采取了对外开放的经济政策,在接受许多发达国家援助的同时,也接受了许多国际组织的帮助,如

---

❶ 徐敏丽,阿诗玛. NGOs 在孟加拉国的扶贫中的作用 [J]. 经贸实践, 2018 (10).

世界银行、亚洲发展银行、联合国开发计划署等国际组织，政府从多种渠道引进外资，依靠发达国家的援助资金和技术，发展本国经济。国际援助作为孟加拉国外汇储备的主要来源，为其国家发展项目提供了主要的资金来源和支持。在国际社会的帮助下，孟加拉国积极建设经济发展的基础，促进国家经济增长，减缓国内贫困状况。

孟加拉国积极接受发达国家的援助，世界上很多主要发达国家都是孟加拉国的援助国，它们以各种形式为孟加拉国的发展提供经济援助。日本是孟加拉国最主要的援助国，自1972年两国建交以来，日本长期为其提供巨额的经济援助，并且制定了通过私人部门的发展，建设国家基础设施等措施以农业和农村的发展促进国家经济增长的优先目标。2018年，日本将向孟加拉国提供第40批优惠贷款，重点支持孟马塔巴里港口开发项目、马塔巴里超临界燃煤电站项目、促进外国直接投资项目等。根据日本国际协力机构的统计数据，日本已于2017—2018财年向孟加拉国提供了15.4亿美元援助，同比增长223%，孟加拉国已成为日本的第二大受援国。[1] 自中孟建交以来，两国的贸易额呈逐年递增的发展态势，在21世纪以后，双边贸易额加速增长，截至2015年，双边贸易额为147.07亿美元，同比增长17.2%，中国成为孟加拉国的第一大贸易伙伴。我国已向孟加拉国提供的金融支持包括无息贷款、政府贴息贷款、无偿援助等，累计提供经济援助款项37.95亿元人民币。美国是孟加拉国最大的援助国，现已累计向孟加拉国提供了50多亿美元的援助，并承诺未来5年将在气候变化、卫生、粮食安全等领域向孟加拉国提供10亿美元的援助。

除接受日本、中国和美国等国家的援助，一些国际组织也是孟加拉国的主要援助机构。世界银行通过有偿贷款和无偿贷款的形式向孟加拉国提供援助资金，使得孟加拉国成为世界银行提供优惠贷款较多的国家之一。根据"IDA – 18计划"，截至2018年，孟加拉国已经收到世界银行44亿美元的资金援助，世界银行致力于帮助孟加拉国塑造国家制度和政策，改善投资氛围，并于2018年批准5亿美元贷款期限为30年的优惠贷款，该发展项目将改善200万小农和中小农业企业家的农业生产率和市场准入，吸纳了孟加拉国14%的劳动力，超过70%的农村家庭从事畜牧业生产;[2] 亚

---

[1] 中华人民共和国驻孟加拉人民共和国大使馆经济商务参赞处"日本将向孟加拉国提供40批优惠贷款"。

[2] 中华人民共和国驻孟加拉人民共和国大使馆经济商务参赞处"孟加拉获得世界银行额外援助"。

洲基础设施投资银行将孟加拉国视为重点支持的国家之一，希望为孟加拉国的能源和交通等项目提供资金支持。亚洲投资银行在对孟加拉国提供融资方面没有资金上的限制，自 2016 年 1 月开始运营以来，亚洲投资银行已为孟加拉国布赫拉 220 兆瓦双燃料发电项目、天然气田改造及天然气输送管道项目提供融资 2.85 亿美元。❶ 伊斯兰开发银行为孟加拉国这个伊斯兰国家的经济发展提供了大量的援助。目前，伊斯兰开发银行平均每年向孟加拉国提供 20 亿～25 亿美元的援助资金，用于支持孟加拉国实行减贫、扶贫的战略。据孟加拉国《金融快报》报道，伊斯兰开发银行 2018 年拟向孟加拉国提供 2.48 亿美元信贷资金，分别用于电力升级、建设城市低收入群体住宅、开办教师培训学院等 3 个项目，其信贷资金规模分别为 2.2 亿美元、2 000 万美元和 830 万美元。

二、菲律宾对欠发达地区的金融支持措施

菲律宾全称菲律宾共和国，位于西太平洋赤道和北回归线之间，南与加里曼丹岛和苏拉威西岛隔海相对，西濒南中国海，东临太平洋，是亚洲、大洋洲两洲大陆和太平洋之间、东亚和南亚之间的交通要道，地理位置得天独厚。菲律宾有着 400 多年的殖民地统治历史——西班牙统治 300 多年，美国统治 50 年，日本统治 3 年。16 世纪时，菲律宾就深陷殖民者的压迫，从 16 世纪直到 1898 年被西班牙殖民统治，随后处于美国的新殖民政策之下，建立于 1935 年的菲律宾自治政府很快又因为第二次世界大战战火波及，沦入了日本统治之中。1945 年，随着世界反法西斯战争的胜利和日本的投降，菲律宾于 1946 年宣布独立，建立了菲律宾共和国。

菲律宾位于亚洲东南部的菲律宾群岛上，共有大小岛屿 7 107 个，面积 2 982 公顷，其中吕宋岛、棉兰老岛、萨马岛等 11 个主要岛屿占全国总面积的 96%，耕地面积 1 050 公顷，全国人口 17 565 万，其中农业人口 12 977 万，占总人口的 73%，是一个典型的农业大国。❷ 自菲律宾取得政治独立以来，经济发展虽然取得了一定的成果，但是其广大的农村地区迄今为止尚未摆脱贫穷落后的面貌，菲律宾也是当今亚洲地区城乡收入差距较高的国家之一。❸ 由此可见，农村贫困问题是阻碍菲律宾经济发展的重

---

❶　中华人民共和国驻孟加拉人民共和国大使馆经济商务参赞处"亚投行重视对孟佳拉的贷款支持."

❷　于丽红，兰庆高.菲律宾农村金融发展：政策与启示［J］.农业经济问题，2007（10）.

❸　蒋细定.菲律宾农村贫困问题初析［J］.南洋问题研究，1988（3）.

要阻碍，开展对菲律宾解决农村贫困问题的研究将有助于我国发展欠发达地区的经济。

（1）金融支持体系。

菲律宾金融体系是由银行和非银行金融机构组成的。其中，银行分为全能银行、商业银行、存款银行、农村银行、合作银行和伊斯兰银行；非银行金融机构则包括保险公司、投资公司、金融公司、证券交易商与经济商、基金经理、债权投资者、养老基金、典当行以及非股票储蓄与贷款协会。菲律宾的金融体系以商业银行为主导，近几年来，非银行金融机构的重要性有所提高。

菲律宾的农村金融也具有典型的二元结构特征，包括正规金融和非正规金融。其中，正规金融指的是依法登记成立，接受金融监管机构如中央银行监管的金融组织。在菲律宾农村，正规金融包括银行和非银行两类机构，银行有商业银行、储蓄银行、农村银行、农村合作银行和政府银行；非银行有借贷投资者、当铺等。菲律宾的商业银行有 50% 以上集中在首都马尼拉，分布在农村地区的营业网点较少。储蓄银行是一种区域性银行，支部常设在总部附近，从地区分布看，马尼拉集中度最高，在 92 家储蓄银行中有 22 家总部设在马尼拉，且马尼拉的储蓄银行绝大多数设有支行，但是除了马尼拉以外的地区几乎没有任何分支机构，所以储蓄银行在农村的服务也有限。农村银行和农村合作银行主要分布在农村，机构数量少，市场份额小。非正规金融是指未经登记注册，且不受金融监管部门管制的金融组织，如专职放贷人、钱庄及贸易商等。在菲律宾农村金融市场上，中小企业和农民很少能够得到正规金融机构的贷款，非正规金融一直是菲律宾农村地区融资的重要途径。

（2）金融支持政策及方式。

为了促进欠发达地区经济的发展，菲律宾政府采取了一系列的金融支持政策。

第一，吸引中小企业到欠发达的农村地区投资、经营。为了保证农村中小企业和农户获得贷款，菲律宾当局积极鼓励中小金融机构进入农村，菲律宾央行以低法定资本金要求鼓励储蓄银行和农村银行到农村地区经营。同时，为了提高储蓄银行与农村银行的生存能力和竞争力，政府颁布了两项激励措施：一是规定这些银行的法定存款准备金率低于商业银行；二是除公司所得税、地方税，这些银行在开始运营的 5 年内免交其他所有税收。这些激励措施使储蓄银行与农村银行在吸收存款和发放贷款方面能够制定更为灵活的利率，从而增加资本金，有利于这些中小金融机构在农村地区的发展。

第二，政府的直接参与和扶持。菲律宾政府直接利用政策性银行和信贷项目参与对农村中小企业和居民的金融服务，主要包括发展银行和土地银行通过直接的零售贷款或间接的批发贷款给农户和土地经营者以金融支持。目前，发展银行管理19个特别贷款项目，资金主要来源于国内外的借款和特别基金。根据"3844号农业土地改革发"，土地银行主要支持菲律宾土地改革。"7907号共和国法"规定，土地银行业务分为商业银行经营和促进农村发展两个部分，即分支机构开展商业银行业务，区域性部分负责发展土地改革，其中，商业银行的经营利润再用于小农户、渔民以及其他农村中小企业的融资。目前，土地银行有13个特别贷款项目，其中9个外国贷款和4个国内特别基金。

第三，积极促成正规金融与非正规金融纵向连接。随着非正规金融部门在金融体系中所占比例的逐步上升，菲律宾政府试图把非正规信贷部门纳入农业发展的整体战略之中。因此，菲律宾政府在农村实施特别信贷项目时，积极利用非正规金融，并加强正规金融与非正规金融的联合，1984年，菲律宾政府明确地采用了"纵向联系"机制。这一年，菲律宾政府还启动了一个旨在农业部门提供贴息贷款的资助项目，被称为"国家农业生产力项目"。在项目实施过程中，政府就使用了一些非正规部门的放贷者包括商人、面粉厂主、农业生产资料提供商等作为这个资助项目的中介渠道。即商业银行和农村银行将资金贷给非正规机构的放贷者，非正规机构的放贷者再直接将贷款贷给资金需求者。在种植园产品信贷计划、农业生产资料供应商帮助计划、强化大米生产计划等类似的项目中都采用了同样的机制。

第四，制定有利于中小企业和农户融资的贷款规则。20世纪90年代，菲律宾政府实行的金融机构改革促成了小额信贷的发展。为了进一步促进小额信贷的发展，菲律宾央行调整再贴现与再贷款政策，对小额信贷机构予以再贷款以解决资金不足的问题。除此之外，菲律宾央行要求银行按一定比例给各经济部门发放贷款，目前主要有三项规定：一是存款留成计划，即位于马尼拉以外的银行必须将所吸收存款的75%投资发展当地经济。存款留成计划主要就是解决欠发达地区资金转移问题。二是"717号总统法"要求所有金融机构把25%的增量贷款发放给农业部门，其中10%贷给土地经营者，15%为一般农业贷款。三是为小企业信贷制定的"6977

号共和国法"规定，金融机构至少要把 10% 的贷款发放给小企业。❶

第 4 节　欠发达地区开发的国际经验借鉴及启示

一、国外利用金融支持欠发达地区经济发展的经验总结

（一）立法保障金融政策向欠发达地区倾斜

很多国家的经验都已证明，假如没有法规的硬约束，商业银行就不可能对欠发达地区金融有大规模的投入。为此，一些国家制定了特别的法律与法规，对金融机构支持落后地区发展提出了具体要求。通过法律指导规范农村金融发展最突出的有：美国的"社区再投资法"，它要求存款机构必须为其所在的社区提供信贷支持，而且其中一部分必须贷给社区的中低收入人群；日本计划与立法相结合的方式，比如《北海道开发法》《北海道开发金融公库法》，都有效地满足了日本的北海道和东北地区开发对中长期资本的需求。

（二）专门机构管理欠发达地区的经济开发

各国都设置了专门机构对欠发达地区的经济开发实行"立法管理"。美国在各发展区都设有管理署，又成立地区再开发署、经济开发署以及其他的洲际开发委员会等，这些机构专门负责对欠发达地区的援助开发工作。而在日本，为了保证欠发达地区的有效开发，政府成立了两个负责地区开发的国家级机构——北海道开发厅和冲绳开发厅。这种体制便于地方的开发事务在中央的各省、厅之间进行协调，有利于地方的综合开发，也有利于保证国家的开发意愿在地方较顺利地实现，并同时调动民间力量参与开发，调动地方政府的开发积极性，以减轻中央政府的压力。

（三）支持欠发达地区完善金融体系

各国在建立金融体系时，都根据本国地域经济的具体特点，照顾了欠发达地区的发展，适当构建和调整金融体系，以保证区域经济的协调发展。对于二元经济凸显的中国来说，具有很好的借鉴意义。

一是建立相对独立、多元化的中央银行制度。最具典型的是美国。美

---

❶　沈红芳，冯驰. 菲律宾经济：没有发展的增长 [J]. 亚太经济，2014 (3).

国的联邦储备体系将全国划分为 12 个联邦储备区，内设 12 家区域中央银行—联邦储备银行，并在各自辖区内的一些重要银行设立相应的分行，联邦储备系统在权力上采取"既分散、又统一"的做法，以解决联邦储备制度在中央管理与地方管理之间的矛盾。联邦储备银行不受州政府和地方政府的管辖，在业务上有其独立性，负责组织和管理区内的金融活动。

二是设立专门的区域性政策金融机构。政策性金融机构作为各国金融体系两翼（各种商业银行和非银行金融机构）的补充，一方面配合一国经济与社会发展不同历史时期和不同阶段经济与社会政策目标（特别是产业政策）的不同需要和侧重点，通过政策性金融活动充当经济调节和管理的角色，充分发挥其在一国经济与社会发展中的作用；另一方面又诱导或补充商业性金融机构机制与作用的不足，健全与优化一国金融体系的整体功能。

三是设立非营利的向重点产业倾斜的开发银行，其信贷政策对落后地区开发实行产业倾斜。非营利性的开发银行就是为了促进国民经济合理化，满足不同时期国家重点产业的资金需要设立的。如日本在 1951 年成立了日本开发银行，专门为国家重点产业提供长期资金，大力支援石油化工产业，对北海道落后地区石化工业的发展发挥了重大作用。

四是大力发展地方性商业银行，单一制的地方性商业银行可以很好地满足地方建设资金的需要。美国曾建立这种极具竞争力的单一银行，使地方的经济、金融利益均得到充分的保护，并使美国的货币政策在不同的领域得到全国的贯彻执行。

五是扩大政策性银行在欠发达地区的支持范围。如国家开发银行应加大对欠发达地区教育、电力、能源、通信、公路、铁路、机场、水利设施及城市化等基础建设的支持力度；农业发展银行可以把具有较好收入现金流并能够还本付息的农业产业化、农业高新技术、农村基础设施建设、生态环境建设、农村水电工程等纳入信贷支持范围；进出口银行的专项信贷资金可向欠发达地区倾斜，在保证资产质量的基础上，优先满足机电产品和高新技术产品出口大企业、大项目的融资需求。此外，国家应在资金、利率、再贷款期限、税收和自主权等方面实行特殊政策给予必要支持；还可适当利用中央银行的再贷款，及其在国际金融市场发行债券来筹资。

此外，建立专门的政策性银行法予以规范政策性金融的设立、组织机构、业务范围和营运目标等行为提供法律保障。

（四）实施差别化的金融调控和管理政策

实施差别的货币政策，促进欠发达地区的经济发展。具体为：一是降低欠发达地区商业银行的存款准备金率，提高其资金流动性，促进其在欠发达地区增加贷款。以美国为例，联邦政府根据各地区的不同特点，实施差异性的金融调控政策，对位于欠发达地区的银行，实行较低的法定存款准备金率和贴现率，并对在欠发达地区设置银行所要求的资本金作较低要求，确保货币政策在不同区域顺利传导。二是扩大人民银行在欠发达地区的再贴现额度，从基础货币这一源头促进商业银行贷款的增加。三是在欠发达地区实施优惠利率政策，人民银行在贷款利率、贴现利率和再贴现利率等方面实行向下浮动，同时对欠发达地区资金的外流制定利率上限。针对不同地区和不同银行，各区域制定不同的贴现率。仍以美国为例，美国各区域的贴现率由各区域的联邦储备银行制定，通过贴现率调整和促进投资和经济发展。四是扩大国家财政贴息贷款和政策性银行贷款在欠发达地区的投放，促进欠发达地区的经济发展和生态环境的改善。

实行倾斜性信贷政策，对落后地区企业贷款提供贷款担保。贷款担保的目的是支持金融机构对落后地区企业提供贷款，若政府面对企业贷款提供信贷担保，则有利于改观，既保证了地区经济开发对资金的需求，又能够保证商业银行的营利性、流动性和安全性。

实施差别的金融政策，促进欠发达地区金融机构质的提升和量的增加。一是加大欠发达地区商业银行不良资产的处置力度；二是放宽对欠发达地区金融机构市场准入条件；三是对欠发达地区商业银行实施优惠的税收政策。

制定具有差异性和倾斜性的金融调控政策，有利于货币政策在不同地区的全面贯彻执行，有利于经济开发所需资金的稳定供给，有利于满足欠发达地区经济发展对资金的巨大需求，从而对缩小地区差异、缓解民族矛盾、促进欠发达地区经济发展具有重大作用。

（五）建立区域金融中心，带动相关区域发展

欠发达地区的开发必须采取非常措施来建立关键的发展极，如巴西马瑙斯自由贸易区的建立和发展。为了开发亚马孙河流域地区，联邦政府成立了马瑙斯自贸区，并制定了诸多优惠措施以吸引外资。如在自贸区建立之初就规定，凡进入马瑙斯自由贸易区的外国商品在 10 年内一律免征进口税，凡在马瑙斯自由贸易区设厂的企业可以得到"亚马孙开发私人投资基金"的资助，马瑙斯自由贸易区还为外资选厂提供方便等一系列措施。在 20 世纪 70 年代，马瑙斯自由贸易区堪称"欠发达地区培育经济增长极的

全球典范"。❶ 韩国通过政策倾斜以扶持相对落后区域的功能增长极发展，这是促进区域发展平衡性的有效途径，韩国政府尝试发展地方增长极带动首都以外区域的发展，发展工业园区并逐步增强其辐射功能，培育东南沿海的重化工主导产业等具体措施都在一定程度上抑制了区域差距扩大的趋势。❷

（六）培育和发展长短期资本市场，合理引导私人资本流动

由于开发经济欠发达地区需要大量的资金，只依靠政府拨款无法满足经济欠发达地区经济发展所需要的资金，因此还需要借助不同的渠道的私人资本投入，才能最大可能地解决欠发达地区发展过程中的资金需要。在引导民间资本投入的手段上，一些发达国家采取了对在落后地区投资的企业提供低息贷款、利息补贴等优惠政策。比如，美国联邦政府采取优惠信贷的形式吸引私人投资者和发达地区的高素质人口向经济欠发达地区靠拢，创造了欠发达地区的经济环境；也有的政府直接为落后地区企业提供贷款担保。这些措施的实施，表明了政府开发落后地区的政策意向，鼓励民间资本投往落后地区。在我国开发西部的过程中，可以借鉴这些成功的经验。❸

（七）创新适合欠发达地区经济特点的金融产品和服务

创新适合欠发达地区经济特点的金融产品和服务，这在发展中国家农村金融服务中表现得尤为明显。如，孟加拉国将相同收入水平的农户组成信贷小组，每人存入少量资金，以此为基础贷给需要的农户，并根据其还款情况再决定今后的信贷额度，但小额信贷的利率较低，需要政府补贴。印度政府为了使农村金融产品可以有效地满足农村市场的需求，积极发展产品创新，包括直接贷款、间接贷款、农村基础设施贷款、农村住房改造贷款、开发贷款及农业保险等，通过实行不同的贷款周期及还款比例，切实满足农村市场需求，不断降低农业经营风险与生产风险，有效提高经营能力，促进农村经济的顺利发展。

（八）设置区域经济协调发展的专门基金

各国除采取财政扶持、金融支持政策，还设立了专门援助欠发达地区

❶ 谭春枝，张家寿. 巴西对欠发达地区的金融支持及其经验教训——兼论对少数民族地区经济发展的启示 [J]. 拉丁美洲研究，2007（2）.

❷ 李仁贵，高鸿鹰. 韩国增长战略实践及其启示 [J]. 亚太经济，2012（4）.

❸ 依布拉音·巴斯提. 发达国家对经济欠发达地区金融支持经验的借鉴 [J]. 中国证券期货，2013（8）.

的区域发展基金。如欧洲经济共同体为了解决地区间经济发展不平衡的问题,于 1975 年创设了专项基金,即欧洲地区开发基金,旨在直接援助经济落后或衰退地区的发展,解决地区间经济发展不平衡的问题;日本设立的"冲绳振兴开发金库"和"北海道开发公库",为经济欠发达地区的产业开发提供长期资本;巴西为了筹集资金以促进欠发达地区的经济发展,设立了各种基金,如为了促进亚马孙地区的经济发展而设立的"亚马孙开发私人投资基金",为了缩小地区间经济差距而设立的"社会一体化基金",为了发展农牧业而设立的"发展畜牧业基金"❶,这些基金的设立确实促进了该国欠发达地区的经济发展。

(九)准确把握承接时机,正确选择主导产业

主导产业在一国的区域经济发展中起着主导作用,选择正确的主导产业对平衡一国区域经济协调发展至关重要。韩国在承接国际产业转移的时机和主导产业的选择上,及时把握了国际产业转移的动向,做到与全球产业结构的调整、升级紧密相连。美国、日本等国家将纺织、服装等轻纺类劳动密集型产业或部分耗能多、污染严重的行业向国外转移。此外,随着产业承接的深入、国内相关产业的壮大及产业结构的优化,韩国及时将在本国市场上已无优势的产业向东盟等周边国家转移,使产业转移呈现双向互动的局面。在承接产业转移中,韩国政府的政策导向与行政效率发挥了极为重要的作用。

(十)不断调整外资政策,为顺利承接国际产业转移提供了政策支持

通过调整外资政策,引进外资,顺利承接国际产业转移。以韩国为例,韩国的外资政策主要包括引资方式、外资投向、相关优惠政策等,政府通过在各阶段实施不同的外资政策,确保外资的投向能够准确地体现政府的政策意图。在经济发展初期,韩国政府非常重视"自立化"问题,表现在引进外资方面,20 世纪六七十年代以借款为主,80 年代以后外商直接投资才开始占据重要位置。在外资投向上,一般以政府经济开发计划规定的重点行业、产业、产品为主;在外资立法与优惠政策方面,1960 年 1月,颁布了第一部《外资引进促进法》。从政策与法律上对外资的引进和使用给予了规定,明确了外商直接投资的免税期、与国内企业的平等待遇及汇付利润和撤资的担保等条件。1966 年,韩国政府又公布了新的《外资

---

❶ 谭春枝,张家寿. 巴西对欠发达地区的金融支持及其经验教训——兼论对少数民族地区经济发展的启示 [J]. 拉丁美洲研究,2007 (2).

引进法》，鼓励外商以直接投资或合作投资的方式来韩国投资。20 世纪 80 年代后，韩国政府在引资方式上倾向于吸引外商直接投资，为此，通过修改外资立法，提高了外资的投资比例，大大扩展了外国人可投资的领域，而产业导向则更加明显，取消外资统一税收优惠政策，只对高科技或引进大规模资金的企业、设在自由贸易区符合要求的企业给予税收优惠。韩国外资政策的不断调整和完善为顺利承接国际产业转移提供了政策支持。

二、国外利用金融支持欠发达地区的经验对我国的启示

上述各国以金融支持欠发达地区开发的成功经验，对我国加快欠发达地区的经济发展具有重要的启示。比较大多数国家对欠发达地区开发的内容，都有一个共同点，即政府通过必要的立法和实行有效的金融"特权"性政策，如存款准备金率、存贷款利率、市场准入制度与资本市场运作机制等区域性金融政策措施等，借以弥补区域间非均衡的市场机制本身的缺陷，引导社会资金和资源要素由发达地区流向欠发达地区，实现资源的优化配置，以缩小区域经济发展的差距。

1. 明确金融支持政策的空间指向性

党的十六届三中全会提出了"五个统筹"协调发展的思想，将新一代领导人对未来中国改革的理念和韬略展现给世人，这标志着中国的国家发展战略发生了重大调整，从以经济建设为中心转变到以科学发展观为指导的社会全面发展与进步。可持续发展战略、西部大开发战略、振兴东北老工业基地战略等，都充分体现了我国政府以国家发展战略的形式支持民族地区、落后地区经济建设，统筹区域协调发展的思想，具有明确的空间指向性。从各国的经验中也可以得出，欠发达地区经济发展金融支持政策要围绕国家发展战略和目标任务，应广泛提供多层次、多方面的金融服务，加大对弱势产业、中小企业的金融支持。同时，欠发达地区的经济发展、金融支持政策以及跨越式发展方式都应纳入国家发展战略层面，辅之以各项政策配套执行，发挥协同效益。

2. 制定配套法律，成立专门机构

健全的法律体系是金融发展的必要前提，只有把缩小区域经济发展差异提高到国家法制建设高度，才能使欠发达地区的发展有充分的法律保障。为了加快欠发达地区的经济发展，首先要完善和加快该区域的金融相关法律体系建设，注重将法律环境建设与区域间实际问题相结合，制定相关的专门立法，如《西部地区开发法》，以法律的严肃性、规范性和稳定性保证开发工作的顺利进行。为了使国家西部发展政策得以有效实施，应

设立西部发展委员会或落后地区发展委员会，研究制定落后地区发展规划和具体政策。同时，特别是对于有极强计划色彩的中国落后地区的开发，由于金融系统治理结构的市场性缺陷，在开发过程中还要进行必要的控制，对于明显偏离合理性的开发方面要及时予以调控。

3. 采取差异性的区域货币政策

我国东部沿海地区在资金信贷、企业上市、资本市场等方面都有优惠政策，使东部地区的投资收益率高于西部，引起了西部资本外流。在我国区域经济发展差异和金融发展水平不断扩大的背景下，改变全国统一的金融发展政策，针对欠发达地区采取倾斜性的调控政策是很有必要的。国家为支持落后地区经济发展，进一步开放资本市场和货币市场，可以借鉴国外经验，并实施有区别的区域货币政策，如对欠发达地区的金融机构提高区别性的法定存款准备金、备付金、贴现率、资本金等最低要求，改善欠发达地区金融服务功能。

在落后地区设立政策性开发银行，用于筹集重大基础设施项目的资本金，以及支持非国有中小企业发展的专项资金，用以扶持发展地方性中小金融机构，支持农村经济、中小企业和私营经济发展。如适当增加欠发达地区人民银行分行的调控权限（如再贷款、再贴现的限额，再贷款期限等）；拓展再贴现业务，支持商业银行扩大票据业务；对国有商业银行实行差别信贷管理政策，如降低二级准备金率、提高存贷款考核比例、加大授权授信力度等。

4. 加大欠发达地区的资金投入

多渠道筹集欠发达地区经济发展所需的资金，并加大资金投入。不但需要国内金融机构、国际金融机构及外国政府所提供的优惠信贷资金，并采取多种优惠措施吸引私人资本和外国资本对欠发达地区的直接投资，而且对于我国已经先期发展起来的东部沿海地区，可考虑通过国家宏观调控的方式，制定相关法律，规定按一定比重每年向西部欠发达地区进行拨款或资金调拨，并通过优惠政策和措施，鼓励东部沿海地区的人才、资金和企业参与西部欠发达地区的大开发。具体措施有以下几点：大力推行股份制和股份合作制，将民间闲散资金化零为整，用于企业生产和发展；要有计划、有组织地兴办上市公司，向社会发行股票债券，广泛开辟证券市场，把城乡居民手中的存款转为投资；在审批上市公司方面，应向欠发达地区给予政策倾斜，增加落后地区上市企业的数量；在欠发达地区重点城市建立期货市场；大力引进东部地区企业集团前来投资，特别是要抓住东部地区劳动密集型产业向中西部转移的契机大量引进东部资金；创新融资方式，拓宽金融支持领域；设立落后地区开发专项基金，用于落后地区基础设施和重点产业的投资补贴，以及城镇就业和农村剩余劳动力出路的就业补贴。

5. 制定行之有效的金融支持政策体系

国外区域开发的成功经验已表明，制定行之有效的金融支持政策是欠发达地区成功开发的重要保证。在金融政策的制定过程中，既要体现政府的主导作用，同时也要充分重视市场的作用。在金融优惠政策中，既要有包括货币市场和资本市场在内的金融市场发展优惠政策，也要有包括商业性金融机构和政策性金融机构在内的金融机构发展政策。这些经验无疑对制定欠发达地区经济发展中的金融支持政策提供了重要的参考。

6. 完善欠发达地区经济跨越式发展的配套政策

金融支持政策的有效发挥，与其他区域性政策的配套制定和执行是密不可分的，两者密切配合，才能发挥各类政策的综合效益。首先，是产业政策。国家应发挥技术比较优势，大力发展高新技术产业，提高产业创新能力，加快发展现代服务业，调整产业结构，优化产业升级；继续大力支持西部欠发达地区引导特色优势产业健康发展，积极吸引外部资金投入西部欠发达地区发展特色优势产业；围绕节能降耗减排设备市场的需求，大力发展循环经济等。其次，是财政政策。要做好西部欠发达地区跨越式发展的扶持工作，必须加大对欠发达地区基础产业的财政投入，建立规范化的财政转移支付制度，实施一定的地区倾斜政策，特别是税收优惠政策，增加政府补贴，采用适当的财税政策导向，努力培植欠发达地区的优势产业，实现地区的经济结构调整。

7. 形成专业化的银行体制，大力发展投资基金

日本对于产业结构升级提供了大量的政策性金融投入，各类性质的专业性银行分工明确，各自服务的对象和从事的业务种类都有严格的分工，这就确保了日本能够将有限的金融资源投入到重点产业中，从而调节和优化产业结构。我国可借鉴日本的做法，创建专门的政策性金融组织，通过财政拨款和发行金融债券等方式筹集资金，提供低息贷款的优惠，加强对中小企业和农业的资金扶持力度。在经济发展和产业结构调整的过程中，财政投融资对中小企业和农业的资金保障帮助其克服了生产效率低、后续发展力量薄弱等问题，为提高就业率，维护社会稳定，更好地促进国民经济发展起到了巨大的作用。

我国还要发展风险投资基金、产业投资基金、私募股权投资基金等金融组织形态。这些投资基金都具有较强的风险偏好程度，往往能够选择出

较为有发展潜力的产业类型，客观上促进了资金向有利于产业结构升级的方向配置，将促进技术进步和生产力的提高，有利于欠发达地区经济发展，推动欠发达区域经济协调化发展。

8. 要根据产业结构调整不同阶段的需求，配以相应的金融支持政策

产业结构的调整是所有国家和地区现代化进程中不可逾越的阶段，日本从自身的基本国情和产业发展的现实出发，确定了不同发展阶段的重点产业，并制定和实施金融配套支持政策。在产业复兴时期，政府干预下的以政策性金融为主导的企业融资模式有效满足了日本经济起飞时期的重化工业的资金需求。在经济高速增长的阶段，日本根据产业结构调整的需要，确立了以银行融资为主导的间接融资模式，并建立了特色鲜明的"主银行制度"。在经济低速增长的时期，日本政府根据已经变化的国内外经济形势，适时启动金融自由化，再次促进了日本产业结构的顺利转型。总的来说，日本政府能根据本国的经济与社会环境及产业升级的不同阶段，及时实行配套的金融体制改革并制定合理的金融支持政策，有效地促进了实体经济的发展和产业结构的升级。我国应借鉴日本的经验，首先要明确我国经济发展所处的阶段、现有的发展条件及当前阶段优先发展的产业，然后再根据产业发展的需要进行相应的金融结构调整，并制定合理的金融产业政策，以推动产业结构的顺利升级。

9. 政策性金融在促进产业结构升级方面比商业性金融更为直接、更为有力，但要防止政府过度干预

政策性金融应该以政府为主导，具有强烈的政策性目标，即贯彻和执行国家经济发展战略、经济政策与产业政策。从日本的经验看，在战后日本金融体系整体资金严重不足的情况下，通过设立对经济与社会发展极其重要的不同产业或领域的政策性金融机构，并使之按政府规定的特定目标从事金融活动，有效地引导了有限的金融资源配置到亟须振兴的重化工业。可见，政策性金融机构在促进产业结构升级方面，比商业性金融更为直接，更为有力，从而更为有效。而我国政策性金融发展先天不足，又无明确的发展战略和整体规划，实际上是作为中国国有商业银行改革的副产品、附属物而建立的，不是高瞻远瞩、深思熟虑的理性产物。比如说，政策性金融的商业化改革，加剧了政策性金融的异化，使之不能有效发挥促进产业结构调整升级的作用。因此，科学认识政策性金融制度，并不断完善和优化中国的政策性金融体系，促进其可持续发展，已经刻不容缓，不仅是不可或缺、不可替代的，而且是只能加强、不能削弱。

10. 要充分考虑中国区域产业结构层次的差异性，不能过分强调各区

域金融结构的趋同

　　判断一个国家或者地区金融结构是否合理，金融体系是否有效，其主要标准，不是该国或者该地区的金融结构与发达国家或发达地区的金融结构有什么样的差距，而是与本国或本地区的经济发展阶段和相应的产业结构是否相适应。中国幅员辽阔，各个区域之间无论是在经济发展水平，还是在产业结构层次上，都存在较大的差异。2013年，东部地区三大产业结构比为：6.2∶46.8∶47，中部地区为：11.8∶52.1∶36.1，西部地区为：12.4∶49.5∶38.1，东北地区为：11.6∶49.7∶38.7。从比例上看，东部地区的产业结构升级进程明显快于其他地区。东部已进入产业结构高级化阶段，更加依赖于资本市场和直接金融；而中部、西部和东北目前仍以工业发展为主，以日本的经验来看，这个阶段更依赖于以银行信贷为主的间接金融体系。因此，我们应该立足于区域实际，选择适合区域产业结构特点的区域金融结构和金融支持政策。

第3章　欠发达地区经济发展分析

依据本书著者对欠发达地区的界定，"欠发达地区是指受历史、区位、观念、资源禀赋等条件的限制和国家不平衡发展战略的影响，相对于发达地区而言，在经济和社会的发展水平上有较大的差距，经济综合实力达不到本国现有水平的平均值，生产力发展不平衡，科技水平还不发达的区域"。欠发达地区是一个相对的概念，它是相对于发达地区而言的。具体到我们国家，相对于东部发达地区而言，中部和西部地区、东北地区都是欠发达地区，但是不可否认的是，即使是经济相对发达的东部沿海地区也有经济欠发达的区域，而中部和西部地区也有经济发达区域。

限于现有统计数据以及资料的匮乏，考虑到欠发达地区的分散性以及搜集资料的困难性，同时考虑到问题的集中性和矛盾的突出性，在本书的研究中，我们界定中部6省（山西、安徽、江西、河南、湖北及湖南）以及西部12省、自治区（陕西、甘肃、宁夏、青海、新疆、四川、重庆、云南、贵州、西藏、广西、内蒙古）为欠发达地区，以中西部地区为分析对象分析我国欠发达地区经济发展现状及评价其存在的相关问题。

第1节　中部欠发达地区经济发展现状

我国中部地区，东接沿海，西接内陆，包括山西、河南、安徽、湖北、江西、湖南六个相邻省份。中部地区是我国内陆最核心的地区，是扩大内需、提升开放水平极具潜力的区域，也是支撑我国经济保持中高速增长的重要区域。20世纪以来，我国中部地区一方面依托中部崛起战略、长江经济带战略，实现经济稳步发展，逐步缩小与发达地区的差距；另一方面，由于长期经济发展的遗留问题，与发达地区相比，仍然存在一些不足。本节将从我国中部地区的基本概况、经济发展，以及经济发展中存在的问题来阐述我国中部地区的经济发展现状。

一、基本概况

我国中部六省的地理位置优越。它地处内陆腹地，承东启西，连南接北，辐射四方，包括山西、安徽、江西、河南、湖北、湖南六省，面积达到 102.8 万平方公里，占我国陆地国土总面积的 10.7%。从地理位置上来看，中部六省连接长三角、珠三角、长江中游城市群等经济城市圈，是中国经济版图中的"腰板"，中部地区涵盖武汉城市圈、长株潭城市群、鄱阳湖生态经济区、皖江经济带、中原经济区、太原城市群，是我国区域经济发展格局的重要版图，是我国中部崛起战略的经济腹地。

中部六省的自然资源丰富。中部地带是我国三个地带中资源最为丰富的地带，是我国的矿产资源富集区，也是我国重要的粮食生产基地、能源原材料基地。自然资源中最突出的是煤炭、石油、水力，以及铁矿、铜矿、铝矿和磷矿等，以此为基础形成了以煤炭、石油、电力、黑色和有色冶金、机械、汽车和化工为主体的颇具特色的重工业体系。

作为我国的人口大区、经济腹地和重要市场，2018 年，中部六省依靠全国 10.7% 的土地，承载全国 28.1% 的人口，创造了全国 21.4% 的 GDP。中部地区作为我国的经济腹地，是实现区域协调发展及新常态下经济发展的必然要求，中部地区的战略地位决定了其经济发展的重要意义。

二、政策保障

20 世纪以来，我国积极推进区域发展总体战略，实施了中部崛起战略和长江经济带战略。

（一）中部崛起战略

为了促进我国区域协调发展，党中央制定了"中部崛起"重大战略来促进我国中部地区经济的快速发展。

2004 年 3 月，《政府工作报告》首次明确提出促进中部地区崛起。2004 年 12 月，中央经济工作会议再次提到促进中部地区崛起。2005 年 3 月，温家宝总理在《政府工作报告》中提出，要抓紧研究制定促进中部地区崛起的规划和措施。2006 年 2 月 15 日，温家宝总理主持召开国务院常务会议，研究促进中部地区的崛起问题。此后，中部六省加强了横向联动。2006 年 9 月 18 日，中部六省省委书记、省长以及部分中央部委负责人会聚郑州，参加"中部论坛"郑州会议。有关部委和中部六省政府共同主办的中国中部投资贸易博览会也于 2006 年开始举办，每年一届，中博会至今已成为我国中部地区规模最大、规格最高、影响深远的商界交流平台。2008 年 1 月，国家发展改革委牵头实施促进中部地区崛起工作部际联席会议制度，目的是贯彻落实党中央、国务院关于促进中部地区崛起的重大部署；研究促进中部地区崛起的有关重大问题，并向国务院提出协调促进中部地区崛起的相关建议。

2008 年年初，国家发展改革委将编制《促进中部地区崛起规划》列入了国务院的工作日程表。2008 年下半年，国家发展改革委制定的《促进中部地区崛起规划（初稿）》开始下发，地方和多个部门纷纷提出了修改意见。其中，各省分别根据自己的情况，编制出台了相关规划。2009 年 9 月，国务院通过了《促进中部地区崛起规划》，进一步促进中部崛起。2010 年 8 月，国家发展改革委印发了《促进中部地区崛起规划实施意见的通知》，提出了 2020 年中部崛起的总体目标和一系列任务要求等。2012 年 8 月，为大力实施促进中部地区崛起战略，国务院发布了《关于大力实施促进中部崛起战略的若干意见》，提出了促进中部地区崛起面临的新形势和新任务。

2016 年 12 月，国家发展改革委印发《促进中部地区崛起"十三五"规划》，在巩固提升中部地区"三基地、一枢纽"定位的基础上，提出了"一中心、四区"的新战略定位，即把中部地区建设为"全国重要先进制造中心、全国新型城镇化重点区、全国现代农业发展核心区、全国生态文明建设示范区、全方位开放重要支撑区"。在地方政策上，2017 年 6 月，湖北省召开第十一次党代会，明确了湖北省未来的发展目标，提出湖北省要加快建成中部地区崛起的重要战略支点，争取在转变经济发展方式上走在全国前列。

习近平总书记代表党中央对促进我国中部地区崛起作出了重要指示。2019 年 5 月 21 日，习近平总书记在推动中部地区崛起工作座谈会上发表重要讲话。他强调，推动中部地区崛起是党中央作出的重要决策。做好中部地区崛起工作，对实现全面建成小康社会奋斗目标、开启我国社会主义现代化建设新征程具有重要的意义。促进中部地区崛起，是落实四大板块区域布局和"三大战略"的重要内容，是构建全国统一大市场、推动形成东、中、西区域良性互动协调发展的客观需要，是优化国民经济结构、保持经济持续健康发展的战略举措，是确保如期实现全面建设小康社会目标的必然要求。

中部崛起是中国经济平稳协调的关键，如果说东、西部大发展是中国的"双翼"，那么中部发展则是当仁不让的"脊梁"，在我国的地域分工中承担着至关重要的作用。

（二）长江经济带战略

党中央制定的长江经济带战略也促进了中部地区经济的发展，这是我国提出的三大国家发展战略之一。

长江经济带战略作为中国新一轮改革开放转型实施新区域开放开发战略，是具有全球影响力的内河经济带、东中西互动合作的协调发展带、沿海沿江沿边全面推进的对内对外开放带，也是生态文明建设的先行示范带。长江经济带覆盖我国 11 个省、市，中部六省中有湖北、湖南、江西、安徽四省包括在长江经济带内，长江经济带承东启西，连南贯北，将拉动中部地区的开放和发展。

纵观我国长江流域的发展历程，关于"长江经济带"的提法并非近年才有，从长江经济带战略构想的提出，到上升为国家战略，历经了 30 年。早在 20 世纪 80 年代，国务院发展研究中心就提出了"一线一轴"的战略构想，"一轴"即为长江轴。2013 年 7 月，习近平总书记指出："长江流域要加强合作，发挥内河航运作用，把全流域打造成黄金水道。"2014 年，国务院印发《关于依托黄金水道推动长江经济带发展的指导意见》，部署将长江经济带建设成为具有全球影响力的内河经济带、东中西互动合作的协调发展带，正式将"长江经济带"上升为国家战略，这一战略无疑将带动中部地区经济的发展，促进中部崛起。

2016 年 9 月，《长江经济带发展规划纲要》正式印发，确定了长江经济带"一轴、两翼、三级、多点"的发展新格局，这将有利于提升中部地区的发展潜力。2018 年 11 月，中共中央、国务院明确要求充分发挥长江经济带横跨东、中、西三大板块的区位优势，以"共抓大保护、不搞大开发"为导向，以生态优先、绿色发展为引领，依托长江黄金水道，推动长江上、中、下游地区协调发展和沿江地区高质量发展。

据 2018 年数据统计显示，长江经济带沿线 11 个省、市共实现生产总值 402 985.24 亿元。在经济平稳发展的同时，11 个省、市在 2019 年的《政府工作报告》和地方"两会"上纷纷提出新的举措，其中金、绿、蓝三种"色彩"尤为引人关注。

国家区域发展战略的实施改善了我国中部地区的基础设施和投资环境，促进了中部地区 GDP 的持续增长和经济社会的全面发展。

三、经济发展特征

我国中部地区依托中部崛起战略，积极发挥自身优势，通过国家关于中部崛起相关政策措施的实施，中部地区经济取得了稳步的发展。近年来，在习近平新时代中国特色社会主义区域协调发展思想的指导下，又依托长江经济带战略，中部地区经济增速显著提升、产业结构逐步优化升级、投资增速明显加快、创新示范区发展良好，并且积极承接国际和沿海地区外资产业转移，经济取得了稳步发展。

（一）地区生产总值稳步增长，经济增速赶超东部

中国经济发展，有传统老工业区正在艰难转身，有资源大省仍在找寻新的发展之路，有曾经发展较快的地区出现了增速减缓，而中部地区六省（山西、安徽、江西、河南、湖北及湖南）经济在持续崛起。近年来，在国家中部崛起和长江经济带发展战略下，中部六省国民生产总值稳步增长，经济增速不断增强并赶超东部地区，经济形势逐年向好。

1. 地区生产总值稳步增长

近年来，中部地区发挥自身优势，地区生产总值稳步增长。2008—2018 年，中部六省的生产总值呈现逐年递增的趋势，从 64 040 亿元增加到 192 659 亿元，增长了 200.84%。其中，就每个省份而言，2008—2018 年中部六省 2008—2018 年的 GDP 情况为：山西省从 7 315 亿元增加到 16 818 亿元，安徽省从 8 851 亿元增加到 30 007 亿元，江西省从 6 971 亿元增加到 21 985 亿元，河南省从 18 018 亿元增加到 48 056 亿元，湖北省从 11 328 亿元增加到 39 367 亿元，湖南省从 11 555 增加到 36 426 亿元。如表 3.1 所示，中部六省省地区生产总值均呈现逐年上升的趋势。10 年间，就各省 GDP 总量增长来看：山西省增长 129.91%，安徽省增长 239.02%，江西省增长 215.38%，河南省增长 166.71%，湖北省增长 247.52%，湖南省增长 215.24%，各省 GDP 总量有了显著的提升。

中部六省经济总量占比稳步上升。2008—2018 年，中部六省经济总量占比从 2008 年的 19.92% 上升到 2018 年的 21.40%，上升了 1.48 个百分点。总体来看，保持在 20% 左右，最高为 21.66%，最低为 19.92%，如表 3.1 所示。虽略有起伏，但 GDP 所占比重总体呈现逐年上升的态势。就各省而言，2018 年，中部六省地区生产总值占我国国民生产总值的情况为：山西省占比 1.87%，安徽省占比 3.33%，江西省占比 2.44%，河南省占比 5.33%，湖北省占比 4.37%，湖南省占比 4.05%，各省之间占比

差距较大，山西省、安徽省和江西省占比偏小。

表3.1 2008—2018年中部六省GDP情况　　　　　　　单位：亿元

年份	山西	安徽	江西	河南	湖北	湖南	中部	全国	占比（%）
2008	7 315	8 851	6 971	18 018	11 328	11 555	64 040	321 500	19.92
2009	7 358	10 062	7 655	19 480	12 961	13 059	70 577	348 498	20.25
2010	9 200	12 359	9 451	23 092	15 967	16 037	86 109	411 265	20.94
2011	11 237	15 300	11 702	26 931	19 632	19 669	104 473	484 753	21.55
2012	12 112	17 212	12 948	29 599	22 250	22 154	11 627	539 116	21.57
2013	12 665	19 229	14 410	32 191	24 791	24 621	127 909	590 422	21.66
2014	12 761	20 848	15 714	34 938	27 379	27 037	138 679	644 791	21.51
2015	12 766	22 005	16 723	37 002	29 550	28 902	146 950	686 449	21.41
2016	13 050	24 407	18 499	40 471	32 665	31 551	160 645	740 598	21.69
2017	14 973	27 018	20 818	44 552	35 478	33 902	177 244	824 828	21.49
2018	16 818	30 007	21 985	48 056	39 367	36 426	192 659	900 310	21.40

数据来源：根据《中国统计年鉴（2008—2018）》数据整理。

2. 经济增速赶超东部

我国中部地区经济增速赶超东部。从2008年起，我国以往的东快西慢、中部居中的经济增长基本格局已被完全打破。中部地区的经济增长速度明显超出东部地区的增长速度，从2008—2018年GDP的增长率来看，中部地区经济增速分别为：20.90%、10.21%、22.01%、21.33%、11.30%、10.00%、8.42%、5.96%、9.32%、10.33%、8.70%，除2009年受经济危机的影响，2008—2011年经济增长率基本一直处于较高水平。自2012年开始，虽然增长速度放缓，年增长率依然处于10%左右，如图3.1所示。2008—2018年，中部地区平均年增长率为12.59%，高于东部地区年平均增长率10.30%。2008—2018年，我国中部六省的地区生产总值的11年平均增速情况为：山西省11.81%，安徽省21.7%，江西省19.6%，河南省15.1%，湖北省22.5%，湖南省19.6%。实践证明，我国中部地区经济有了显著发展。

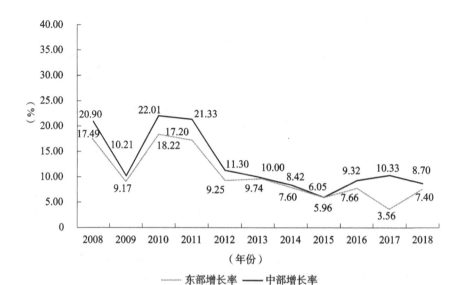

图 3.1 2008—2018 年我国东西部地区经济增长率

资料来源：根据《中国统计年鉴（2011—2018）》数据整理。

（二）产业结构逐步调整优化，呈现"二三一"产业结构

中部地区现行产业结构的主要特征呈现出明显的"二三一"产业经济结构。2011—2018 年，中部地区三大产业结构占比从 12.35% : 53.54% : 34.11% 调整为 9.33% : 48.90% : 41.77%，第二产业比重偏高。虽然在 2011—2018 年间第三产业产值逐年提升，从 34.11% 上升到 41.77%，但因占 GDP 总比重不够突出，对经济增长的拉动作用仍不够明显，第二产业仍然占有最大比重。总体来看，中部地区在产业结构调整过程中虽然第三产业占比逐年增大，但依旧面临着第二产业占比偏大的局面。

中部地区第一产业增加值趋于稳定。其中，安徽省呈现出逐年上升的趋势，第一产业在 2011—2018 年有所发展，但第一产业增加值上升的绝对值并不是很大，发展的速度较为平缓。其余如湖南、江西、河南、山西四省第一产业增加值均在 2016 年达到饱和，并在随后的 2017 年和 2018 年逐渐回落。从整个中部地区第一产业增加值来看，2011—2016 年间第一产业增加值逐年递增，从 2011 年的 12 897 亿元上升到 2016 年的 16 781 亿元。但在 2017 年，整个中部地区第一产业增加值下降为 15 803 亿元，2018 年为 16 176 亿元。如表 3.2 所示。

表 3.2　2011—2017 年中部六省第一产业增加值　　单位：亿元

年份	2011	2012	2013	2014	2015	2016	2017	2018
湖北	2 569.3	2 848.8	3 030.3	3 176.9	3 309.9	3 659.3	3 528.9	3 547.5
湖南	2 768.0	3 004.2	2 990.3	3 148.8	3 331.7	3 578.4	2 998.4	3 083.6
安徽	2 015.3	2 178.7	2 267.2	2 392.4	2 456.7	2 567.8	2 582.3	2 638.0
江西	1 391.0	1 520.2	1 588.5	1 683.7	1 772.9	1 904.5	1 835.3	1 877.3
河南	3 512.2	3 769.5	3 972.7	4 160.0	4 209.6	4 286.2	4 139.3	4 289.4
山西	641.42	698.32	741.01	788.89	783.16	784.78	719.16	740.6
中部六省	12 897	14 020	14 590	15 351	15864	16 781	15 803	16 176

资料来源：根据《中国统计年鉴（2011—2018）》数据整理。

中部地区第二产业制造业在新的经济形势下发展态势良好。湖南省、江西省和河南省呈现出逐年上升的趋势，第二产业制造业在 2011—2018 年均有所增长，其余三省湖北、安徽和山西第二产业增加值均在某一年份达到饱和然后逐渐回落，具体来看，湖北、安徽和山西三省的第二产业增加值分别在 2016 年、2014 年和 2012 年达到峰值，制造业增长强劲，而后稍有回落。从整个中部地区第二产业增加值来看，2011—2018 年第二产业增加值逐年增加，并于 2018 年达到 84 759.2 亿元。从增长速度来看，最近三年的增长较快，增长的幅度也较大。如表 3.3 所示。

表 3.3　2011—2017 年中部六省第二产业增加值　　单位：亿元

年份	2011	2012	2013	2014	2015	2016	2017	2018
湖北	9 815.94	11 193.1	11 786.6	12 852.4	13 503.5	16 454.4	15 441.7	17 089
湖南	9 361.99	10 506.4	11 553.9	12 482.1	12 810.8	13 341.2	14 145.5	14 454
安徽	8 309.38	9 404.84	10 930.0	11 077.7	10 946.8	11 821.6	12 838.3	13 842
江西	6 390.55	6 942.59	7 713.02	8 247.93	8 411.57	8 829.54	9 627.98	10 250
河南	15 427.1	16 672.2	16 742.9	17 816.6	17 917.4	19 275.8	21 105.5	22 035
山西	6 635.26	6 731.56	6 613.06	6 293.91	5 194.27	5 028.99	6 778.89	7 089.20
中部六省	55 940.2	61 450.7	65339.5	68770.6	68 784.3	74 751.5	79 937.9	84 759.2

资料来源：根据《中国统计年鉴（2011—2018）》数据整理。

中部地区第三产业增速明显。在第三产业增加值方面，中部地区六省均呈现出逐年上升的趋势，第三产业增加值逐年上涨。表明各省第三产业发展良好。从整个中部地区第三产业增加值来看，2011—2018 年第三产业增加值逐年增加，总额从 35 636.3 亿元增长到 91 362.8 亿元，如表 3.4 所示，增长了 156.38%，并在 2017 年达到了 80 745.4 亿元，首次超过中部第二产业增加值总额 79 937.9 亿元。

表 3.4 2011—2018 年中部六省第三产业增加值 单位：亿元

年份	2011	2012	2013	2014	2015	2016	2017	2018
湖北	7 247.02	8 208.58	9 974.92	11 349.9	12 736.8	14 351.6	16 507.4	18 370.1
湖南	7 539.54	8 643.60	10 077.3	11 406.5	12 759.7	14 631.8	16 759.1	18 888.7
安徽	4 975.96	5 628.48	6 572.14	7 378.68	8 602.11	10 018.3	11 597.5	13 526.8
江西	3 921.20	4 486.06	5 108.66	5 782.98	6 539.23	7 764.93	8 543.07	9 857.2
河南	7 991.72	9 157.57	11 475.7	12 961.7	14 875.2	16 909.7	19 308.0	21 731.7
山西	3 960.87	4 682.95	5 311.18	5 678.69	6 789.06	7 236.64	8 030.37	8 988.3
中部六省	35 636.3	40 807.2	48 519.9	54 558.4	62 302.1	70 912.9	80 745.4	91 362.8

资料来源：根据《中国统计年鉴（2011—2018）》数据整理。

中部地区产业结构逐步趋于合理。在产业结构变化方面，横向来看，中部地区三大产业结构的比例基本呈现出 1∶5∶4 的格局。第二产业增加值占 GDP 比重在三大产业中除 2017 年外均为最大，第三产业次之，第一产业增加值占 GDP 比重最小。2017 年第二产业增加值占 GDP 的比重为 45.29%，第三产业增加值占 GDP 的比重为 45.75%，第三产业增加值占比与第二产业增加值占比在大致相当的基础上略大于第二产业增加值的占比。但在 2018 年，中部地区第二产业占比提升到 48.90%，超过第三产业占比 41.77%。纵向来看，2011—2017 年间，中部地区第一产业增加值占 GDP 的比重与第二产业增加值占 GDP 的比重呈现逐年下降的趋势，2018 年有所提升；第三产业增加值占 GDP 的比重却呈现出逐年上升的趋势，2018 年有所下降。中部地区第二产业增加值占比与第三产业增加值占比的差距逐年缩小，并在 2017 年实现赶超，如表 3.5 所示。这表明，近年来，中部地区工业化发展较好，第三产业产值逐年稳步提升，经济产值由第一产业和第二产业逐步向第三产业转移，产业经济结构也由"二三一"逐步向"三二一"过渡转移。总之，我国中部地区的产业结构正逐步趋于合理化。

表 3.5　2011—2018 年中部地区三大产业增加值及其占 GDP 比重变化情况

年份	地区生产增加值（亿元）	第一产业增加值（亿元）	第二产业增加值（亿元）	第三产业增加值（亿元）	第一产业增加值占 GDP 比重（%）	第二产业增加值占 GDP 比重（%）	第三产业增加值占 GDP 比重（%）
2011	104 473.8	12 897.3	55 940.2	35 636.3	12.35	53.54	34.11
2012	116 277.7	14 019.8	61 450.7	40 807.2	12.06	52.85	35.09
2013	128 449.3	14 589.9	65 339.5	48 519.9	11.36	50.87	37.77
2014	138 679.6	15 350.6	68 770.6	54 558.4	11.07	49.59	39.34
2015	146 950.2	15 863.8	68 784.3	62 302.1	10.80	46.81	42.40
2016	162 445.3	16 780.9	74 751.5	70 912.9	10.33	46.02	43.65
2017	176 486.6	15 803.3	79 937.9	80 745.4	8.95	45.29	45.75
2018	173 298.4	16 176.4	84 759.2	72 362.8	9.33	48.90	41.77

资料来源：根据《中国统计年鉴（2011—2018）》数据整理。

（三）居民消费水平显著提高，居民生活水平逐步得到改善

居民消费水平可以在一定程度上反映不同地区的经济发展状况，消费既是居民的可支配收入增加的产物，又是居民可支配收入增加的来源，是经济发展的重要一环。消费水平提高，意味着居民的生活有所改善，说明该地区（或者国家）经济发展状态良好。

中部地区近年来居民收入水平逐步提高。本部分整理了 2011—2017 年中部地区各省的居民消费水平数据。分析发现，在这几年间，中部六省居民的消费水平呈现出逐年增加的趋势，湖北省居民消费水平从 10 873 元增加到 21 642 元，湖南省居民消费水平从 10 547 元增加到 19 418 元，安徽省居民消费水平从 10 055 元增加到 17 141 元，江西省居民消费水平从 9 523 元增加到 17 290 元，河南省居民消费水平从 9 171 元增加到 17 290 元，山西省居民消费水平从 9 746 元增加到 18 132 元。各省居民的消费水平增幅明显，在一定程度上说明各省居民的可支配收入增加，居民生活条件有所改善，各省的经济发展状况良好。从整个中部地区来看，2011—2017 年居民的消费水平从 59 915 元增加到 110 913 元，增加了 85.1%，并且在 2017 年首次突破 10 万元大关，达到 110 913 元，中部六省居民的消费水平有了显著的提高，如表 3.6 所示。在消费结构方面，就耐用消费品而言，2011—2017 年，中部地区居民家庭平均每百户拥有家用汽车从 12.2 辆增加到 23.08 辆，其中，2017 年湖北省居民家庭平均每百户拥有家用汽车 19 辆，湖南省为 23.3 辆，安徽省为 21.4 辆，江西省为 24.7 辆，河南

省为 25 辆，山西省为 25.1 辆。在耐用消费品家用汽车方面有了显著提升。

表 3.6　2011—2017 年中部六省居民消费水平　　　　单位：元

年份	2011	2012	2013	2014	2015	2016	2017
湖北	10 873	12 283	13 912	15 762	17 429	19 391	21 642
湖南	10 547	11 740	12 920	14 384	16 289	17 490	19 418
安徽	10 055	10 978	11 618	12 944	13 941	15 466	17 141
江西	9 523	10 573	11 910	12 000	14 489	16 040	17 290
河南	9 171	10 380	11 782	13 078	14 507	16 043	17 290
山西	9 746	10 829	12 078	12 622	14 364	15 065	18 132
中部地区	59 915	66 783	74 220	80 790	91 019	99 495	110 913

资料来源：根据《中国统计年鉴（2011—2018）》数据整理。

（四）投资增速明显加快，省外投资资金速度不断增长

近几年来，中部地区发挥自身优势，依托中部崛起战略，制造业 2025 战略目标，经济发展取得了很大成就，吸引社会资金的投资额在不断地加大，投资增速明显加快。

1. 全社会固定资产投资额增长

近年来，中部地区全社会固定资产投资额逐年增长。根据国家统计局公布的近年来中部地区各个省份固定资产投资及增速情况，2017 年，中部地区全社会固定资产投资 641 238.39 亿元，相比 2016 年的 606 465.66 亿元名义增长 5.73%。其中，中部地区投资 166 162 亿元，增长 4.04%；在近几年中部六省全社会固定投资额的统计中，除山西省在 2016—2017 年全社会固定资产投资额有所下降外，其余年份，各省市的全社会固定资产投资额呈现逐年上升的趋势。就湖北来看，从 2011—2017 年，湖北省的全社会固定资产从 12 557.3 亿元增长到 32 282.4 亿元，增长了 157.08%，而湖南省、安徽省、江西省、河南省分别增长 169.0%、135.0%、143.0%、150.42%，但是江西省增速下降 14%。总体来看，整个中部地区 2011—2017 年全社会固定资产投资额增加 134.61%，投资增速明显，如表 3.7 所示。

表 3.7　2011—2017 年中部六省全社会固定资产投资额　　　单位：亿元

年份	2011	2012	2013	2014	2015	2016	2017
湖北	12 557.3	15 578.3	19 307.3	22 915.3	26 563.9	30 011.6	32 282.4
湖南	11 880.9	14 523.2	17 841.4	21 242.9	25 045.1	28 353.3	31 959.2
安徽	12 455.7	15 425.8	18 621.9	21 875.6	24 385.9	27 033.3	29 275.0

年份	2011	2012	2013	2014	2015	2016	2017
江西	9 087.6	10 774.2	12 850.2	15 079.2	17 388.1	19 694.2	22 085.3
河南	17 768.9	21 450.0	26 087.4	30 782.1	35 660.3	40 415.1	44 496.5
山西	7 073.06	8 863.30	11 031.8	12 354.5	14 074.1	14 197.9	6 064.54
中部六省	70 823.4	86 614.8	105 740	124 249	143 117	159 705	166 162

资料来源：根据《中国统计年鉴（2011—2018）》数据整理。

2. 积极引进外部资金，承接产业转移成果明显

中部地区积极引进外来资金和承接产业转移。在积极承接国际和沿海地区外资产业转移的过程中，中部地区引进外来资金和项目数量呈几何式增长，中部各省接收省外投资资金速度不断增长。其中，就安徽省而言，2010 年国务院正式批复《皖江城市带承接产业转移示范区》，将安徽沿江城市带承接产业转移示范区建设纳入国家级的发展战略，这对于中部六省、中原城市群、中原经济区建设也具有重要指导意义。安徽省在"十二五"期间累计利用外商直接投资 519.1 亿美元，招商引资方式拓展，对外投资与合作扎实推进，实现新突破。[1] 2017 年 1—6 月，河南省承接产业转移实际到位省外资金 1 120.41 亿元，同比增长 40.15%，其中五大主导产业占比超过 42%，全省承接产业转移新签约项目合同引进省外资金 1 410.28 亿元，同比增长 21.65%。[2] 2011 年 10 月，湖南省承接产业转移示范区成为中国第 4 个国家级承接产业转移示范区，是继长株潭"两型社会"综合配套改革试验区之后第二个纳入国家层面的区域规划，并在 2015 年启动实施了创新创业园区"135"工程。近五年来，湖南省承接产业转移项目 16 262 个，投资总额 16 756 亿元，整体呈现由低端到高端、由粗放到两型、由分散到集群、由配套到总装的发展趋势。先后引进富士康、蓝思科技、九兴控股、上汽大众、伟创力等一批大项目、好项目。截至 2017 年年底，落户湖南的世界 500 强企业达 167 家，湖南省引进以产业转移为主的加工企业 6 593 家，成为湖南经济行稳致远的活力之源。2017 年，河南省印发《河南省制造业承接产业转移 2017 年行动计划》（以下简称《行动计划》）。该《行动计划》提出，力争 2017 年全省制造业承接产业转移实际到位省外资金 2 400 亿元，增长 7% 以上，打造全国制造业承接产业转

---

[1] 安徽省商务厅. 安徽"十二五"商务发展情况. 2016 – 01 – 26.

[2] 河南省人民政府. 河南上半年承接产业转移实际到位资金超千亿. 2017 – 07 – 12.

移的高地、技术引进合作的示范区、国际产能和装备制造合作的重要阵地。就河南省郑州市而言，2018 年，郑州市收集了签约项目 611 个、总投资 3 296 亿元，其中引进省外资金 3 004 亿元，实施效果良好。

（五）创新示范区发展态势良好，科技创新引领经济实现高质量发展

创新是区域发展的内生动力，越是欠发达地区越需要注重创新发展。中部地区以往依靠廉价劳动力形成的工业发展模式，使经济发展出现不平衡、不协调、不可持续等问题。近年来，中部地区积极进行发展模式的转变，把增强自主创新能力作为经济结构调整和经济增长方式转变的中心环节，使经济开始走上创新驱动、内生增长的发展轨道。

近年来，中部地区创新示范区发展态势良好。创新示范区是国家创新体系的重要组成部分，依托创新驱动、"两型社会""一带一路"的战略机遇，中部地区建成了一批高技术产业发展极、科技产业融资中心、知识型人才栖息地、产学研一体化的空间载体、制度创新示范区等。

我国中部地区的国家级创新示范区见表 3.8。

表 3.8　中部地区的国家级创新示范区

批复时间	国家自主创新示范区	所在省、市
2009 年 12 月	武汉东湖国家自主创新示范区	湖北省武汉市
2015 年 1 月	长株潭国家自主创新示范区	湖南省的长沙市、株洲市、湘潭市
2016 年 4 月	郑洛新国家自主创新示范区	河南省的郑州市、洛阳市、新乡市
2016 年 6 月	合芜蚌国家自主创新示范区	安徽省的合肥市、芜湖市、蚌埠市
2019 年 8 月 29 日	南昌国家自主创新示范区	江西省
2019 年 8 月 29 日	新余国家自主创新示范区	江西省
2019 年 8 月 29 日	景德镇国家自主创新示范区	江西省
2019 年 8 月 29 日	鹰潭国家自主创新示范区	江西省
2019 年 8 月 29 日	抚州国家自主创新示范区	江西省
2019 年 8 月 29 日	吉安国家自主创新示范区	江西省
2019 年 8 月 29 日	赣州国家自主创新示范区	江西省

资料来源：国家统计局。

以湖北省为例，湖北省武汉市东湖高新区充分发挥大学生、科研人员等创业资源丰富的优势，积极实施"3551 人才计划"和"青桐计划"等，成为我国创新创业活动最活跃的区域之一，科技活动人员、入统企业数、高新技术企业数量等快速上升。2014 年，武汉市东湖高新区大专学历以上从业人员和科技活动人员分别达到 30.58 万人和 12.58 万人；2017 年，东湖高新区大专学历以上人员 424 177 人，占从业人员总数的 76.47%，相比

2016 年净增 31 798 人，传统企业数和高新技术企业数分别达到 3 043 个和 825 个，专利年申请量突破 1.58 万件，其中发明专利占 40% 以上。"武汉·中国光谷"已成为代表国家参与国际竞争的知名品牌。2015 年上半年，湖北省高新技术区实现工业总产值 10 979.36 亿元，同比增长 12.88%；完成高新技术产业增加值 1 628.42 亿元，同比增长 12.19%，占全省高新技术产业增加值的 80.67%，在全省高新技术产业发展中处于核心支撑地位。其中，东湖高新区上半年全面深化改革和推进先行先试，实现企业总收入 4 447 亿元，同比增长 19.35%。❶ 2018 年，湖北省着力培养信息光电子、芯屏端等世界级产业集群，高新技术制造业同比增长 13.2%，对规模以上工业增长贡献率达 16%，保持了湖北省武汉东湖高新区平稳持续向好发展的态势。

以河南省为例。2014 年，河南省郑洛新区科技活动经费达到 280.48 亿元，科技活动经费内部支出占工业总产值比例达到 5.22%，科技活动人员大专学历以上从业人员比例达到 50.2%。郑洛新区拥有全国唯一一家知识产权社会法庭，规模以上工业企业年申请专利约 2 000 件，专利申请量年均增速超过 30%。❷ 2018 年，河南省创建国家级绿色工厂 28 家，智能工厂（车间）150 家，锂电池、新能源汽车、服务机器人产量同比分别增长 142.8%、70.4% 和 37.8%。❸ 2018 年，河南省郑洛新区加快金融服务体系建设，支持建设创业中心、大学科技园、留学生创业园、专利孵化中心等各类科技企业孵化器，成倍增加对创新创业的财政扶持力度，引导带动企业以不低于财政资金三倍的量加大研发投入，基本建立覆盖科技型中小企业成长全过程的资金供应链。

以安徽省为例。2016 年，安徽省相继获批建设合芜蚌国家自主创新示范区、系统推进全面创新改革试验省、合肥综合性国家科学中心、合肥滨湖科学城，奠定了安徽省在全国创新体系中的重要地位，为建设创新型省份和现代化五大发展美好安徽提供了重要支撑。2018 年 10 月，安徽省规模以上高新技术产业产值、增加值同比分别增长 16.7% 和 14.5%，增加值增速高于规模以上工业 5.4 个百分点。新一代信息技术、新材料、节能环保、高端装备制造等产业年产值均超千亿元，成为安徽产业转型升级的主引擎，区域创新协调发展格局加速形成。❹ 同时，安徽省利用科教优势，推进

---

❶ 湖北省科技厅. 湖北国家自主创新示范区和高新区引领作用不断增强. 2015 – 12 – 08.

❷ 许贵舫，闫道锦. 自主创新示范区创新驱动比较研究［J］. 区域经济评论，2017（2）：93—95.

❸ 中国人民银行. 中国区域金融运行报告. 2018 – 07 – 19.

❹ 安徽省人民政府. 安徽区域创新能力跻身全国第一方阵. 2018 – 11 – 28.

"四个一"创新主平台建设，2018 年成功举办首届世界制造业大会，高新技术产业对全省工业增长的贡献率达 59.4%，自主创新示范区发展持续向好。

四、经济发展存在的问题

根据以上的分析，我国中部地区在国民生产总值增速、产业结构调整、消费水平和投资增速方面均取得了一定程度的进步，但是我国中部地区经济的发展仍存在一些不足，主要表现在以下五个方面。

（一）经济总量占比偏低

近年来我国中部地区虽然在 GDP 总量和增速上发展良好，但从历年中部地区各省平均数值占全国比重的情况来看，水平仍旧相对较低。2008—2018 年，中部地区六省经济总量占比分别为 19.92%、20.25%、20.94%、21.55%、21.57%、21.66%、21.51%、21.41%、21.69%、21.49%、21.40%，而我国东部地区生产总值占全国 GDP 的比重常年保持在 50% 以上。平均至单个省份而言，2008—2018 年，中部地区单个省份经济总量平均占比分别为 3.16%、3.20%、3.22%、3.28%、3.34%、3.36%、3.36%、3.38%、3.39%、3.58%、3.57%，而我国东部地区各省地区平均生产总值占全国 GDP 的比重常年保持在 5% 以上。可以看出，我国东部地区生产总值占全国 GDP 的比重明显高于中部地区，中部地区仍与东部发达地区存在一定差距。如图 3.2 所示。

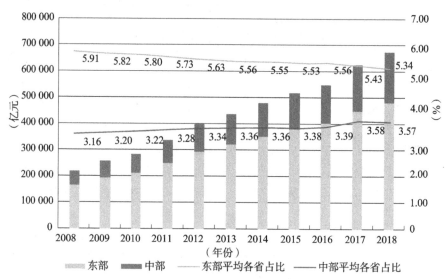

图 3.2 2008—2018 年中部和东部地区各省平均经济总量及在 GDP 中的占比情况
资料来源：根据《中国统计年鉴（2011—2018）》数据整理。

（二）第二产业占比较大

我国中部地区现行产业结构的主要特征呈现出明显的"二三一"产业经济结构。2018 年，中部地区三大产业结构分别占比为 9.33%、48.90% 和 41.77%，如表 3.9 所示。虽然第三产业产值逐年提升，从 34.11% 增加到 41.77%，但因占国民生产总值总比重不够突出，对经济增长的拉动作用仍不够明显，所以第二产业仍然占有较大比重，占据主导地位。总体来看，我国中部地区在产业结构调整过程中仍面临着第二产业较大，过多依赖传统工业的发展。

表 3.9　中部地区三大产业增加值及其占 GDP 比重变化情况

年份	第一产业增加值占 GDP 比重（%）	第二产业增加值占 GDP 比重（%）	第三产业增加值占 GDP 比重（%）
2011	12.35	53.54	34.11
2012	12.06	52.85	35.09
2013	11.36	50.87	37.77
2014	11.0	49.59	39.34
2015	10.80	46.81	42.40
2016	10.33	46.02	43.65
2017	8.95	45.29	45.75
2018	9.33	48.90	41.77

资料来源：根据《中国统计年鉴（2011—2018）》数据整理。

（三）人均可支配收入水平偏低

我国中部地区的人均可支配收入水平仍处于较低水平。2018 年，我国中部地区人均可支配收入为 23 574.5 元，低于全国平均水平 28 228.0 元；我国东部地区人均可支配收入为 38 670.0 元，明显高于中部地区人均可支配收入水平，如表 3.10 所示。虽然从上文的分析可知，中部地区的人均可消费水平呈现出逐年上升的趋势，表明其收入水平也呈现逐年向好的趋势，但在人均可支配收入的总量的水平上依旧处在相对较低的水平，需要依靠经济的发展逐步缩小与全国的差距，赶上东部较为发达地区。

表 3.10　2011—2018 年我国各地区居民年收入情况　　　　　单位：元

年份	2013	2014	2015	2016	2017	2018
东部地区	23 658.4	25 954.0	28 223.3	30 654.7	33 414.0	38 670.0
中部地区	15 263.9	16 867.7	18 442.1	20 006.2	21 833.6	23 574.5
西部地区	13 919.0	15 376.1	16 818.1	18 406.8	20 130.3	21 598.5
全国	18 310.8	20 167.1	21 966.2	23 821.0	25 973.8	28 228.0

资料来源：根据《中国统计年鉴（2011—2018）》数据整理。

（四）投资效率偏低

我国中部地区的投资效率是指投资主体在中部的投资活动中取得的有效成果与劳动消耗、劳动占用之间的对比关系，即投资活动所得与所费、产出与投入之间的对比关系。中部地区六省的投资规模都在逐年增加，但是投资效率偏低。

衡量投资效率的关键是投资带来居民收入的增加及消费的增长，并且进一步促进增长。如果投资仅仅是导致短期内居民收入的增长，而不具备可持续性，那么这样的投资是没有效率的。这正是目前我国中部地区投资的情况，投资率不断升高，回报率却不断下降。而在东部沿海地区，消费及居民收入的增长自我持续已经初步形成，因此，东部投资最有效率，明显高于我国中部地区。

我国中部地区经济增长面临的最大问题是投资效率持续下降，原因是投资结构长期存在"三多三少"问题。即铁路、公路和基本设施投资偏多，民营投资资本参与和主导的关键产业投资偏少；传统行业投资偏多，新型产业、教育和医疗投资偏少；依赖银行贷款进行的投资偏多，依靠直接手段完成的投资偏少。这些原因直接导致了我国中部地区的投资效率偏低。

（五）科技创新能力较弱

中部地区位于中国经济发展的第二阶梯圈，与东部发达地区相比，科技创新能力明显较低，规模也较小；与西部地区相比，政策支持有限。

中部地区科研投入不足，创新成果少，多元化的科研投入体系尚未形成。科研经费投入少、科研成果少、原创性发明少、技术市场交易量低是中部六个省份的通病。以2018年河南省、安徽省和湖北省情况为例，三省科学研究与试验发展经费支出分别为71.80亿元、56.19亿元和90.14亿元，分别占各省生产总值的0.57%、0.91%和1.19%，均低于全国1.42%的平均水平。专利发明数量少。三省专利授权分别为5 242、2 235和4 734项，占全国专利授权数的2.34%、0.998%和2.11%，且绝大多数为实用新型和外观专利，发明专利分别为450项、272项和855项，仅占各自总专利项数的8.58%、12.17%和18.06%。技术市场成交额低，三省全年成交额分别为23.73亿元、18.49亿元和44.44亿元，分别占全国技术市场成交额的1.31%、1.02%和2.44%。

中部地区科研产出投入比小，创新效率低下。科研投入少固然是中部各省技术创新成果少的重要原因，但是中部地区还存在着创新效率低下的状况。据创新效率的省际排名显示，中部六省除湖南省外，排名普遍靠后，其中，河南、湖北、江西三省产出排名小于投入排名，属于"技术创新缺乏效率"的第三档次。这也比较接近各省的实际情况：各省内相当一部分科研院所和高校科研活动成果少（湖北省、湖南省高校情况相对较好），企业在科技创新中的作用发挥不足，还没有真正成为科技创新、科技投入和科技成果转化的主体；科技体制改革落后，科技管理条块分割，科技资源分散，使用效率低下，科学研究质量不高。

五、中部各省经济发展现状的考察

中部六省由于长期经济发展的差异性，各省、市发展具有异质性，本部分将从中部六省的各省级层面出发，分析各省下市级单位的经济发展现状，从而为研究中部地区经济实现跨越式发展奠定基础。

（一）湖北省

湖北省是中国近代工业的发祥地，是我国重要的老工业基地之一。湖北省是中国三大钢铁基地之一，中国最大的中、厚、薄板和特种钢生产基地，中国第二大汽车生产基地和最大的中型货车生产基地，已建立起具有一定特色的产业体系，形成了以汽车、钢铁、光电子信息为优势产业的格局。湖北省在中部地区经济发展处在相对靠前的位置。2008—2018 年，湖北省地区生产总值从 11 328 亿元上升到 39 367 亿元，增长 28 039 亿元，增速明显，如表 3.11 所示。2018 年，湖北省第一产业实现增加值 3 547.51 亿元，增长 2.9%；第二产业实现增加值 17 088.95 亿元，增长 6.8%；第三产业实现增加值 18 730.09 亿元，增长 9.9%。

表 3.11　湖北省 2008—2018 年 GDP 情况　　　　单位：亿元

年份	湖北省	全国	湖北省 GDP 占全国 GDP 的比重比（%）	湖北省 GDP 在全国的排名
2008	11 328	321 500	3.52	11
2009	12 961	348 498	3.72	11
2010	15 967	411 265	3.88	11
2011	19 632	484 753	4.05	10
2012	22 250	539 116	4.13	9
2013	24 791	590 422	4.20	9
2014	27 379	644 791	4.25	9
2015	29 550	686 449	4.30	8

续表

年份	湖北省	全国	湖北省 GDP 占全国 GDP 的比重比（%）	湖北省 GDP 在全国的排名
2016	32 665	740 598	4.41	7
2017	35 478	824 828	4.30	7
2018	39 367	900 310	4.37	7

数据来源：根据《中国统计年鉴（2011—2018）》数据整理。

湖北省的省会武汉市是省内绝对的经济支柱。2018 年，湖北省完成生产总值 39 367 亿元，增长 7.8%。其中，省会武汉市依旧是省内绝对的经济支柱，2018 年 GDP 总量达到 14 847.29 亿元；经济总量排在第二位的是襄阳市，2018 年 GDP 总量达到 4 309.79 亿元；其次是宜昌市，宜昌市的经济总量和襄阳市相差不大，GDP 总量达到 4 064.18 亿元。湖北省经济发展相对落后的地区是鄂州市，2018 年地区生产总值仅为 1 005.30 亿元，与排名第一的武汉市相差很大。综上所述，湖北省各市之间发展差距较大。

2016—2018 年湖北省主要城市 GDP 情况如表 3.12 所示。

表 3.12　2016—2018 年湖北省主要城市 GDP 情况　　单位：亿元

年份	2016	2017	2018
武汉	11 912.61	13 410.34	14 847.29
黄石	1 305.55	1 479.40	1 587.33
十堰	1 429.15	1 632.32	1 747.82
宜昌	3 709.36	3 857.17	4 064.18
襄阳	3 694.51	4 064.90	4 309.79
鄂州	797.82	905.92	1 005.30
荆门	1 521.00	1 664.17	1 847.89
孝感	1 576.69	1 742.23	1 912.90
荆州	1 726.75	1 922.18	2 082.18
黄冈	1 726.17	1 921.83	2 035.20
咸宁	1 107.93	1 234.86	1 362.42
随州	852.18	935.72	1 011.19

数据来源：根据《湖北省 2018 年统计年鉴》数据整理。

湖北省的各市、区产业结构逐步优化，武汉市产业结构优化程度较高。武汉市的产业结构呈现出"三二一"的产业结构，其他各市均为"二三一"的产业构。与 2017 年相比，2018 年武汉市第一产业增加值呈现下降的趋势,第二产业、第三产业增加值分别增长 516.4 亿元、966.75 亿元,如表 3.13 所示。武汉市三大产业结构由 2017 年的 3.04% : 43.71% : 53.25%上升为 2.44% : 42.96% : 54.61%,如表 3.14 所示。武汉市的产业结构更加合理化和高度化。

表 3.13　2016—2018 年湖北省主要城市三大产业增加值 GDP 情况　　单位:亿元

年份	2016			2017			2018		
地区	一产	二产	三产	一产	二产	三产	一产	二产	三产
武汉	390.62	5 227.05	6 294.94	408.2	5 861.35	7 140.79	362	6 377.75	8 107.54
黄石	114.07	721.47	470.01	120.98	843.47	514.95	95.64	929.54	562.15
十堰	173.40	681.59	574.16	182.69	783.36	666.27	158.26	843.5	746.06
宜昌	398.89	2 122.74	1 187.73	426.72	2 077.58	1 352.87	386.42	2 132.27	1 545.49
襄阳	430.90	2 046.77	1 216.84	461.85	2 147.8	1 455.25	414.76	2 218.18	1 676.85
鄂州	97.21	434.58	266.03	102.05	477.43	326.44	94.15	523.7	387.45
荆门	213.15	789.51	518.34	222.85	850.63	590.69	226.2	943.89	677.8
孝感	281.52	756.40	538.77	297.15	839.82	605.26	287.13	925.58	700.19
荆州	382.72	736.39	607.64	389.72	847.95	684.51	404.75	908.47	768.96
黄冈	395.30	654.05	676.82	417.3	748.33	756.2	376.1	832.04	827.06
咸宁	184.34	527.81	395.78	193.45	597.41	444	186.88	662.83	512.71
随州	140.54	398.44	313.20	150.99	437.3	347.43	144.13	488.74	378.32

数据来源:根据《中国统计年鉴(2011—2018)》数据整理。

表 3.14　2016—2018 年湖北省主要城市三大产业结构　　单位:元

年份	2016			2017			2018		
地区	一产(%)	二产(%)	三产(%)	一产(%)	二产(%)	三产(%)	一产(%)	二产(%)	三产(%)
武汉	3.28	43.88	52.84	3.04	43.71	53.25	2.44	42.96	54.61
黄石	8.74	55.26	36.00	8.18	57.01	34.81	6.03	58.56	35.41
十堰	12.13	47.69	40.17	11.19	47.99	40.82	9.05	48.26	42.69
宜昌	10.75	57.23	32.02	11.06	53.86	35.07	9.51	52.46	38.03
襄阳	11.66	55.40	32.94	11.36	52.84	35.80	9.62	51.47	38.91
鄂州	12.18	54.47	33.34	11.26	52.70	36.03	9.37	52.09	38.54
荆门	14.01	51.91	34.08	13.39	51.11	35.49	12.24	51.08	36.68
孝感	17.86	47.97	34.17	17.06	48.20	34.74	15.01	48.39	36.60
荆州	22.16	42.65	35.19	20.27	44.11	35.61	19.44	43.63	36.93
黄冈	22.90	37.89	39.21	21.71	38.94	39.35	18.48	40.88	40.64
咸宁	16.64	47.64	35.72	15.67	48.38	35.96	13.72	48.65	37.63
随州	16.49	46.76	36.75	16.14	46.73	37.13	14.25	48.33	37.41

数据来源:根据《湖北统计年鉴(2011—2018)》数据整理。

(二) 湖南省

湖南省地处中国的中南部,水、土地、矿产等资源丰富。近年来,湖南省经济发展一直在全国各省中排名前 10,增速也高于全国平均水平。地区生产总值占全国 GDP 的比重常年保持在 4% 左右,在中部中排名相对靠前,仅次于湖北省。2018 年,湖南省 GDP 36 426 亿元,同比增长 7.4%;人均 GDP 45 931 元,同比增长 7.3%;人均消费支出 15 750 元,同比增长 10.4%。

2008—2018 年湖南省 GDP 情况如表 3.15 所示。

表 3.15 2008—2018 年湖南省 GDP 情况　　　　　　　　单位:亿元

年份	湖南省	全国	湖南省 GDP 占全国 GDP 的比重(%)	湖南省 GDP 在全国的排名
2008	11 555	321 500	3.59	10
2009	13 059	348 498	3.75	10
2010	16 037	411 265	3.90	10
2011	19 669	484 753	4.06	9
2012	22 154	539 116	4.11	10
2013	24 621	590 422	4.17	10
2014	27 037	644 791	4.19	10
2015	28 902	686 449	4.21	9
2016	31 551	740 598	4.26	9
2017	33 902	824 828	4.11	9
2018	36 426	900 310	4.05	8

数据来源:根据《中国统计年鉴(2011—2018)》数据整理。

湖南省各市、区经济发展良好。长沙、岳阳、常德、衡阳等城市也有了长足的发展,跻身全国城市排名前列。2018 年湖南省实现生产总值 36 426 亿元,比 2017 年增长 7.4%。其中,长沙市突破 1.1 万亿元,实现生产总值 11 003.41 亿元,占全省 GDP 的 1/3,增速为 8.5%;岳阳市实现生产总值 3 411.01 亿元,增速为 8.3%,GDP 总量位居全省第二;常德市实现生产总值 3 394.20 亿元,增速为 8.2%,GDP 总量位居全省第三。2018 年湖南省主要城市 GDP 情况如表 3.16 所示。

湖南省各市均呈现出明显的"二三一"的产业结构。就其省会长沙市来看，2018 年长沙市第一产业实现增加值 318.73 亿元，增长 3.3%；第二产业实现增加值 4 660.19 亿元，增长 6.8%；第三产业实现增加值 6 024.49 亿元，增长 10.7%。第一、二、三产业分别拉动 GDP 增长 0.1、3.3、5.1 个百分点，三大产业对 GDP 增长的贡献率分别为 1.4%、38.5% 和 60.1%。三大产业的贡献率主要是以第三产业为首，第二产业居第二，第一产业居末，逐渐改变了以往第二产业为首的局面，产业结构逐步调整优化。

表 3.16　2018 年湖南省主要城市 GDP 情况　　　　　单位：亿元

地区	2018 年	增速（%）
长沙市	11 003.41	8.5
株洲市	2 631.54	7.8
湘潭市	2 161.40	7.8
衡阳市	3 046.03	8.3
邵阳市	1 782.65	7.6
岳阳市	3 411.01	8.3
常德市	3 394.20	8.2
张家界市	578.92	7.5
益阳市	1 758.38	8.1
郴州市	2 391.90	8.3
永州市	1 805.65	7.8
怀化市	1 513.27	8.1

数据来源：根据《湖南省 2018 年统计年鉴》数据整理。

（三）安徽省

2018 年，安徽省生产总值达到 30 007 亿元，比 2017 年增长 11.06%，如表 3.17 所示。分产业看，第一产业增加值达到 2 638.01 亿元，增长 3.2%；第二产业增加值达到 13 842.09 亿元，增长 8.5%；第三产业增加值为 13 526.72 亿元，增长 8.6%。三大产业结构由 2017 年的 9.6∶47.5∶42.9 调整为 8.8∶46.1∶51.5。据资料统计，安徽省 2018 年固定资产投资增长 11.8%，增幅比 2017 年提高 0.8 个百分点，比全国高 5.9 个百分点，居全国第 2 位，居中部地区第 1 位。全省工业投资额从 2005 年的 916.79 亿元增长到 2018 年 16 153.49 亿元，增长速度快于同期全国工业投资额增长速度。而全省房地产投资从 2008 年的 1 351.6 亿元增加到 2018 年的 5 974.1亿元，在这期间增速最快的是 2010 年的 34.90%，最慢的是 2015 年的 2%。全省民间投资总额由 2012 年的 9 016 亿元，增长至 2018 年的 22 791亿元。

表 3.17　2008—2018 年安徽省 GDP 情况　　　　单位：亿元

年份	安徽省	全国	占比（%）	排名
2008	8 851	321 500	2.75	14
2009	10 062	348 498	2.89	14
2010	12 359	411 265	3.01	14
2011	15 300	484 753	3.16	14
2012	17 212	539 116	3.19	14
2013	19 229	590 422	3.26	14
2014	20 848	644 791	3.23	14
2015	22 005	686 449	3.21	14
2016	24 407	740 598	3.30	13
2017	27 018	824 828	3.28	13
2018	30 007	900 310	3.33	13

数据来源：根据《中国统计年鉴（2011—2018）》数据整理。

2018 年，在安徽省各地区经济发展排名中，合肥市、芜湖市、马鞍山市、滁州市占据全省前四的位置；阜阳市、蚌埠市、宣城市优势比较明显；六安市、亳州市、安庆市、黄山市经济发展水平处于中游及中下游；宿州市、淮北市、淮南市、池州市、铜陵市的经济发展水平比较低。皖北六市特别是蚌埠市和阜阳市从 2013 年开始经济显著增长，各项经济指标均有较大突破，尤其是持续增强的经济成长使该区域扭转了经济发展的劣势地位，缩小了差距。具体来看，2018 年，安徽省省会城市合肥市 GDP 总量达到 7 822.9 亿元，在省内 16 个城市中依旧排名第一；安徽省内发展顶端的城市还有芜湖市，其 GDP 总量达到 3278.5 亿元，虽然不及省会城市合肥市，但依旧在安徽省经济发展中处在相对靠前的位置；排名第三的马鞍山市 GDP 总量达到 1 918.1 亿元，增速为 8.2%。安徽省 2018 年主要城市 GDP 情况如表 3.18 所示。

就安徽省的产业结构来说，各市除合肥市外均呈现出"二三一"的产业结构。就其省会城市合肥市来看，2018 年第一产业增加值 277.59 亿元，增长 2.2%；第二产业增加值 3 612.25 亿元，增长 9.5%；第三产业增加值 3 933.07 亿元，增长 8.0%。三大产业结构由 2017 年的 3.9∶49.0∶47.1 调整为 3.5∶46.2∶50.3，其中第三产业占 GDP 比重首次突破 50%，达 50.3%，同比提高 3.2 个百分点。

表 3.18 安徽省 2018 年主要城市 GDP 情况   单位：亿元

排名	地区	2018 年	增速（%）
1	合肥市	7 822.9	8.5
2	芜湖市	3 278.5	8.4
3	马鞍山市	1 918.1	8.2
4	安庆市	1 917.6	7.8
5	滁州市	1 801.7	9.1
6	阜阳市	1 759.5	9.5
7	蚌埠市	1 714.7	8.5
8	宿州市	1 630.22	8.5
9	宣城市	1 317.2	8.3
10	六安市	1 288.1	7.6
11	亳州市	1 277.2	10.1
12	铜陵市	1 222.4	3.9
13	淮南市	1 133.3	4.3
14	淮北市	985.2	3.6
15	池州市	684.9	5.7
16	黄山市	677.9	7.7

数据来源：根据《安徽省 2018 年统计年鉴》数据整理。

（四）河南省

2018 年，河南省实现生产总值 4 805 亿元，比 2017 年增长 7.9%，如表 3.19 所示。其中，第一产业增加值 4 289.38 亿元，增长 3.3%；第二产业增加值 22 034.83 亿元，增长 7.2%；第三产业增加值 21 731.65 亿元，增长 9.2%。三大产业结构为 8.9∶45.9∶45.2，第三产业增加值占生产总值的比重比 2017 年提高 1.9 个百分点。人均生产总值 50 152 元，增长 7.2%。

表 3.19　河南省历年 GDP 情况　　　　　　　单位：亿元

年份	河南省	全国	占比（%）	排名
2008	18 018	321 500	5.60	5
2009	19 480	348 498	5.59	5
2010	23 092	411 265	5.61	5
2011	26 931	484 753	5.56	5
2012	29 599	539 116	5.49	5
2013	32 191	590 422	5.45	5
2014	34 938	64 4791	5.42	5
2015	37 002	686 449	5.39	5
2016	40 471	740 598	5.46	5
2017	44 552	824 828	5.40	5
2018	48 056	900 310	5.34	5

数据来源：根据《中国统计年鉴（2011—2018）》数据整理。

从河南省各市 GDP 排名情况来看，郑州市排名第一，2018 年 1—4 季度共完成 GDP 总量 10 143.32 亿元，这是郑州市历史上首次 GDP 总量突破万亿元大关，成功跻身全国为数不多的万亿元 GDP 城市行列。洛阳市排名第二，进入河南省 GDP 前五的还有南阳市、许昌市和周口市，整体排名变化不大。

河南省 2018 年主要城市 GDP 情况如表 3.20 所示。

河南各市、区均呈现出"二三一"的产业结构。就其省会城市郑州市来看，2018 年郑州市人均生产总值 101 349 元，比上年增长 5.8%。三大产业结构占比为 1.4∶43.9∶36.9。其中第一产业增加值 147.1 亿元，增长 2.1%；第二产业增加值 4 450.7 亿元，增长 8.1%；第三产业增加值 5 545.5 亿元，增长 8.3%。

表 3.20　河南省 2018 年主要城市 GDP 情况　　　　单位：亿元

排名	城市	2018 年	增速（%）
1	郑州	10 143.32	8.1
2	洛阳	4 640.787	7.9
3	南阳	3 566.777	7.2
4	许昌	2 830.628	8.6
5	周口	2 687.228	8.2
6	新乡	2 526.55	7.1
7	商丘	2 393.22	6.7

排名	城市	2018 年	增速（%）
8	驻马店	2 389.04	8.7
9	信阳	2 387.8	8.3
10	焦作	2 371.5	6.3
11	安阳	2 370.32	8.5
12	平顶山	2 135.23	7.5
13	开封	2 002.23	7
14	濮阳	1 654.47	5.8
15	三门峡	1 528.12	8
16	漯河	1 236.66	7.7
17	鹤壁	861.9	5.9
18	济源	641.84	8.3

数据来源：根据《河南省 2018 年统计年鉴》数据整理。

（五）江西省

2018 年，江西省经济运行总体平稳、稳中有进、稳中提质，产业结构持续优化，新动能保持较快增长。全省实现生产总值 21 985 亿元，按可比价格计算，同比增长 8.7%，高于全国 2.1 个百分点，如表 3.21 所示。增速居全国第四位、中部第一位，继续保持在全国"第一方阵"。其中，第一产业增加值 1 877.33 亿元，同比增长 3.4%；第二产业增加值 10 250.21 亿元，同比增长 8.3%；第三产业增加值 9 857.24 亿元，同比增长 10.3%。

表 3.21　江西省历年 GDP 情况　　　　　　　　　　　单位：亿元

年份	江西省	全国	占比（%）	排名
2008	6 971	321 500	2.17	20
2009	7 655	348 498	2.20	19
2010	9 451	411 265	2.30	19
2011	11 702	484 753	2.41	19
2012	12 948	539 116	2.40	19
2013	14 410	590 422	2.44	20
2014	15 714	644 791	2.44	18
2015	16 723	686 449	2.44	18
2016	18 499	740 598	2.50	16
2017	20 818	824 828	2.52	23
2018	21 985	900 310	2.44	16

数据来源：根据《中国统计年鉴（2011—2018）》数据整理。

江西省各地级市经济运行平稳，增速较为明显。2018 年，南昌市经济总量排名第一，GDP 总量 5 274.67 亿元，同比增长 8.9%。赣州市、九江市 GDP 总量排名第二和第三，GDP 分别为 2 807.24 亿元和 2 700.19 亿元。此外，上饶市、宜春市 GDP 总量超 2 000 亿元。仅景德镇市、鹰潭市 GDP 总量不足 1 000 亿元，其中，鹰潭市 GDP 总量最低，仅为 818.98 亿元。从增速来看，赣州市、上饶市、南昌市、吉安市 GDP 增速超全省平均水平，其中，九江市 GDP 增速最高，达到 9.3%；宜春市第二，GDP 增速达到 9%；新余市 GDP 增速最低，仅 8%。

2018 年江西省主要城市 GDP 情况如表 3.22 所示。

江西省各市、区均呈现出"三二一"的产业结构。就其省会南昌市来说，2018 年全年实现地区生产总值（GDP）5 274.67 亿元，按可比价格计算，比 2017 年增长 8.9%。其中，第一产业增加值 190.68 亿元，增长 3.2%；第二产业增加值 2 660.92 亿元，增长 8.5%；第三产业增加值 2 423.07 亿元，增长 10.1%。

表 3.22　2018 年江西省主要城市 GDP 情况　　　　单位：亿元

地区	2018 年	增速（%）
南昌市	5 274.67	8.7
赣州市	2 807.24	8.9
九江市	2 700.19	9.3
上饶市	2 212.78	8.7
宜春市	2 180.85	9.0
吉安市	1 742.23	8.1
抚州市	1 382.40	8.9
新余市	1 027.34	8.0
萍乡市	1 009.05	8.3
景德镇市	846.60	8.7
鹰潭市	819.98	8.2
全省合计	22 003.33	8.7

数据来源：根据《江西省 2018 年统计年鉴》数据整理。

（六）山西省

2018 年山西省实现生产总值 1.68 万亿元，名义增速为 8.31%，同比 2017 年增长了 1 845 亿元。

2008—2018 年山西省 GDP 情况如表 3.23 所示。

表 3.23　2008—2018 年山西省 GDP 情况　　　　单位：亿元

年份	山西省	全国	占比（%）	排名
2008	7 315	321 500	19.92	17
2009	7 358	348 498	20.25	21
2010	9 200	411 265	20.94	21
2011	11 237	484 753	21.55	21
2012	12 112	539 116	21.57	21
2013	12 665	590 422	21.66	22
2014	12 761	644 791	21.51	24
2015	12 766	686 449	21.41	24
2016	13 050	740 598	21.69	24
2017	14 973	824 828	21.49	24
2018	16 818	900 310	21.40	23

数据来源：根据《中国统计年鉴（2011—2018）》数据整理。

2018 年，太原市实现生产总值 3 884.48 亿元，增速为 9.2%，同比 2017 年增长了 502 亿元，GDP 总量位居全省第一；长治市实现生产总值 1 645.67 亿元，增速为 7.4%，同比 2017 年增长了 168 亿元，GDP 总量位居全省第二位；运城市实现生产总值 1 509.6 亿元，增速为 7%，同比 2017 年增长了 173 亿元，GDP 总量位居全省第三位。

2018 年山西省主要城市 GDP 情况如表 3.24 所示。

山西省除太原市外均呈现出"二三一"的产业结构。太原市三大产业比重为：1.1%、37.0%、61.9%，分别拉动经济增长 0.01、3.83 和 5.36 个百分点。第一产业增加值 41.05 亿元，增长 0.7%；第二产业增加值 1 439.13 亿元，增长 10.3%；第三产业增加值 2 404.30 亿元，增长 8.8%。

表 3.24　2018 年山西省主要城市 GDP 情况　　　　单位：亿元

地区	2018 年	增速（%）
太原市	3 884.48	9.2
长治市	1 645.67	7.4
运城市	1 509.6	7
晋中市	1 447.6	7.1
临汾市	1 440	2.8
吕梁市	1 420.3	5.2
晋城市	1 351.9	7.4
大同市	1 271.8	6.8
朔州市	1 065.6	2.7
忻州市	989.1	5
阳泉市	733.7	6.7

数据来源：根据《山西统计年鉴 2018》数据整理。

第2节　西部欠发达地区经济发展现状

我国西部地区疆域辽阔，占全国总面积的71%。西部地区是实现我国新时代西部大开发战略的有效保证，是推进"一带一路"建设新格局的有效依托。21世纪以来，我国西部地区一方面依托西部大开发、"一带一路"战略构想，经济取得了显著的进步；另一方面，由于我国西部地区经济开发较晚，与发达地区相比，仍然存在一些不足。本节将从我国西部地区的基本概况、经济发展及不足之处来阐述我国西部地区的经济发展现状。

一、基本概况

我国西部地区地缘辽阔。西部地区包括陕西省、四川省、云南省、贵州省、广西壮族自治区、甘肃省、青海省、宁夏回族自治区、西藏藏族自治区、新疆维吾尔自治区、内蒙古自治区、重庆市12个省、自治区和直辖市。土地面积681万平方公里，占全国总面积的71%；人口约3.5亿，占全国总人口的28%。西部地区疆域辽阔，是我国经济欠发达、需要加强开发的地区。同时，西部地区与蒙古、俄罗斯、塔吉克斯坦、哈萨克斯坦、吉尔吉斯斯坦、巴基斯坦、阿富汗、不丹、尼泊尔、印度、缅甸、老挝、越南13个国家接壤，陆地边境线长达1.8万余公里，约占全国陆地边境线的91%；与东南亚许多国家隔海相望，有大陆海岸线1595公里，约占全国海岸线的1/11。

西部地区是我国的资源富集区，矿产、土地、水等资源十分丰富，旅游业十分兴旺，而且开发潜力很大，这是西部形成特色经济和优势产业的重要基础和有利条件。西部具有显著的矿产资源优势。虽然部分矿产资源的开发成本较高，但是矿业开发已经成为西部地区重要的支柱产业。西部地区的能源资源非常丰富，特别是天然气和煤炭储量占全国的比重分别高达87.6%和39.4%。西部地区土地资源丰富。西部地区不仅拥有广袤的土地资源，而且拥有较高的人均耕地面积和绝大部分草原面积。西部土地面积占全国的71.4%，人均占有耕地2亩，是全国平均水平的1.3倍。西部地区地下水天然可采资源丰富，水资源占全国的80%以上。西部的旅游资源丰富多彩，别具一格，具有资源类型全面、特色与垄断性强、自然景观与人文景观交相辉映的特点。从自然资源看，西部地区占全国国土面积的

72%，地势从"世界屋脊"下落到低海拔平原，气候垂直分布明显，地貌包括几乎所有的类型，动、植物资源丰富，类型完整，旅游资源丰富。

西部地区由于地形复杂，交通基础薄弱，自然环境恶劣，灾害频发，且经济开放较晚，经济发展相对于东部地区比较落后，是我国"精准扶贫"的主要区域。近年来，西部地区得益于"西部大开发"战略，"一带一路"建设，经济取得了一定的进步，实现平稳较快增长。2008—2018年，西部地区生产总值从 100 230 亿元增加到 184 301 亿元，增长了83.88%，年平均 GDP 增长率位于我国前列，与全国同口径地区生产总值增速的差距不断缩小。2011—2017 年，全社会固定资产投资投资额从72 103 亿元增加到 169 715 亿元，增加 135.37%，西部地区经济近年来发展良好。

西部地区作为促进西部大开发和"一带一路"建设的重要支撑，实现西部地区经济发展是加快推进沿边开放和内陆开放，推动建立开放型经济体系的有力保证。

二、政策保障

随着经济的发展，我国的区域经济发展不平衡和巨大的市场潜力，使得西部地区成为国家经济发展战略和政策支持的重点。为实现区域经济的协调发展，我国提出了"西部大开发"战略，支持西部地区的开发建设，实现我国区域经济的协调发展。

（一）"西部大开发"战略的提出

西部地区资源丰富，市场潜力大，战略位置重要。但由于自然、历史和社会等原因，经济发展相对落后，2000 年，西部地区的生产总值仅占全国的 17.1%，人均 GDP 仅相当于东部沿海地区的 30% 左右，西部地区的农村贫困人口超过 5 700 万。

2000 年 1 月，国务院成立了西部地区开发领导小组，并在北京召开西部地区开发会议。2001 年 3 月，第九届全国人大四次会议通过的《中华人民共和国国民经济和社会发展第十个五年计划纲要》对实施西部大开发战略再次进行了部署。"西部大开发"战略中实施了诸多重大工程，其中包括于 2000 年开工的"十大工程"，即宁西铁路、渝怀铁路、西部公路建设、西部机场建设、重庆轻轨、涩北—西宁—兰州输气管线、青海 30 万吨钾肥工程、西部退耕还林还草工程、西部高校基础设施建设、四川紫坪铺水利枢纽等；而西部开发的三大标志性工程，即"西电东送""西气东输"

和青藏铁路，也在此期间内予以实施。此外，中央政府还在税收、土地、矿产资源及利用外资政策等方面向西部地区倾斜。2003 年 10 月，党的十六届三中全会通过的《中共中央关于完善社会主义市场经济体制改革若干问题的决定》强调，要"加强对区域发展的协调和指导，积极推进西部大开发"，从而进一步统一了全党推进西部大开发战略的坚定意志。为了进一步实现西部地区经济又好又快的发展，2006 年 12 月，国务院常务会议审议并原则通过《西部大开发"十一五"规划》，以努力实现西部地区经济又好又快的发展，人民生活水平持续稳定提高为目标。为保证西部大开发可持续地进行，国家出台了一系列基础设施建设支撑政策，分别从水利、交通、能源建设方面对西部地区的基础设施建设给予政策支持。

2010 年 7 月，国务院在印发的《关于深入实施西部大开发战略的若干意见》中，明确了新十年西部大开发总体要求和发展目标。在 2012 年和2017 年，国家为了推进西部继续深入发展，相继分别颁布了《西部大开发"十二五"规划》和《西部大开发"十三五"规划》，明确了战略部署的基本战斗思路，对西部地区未来发展提供了政策指导。

自西部大开发战略出台后，西部地区的经济发展就成为全国经济发展的又一重大战略目标，再加上各级政府各项具体政策的出台，为西部各地区经济的发展提供了有利的政策保证。

（二）新时代西部大开发战略

2019 年，中央全面深化改革委员会在第七次会议上审议通过的《关于新时代推进西部大开发形成新格局的指导意见》（以下简称《意见》）提出推进西部大开发，形成新格局。此次审议通过的《意见》中进一步明确，推进西部大开发，形成新格局，要围绕抓重点、补短板、强弱项，更要把生态环境保护放到重要位置，坚持走生态优先、绿色发展的新路子；要加快建设内外通道和区域性枢纽，完善基础设施网络，提高对外开放和外向型经济发展水平等。

新时代西部大开发战略的提出，并不意味着要放弃旧的地带发展战略，背后其实是中国区域发展大棋局的重新布局。从早先的振兴东北，西部大开发和中部崛起，到如今重点发展的粤港澳大湾区，长江三角洲城市群等战略，区域发展的战略布局在原有基础上不断做出新的调整。

（三）精准扶贫战略

国家的精准扶贫战略，使西部地区扶贫工作取得了巨大成就，也促进了西部地区的发展。

2002 年 1 月，国务院在全国确定了 592 个国家扶贫工作重点县，西部 11 省、市、区（西藏除外）就有 375 个，占全国的 63.34%，正是由于西部地区贫困县太多，所以制约了其经济的快速发展。因此，为促进贫困地区的发展，国家出台了一系列扶贫政策。

我国的扶贫政策演变大致经历了四个阶段：第一阶段是体制改革推动扶贫阶段（1978—1985 年）；第二阶段是在 20 世纪 80 年代（1986—1993 年），此时是大规模的开发式扶贫时期；第三阶段（1994—2000 年），我国的贫困发生率向中西部倾斜，此时我国进入了扶贫攻坚阶段；第四阶段（2001—2010 年）是参与式扶贫开发。

在国家出台的一系列扶贫政策中，有不少是针对西部地区的。比如，2001 年制定的《中国农村扶贫开发纲要（2001—2010）》就把贫困人口集中的中西部少数民族地区、革命老区、边疆地区和特困地区作为扶贫开发的重点。2004 年，党中央、国务院为了扶持西部地区基本普及九年义务教育、基本扫除青壮年文盲，提高国民素质，缩小中西部差距，提出了《"两基"攻坚计划（2004—2007）》，这是促进当地经济发展和社会进步的一项重大举措。为了进一步加快贫困地区的发展，促进共同富裕，中共中央、国务院制定了《中国农村扶贫开发纲要（2010—2020）》从生产生活用电、交通、教育、医疗卫生所等方面对西部偏远地区进行扶贫。

2016 年 11 月，国务院又出台了《"十三五"脱贫攻坚规划》，其中为了开展多层次扶贫协作，开展了东西部扶贫协作，比如北京市帮扶内蒙古自治区、河北省张家口市和保定市；天津市帮扶甘肃省、河北省承德市；辽宁省大连市帮扶贵州省六盘水市；上海市帮扶云南省、贵州省遵义市；江苏省帮扶陕西省、青海省西宁市和海东市，苏州市帮扶贵州省铜仁市等。通过结对帮扶，能尽快地帮助大部分西部地区脱贫，并实现经济发展。

（四）"一带一路"倡议

中国国家主席习近平在 2013 年分别提出了建设"新丝绸之路经济带"和"21 世纪海上丝绸之路"的合作倡议，其中"丝绸之路经济带"圈定了西部地区的 10 省（直辖市）。它们与 10 多个国家接壤，陆地边境线长达一万多公里，占全国边境线的 80%，且"一带一路"建设布局内的中蒙俄、新亚欧大陆桥、中国—中亚—西亚、中国—中南半岛、中巴等国际经济走廊境内段的建设都处于西部地区，这无疑能带动西部地区经济的不断增长，有利于西部地区融入世界经济体系。

（五）其他政策

为促进西部地区经济的发展，党中央在工农业、企业发展及产业转移方面也做出了相应的努力。

在农业和工业发展方面，农业部于 2003 年 1 月 2 日发布《关于加快西部地区特色农业发展的意见》，进一步对农业发展提供支持。在工业方面，加快调整产业结构，发展传统优势产业。在高新技术产业的科技支持方面，出台《关于加强西部大开发科技工作的若干意见》，提出在西部地区发展高新技术产业，是优化产业结构、形成新的经济增长点、实现西部地区跨越式发展的重要途径。

在企业发展方面，国家制定了《关于鼓励和促进中小企业发展的若干政策意见》，提出要加大对西部地区中小企业发展的扶持力度。西部地区地方政府可在规定权限内给予财政、税收和土地使用等方面的政策支持，以鼓励和吸引国内各类投资者及外商到中西部地区投资创办中小企业。

在承接产业转移方面，在国家正式出台产业转移纲领性文件三年来，各地积极扶持，西部地区承接产业转移的工作不断推进，取得了显著的成绩。2010 年 9 月，国务院出台了《关于中西部地区承接产业转移的指导意见》，引导和支持中西部地区发挥自身资源、劳动力等优势，提高自我发展能力，加快承接产业转移。2017 年 2 月 17 日，国家发展改革委、商务部发布了《中西部地区外商投资优势产业目录（2017 年修订）》，加大对中西部资金投入的力度，支持西部地区基础产业和优势产业发展，吸引国内外民间资金投向西部地区。

三、经济发展特征

近年来，中国积极推进西部大开发战略，不断扩大西部地区经济发展，使西部欠发达地区发挥自身优势，依托"一带一路"建设的带动作用，积极实施长信驱动战略，发展取得明显成效。经济增速显著提升，产业结构不断调整优化，居民消费水平提高，投资增速明显加快，创新驱动战略推动西部地区经济内生增长，政策支撑体系健全，西部地区经济有了很好的发展。

（一）经济增速显著，占全国 GDP 比重稳定增长

近几年，我国西部地区依托西部大开发战略和"一带一路"建设，经济在持续地高速度、高质量地增长，经济增速水平超过全国。

近年来，西部地区经济发展有了一个较大的提升，经济增速水平超过

全国。2018 年，从各地经济增速来看，中国经济呈现西部最快、中部次之、东部放慢、东北最弱的特征。2011—2018 年，西部 12 个省、市、自治区的生产总值呈现逐年递增趋势，GDP 增速突出，2011—2018 年，西部地区的生产总值从 100 230 亿元增加到 184 301 亿元，增长了 83.88%，如表 3.25 所示。分省来看，除内蒙古自治区在 2017 年，甘肃省在 2015 年外，其余省份 GDP 在 2011—2018 年均呈现出逐年上升的趋势，经济发展趋势明显。纵向来看，2011—2018 年，我国西部地区经济增长率由 15.00% 逐年下降，在 2017 年下降为 7.48%，但仍高于全国同时期的 GDP 增速 6.8%，2018 年，西部地区经济增长率为 9.34%，全国 GDP 增速为 6.6%，高于全国 GDP 增速 2.74 个百分点。但在经济的新常态下，经济由高速度发展转为高质量发展，在全国 GDP 增长率下降的大背景下，西部地区整体 GDP 增长速度仍超过全国的平均水平，西部经济正在持续崛起。

表 3.25 2011—2018 年西部十二省 GDP 情况   单位：亿元

年份 地区	2011	2012	2013	2014	2015	2016	2017	2018
内蒙古	14 359	15 880	16 916	17 770	17 831	18 128	16 096	17 289
广西	11 720	13 035	14 449	15 672	16 803	18 317	18 523	20 353
重庆	10 011	11 409	12 783	14 262	15 717	17 740	19 424	20 363
四川	21 026	23 872	26 392	28 536	30 053	32 934	36 980	40 678
贵州	5 701	6 852	8 086.8	9 266.3	10 502	11 776	13 540	14 806
云南	8 893	10 305	11 832	12 814	13 619	14 788	16 376	17 881
西藏	605.8	701.03	815.67	920.83	1026.3	1 151.4	1310.9	1 477.6
陕西	12512	14 453	16 205	17 689	18 021	19399	21 898	24 438
甘肃	5 020.3	5 650.2	6 330.6	6 836.8	6 790.3	7 200.3	7 459.9	8 246.1
青海	1 670.4	1 893.5	2 122.0	2 303.3	2 417.0	2 572.4	2 624.8	2 865.2
宁夏	2 102.2	2 341.2	2 577.5	2 752.1	2 911.7	3 168.5	3 443.5	3 705.2
新疆	6 610.0	7 505.3	8 443.8	9 273.4	9 324.8	9 649.7	10 881	12 199
西部地区	100 230	113 897	126 953	138 095	145 018	156 824	168 557	184 301
增长率（%）	15.00	13.64	11.46	8.78	5.01	8.14	7.48	9.34
全国	484 753	539 116	590 422	644 791	686 449	740 598	824 828	900 310
占比（%）	20.68	21.13	21.50	21.42	21.13	21.18	20.44	20.47

资料来源：根据《中国统计年鉴（2011—2018）》数据整理。

（二）产业结构逐步调整优化，第三产业占比加大

西部地区现行产业结构呈现出"二三一"的产业经济结构向"三二一"的产业结构过渡的主要特征。2018 年，西部地区三大产业结构占比分

别为 11.05% 、40.50% 、48.45% 。2011—2018 年，西部地区第二产业制造业逐步衰弱，第三产业服务业逐步加强。总体来看，西部地区在产业结构调整过程逐步优化，产业结构逐步向更高层次升级。

西部地区第一产业增加值趋于稳定。在第一产业增加值方面，除内蒙古自治区在 2015 年、重庆市在 2017 年、甘肃省在 2017 年、青海省在 2015 年和新疆维吾尔自治区在 2017 年几个数值较去年略有下降外，其余省份都呈现出逐年上升的趋势。但总体来看，西部地区 12 省、自治区、直辖市的第一产业增加值在 2011—2018 年中基本呈现出上升的趋势，说明近几年来西部各省、自治区、直辖市的第一产业有所发展，但是，第一产业增加值上升的绝对值并不是很大，发展的速度较为平缓。从整个中部地区第一产业增加值来看，2011—2018 年第一产业增加值逐年增加，如 2018 年第一产业增加值达到了 20 358 亿元，相比 2011 年整个西部地区第一产业增加值 12 771 亿元，增加了 7 587 亿元。如表 3.26 所示。

表 3.26　2011—2018 年西部 12 省、自治区、直辖市第一产业增加值 单位：亿元

年份	2011	2012	2013	2014	2015	2016	2017	2018
内蒙古	1 306.3	1 448.5	1 575.6	1627.8	1617.4	1637.3	1649.7	1 753.8
广西	2 047.2	2 172.3	2 290.6	2 413.4	2 565.4	2 796.8	2 878.3	3 019.4
重庆	844.52	940.01	1 002.6	1 061.0	1 150.1	1 303.2	1 276.0	1 378.3
四川	2 983.5	3 297.2	3 368.6	3 531.0	3 677.3	3 929.3	4 262.3	4 426.7
贵州	726.22	891.91	998.47	1 280.4	1 640.6	1 846.1	2 032.2	2 159.5
云南	1 411.0	1 654.5	1 860.8	1 990.0	2 055.7	2 195.1	2 338.3	2 498.9
西藏	74.47	80.38	84.68	91.64	98.04	115.78	122.72	130.25
陕西	1 220.9	1 370.1	1 460.9	1 564.9	1 597.6	1 693.8	1 741.4	1 830.2
甘肃	678.75	780.5	844.69	900.76	954.09	983.39	859.75	921.3
青海	155.08	176.91	204.72	215.93	208.93	221.19	238.41	268.1
宁夏	184.14	199.4	210.81	216.99	237.76	241.6	250.62	279.9
新疆	1 139.0	1 320.5	1 434.8	1 538.6	1 559.0	1 648.9	1 551.8	1 692.1
西部地区	12 771	14 332	1 5337	16 432	17 362	18 612	19 201	20 358

资料来源：根据《中国统计年鉴（2011—2018）》数据整理。

在西部地区第二产业增加值方面，各个省份整体上总体上呈现出了上升的趋势。但内蒙古自治区、广西壮族自治区、重庆市、四川省、陕西省、甘肃省、青海省、新疆维吾尔自治区均出现了回落的现象，而贵州、云南、西藏和新疆四省区由于第二产业增加的绝对值还比较小，因此一直呈现出逐年

上升的趋势。从整个西部地区第二产业增加值来看，2011—2014 年西部地区第二产业增加值逐年增加，并在 2014 年第二产业增加值达到了 65 440 亿元。而后在 2015 年稍有回落，为 64 735 亿元，在 2016—2018 年又增加到了 74 645 亿元，整体呈现出了上升的趋势，如表 3.27 所示。由此可见，中部地区第二产业制造业在新的经济形势下发展态势良好。

表 3.27　2011—2018 年西部 12 省、自治区、直辖市第二产业增加值

单位：亿元

年份	2011	2012	2013	2014	2015	2016	2017	2018
内蒙古	8 037.6	8 801.5	9 104.0	9 119.7	9 000.5	8 553.6	6 399.6	6 807.3
广西	5 675.3	6 247.4	6 731.3	7 324.9	7 717.5	8 273.6	7 450.8	8 072.9
重庆	5 543.0	5 975.1	5 812.2	6 529.0	7 069.3	7 898.9	8 584.6	8 328.8
四川	11 029	12 333	13 472	13962	13 248	13 448	14 328	15 322
贵州	2 194.3	2 677.5	3 276.2	3 857.4	4 147.8	4 669.5	5 428.1	5 755.5
云南	3 780.3	4 419.2	4 939.2	5 281.8	5 416.1	5 690.1	6 204.9	6 957.4
西藏	208.79	242.85	292.92	336.84	376.19	429.17	513.65	628.37
陕西	6 935.5	8 073.8	8 912.3	9 577.2	9 082.1	9 490.7	10 882	12 157
甘肃	2 377.8	2 600.0	2 745.3	2 926.4	2 494.7	2 515.5	2 561.7	2 794.7
青海	975.18	1 092.5	1 151.2	1 234.1	1 207.3	1 249.9	1 162.1	1 247.1
宁夏	1 056.1	1 159.3	1 259.5	1 341.2	1 379.6	1 488.4	1 580.5	1 650.3
新疆	3 225.9	3 481.5	3 574.8	3 948.9	3 596.4	3 647.0	4 330.8	4 922.9
西部地区	51 039	57 104	61 271	65 440	64 735	67 355	69 428	74 645

资料来源：根据《中国统计年鉴（2011—2018）》数据整理。

在西部地区第三产业增加值方面，西部 12 省、自治区、直辖市均在 2011—2018 年呈现了逐步上升的趋势，说明了各省、自治区、直辖市的第三产业发展良好，产业结构逐步向更高层次发展并逐步调整优化。从整个西部地区第三产业增加值来看，2011—2018 年，西部地区第三产业增加值逐年增加，从 36 424 亿元增长到 89 297 亿元，增长 145.16%，西部地区第三产业增速明显，如表 3.28 所示。

表 3.28　2011—2018 年西部 12 省、自治区、直辖市第三产业增加值　　单位：亿元

年份	2011	2012	2013	2014	2015	2016	2017	2018
广西	3 998.3	4 615.3	5427.9	5 934.4	6 520.1	7 247.1	8 194.1	9 260.2
重庆	3 623.8	4 494.4	5 968.2	6 672.5	7 497.7	8 538.4	9 564.0	10 656
四川	7 014.0	8 242.3	9 551.3	11 043.	13 127	15 556	18 389	20 928
贵州	2 781.2	3 282.7	3 812.1	4 128.5	4 714.1	5 261.0	6 080.4	6 891.4

年份	2011	2012	2013	2014	2015	2016	2017	2018
云南	3 701.7	4 235.7	5 032.3	5 542.7	6 147.2	6 903.1	7 833	8 424.8
西藏	322.57	377.8	438.07	492.35	552.16	606.46	674.55	719.01
陕西	4 355.8	5 009.6	5 832.1	6 547.7	7 342.1	8 215.0	9 274.4	10 450
甘肃	1 963.7	2 269.6	2 740.6	3 009.6	3 341.4	3 701.4	4 038.3	4 530.1
青海	540.18	624.29	766.06	853.08	1 000.8	1 101.3	1 224.0	1 350.1
宁夏	861.92	982.52	1 107.1	1 193.8	1 294.4	1 438.5	1 612.3	1 775.1
新疆	2 245.1	2 703.1	3 434.1	3 785.9	4 169.3	4 353.7	4 999.2	5 584.1
西部地区	36 424	42 468	50 346	56 226	62920	70859	79931	89 297

数据来源：根据《中国统计年鉴（2011—2018）》数据整理。

西部地区产业结构逐步高度化。根据国家统计局资料显示，西部地区第二产业增加值在 GDP 中相对其他产业占比较大，第三产业次之，第一产业增加值占 GDP 比重占比最小。而自 2013 年以来，第二产业增加值占比相对变小，第三产业增加值占比相对变大，在 2015 年、2016 年保持旗鼓相当的占比，但在 2017 年第二产业增加值占 GDP 的 41.19%，第三产业增加值占 GDP 的 47.72%，2018 年第二产业增加值占 GDP 的 40.50%，第三产业增加值占 GDP 的 48.45%。整体来看，2018 年西部地区三大产业占比分别为 11.05%、40.50%、48.45%，产业结构基本呈现出了"三二一"的产业结构层次，如表 3.29 所示。纵向来看，2011—2018 年，西部地区第一产业增加值占 GDP 的比重与第二产业增加值占 GDP 的比重均呈现逐年下降的趋势，第三产业增加值占 GDP 的比重却呈现出逐年上升的趋势，西部地区第二产业增加值占比与第三产业增加值占比差距逐年缩小，是实现赶超后又逐渐增大的过程。这表明，近年来西部地区在工业化发展方面表现较好，第三产业产值逐年稳步提升，经济产值由第一产业和第二产业逐步向第三产业转移，产业经济结构也由"二三一"逐步向"三二一"过渡转移。

表 3.29　2011—2018 年西部地区三大产业增加值及其占 GDP 比重的变化情况

单位：亿元

年份	地区生产增加值	第一产业增加值	第二产业增加值	第三产业增加值	第一产业增加值占 GDP 比重（%）	第二产业增加值占 GDP 比重（%）	第三产业增加值占 GDP 比重（%）
2011	100 234	12 771.23	51 039.47	36 424.87	12.74	35.06	36.34
2012	113 904	14 332.55	57 104.21	42 468.04	12.58	50.13	37.28

续表

年份	地区生产增加值	第一产业增加值	第二产业增加值	第三产业增加值	第一产业增加值占GDP比重（%）	第二产业增加值占GDP比重（%）	第三产业增加值占GDP比重（%）
2013	126 954	15 337.71	61 271.55	50 346.92	12.08	48.26	39.66
2014	138 098	16 432.75	65 440.52	56 226.52	11.90	47.39	40.71
2015	145 017	17 362.24	64 735.9	62 920.78	11.97	44.64	43.39
2016	156 826	18 612.84	67 355.7	70 859.63	11.87	42.95	45.18
2017	168 560	19 201.94	69 428.57	79 931.06	11.39	41.19	47.42
2018	184 299	20 358.45	74 644.27	89 296.91	11.05	40.50	48.45

数据来源：根据《中国统计年鉴（2011—2018）》数据整理。

（三）居民消费水平增幅明显，居民生活水平显著提高

居民消费水平在一定程度上反映了西部地区的经济发展状况，西部地区居民消费水平的提高就意味着西部地区居民生活水平的提高。

西部地区居民消费水平呈现出逐年增加的趋势。本部分整理了 2011—2017 年西部地区各省、自治区、直辖市的居民消费水平，西部地区居民的消费水平呈现出逐年增加的趋势。例如，内蒙古自治区从 13 264 元增加到 23 909 元，广西壮族自治区从 9 181 元增加到 16 064 元，各省、自治区、直辖市居民的消费水平增幅明显，在一定程度上说明西部地区居民的可支配收入增加，生活条件有所改善，各省的经济发展状况良好。从整个西部地区来看，2011—2017 年，居民消费水平从 110 699 元增加到 212 492 元，增加了 91.95%，如表 3.15 所示。西部地区居民的消费水平有了显著的提高。在消费结构方面，就耐用消费品而言，2011—2017 年，西部地区居民家庭平均每百户拥有家用汽车从 13.83 辆增加到 26.79 辆。其中，就部分省、自治区、直辖市而言，2017 年居民家庭平均每百户拥有家用汽车量内蒙古自治区有 36.1 辆，青海省为 33.7 辆，宁夏回族自治区为 33.6 辆，云南省为 30.8 辆，广西壮族自治区为 24.6 辆，西藏自治区为 26 辆。西部地区在耐用消费品家用汽车方面有了显著提升。

表 3.30　2011—2018 年西部 12 省、自治区、直辖市居民消费水平　单位：元

年份	2011	2012	2013	2014	2015	2016	2017
内蒙古	13 264	15 196	17 168	19 827	20 835	22 293	23 909

年份	2011	2012	2013	2014	2015	2016	2017
广西	9 181	10 519	11 710	12 944	13 857	15 013	16 064
重庆	11 832	13 655	15 423	17 262	18 860	21 032	22 927
四川	9 903	11 280	12 485	13 755	14 774	16 013	17 920
贵州	7 389	8 372	9 541	11 362	12 876	14 666	16 349
云南	8 278	9 782	11 224	12 235	13 401	14 534	15 831
西藏	4 730	5 340	6 275	7 205	8 756	9 743	10 990
陕西	10 053	11 852	13 206	14812	15 363	16 657	18 485
甘肃	7 493	8 542	9 616	10 678	11 868	13 086	14 203
青海	8 744	10 289	12 070	13 534	15 167	16 751	18 020
宁夏	10 937	12 120	13 537	15 193	17 210	18 570	21 058
新疆	8 895	10 675	11 401	12 435	13 684	15 247	16 736
西部地区	110 699	127 622	143 656	161 242	176 651	193 605	212 492

数据来源：根据《中国统计年鉴（2011—2018）》数据整理。

（四）投资增速显著加快，投资资金速度不断增长

近几年来，西部地区借助"西部大开发"战略部署，积极投身社会主义现代化建设，不断发挥自身优势，又依托"一带一路"建设带动作用，经济发展取得了很大成就，投资增速明显加快。

1. 固定资产投资增长

根据国家统计局公布的近年来西部地区各个省、自治区、直辖市固定资产投资及增速情况，2017 年，全社会固定资产投资 641 238.39 亿元，相比 2016 年的 606 465.66 亿元名义增长 5.73%。其中，西部地区投资 169 715 亿元，增长 7.96%。在近几年西部地区全社会固定投资额的统计中，除内蒙古自治区、甘肃省、宁夏回族自治区在 2016—2017 年，新疆维吾尔族自治区在 2014—2015 年全社会固定资产投资额有所下降外，其余年份，各省、市自治区的全社会固定资产投资额呈现逐年上升的趋势。就内蒙古自治区来看，从 2011—2017 年，内蒙古自治区的全社会固定资产从 10 365 亿元增长到 14 013 亿元，增长了 35.20%。总体来看整个西部地区 2011 年—2017 年全社会固定资产投资额从 72 103 亿元增加到 169 715 亿元，增加 135.38%，西部地区投资增速明显。如表3.31 所示。

表 3.31　2011—2017 年西部 12 省、自治区、直辖市全社会固定资产投资额

单位：亿元

年份	2011	2012	2013	2014	2015	2016	2017
内蒙古	10 365	11 875	14 217	17 591	13 702	15 080	14 013
广西	7 990.6	9 808.6	11 907	13 843	16 227	18 236	20 499
重庆	7 473.3	8 736.2	10 435	12 285	14 353	16 048.	17 537
四川	14 222	17 040	20 326	23318	25 525	28 811	31 902
贵州	4 235.9	5 717.8	7 373.6	9 025.7	10 945	13 204	15 503
云南	6 191	7 831.1	9 968.3	11 498	13 500	16 119	18 935
西藏	516.31	670.5	876	1 069.2	1 295.6	1 596.0	1 975.6
陕西	9 431.0	12 044	14 884	17 191	18 582	20 825	23 819
甘肃	3 965.7	5 145	6 527.9	7 884.1	8 754.2	9 663.9	5 827.7
青海	1 435.5	1 883.4	2 361.0	2 861.2	3 210.6	3 528.0	3 883.
宁夏	1 644.7	2 096.9	2 651.1	3 173.7	3 505.4	3 794.2	3 728.3
新疆	4 632.1	6 158.8	7 732.3	9 447.7	10 813	10 287	12 089
西部地区	72 103	89 008	10 9260	129 191	140 416	157 195	169 715

数据来源：根据《中国统计年鉴（2011—2018）》数据整理。

2. 积极引进外来资金，促进产业转移

西部地区是产业转移的主要承载区，也是重点生态保护地区，要大力实施优势资源转化战略，加快沿边开发开放，建设国家重要的能源化工、资源精深加工、新材料和绿色食品基地，以及区域性的高技术产业和先进制造业基地。

西部地区在积极引进外来资金促进东、西部产业转移方面作出了很大努力。其中，2016 年贵州省引进到位资金 8 086 亿元人民币，实际利用外资增长 27%。2017 年，贵州省计划招商引资到位资金 8 800 亿元人民币，实际利用外资增长 20%。云南省于 2017 年一季度新签订国内合作项目 369 个，同比增长 21.8%；新签项目协议总投资 1 005.6 亿元，同比增长 100%；全省批准外商投资项目 40 个，同比增长 73.9%；合同利用外资 7 亿美元，同比增长 5 倍多；实际利用外资 5.15 亿美元，同比增长 20.7%。

就重庆市来说，2014—2017 年重庆市累计签约引进亿元以上工业投资项目 2 152 个、协议投资额 1.88 万亿元，其中东部沿海省市占比超过 60%，长江经济带 10 省市占比超过 40%。同期，工业实际利用外资连续 4 年超过 40 亿美元承接产业转移的有效开展，极大地推动了重庆手机、汽车、机器人、服装、材料等传统支柱产业和战略性新兴产业更好地实现集群发展。重庆市

在加快推进钢铁等材料行业供给侧结构性改革的同时，针对现代建筑、装备制造、电子信息、家居消费等领域不断扩大的市场需求，面向发达国家和地区引进发展高端铝材、铝（镁）合金、节能建材、优质钢材、不锈钢制品、复合材料、功能材料、化工新材料等新材料产业。近几年来，重庆市累计引进材料产业重点项目62个，投资总额超过1 988亿元。2017年，材料产业实现规模工业产值2 648亿元，同比增长18.3%。❶

甘肃省"十二五"期间累计实际利用外商直接投资4.13亿美元，其中2015年实际利用外商直接投资1.1亿美元，同比增长10%。外商投资国别不断扩展，已有65个国家和地区的投资者来甘肃省投资兴业，世界500强企业中有11家落户甘肃省，全省外商投资企业从业人员达到2.1万人。外商投资领域不断拓宽，由传统产业向现代农业、基础设施、新能源、先进制造业、物流、现代服务业等领域拓展，外资投向三大产业的比重分别为8%、67%和25%。新能源和制造业仍是甘肃省利用外资的主要行业，占利用外资总额的80%。❷

青海省招商引资力度不断加大。近年来，围绕"一带一路"战略、新一轮西部大开发和东部产业转移等重大机遇，青海省不断创新招商引资方式，提高对外开放水平，扩大投资合作领域，优化项目协调服务，全方位、多层次开展招商引资，各项工作取得显著成效。据统计，2012—2016年，全省招商引资累计到位资金2 897亿元，占全省固定资产投资额的20%以上。年度到位资金由2012年的365亿元，增长到2016年的755亿元，年均增长率19.9%。已建成或正在建设的招商引资项目提供了近20万人的就业岗位，成为推动全省经济社会持续健康发展的重要支撑。

（五）积极实施创新驱动战略，推动区域经济内生增长

科技创新带来的新科技、新产品和新优势有助于引领新常态下欠发达地区的跨越式发展。对于欠发达地区本身来说，要重视技术创新、改革落后体制，让本土的创新型企业快速发展，让创新型人才有用武之地；要减少烦琐审批，大力推动创新型项目在西部落地及实现产业化；同时，欠发达地区在思想观念、营商环境、生活环境等方面都要敞开怀抱，为发达地区人才、技术和专利向西部转移创造良好条件。对我国欠发达地区来说，依靠科技创新促进内生增长的这条道路不可回避，只是发展的深度、广度

---

❶ 孙萌萌. 重庆高水平承接产业转移［N］. 经济日报，2018 – 02 – 27.

❷ 甘肃省政府办公厅. 甘肃省人民政府办公厅关于印发甘肃省"十三五"开放型经济发展规划的通知. 2016 – 09 – 07.

与方式可能与其他国家或地区有所差异。

以宁夏回族自治区银川市为例，通过加速推进工业化和信息化的深度融合，用新技术和新模式来改造传统产业。如今，银川市规模以上工业中"两化融合"企业占60%以上，巨能机器人被工信部评为"制造智能工厂的工厂"，国家智慧型纺织基地在银川落地。同时，欠发达地区也不可照搬发达地区的模式，但应该开放与合作，加强东、西部创新联动。银川市一方面对接中关村国家自主创新示范区，与中科院、上海交大等科研院所开展合作，推动科研开发平台共建共享、产业技术信息互联互通；另一方面对共享铸钢3D打印、隆基单晶硅等国内领先的技术研发，建立长期稳定支持机制，帮助企业瞄准核心技术，加大科技攻关。

2015年5月，内蒙古自治区政府与中科院共同协商组建了中科院包头稀土研发中心，该中心引进了中科院长春应化所张洪杰院士团队的三项核心专利，在内蒙古自治区科技重大专项的支持下，研发成功世界首条稀土硫化物着色剂中试生产线，并生产出首批硫化铈红色着色剂。经过一年多反复试验，实现了生产线的连续化和规模化稳定运行。2017年11月，包头稀土研发中心与世纪中天（北京）投资有限公司签订技术转让协议，由该公司在包头投资10亿元，建设5万吨/年稀土硫化铈着色剂生产线。该项目的产业化，将会全面改善稀土资源的平衡利用，形成稀土产业新的增长点，仅化妆品、陶瓷、色母粒、涂料、油墨等五个行业，全球年需求高档红色颜料就达到79万吨，市场规模约350亿美元，5万吨生产线全面投产后，产值预计超过百亿元。同时，该项目已经为内蒙古自治区培养了20多名高科技人才。❶

2017年7月以来，重庆市全面落实习近平总书记对重庆市提出的"两点"定位、"两地""两高"目标和"四个扎实"要求，坚持质量第一、效益优先，以供给侧结构性改革为主线，深化科技体制改革，完善创新治理体系，着力强化区域创新发展的技术、资本、创新生态三个关键支撑，推动以科技创新为核心的全面创新取得了较快进展。2017年，重庆市全社会研发经费支出364.63亿元，同比增长20.7%；研发经费投入强度达到1.87%，同比增长0.15%；专利授权量达到3.48万件，万人发明专利拥有量达到7.25件，同比增长31%。重庆市综合科技进步指数和区域创新能力综合指标连续两年排名居全国第8位，西部领先。❷

❶　北方融媒.内蒙古科技创新取得重大进展.2017 - 12 - 11.

❷　重庆市人民代表大会官网.重庆市人民代表大会常务委员会公报.2018（4）.

四、经济发展存在的问题

根据以上的分析，我国西部地区在国民生产总值增速、产业结构调整、消费水平、投资增速、科技创新等方面均取得了一定程度的进步，但是我国西部地区经济的发展仍存在一些问题，主要表现在以下 4 个方面。

（一）经济总量占比低落

西部各省自治区、直辖市平均地区生产总值在全国所占有的比重仍旧具有相对较低的水平。我国西部地区近年来虽然在 GDP 总量和增速上稳步发展，但从历年西部地区经济总量占全国比重的情况来看，仍旧具有相对较低的水平。2011—2018 年，西部地区经济总量占比分别为 20.68%、21.13%、21.50%、21.42%、21.13%、21.18%、20.44%、20.47%。综合来看，基本维持在 21% 左右的水平，而我国东部地区生产总值占全国 GDP 的比重常年保持在 50% 以上，东部地区生产总值占全国 GDP 的比重明显高于西部地区。特别是 2016 年以来，西部地区的经济总量占比出现下降趋势，由 2016 年的 21.18% 下降为 2017 年的 20.44% 和 2018 年的 20.47%。就西部地区各省的平均占比而言，在 2011—2018 年，西部十二省、自治区、直辖市平均占比先上升后下降，由 1.72% 上升到 1.79%，经济总量占比而后又下降到 1.71%，西部各省平均经济总量占全国比重仍旧具有相对较低的水平，如图 3.3 所示。近两年，西部地区生产总值占比的下降，表明了西部地区地区生产总值出现了停滞不前的状态，表明我国西部地区目前仍存在经济发展动力不足。

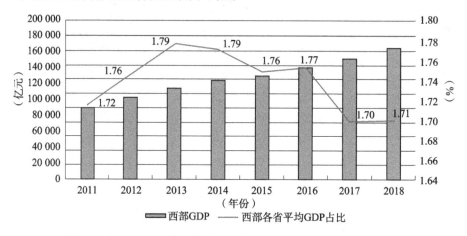

图 3.3　2011—2017 年西部地区经济总量及在 GDP 中的占比情况

数据来源：根据《中国统计年鉴（2011—2018）》数据整理。

（二）二元经济结构突出

由于西部地区工业化是在较短的时间内和基础设施并不完善的情况下发展起来的，因此在推进过程中，出现了经济相对不发达地区特有的"双层二元经济结构"，即西部地区和发达地区的差距与西部地区内部城乡差距。

虽然在西部大开发的过程中，国家对西部建设有大幅度倾斜，但受原有工业发展和相关政策的影响，区内工业布局较为分散，造成西部工业化在自我封闭环境中进行，不具有现代工业增长的扩散效应，与沿海发达地区形成较大差距。

在西部地区内部，"二元化结构"主要表现为：

（1）在以城市为载体的现代工业中，中央投资的工业与地方投资兴办的工业并存，中央企业和三线企业的下游产业链设在东部加工区，其发展独立于地方区域经济，与地方工业投资主体缺乏有效的分工协作。

（2）在以农村为载体的传统农业经济中，农村工业和传统农业各自为政，以乡镇企业为主体的农村工业和城市工业部门关联度不高，生产要素流动效率较低。

（三）人均可支配收入水平占比低

我国西部地区的人均可支配收入水平仍处于中西部三地区最低水平。2018 年，我国西部地区人均可支配水平为 21 598.5 元，低于全国平均水平 28 228.0 元，我国东部地区人均可支配收入为 38 670.0 元，中部地区人均可支配收入为 23 574.5 元，两地区人均可支配收入水平均高于我国西部地区，如表 3.32 所示。因此，我国西部地区经济仍需要进一步发展。

表 3.32　2013—2018 年中部六省居民收入水平　　　　单位：元

年份	2013	2014	2015	2016	2017	2018
东部地区	23 658.4	25 954.0	28 223.3	30 654.7	33 414.0	38 670.0
中部地区	15 263.9	16 867.7	18 442.1	20 006.2	21 833.6	23 574.5
西部地区	13 919.0	15 376.1	16 818.1	18 406.8	20 130.3	21 598.5
全国	18 310.8	20 167.1	21 966.2	23 821.0	25 973.8	28 228.0

数据来源：根据《中国统计年鉴（2011—2018）》数据整理。

（四）投资结构不合理，投资产业层次低

我国西部地区的投资结构不合理，投资产业层次低。投资结构不合理是投资方式不合理的延伸。

一方面，近年来，在投资问题上，国家只是从整个经济利益角度出发，忽略或较少考虑民族地区的利益，只看到西部地区投入多、产出少的特点，对西部地区的投资，特别是重工业原材料工业的投资，没有注重原材料等初级产品的就地消化。产品深度加工忽略应有的相对均衡的结构性特点，单一把西部民族地区作为能源和原材料基地，而能源和原材料价格偏低，又使西部民族地区内部自我积累难以实现，难以形成优势产业，体现资源优势。

另一方面，由于西部地区能源、原材料加工、深加工都在区外，区内相关的加工、深加工能力都很薄弱，加上重工业未能有效支援、带动区内轻工业的相应发展，区内需要的加工、深加工产品甚至市场所需要的日用工业品，都大部分需要从区外调入，而加工制成品价格又高于价值，从而使西部民族地区又形成了一层利益输出。

我国西部地区的投资结构除具有偏重型的特征外，还应具有能源、原材料工业和与此相关的加工工业投资相对均衡的结构性特点，从而使投资结构达到优化。

（五）西部地区科技资源利用较差

西部地区对科技资源利用较差，表现在科技资源配置机制欠佳和科技资源结构失衡。

在资源配置上，西部地区的科技进步水平与其社会经济发展水平有着密切的关系，除了陕西省、四川省、重庆市外，其他省、自治区均处于科技进步欠发达的位置。无论是资金还是人力资源，陕、川、渝区域的投入绝对值并不低，但主要是政府投入，大中型企业科技投入占地区总投入的比重不高。企业并没有成为科技投资的主体，科技资源的集中度不够，尤其是资金投入偏低。陕、川、渝科研体系由中科院、高等院校、国防科技机构、部属科技机构、地方科技机构、企业科研部门，民营科技机构等组成，这些机构由于管理体制和条块分割，最终形成了军民分割、部门分割、地区分割和学科分割的局面，阻碍了科技资源的流动和科技合作，其结果是，庞大的科研体系运转效率低下，导致陕、川、渝的总体科技水平上不去，科技资源结构失衡。

在资源结构上，由于我国科技管理体制的行政化特征，因此使得有限的科技资源并未得到合理的配置，企业尚未真正成为技术创新的主体。对陕、川、渝科技经费收入结构的研究表明，科技资源配置结构失衡，政府投入与企业投入比例失调，投资主体错位。主要表现是：科研经费的主要来源是政府投入，科研经费的使用对象也主要是政府科研机构，而在发达国家和我国经济发达地区，研发的主要承担者则是企业科技部门。科技资源结构失衡是企业成为市场运作和科技创新主体的障碍，不利于增强企业活力。

（六）西部地区科技创新前景不佳

西部地区科技创新前景不佳，表现在产、学、研合作创新困难和缺乏高素质的科技组织者和科技管理人才。

在西部地区产、学、研中，企业、高校和研究机构是区域创新系统的三个重要组成部分。加强企业与高等院校、科研机构的技术合作，充分利用高校和研究机构的技术优势是推动西部企业技术创新的重要途径。

西部地区影响和阻碍科技创新中产、学、研相合作的因素主要有：科技成果信息交流网络不健全，能查到的资料往往有名无实；缺乏风险资金的保障，企业的技术创新风险承受能力弱；科研院所提供的科技成果只有少数达到产业化水平，还不能直接投入使用。而绝大多数科技成果仍然处于实验室水平，而处于实验室水平的科技成果一般难以转化为现实生产力。这种不成熟的科技成果使企业的技术可选择量在引入时大为减少。

西部地区缺乏高素质的科技组织者和科技管理人才。科技创新的主体是科技人员，而把科技人员组织起来，分工协作，联合攻关，进行科技创新，有这样的科技组织者和科技管理人才尤为重要。科技组织者和科技管理人员是进行科技创新的关键，西部地区缺少这类人才，这正是西部地区科技创新能力差、社会经济发展水平落后的原因之一。西部地区要抓住机遇，加快科技管理体制改革，尽快培养一批高素质科技组织者和科技管理人员。只有这样，才能加快西部地区科技创新的步伐，以适应西部地区经济与社会发展的要求。

五、西部各省、自治区、直辖市经济发展现状的考察

近年来，我国西部地区迅猛发展，各省、自治区、直辖市经济都有了一个长足的发展，但由于经济长期发展的不平衡，西部各省、自治区、直辖市经济的发展存在很大的差异，本部分将分别从西部各省、自治区、直辖市出发，分析各个省份目前经济的发展情况。

（一）内蒙古自治区

2018 年，内蒙古自治区地区生产总值 17 289 亿元，扣除价格因素比 2017 年增长 7.4%，如表 3.33 所示。其中，第一产业增加值 1 753.8 亿元，

增长 3.2%；第二产业增加值 6 807.3 亿元，增长 5.1%；第三产业增加值 8 728.1 亿元，增长 6.0%；三大产业比例为 10.1：39.4：50.5。第一、二、三产业对生产总值增长的贡献率分别为 6.7%、37.2%：56.1%。人均生产总值达到 68 302 元，比 2017 年增长 5.0%。

表 3.33 2011—2018 年内蒙古自治区 GDP 情况　　单位：亿元

年份	2011	2012	2013	2014	2015	2016	2017	2018
内蒙古自治区	14 359	15 880	16 916	17 770	17 831	18 128	16 096	17 289
全国	484 753	539 116	590 422	644 791	686 449	740 598	824 828	900 310
占比（%）	2.96	2.95	2.87	2.76	2.60	2.45	1.95	1.92
排名	15	15	15	15	16	18	21	21

资料来源：根据《中国统计年鉴（2011—2018）》数据整理。

2018 年内蒙古自治区各市 GDP 总量前十排名的分别是：鄂尔多斯市、包头市、呼和浩特市、赤峰市、通辽市、呼伦贝尔市、锡林郭勒盟、巴彦淖尔市、乌兰察布市、乌海市。而 GDP 增速最快的是乌海市，为 13%，其次是阿拉善盟和包头市。

除鄂尔多斯市外，内蒙古自治区各市区均呈现出"二三一"的产业结构。2018 年，鄂尔多斯全市地区生产总值 3 763.2 亿元，扣除价格因素，比 2017 年增长 5.0%。分产业看，第一产业增加值 117.8 亿元，同比增长 2.1%，对经济增长的贡献率为 1.3%，拉动 GDP 增长 0.06 个百分点。第二产业增加值 1 969.1 亿元，同比增长 4.1%，对经济增长的贡献率为 41.7%，拉动 GDP 增长 2.09 个百分点。第三产业增加值 1 676.3 亿元，同比增长 6.2%，对经济增长的贡献率为 57.0%，拉动 GDP 增长 2.85 个百分点。三大产业结构调整为 3.1：52.3：44.6。

就呼和浩特市来说，2018 年全市第一产业增加值增长 2.1%，第二产业增加值增长 2.4%，第三产业增加值增长 4.6%。第一产业增加值占全市生产总值的比重为 3.7%，第二产业增加值比重为 27.6%，第三产业增加值比重为 68.7%。全市工业共 11 个主要产业，按照产值由大到小的排列为：电力能源、石油化工、食品加工、生物医药、光伏材料、冶金建材、印刷包装、烟草加工、电子信息制造、装备制造、羊绒纺织，其中在全区、全国具有明显优势的是电力能源、石油化工、食品加工、生物医药、光伏材料、电子信息制造六大产业。这六个产业 2018 年共完成产值 1 157.8 亿元，同比增长 6.3%，占全市工业总量的 82.6%。

2018 年内蒙古自治区主要城市 GDP 情况如表 3.34 所示。

表 3.34　2018 年内蒙古自治区主要城市 GDP 情况　　单位：亿元

排名	城市	2018 年（亿元）	增速（%）
1	鄂尔多斯市	3 763.2	5
2	包头市	2 951.8	6.8
3	呼和浩特市	2 903.5	3.9
4	赤峰市	1 549.8	6
5	通辽市	1 301.6	4.1
6	呼伦贝尔市	1 252.9	3
7	锡林郭勒盟	813.9	5.4
8	巴彦淖尔市	813.1	5.3
9	乌兰察布市	764.5	5.5
10	乌海市	495.9	13
11	兴安盟	472.5	6.1
12	阿拉善盟	283.3	9

数据来源：根据《内蒙古自治区 2018 年统计年鉴》数据整理。

（二）广西壮族自治区

广西壮族自治区地处我国华南，是沿海唯一的一个自治区，紧邻广东省。不过在经济上与广东省却是天差地别，在全国各省份中处于中下游水平，除南宁市和柳州市，广西壮族自治区城市整体发展比较落后。2018年，广西壮族自治区 GDP 为 20 353 亿元，在全国 31 省份中排名第 18 位，GDP 较 2017 年增长 7.3%，常住人口 4 838 万。城镇居民人均可支配收入 28 324 元；农村居民人均可支配收入 10 359 元。

2011—2018 年广西壮族自治区 GDP 情况如表 3.35 所示。

表 3.35　2011—2018 年广西壮族自治区 GDP 情况　　单位：亿元

年份	2011	2012	2013	2014	2015	2016	2017	2018
广西	11 720	13 035	14 449	15 672	16 803	18 317	18 523	20 353
全国	484 753	539 116	590 422	644 791	686 449	740 598	824 828	900 310
占比（%）	2.42	2.42	2.45	2.43	2.45	2.47	2.25	2.26
排名	18	18	18	19	17	17	19	18

资料来源：根据《中国统计年鉴（2011—2018）》数据整理。

在广西壮族自治区的 14 个市区中，GDP 达到千亿元以上的市有 7 个，超过 2 000 亿元的市有 3 个。2018 年，南宁市 GDP 为 3 703.39 亿元，居全省第一。防城港市、钦州市、百色市三市 GDP 增速居全省前三位，分别为 9.2%、9.0%、8.8%。

2018 年广西壮族自治区主要城市 GDP 情况如表 3.36 所示。

广西壮族自治区除南宁市外均呈现出"二三一"的产业结构。2018 年，南宁全市地区生产总值比 2017 年增长 5.4%。按常住人口计算，全市人均地区生产总值比 2017 年增长 4%。在三大产业中，第一产业增加值比 2017 年增长 4.3%；第二产业增加值比 2017 年增长 2.2%；第三产业增加值比 2017 年增长 7.8%。三大产业的比重为 10.5∶30.4∶59.1。与 2017 年比较，第一产业比重上升 0.7 个百分点，第二产业比重下降 8.4 个百分点，第三产业比重上升 7.7 个百分点。

表 3.36　2018 年广西壮族自治区主要城市 GDP 情况　　单位：亿元

排名	地区	2018 年	增速（%）
1	南宁	3 703.39	7
2	柳州	2 476.94	7.3
3	桂林	2 074	7
4	玉林	1 550	8
5	梧州	1 180	7.7
6	百色	1 114	8.8
7	钦州	1 102.05	9
8	北海	985	8.5
9	贵港	958.8	7.9
10	崇左	738	7.9
11	防城港	670	9.2
12	河池	657.18	4.9
13	来宾	589.11	3.9
14	贺州	520	8.5

数据来源：根据《广西壮族自治区 2018 年统计年鉴》数据整理。

（三）重庆市

2018 年，重庆市实现生产总值 20 363 亿元，扣除价格因素，比 2017 年增长 6%，如表 3.37 所示。按产业分，第一产业增加值 1 378.27 亿元，增长 4.4%；第二产业增加值 8 328.79 亿元，增长 3.0%；第三产业增加值 10 656.13 亿元，增长 9.1%。三大产业结构比为 6.8∶40.9∶52.3。

表 3.37　2011—2018 年重庆市 GDP 情况　　　单位：亿元

年份	2011	2012	2013	2014	2015	2016	2017	2018
重庆	10 011	11 409	12 783	14 262	15 717	17 740	19 424	20 363
全国	484 753	539 116	590 422	644 791	686 449	740 598	824 828	900 310
占比（%）	2.07	2.12	2.17	2.21	2.29	2.40	2.35	2.26
排名	23	23	22	21	20	20	17	17

资料来源：根据《重庆市 2011—2018 统计年鉴》数据整理。

其中，渝北区实现生产总值 1 543.09 亿元，增速为 −2.8%；九龙坡区实现生产总值 1 211.25 亿元，增速为 3.6%，GDP 总量位居全市第二；而渝中区实现生产总值 1 203.85 亿元，增速为 0.9%，GDP 总量位居全市第三。

重庆市 2018 年主要城市 GDP 情况如表 3.38 所示。

重庆市呈现出"三二一"的产业结构，2018 年，按产业分，第一产业增加值 1 378.27 亿元，增长 4.4%；第二产业增加值 8 328.79 亿元，增长 3.0%；第三产业增加值 10 656.13 亿元，增长 9.1%。三大产业结构比为 6.8∶40.9∶52.3。非公有制经济实现增加值 12 516.37 亿元，增长 6.1%，占全市经济的 61.5%。

表 3.38　重庆市 2018 年主要城区 GDP 情况　　　单位：亿元

排名	地区	2018 年	增速（%）
1	渝北区	1 543.09	−2.8
2	九龙坡区	1 211.25	3.6
3	渝中区	1 203.85	0.9
4	涪陵区	1 076.13	7.1
5	江北区	1 027.87	9
6	万州区	982.58	0.1
7	沙坪坝区	936.41	3.2
8	江津区	902.33	10
9	永川区	845.67	9.9
10	巴南区	781.22	7.1
11	南岸区	724.78	2.9
12	合川区	712.93	6.5
13	长寿区	597.49	6.2
14	綦江区	555.63	6.7
15	北碚区	551.79	5.7
16	璧山区	527.3	10
17	大足区	517.65	7.3
18	荣昌区	504.88	9.5

排名	地区	2018 年	增速（%）
19	开州区	473.13	7.6
20	铜梁区	456.98	9.6
21	潼南区	380.95	9.5
22	梁平区	331.26	9.6
23	垫江县	316.95	4.5
24	忠县	307.95	9.8
25	奉节县	300.68	8.3
26	南川区	280.37	7.2
27	云阳县	275.05	10.1
28	黔江区	247.29	7.4
29	丰都县	234.96	9.8
30	大渡口区	228.13	2.7
31	秀山县	185.64	9.2
32	武隆区	181.63	6.2
33	石柱县	175.97	4.7
34	彭水县	170.11	7.5

数据来源：根据《重庆市 2018 年统计年鉴》数据整理。

（四）四川省

2018 年，四川省全年实现地区生产总值（GDP）40 678 亿元，按可比价格计算，比 2017 年增长 8.0%，如表 3.39 所示。其中，第一产业增加值 4 426.7 亿元，增长 3.6%；第二产业增加值 15 322.7 亿元，增长 7.5%；第三产业增加值 20 928.7 亿元，增长 9.4%。三大产业对经济增长的贡献率分别为 5.1%、41.4%、53.5%。人均地区生产总值 48 883 元，增长 7.4%。三大产业结构由 2017 年的 11.6∶38.7∶49.7 调整为 10.9∶37.7∶51.4。

表 3.39　2011—2018 年四川省 GDP 情况　　　　单位：亿元

年份	2011	2012	2013	2014	2015	2016	2017	2018
四川	21 026	23 872	26 392	28 536	30 053	32 934	36 980	40 678
全国	484 753	539 116	590 422	644 791	686 449	740 598	824 828	900 310
占比（%）	4.34	4.43	4.47	4.43	4.38	4.45	4.48	4.52
排名	8	8	8	8	6	6	6	6

资料来源：根据《中国统计年鉴（2011—2018）》数据整理。

四川省各市、区经济发展良好。在 21 个市、州中,"主干"成都市继续"独领风骚",以 15 342.77 亿元的成绩牢牢占据"第一把交椅"。其中,绵阳、德阳、宜宾、南充 4 个城市达到 GDP 总量 2 000 亿元以上。在增速方面,四川全省 21 个市、州 GDP 增速在 9% 及以上的,总共只有 5 个。

四川省除成都市、自贡市、绵阳市外均呈现出"二三一"的产业结构。就其省会城市成都市来说,成都市 2018 年全年实现地区生产总值(GDP)15 342.77 亿元,如表 3.40 所示,按可比价格计算,比 2017 年增长 8.0%。其中,第一产业增加值 522.59 亿元,增长 3.6%;第二产业增加值 6 516.19 亿元,增长 7.0%;第三产业增加值 8 303.99 亿元,增长 9.0%。三大产业结构为 3.4 : 42.5 : 54.1。三大产业对经济增长的贡献率分别为 1.6%、37.1%、61.3%。

表 3.40　四川省 2018 年主要城市 GDP 情况　　　　单位:亿元

排名	地区	2018 年	增速(%)
1	成都市	15 342.77	8
2	绵阳市	2 303.82	9
3	德阳市	2 213.9	9
4	宜宾市	2 026.37	9.2
5	南充市	2 006.03	9
6	泸州市	1 695	7.6
7	达州市	1 690	8.3
8	乐山市	1 615.1	8.7
9	凉山彝族自治州	1 533.2	4
10	内江市	1 411.75	7.8
11	自贡市	1 406.71	8.7
12	眉山市	1 256.02	7.5
13	广安市	1 250.2	8
14	遂宁市	1 221.39	8.8
15	攀枝花市	1 173.52	7.5
16	资阳市	1 066.53	7.8
17	广元市	801.85	8.4
18	雅安市	646.1	8.1
19	巴中市	645.88	8
20	阿坝藏族羌族自治州	306.67	4.7
21	甘孜藏族自治州	291.2	9.3

数据来源:根据《四川省 2018 年统计年鉴》数据整理。

（五）贵州省

2018 年，贵州省地区生产总值 14 806 亿元如表 3.41 所示，扣除价格因素，按可比价格计算，比 2017 年增长 9.1%，增速高于全国（6.6%）2.5 个百分点，连续 8 年位居全国前列。其中，第一产业增加值 2 159.54 亿元，比 2017 年增长 6.9%；第二产业增加值 5 755.54 亿元，增长 9.5%；第三产业增加值 6 891.37 亿元，增长 9.5%。人均地区生产总值达到 41 244 元，比 2017 年增加 3 288 元。

表 3.41　2011—2018 年贵州省 GDP 情况　　　　单位：亿元

年份	2011	2012	2013	2014	2015	2016	2017	2018
贵州	5 701	6 852	8 086.8	9 266.3	10 502	11 776	13 540	14 806
全国	484 753	539 116	590 422	644 791	686 449	740 598	824 828	900 310
占比（%）	1.18	1.27	1.37	1.44	1.53	1.59	1.64	1.64
排名	26	26	26	26	25	25	25	25

资料来源：根据《中国统计年鉴（2011—2018）》数据整理。

2018 年，贵州省各地区经济发展较好，从各市、州 GDP 来看，贵阳市实现地区生产总值 3 798.45 亿元，增速 9.9%，是贵州省各市、州生产总值的第一大市。遵义排名第二，地区生产总值为 3 000.23 亿元，增速 10.4%。从增速来看，2018 年贵州省地区生产总值增速最快的是黔西南州，增速高达 12%。

2018 年贵州省主要城市 GDP 情况如表 3.42 所示。

贵州省除贵阳市外各市、区均呈现出"二三一"的产业结构。就其省会贵阳来说，2018 年全市实现地区生产总值 3 798.45 亿元，同比增长 9.9%。其中，第一产业增加值 153.10 亿元，增长 6.6%；第二产业增加值 1 413.67 亿元，增长 7.9%；第三产业增加值 2 231.68 亿元，增长 11.3%。人均生产总值 78 449 元，同比增长 7.8%。三大产业结构比为 4.0∶37.2∶58.8，"三二一"结构继续呈现。与 2017 年比，第一产业比重下降 0.2 个百分点，第二产业比重下降 1.6 个百分点，第三产业比重提高 1.8 个百分点。

表 3.42　2018 年贵州省主要城市 GDP 情况　　　　单位：亿元

排名	地区	2018 年	增速（%）
1	贵阳市	3 798.45	9.9
2	遵义市	3 000.23	10.4

排名	地区	2018 年	增速（%）
3	毕节市	1 921.43	10.2
4	六盘水市	1 525.70	8.8
5	黔南布依族苗族自治州	1 313.46	10.8
6	黔西南布依族苗族自治州	1 163.77	12
7	铜仁市	1 066.52	9.6
8	黔东南苗族侗族自治州	1 036.63	7.9
9	安顺市	849.41	10.3

数据来源：根据《贵州省 2018 年统计年鉴》数据整理。

（六）云南省

2018 年，云南省完成地区生产总值 17 881 亿元，扣除价格因素，同比增长 8.9%，增速比全国（6.6%）高 2.3 个百分点，排全国第 3 位。

2011—2018 年云南省 GDP 情况如表 3.43 所示。

表 3.43　2011—2018 年云南省 GDP 情况　　　　　单位：亿元

年份	2011	2012	2013	2014	2015	2016	2017	2018
云南	8 893	10 305	11 832	12 814	13 619	14 788	16 376	17 881
全国	484 753	539 116	590 422	644 791	686 449	740 598	824 828	900 310
占比（%）	1.83	1.91	2.00	1.99	1.98	2.00	1.99	1.99
排名	24	24	24	23	23	22	20	20

资料来源：根据《中国统计年鉴（2011—2018）》数据整理。

在云南省内各地，昆明市 2018 年地区生产总值 5 206.89 亿元，全省排名第一位，占全省 GDP 总量的 29.12%；GDP 增速 8.5%。地区生产总值排名第二、三位的分别是曲靖市和红河哈尼族彝族自治州，2018 年地区生产总值分别为 2 013.35 亿元和 1 593.76 亿元，GDP 增速分别为 8.5% 和 9.7%。此外，楚雄彝族自治州 GDP 总量突破千亿。云南省 GDP 总量突破千亿的州、市达到 6 个。怒江傈僳族自治州 GDP 总量最低，仅 161.56 亿元。从增速来看，9 州（市）GDP 增速超全省平均水平，其中，怒江傈僳族自治州、文山壮族苗族自治州、楚雄彝族自治州 GDP 总量为 10% 或超10%；怒江傈僳族自治州 GDP 增速最高，达到 12.1%；德宏 GDP 增速最低，仅 8.0%。

2018 年云南省主要城市 GDP 情况如表 3.44 所示。

表 3.44 2018 年云南省主要城市 GDP 情况　　　　单位：亿元

排名	地区	2018 年	增速
1	昆明市	5 206.89	8.5
2	曲靖市	2 013.35	8.5
3	红河哈尼族彝族自治州	1 593.76	9.7
4	玉溪市	1 493.03	8.9
5	大理白族自治州	1 122.44	9.3
6	楚雄彝族自治州	1 024.32	10.2
7	昭通市	889.54	8.5
8	文山壮族苗族自治州	859.06	10.0
9	保山市	738.14	9.5
10	普洱市	662.47	8.5
11	临沧市	630.01	9.3
12	西双版纳傣族自治州	417.78	8.1
13	德宏傣族景颇族自治州	381.06	8.0
14	丽江市	350.76	9.3
15	迪庆藏族自治州	217.52	9.5
16	怒江傈僳族自治州	161.56	12.1

数据来源：根据《云南 2018 年统计年鉴》数据整理。

云南省除昆明、曲靖外均呈现出"二三一"的产业结构。其中，就其省会昆明来看，2018 年第一产业增加值 222.16 亿元，增长 6.3%；第二产业增加值 2 038.02 亿元，增长 10.0%；第三产业增加值 2 946.72 亿元，增长 7.3%。三大产业结构由 2017 年的 4.3∶38.4∶57.3 调整为 4.3∶39.1∶56.6，三大产业对 GDP 增长的贡献率分别为 3.3%、47.4% 和 49.3%，分别拉动 GDP 增长 0.3 百分点、4.0 百分点和 4.1 个百分点。

（七）西藏自治区

2018 年，西藏自治区实现地区生产总值 1 477.6 亿元，如表 3.45 所示。从 GDP 增速的角度来看，2018 年西藏自治区的 GDP 增速达到 9.1%，位居全国第一，也是目前所有 31 个省、自治区、直辖市中唯一一个增速保持两位数以上的地区。2018 年，西藏第一产业增加值 130.25 亿元，增长 3.4%；第二产业增加值 628.37 亿元，增长 17.5%；第三产业增加值 719.01 亿元，增长 4.1%。2018 年西藏规模以上工业增加值、社会消费品零售总额、城镇居民人均可支配收入、农村居民人均可支配收入增速均居全国第一。

表 3.45　2011—2018 年西藏自治区 GDP 情况　　　　单位：亿元

年份	2011	2012	2013	2014	2015	2016	2017	2018
西藏	605.8	701.03	815.67	920.83	1 026.3	1 151.4	1 310.9	1 477.6
全国	484 753	539 116	590 422	644 791	686 449	740 598	824 828	900 310
占比（%）	0.12	0.13	0.14	0.14	0.15	0.16	0.16	0.16
排名	31	31	31	31	31	31	31	31

资料来源：根据《中国统计年鉴（2011—2018）》数据整理。

从西藏各城市来看，拉萨作为西藏的首府，加上国家大力发展的"一带一路"的经济政策，其 GDP 每年都远超其他城市，在 2018 年以 528.0亿元排名第一。在进入榜单的 5 个城市中，阿里地区以 56.2 亿元排名第五。

西藏自治区 2018 年主要城市 GDP 情况如表 3.46 所示。

拉萨市的产业结构呈现"三二一"的产业结构。2018 年，全市实现地区生产总值（GDP）528.0 亿元，比 2017 年增长 9.3%。其中，第一产业增加值 18.29 亿元，增长 3.0%；第二产业增加值 229.65 亿元，增长17.4%；第三产业增加值 292.83 亿元，增长 4.6%。全年人均地区生产总值 77688 元，比 2017 年增长 6.9%。就其产业结构而言，2018 年三大产业比重依次为 3.4：42.5：54.1，分别拉动经济增长 0.1 个百分点、6.1 个百分点和 3.1 个百分点。与 2017 年相比，第一产业比重下降 0.3 个百分点，第二产业比重提高 3.0 个百分点，第三产业比重下降 2.7 个百分点。

表 3.46　西藏自治区 2018 年主要城市 GDP 情况　　　　单位：亿元

排名	地区	2018 年	增速（%）
1	拉萨市	528.0	10.19
2	昌都市	193.6	14
3	山南市	164.2	12.6
4	那曲市	134.2	12
5	阿里地区	56.2	18.97

数据来源：根据《拉萨 2018 年统计年鉴》数据整理。

（八）陕西省

2018 年陕西省实现生产总值 24 438 亿元，按可比价格计算，比 2017年增长 8.3%，高于全国 1.7 个百分点，如表 3.47 所示。其中，第一产业增加值 1 830.19 亿元，增长 3.2%；第二产业增加值 12 157.48 亿元，增长 8.7%；第三产业增加值 10 450.65 亿元，增长 8.8%。

表 3.47　2011—2018 年陕西省 GDP 情况　　　　　　单位：亿元

年份	2011	2012	2013	2014	2015	2016	2017	2018
陕西	12 512	14 453	16 205	17 689	18 021	19 399	21 898	24 438
全国	484 753	539 116	590 422	644 791	686 449	740 598	824 828	900 310
占比（%）	2.58	2.68	2.74	2.74	2.63	2.62	2.65	2.71
排名	17	16	16	16	15	15	15	15

资料来源：根据《中国统计年鉴（2011—2018）》数据整理。

陕西省各城市 2018 年经济增长较好。西安市实现地区生产总值 8349.86 亿元，位居全省第一，增速 8.2%；榆林市实现地区生产总值 3848.62 亿元，增速为 9%，GDP 总量位居全省第二；咸阳市实现地区生产总值 2376.45 亿元，增速为 7%，GDP 总量位居全省第三。

2018 年陕西省主要城市 GDP 情况如表 3.48 所示。

陕西省除西安外各市、区均为"二三一"的产业结构。其中就其省会西安来看，2018 年第一产业增加值 258.82 亿元，增长 3.3%；第二产业增加值 2925.61 亿元，增长 8.5%；第三产业增加值 5165.43 亿元，增长 8.3%。三大产业结构比为 3.1∶35.0∶61.9。

表 3.48　2018 年陕西省主要城市 GDP 情况　　　　　单位：亿元

排名	地区	2018 年	增速（%）
1	西安市	8 349.86	8.2
2	榆林市	3 848.62	9
3	咸阳市	2 376.45	7
4	宝鸡市	2 265.167.2	7.2
5	渭南市	1 767.717.1	7.1
6	延安市	1 558.919.1	9.1
7	汉中市	1 471.889.5	9.5
8	安康市	1 133.7710.2	10.2
9	商洛市	824.778	8

资料来源：根据《陕西省 2018 年统计年鉴》数据整理。

（九）甘肃省

2018 年，甘肃省生产总值 8 246.1 亿元，按可比价格计算，比 2017 年增长 6.3%，增速比 2017 年提高 2.7 个百分点，实现了 6% 左右的预期发展目标，如表 3.49 所示。其中，第一产业增加值 921.3 亿元，增长 5.0%；第二产业增加值 2 794.7 亿元，增长 3.8%；第三产业增加值 4 530.1 亿元，增长 8.4%。三大产业结构比为 11.17 : 33.89 : 54.94。

表 3.49 2011—2018 年甘肃省 GDP 情况　　　　　　　单位：亿元

年份	2011	2012	2013	2014	2015	2016	2017	2018
甘肃	5 020.3	5 650.2	6 330.6	6 836.8	6 790.3	7 200.3	7 459.9	8 246.1
全国	484 753	539 116	590 422	644 791	686 449	740 598	824 828	900 310
占比（%）	1.04	1.05	1.07	1.06	0.99	0.97	0.90	0.92
排名	27	27	27	27	27	27	27	27

资料来源：根据《中国统计年鉴（2018）》数据整理。

甘肃省 GDP 总量超 500 亿元的城市有 5 个，分别为兰州市、庆阳市、天水市、酒泉市和白银市。其中，兰州市 GDP 总量最大，GDP 总量为 2 732.94 亿元，同比增长 6.5%，庆阳市和天水市分别位居第二和第三，GDP 总量分别为 708.15 亿元和 652.05 亿元，增速分别为 3.6% 和 6.4%。

贵州省 2018 年主要城市 GDP 情况如表 3.50 所示。

甘肃省除兰州外均呈现出"二三一"的产业结构。其中，第一产业增加值 42.98 亿元，增长 6%；第二产业增加值 937.98 亿元，增长 4.9%；第三产业增加值 1 751.97 亿元，增长 7.4%。三大产业结构比为 1.57 : 34.32 : 64.11，与 2017 年的 1.53 : 35.26 : 63.21 相比，第一产业比重提高 0.04 个百分点，第二产业比重回落 0.94 个百分点，第三产业比重提高 0.9 个百分点。

表 3.50 贵州省 2018 年主要城市 GDP 情况　　　　　　　单位：亿元

排名	地区	2018 年	增速（%）
1	兰州市	2 732.94	6.5
2	庆阳市	708.15	3.6
3	天水市	652.05	6.4
4	酒泉市	596.89	4.6
5	白银市	511.6	6.1
6	武威市	469.27	4.8
7	张掖市	407.71	5.8
8	平凉市	395.17	2.1
9	陇南市	379.23	5.8
10	定西市	356.26	6.3
11	嘉峪关市	299.62	7.4

排名	地区	2018 年	增速（%）
12	金昌市	264.24	8.9
13	临夏回族自治州	255.35	6.7
14	甘南藏族自治州	155.73	5

数据来源：根据《甘肃省 2018 年统计年鉴》数据整理。

（十）青海省

2018 年，青海省实现生产总值 2 865.2 亿元，按可比价格计算，比 2017 年增长 7.2%，如表 3.51 所示。分产业看，第一产业增加值 268.10 亿元，增长 4.5%；第二产业增加值 1 247.06 亿元，增长 7.8%；第三产业增加值 1350.07 亿元，增长 6.9%。第一产业增加值占全省生产总值的比重为 9.4%，第二产业增加值比重为 43.5%，第三产业增加值比重为 47.1%。人均生产总值 47 689 元，比 2017 年增长 6.3%。

表 3.51　青海省 GDP 情况　　　　　　　　　　　单位：亿元

年份	2011	2012	2013	2014	2015	2016	2017	2018
青海	1 670.4	1 893.5	2 122.0	2 303.3	2 417.0	2 572.4	2 624.8	2 865.2
全国	484 753	539 116	590 422	644 791	686 449	740 598	824 828	900 310
占比（%）	0.34	0.35	0.36	0.36	0.35	0.35	0.32	0.32
排名	30	30	30	30	30	30	30	30

资料来源：根据《中国统计年鉴（2018）》数据整理。

青海省各市、区经济发展差距较大。排名第一的是西宁市，其 2018 年 GDP 为 1 286.41 亿元，是排名第二的海西蒙古族藏族自治州的 2 倍左右。青海省除西宁外各市、区均呈现出"二三一"的产业结构，其中，第一产业实现增加值 46.08 亿元，增长 4.2%，对 GDP 贡献率为 1.44%，拉动 GDP 增长 0.13 个百分点；第二产业增加值 467.99 亿元，增长 8.8%，对 GDP 贡献率为 48.31%，拉动 GDP 增长 4.35 个百分点，其中，工业增加值增长 8.0%，对 GDP 贡献率为 34.92%，拉动 GDP 增长 3.14 个百分点；第三产业增加值 772.34 亿元，增长 9.4%，对 GDP 贡献率为 50.25%，拉动 GDP 增长 4.52 个百分点。三大产业结构比为 3.6：36.4：60.0。

2018 年青海省主要城市 GDP 情况如表 3.52 所示。

表 3.52 2018 年青海省主要城市 GDP 情况   单位：亿元

排名	地区	2018 年	增速（%）
1	西宁市	1 286.41	9
2	海西蒙古族藏族自治州	625.27	8.3
3	海东市	451.5	8
4	海南藏族自治州	158.18	6.2
5	黄南藏族自治州	88.33	7.7
6	海北藏族自治州	83.53	-4.6
7	玉树藏族自治州	53.6	—
8	果洛藏族自治州	41.45	2.8

数据来源：根据《青海 2018 年统计年鉴》数据整理。

（十一）宁夏回族自治区

2018 年宁夏回族自治区地区生产总值为 3 705.2 亿元，西部地区排名第十位，GDP 增速为 7%，西部地区排名第七位。

2011—2018 年宁夏 GDP 情况如表 3.53 所示。

表 3.53 2011—2018 年宁夏 GDP 情况   单位：亿元

地区	2011 年	2012 年	2013 年	2014 年	2015 年	2016 年	2017 年	2018 年
宁夏	2 102.2	2 341.2	2 577.5	2 752.1	2 911.7	3 168.5	3 443.5	3 705.2
全国	484 753	539 116	590 422	644 791	686 449	740 598	824 828	900 310
占比（%）	0.43	0.43	0.44	0.43	0.42	0.43	0.42	0.41
排名	29	29	29	29	29	29	29	29

资料来源：根据《中国统计年鉴（2018）》数据整理。

在宁夏回族自治区的各城市中，2018 年地区生产总值最高的是银川市，总量为 1901.48 亿元，占宁夏回族自治区总量的 51.3%，在 GDP 增速为 7.2%，排名第二位。在 GDP 增速方面，2018 年增速最高的城市为石嘴山市，达到 8%。

2018 年宁夏回族自治区主要城市 GDP 情况如表 3.54 所示。

宁夏除银川外均呈现出"二三一"的产业结构，就银川来看，2018 年全市实现地区生产总值 1 901.48 亿元，按可比价格计算，比 2017 年增长 8%。其中，第一产业增加值 67.31 亿元，增长 3.6%；第二产业增加值 867.33 亿元，增长 5.5%；第三产业增加值 966.84 亿元，增长 9.2%。三大产业结构比为 3.6：45.6：50.8，对经济增长的贡献率分别为 1.9%、

37.8%、60.3%。

表 3.54　2018 年宁夏回族自治区主要城市 GDP 情况　　单位：亿元

排名	地区	2018 年	增速
1	银川市	1 901.48	8
2	石嘴山市	605.92	7.2
3	吴忠市	534.53	8
4	牛卫市	402.99	7.5
5	固原市	303.19	7.6

数据来源：根据《宁夏回族自治区 2018 年统计年鉴》数据整理。

（十二）新疆维吾尔自治区

2018 年，新疆实现地区生产总值（GDP）12 199 亿元，比 2017 年增长 6.1%。其中，第一产业增加值 1 692.09 亿元，增长 4.7%；第二产业增加值 4 922.97 亿元，增长 4.2%；第三产业增加值 5 584.02 亿元，增长 8.0%。第一产业增加值占地区生产总值的比重为 13.9%，第二产业增加值比重为 40.3%，第三产业增加值比重为 45.8%。全年人均地区生产总值 49 475 元，比 2017 年增长 4.1%。

2011—2018 年新疆维吾尔自治区 GDP 情况如表 3.55 所示。

表 3.55　2011—2018 年新疆维吾尔自治区 GDP 情况　　单位：亿元

年份	2011	2012	2013	2014	2015	2016	2017	2018
新疆	6 610.0	7 505.3	8 443.8	9 273.4	9 324.8	9 649.7	10 881	12 199
全国	484 753	539 116	590 422	644 791	686 449	740 598	824 828	900 310
占比（%）	1.36	1.39	1.43	1.44	1.36	1.30	1.32	1.35
排名	25	25	24	25	26	26	26	26

资料来源：根据《中国统计年鉴（2011—2018）》数据整理。

分城市来看，新疆维吾尔自治区 GDP 总量超 900 亿元的城市有 5 个，分别为乌鲁木齐、昌吉州、巴音郭楞州、阿克苏地区和伊犁州。其中，乌鲁木齐市 GDP 总量最大，GDP 总量为 3 099.62 亿元，同比增长 7.8%。昌吉州和巴音郭楞州分别位居第二和第三，GDP 总量分别为 1 367.3 亿元和 1 027.5 亿元，增速分别为 5.1% 和 4%。

2018 年新疆维吾尔自治区主要城市 GDP 情况如表 3.56 所示。

新疆维吾尔自治区除乌鲁木齐市外均呈现出"二三一"的产业结构，就乌鲁木齐市来看，2018 年实现地区生产总值（GDP）3 099.62 亿元，按可比价计算，比 2017 年增长 7.8%。其中，第一产业增加值 25.32 亿元，增长 2.9%；第二产业增加值 948.18 亿元，增长 2.9%；第三产业增加值 2 126.27 亿元，增长 9.9%。第二、三产业分别拉动经济增长 0.9 个百分点和 6.9 个百分点；三大产业结构比为 0.8∶30.6∶68.6。

表 3.56　2018 年新疆维吾尔自治区主要城市 GDP 情况　　单位：亿元

排名	地区	2018 年	增速（%）
1	乌鲁木齐市	3 099.62	7.8
2	昌吉州	1 367.3	5.1
3	巴音郭楞州	1 027.5	4
4	阿克苏地区	1 027.436.6	6.6
5	伊犁州直属县（市）	939.96.5	6.5
6	克拉玛依市	898.16.7	6.7
7	喀什地区	890.14.2	4.2
8	塔城地区	693.275	5
9	哈密市	536.615.5	5.5
10	博尔塔拉蒙古州	330.36	6
11	吐鲁番市	310.597.4	7.4
12	和田地区	305.577.5	7.5
13	阿勒泰地区	259.215.4	5.4
14	克孜勒苏州	128.895.7	5.7

数据来源：根据《新疆维吾尔自治区 2018 年统计年鉴》数据整理。

第 3 节　中、西部地区经济发展评价

通过以上对我国中、西部欠发达地区经济发展现状的研究可以发现，欠发达地区在经济增速、产业结构调整、消费支出水平、固定资产投资、创新示范区等方面取得了成就也存在不足，本部分将从以上五个方面分别对我国中部和西部欠发达地区经济和社会发展现状进行评价。

一、中部地区经济发展评价

（一）GDP 增速明显，但省域之间差距明显

近年来，我国中部地区经济发展有了很大的提升。2008—2018 年中部六省总体经济规模日趋庞大，2018 年的整体经济总量大约是 2008 年的三

倍,并逐步走向跨越式增长。但省域之间经济发展呈阶梯状分布,内部差异明显固化,河南省经济总量一直处于领先地位,发展势头强劲。湖南、湖北两省的经济发展总体水平不分伯仲,发展趋势平稳,一直处于中部地区的中上游水平。安徽省则处于中游水平,虽早已突破万亿大关,但距离河南省还有一定差距。山西和江西两省的发展水平明显落后,与其他省份差距巨大,居于发展队首的河南省经济总量大约是队尾的山西省的 2 ~ 3倍,区域内部发展差异有扩大的趋势。中部六省整体经济增长速度明显放缓,说明经济正进入新常态,经济发展的下行压力明显加大,经济动能的转型升级迫在眉睫。

(二)产业结构调整优化,产业结构层次需进一步高度化

我国中部地区现行产业结构的主要特征是呈现出明显的"二三一"产业经济结构。一方面,第二产业比重略高于第三产业。从各产业增加值来看,中部地区第一产业增加值占其国民生产总值比重逐渐降低,第二产业增加值占比在达到最高点后逐步趋于回落,第三产业增加值占比逐年提升,中部地区的产业层次逐年向好,产业结构逐步调整优化。另一方面,虽然中部地区是我国最重要的粮食生产基地,但在我国第一产业的地区分布中,东部地区占比34%,中部地区占比25%,西部地区占比31.4%,其农业等基础产业对经济的贡献率仍不是很大,我国中部地区农业基础还较为薄弱,农业大而不强,农业生产采取粗放型,农业生产缺乏效率。薄弱的农业基础严重制约了中部地区的经济社会发展。第二产业占比仍相对较大,对一些粗放式的工业加工模式的依赖性还很大,缺乏一些具有科技创新的高附加值产业。总体来看,我国中部地区在产业结构调整过程中逐步优化,第三产业占比增速明显,同时第二产业占比仍然偏大。

(三)居民收入和消费水平显著提高,但与东部地区仍有很大差距

近年来,我国中部地区各省的居民收入和消费水平增幅明显,中部地区居民的收入和消费水平均呈现逐年增加的趋势,但与我国东部较为发达地区的差距仍较为明显。就收入来说,2018 年我国东部地区人均可支配收入为 38 670.0 元,中部地区人均可支配收入为 23 574.5 元,我国中部地区人均可支配收入比东部地区低 15 095.5 元;2018 年我国人均可支配收入的平均水平为 28 228.0 元,我国中部地区人均可支配收入比全国平均水平低 4 653.5 元。总体来看,我国中部地区经济仍处在相对不发达的阶段,与东部发达地区相比,仍有很大的上升空间。

（四）投资增速助力产业转移，但消化能力不足

我国中部地区近年来借助中部崛起、长江经济带战略，不断发挥自身优势，又依托带动作用，经济发展取得了很大成就，投资增速明显加快。中部地区还积极引进外来资金，促进东部、中部、西部产业转移。中部地区大力实施优势资源转化战略，加快沿边开发开放，建设国家重要的能源化工、资源精深加工、新材料和绿色食品基地，以及区域性的高技术产业和先进制造业基地，我国产业转移的主要承载区也是重点生态保护地区。但由于中部地区经济发展水平不高，投资效益和贷款保障程度相对较低，技术引进、消化、吸收能力弱，难以承接高新技术成果辐射和产业转移带动，难以形成规模上的企业带动地方经济的发展。近年来，我国中部地区在自身投资和吸引外资方面均取得了一定进步，但消化能力还偏低。

（五）积极实施创新驱动战略，但技术相对落后

创新是欠发达地区发展的内生动力，越是经济不发达地区越需要注重创新发展。我国中部地区以往依靠廉价劳动力形成的工业发展模式使经济发展出现不平衡、不协调、不可持续等问题。因此，中部地区应积极进行发展模式的转变，把增强自主创新能力作为经济结构调整和经济增长方式转变的中心环节，使经济走上创新驱动、内生增长的发展轨道。但是，由于在经济上长期累积出现的不平衡与差距，我国中部地区企业仍在一定程度上难以适应经济的发展与创新的要求，企业对高科技产品的创新意识不足，缺失积极承接东部沿海地区高新技术产业的动力，我国中部地区在科技创新方面投入的空间仍旧很大，科技创新需进一步加强。

二、西部地区经济发展评价

（一）GDP 增速明显，但经济总量占比仍然偏低

近年来，我国西部地区经济发展有了较大的提升，从 2018 年各地经济增速来看，中国经济呈现西部最快、中部次之、东部放慢的特征。我国西部地区的国民生产总值逐年向好，经济增长速度明显高于其他地区，经济取得了显著的进步。但西部地区生产总值占全国生产总值的比重依旧太小，2018 年西部地区 12 个省份的国民生产总值占比为 20.47%，而同时期我国东部 10 个省份的国民生产总值占比为 53.43%，在其体量较大的优势下，经济总量占比明显低于东部较为发达的地区。中部六省的国民生产总值占比为 21.4%，我国西部地区所创造的经济价值与中部地区也存在不小的差距。近 10 年，西部地区各省年平均占比 1.75%，同时我国中部地区各省

年平均占比为 3.34%，东部地区各省地区平均生产总值占全国 GDP 的比重为 5.62%，我国西部地区的国民生产总值占比与我国东部和中部相比仍存在很大的差距。

综合近几年西部地区的经济发展情况来看，我国西部地区在经济总量和经济总量增速上取得了一定的进步，但是生产总值占全国生产总值比重依然很低。我国西部的经济仍需要进一步发展，自身内部发力实现内生增长，外部加以推动助力其经济发展，以逐步扩大西部国民生产总值的占比，提高西部地区对国民生产总值的贡献，缩小我国西部地区与东部地区和中部地区经济发展的差距，实现我国区域的协调发展。

（二）产业结构调整呈现"三二一"结构，但层次需进一步合理化

我国西部地区现行产业结构的主要特征是呈现出"三二一"产业结构。2018 年，西部地区三大产业占比分别为 11.05%、40.50%、48.45%，第三产业比重略高于第二产业。2011—2018 年，西部地区第一产业增加值占 GDP 的比重与第二产业增加值占 GDP 的比重呈现逐年下降的趋势，第三产业增加值占 GDP 的比重却呈现出逐年上升的趋势，西部地区第二产业增加值占比与第三产业增加值占比差距逐年缩小，实现赶超后又逐渐增大的过程。西部地区在工业化发展较好，第三产业产值逐年稳步提升，经济产值由第一产业和第二产业逐步向第三产业转移，产业经济结构也由"二三一"逐步向"三二一"过渡转移。虽然第三产业产值逐年提升，但因占国民生产总值总比重不够突出，对经济增长的拉动作用仍不够明显，第二产业仍然占有较大比重。总体来看，我国西部地区在产业结构调整过程中产业结构逐步优化，但是第三产业占比仍旧不高，产业结构层次还需进一步高度化。同时，根据前文所述，西部地区内部二元化结构还比较突出。

（三）居民收入和消费水平有所提高，但依然处于较低水平

近年来，我国西部地区各省、自治区、直辖市的居民消费水平有所提高，但由于历史经济发展的相对落后，使得各省、自治区、直辖市居民消费水平依旧处于较低的水平。家庭的收入水平是制约消费需求扩大的直接障碍，而地区的消费水平是反映地区家庭收入水平的关键因素，所以欠发达地区的消费水平在一定程度上反映了地区的收入水平。2018 年，我国西部地区人均可支配收入为 21 598.5 元，而同期我国东部地区人均可支配收入为 38 670.0 元，是我国西部地区人均可支配收入的 1.79 倍，同期我国中部地区人均可支配收入为 23 574.5 元，略高于我国西部地区人均可支配收入。我国西部地区人均可支配收入水平低于全国平均水平 28 228.0 元。

总体来看，我国西部地区的人均可支配收入水平依然偏低，其经济仍处在相对不发达的阶段。

（四）投资增速助力产业转移，但吸引资金能力仍相对不足

近几年来，西部地区借助西部大开发战略部署，积极投身社会主义现代化建设，不断发挥自身优势，依托"一带一路"建设的带动作用，经济发展取得了很大成就，投资增速明显加快。我国西部地区大力实施优势资源转化战略，加快了沿边开发开放，吸引了外来资金，并且吸引资金的规模不断扩大，水平不断提高。与此同时，还承接了东部地区和中部地区的产业转移。但我国西部固定资产投资由于受生产力基础、资金渠道、投资主体和人力等因素的影响，制约了投资对西部地区经济发展的贡献，与东部相比，西部地区资金的数量小，水平低，增速慢，仍然存在较大差距。因此，增加和优化西部地区固定资产投资是促进西部地区社会经济全面发展的必要之路。

（五）积极实施创新驱动战略，但技术创新动力不足

近年来，我国西部地区积极实施创新驱动战略，推动区域经济内生增长。科技创新带来的新科技、新产品和新优势有助于引领新常态下西部地区的跨越发展。对于西部地区本身来说，要重视技术创新、改革落后体制，让本土的创新型企业快速发展，让创新型人才有用武之地；要减少烦琐审批，大力推动创新型项目在西部落地及产业化。同时，西部地区在思想观念、营商环境、生活环境等方面都要敞开怀抱，为发达地区人才、技术、专利向西部转移创造良好条件。对我国西部地区来说，依靠科技创新促进内生增长的这条道路不可回避，只是发展的深度、广度与方式可能与其他国家或地区有所差异。

三、我国欠发达地区总体经济评价

综合来看，我国欠发达地区的经济和社会发展确实在经济增速、产业结构调整、固定资产投资、创新示范区方面均已取得了一定进步。但是这些经济、社会发展的成绩是否意味着欠发达地区已经走上了快速发展之路，是否与东部发达地区缩小了差距呢？从经济学的基本理论判断，尽管GDP增速是经济增长的指标，但却不是经济发展（发达程度）的最主要指标。经济发展首先意味着经济结构优化升级，其次是教育、医疗、就业、环境、社会保障和社会公平等经济社会发展指标的全面提高。从现状看，尽管某些欠发达省份的GDP增速很高，但代表发达程度的经济社会指标却

严重滞后，与发达的东部地区的差距依然很大，甚至在有些方面还有不断拉大的趋势。一些欠发达地区，尤其是一些次级经济区依然停留在"走出贫困、摆脱落后"的初级发展阶段。某些东部发达省、市已经在与新型工业化国家甚至欧美发达国家进行比较了。东部发达地区的地理优势和长期积累的人力资本等动态比较优势依然强劲地推动本区的经济增长和社会发展，这些优势并不是欠发达地区仅仅通过追求 GDP 增速就能够达到的。经济社会发展的差距和动态比较优势的差距决定了欠发达地区在短期内通过常规经济发展战略达到发达地区的发达程度是不可能的，甚至在一个可预见的较长的一段时间，赶上发达地区也是极其困难的。

总而言之，我国欠发达地区的经济已经实现了很大的进步，但是与东部地区相比，仍然存在着一定的差距。在全国区域协调发展的战略背景下，中部地区和西部地区唯有通过经济的跨越式发展，才能实现快速发展，追上并赶超东部发达地区，实现我国各区域整体协调发展。我国欠发达地区可以直接运用发达地区和发达国家已经有的各项技术、管理经验及制度体制，在不违背发展规律的前提下，不断提高自身的综合竞争力，在用尽可能短的时间缩小与发达地区之间差距的同时达到经济发展的目标，甚至赶上或超过发达地区。跨越式发展是超常规发展、高效的发展、点带面的发展，满足我国现阶段欠发达地区经济发展的必然要求，也是我国欠发达地区实现经济和社会发展的必然要求。

在中西部地区的跨越式发展中，离不开资本市场和金融的支持。金融支持是我国欠发达地区经济实现跨越式发展的重要因素。金融是现代经济的核心，是经济发展的引擎。在经济新常态下，欠发达地区实现经济的发展更加需要金融的强力支撑，一个健全的金融体系可以更好地发挥金融对经济结构调整和转型升级的支撑作用，解决欠发达地区制约经济持续发展的结构性问题，提高金融服务实体经济的水平，因此，要实现我国欠发达地区经济的跨越式发展，还需要相关的金融服务来支持。研究我国欠发达地区金融供给与支持的发展情况是必不可少的。

第4章 欠发达地区金融支持的现状考察

通过对中西部欠发达地区经济发展现状的研究可以发现，中西部欠发达地区在经济增速、产业结构、固定投资、创新示范区等方面发展良好。中西部欠发达地区经济取得了稳步发展，但仍然存在一些问题。在此背景下，我国中西部欠发达地区要想实现经济的快速发展更需要金融的强力支撑。金融是优化资源配置、刺激实体经济发展的重要推动力量。经济新常态下，金融支持在欠发达地区的经济发展中显得尤为重要。

本章将从金融供需两方面探索欠发达地区的金融运行情况。先分析欠发达地区的金融需求，之后分别从中部和西部两个欠发达地区金融支持的现状分析我国欠发达地区金融支持方面存在的问题。

第1节 中西部欠发达地区金融需求考察

在欠发达地区经济发展过程中，只有不断缩小与发达地区的差距，才能更好地实现经济的快速发展。近年来，在逐步发展的过程中，欠发达地区对金融资源配置的优化、金融项目融资的拓展、金融资金服务的加强、金融组织体系的完善及金融服务的延伸有很大的需求，归纳起来，主要体现在以下六个方面。

一、园区基础设施建设资金需求、建设项贷款、流动资金贷款的信贷需求最大

产业集聚区以产业的高密度集聚、聚合为内在规定性，是一种新型高效的产业组织形式，是承接产业转移的核心区。产业园区项目投资用地规模较大，与之配套的城市道路建设要求较高，土地整理、道路建设的资金需求非常庞大，如包括园区项目配套的商业住宅用地储备计划，资金需求

还将进一步增加，给欠发达地区金融机构的资金运作带来较大挑战。同时，随着欠发达地区示范区建设的推进，对银行信贷有需求的行业大大增加，一些大项目、大工程建设的项目配套资金和流动资金都比较紧张，这是企业对金融机构的最大金融需求。

二、中小企业融资需求、生产经营筹资、项目投资贷款的信贷需求较大

中小企业融资是中小企业通过一定的渠道向公司的投资者和债权人筹集资金、组织资金的供应，以保证公司正常生产与经营。我国欠发达地区的中小企业随着自身的不断发展壮大，对金融服务的融资需求也越来越强烈，但与我国中小企业的快速发展相比，对中小企业的金融服务与其地位的不匹配成为中小企业发展过程中的主要问题之一。仅就资金需求来说，据海通证券研究所数据显示，80%的中小企业缺乏资金，20%的中小企业资金十分紧张。由于中小企业数量众多，分布广泛，在企业性质、规模、运营模式、内部流程等方面存在很大差异，所以中小企业金融需求具有多样性特征，需要个性化的解决方案，在结算、融资、企业财务顾问甚至个人理财等诸多方面需要全方位、个性化的金融服务。近年来，随着中小企业的不断发展壮大，对资金融通的金融服务的需求日益强烈，但是我国欠发达地区中小企业的融资满足情况并不乐观。

三、农村地区基础设施建设，补"短板"和可持续发展所需的资金量很大

我国欠发达地区农村体量大，要研究欠发达地区对金融的需求就不能忽视欠发达农村地区对金融信贷等的需求。农村闲置的土地进行复垦开发需要投入大量的资金，对项目融资的需求大。从改善公共服务设施来看，乡村道路建设、饮水安全、文体设施、电力电信、垃圾清运、厕所改造等工程建设和维护都需要投入大量资金。补齐这些"短板"，一方面需要发挥国家财政的积极作用；另一方面要完善金融政策保障体系，建立多元化的投融资体制。欠发达地区农村正积极推动农村生态经济建设，规划创建生态经济示范乡镇、美丽乡村、生态养殖示范项目、生态旅游示范景区等。涉及水土治理的生态治理项目，对资金有大量的需求。这就要求金融机构调动更多资源投入农村生态环境建设，把"绿色金融"理念贯彻到"振兴乡村"的实践中，为欠发达地区农村绿色产业、农业循环经济、乡村污染防治等提供相应的金融服务，形成乡村经济发展和生态保护的良性

互动，❶ 以满足我国欠发达地区农村基础设施建设，补"短板"和可持续发展的资金需求。

四、金融综合化服务的要求日益提高

企业都有日常结算方面的需求，但在有些方面企业拥有主动权，往往会根据融资合作银行的要求，在融资银行开立账户，并根据融资情况平衡在各家银行的结算。目前，欠发达地区产业转移企业对银行业服务品种已从较为单一的结算、信贷等传统业务转向包括投资理财、财务顾问、上市保荐、债券承销等在内的全方位综合化服务。在中西部产业的转移过程中，跨国公司、母子公司、企业集团等新的企业组织模式已经成为主流，随着企业组织形式的改变，其经营方式、销售链条以及与其他经济主体的业务交往也将出现新的变化，这些变化对资金往来结算、信贷支持模式、金融服务效率都将提出新的需求，同时企业在异地贷款、委托贷款、银团贷款等方面的需求也在增加。❷ 但是，我国欠发达地区的金融发展并不能满足其日益增长的金融需求。

五、对金融服务创新性要求有所提高

欠发达地区示范区承接的部分企业规模较小，本地信用记录少，有效抵押物价值不高，而且贷款条件难以满足银行要求，特别是新引进的新兴产业及高科技企业，初创规模较小，抵质押条件短期内难以满足信贷要求。此外，由于国家对政府融资平台信贷的限制，部分基础设施建设承贷主体为政府主导的机构，存在获取信贷资金难的问题。这些都需要创新金融服务与信贷产品，创新实施差异化授信产品，满足企业资金需求。生产性服务业是产业转移过程中的基础性行业，特别是通信、信息、仓储、物流等基础服务业设施，随着产业转移加速，有一个快速发展的过程，将产生大量新的金融需求。因此，在产业转移的背景下，金融业应根据经济发展的实际情况，积极创新体制和机制，借鉴、引进和开发适销对路的金融产品，并根据市场需求的发展变化不断改进和完善现有的业务操作流程，通过个性化、差异化的产品创新战略来满足不同层次的金融需求。

---

❶ 卢延颖. 乡村振兴对金融服务的需求刍议 [J]. 农业科技与装备, 2019 (4): 89—90.
❷ 周皓. 中西部承接产业转移的皖江经验研究 [J]. 金融经济, 2011 (11): 34—36.

六、对金融服务产品及平台的要求有所提高

我国欠发达地区对金融服务产品和平台的需求日益强烈。近年来，涵盖欠发达地区产业基金、政策性融资担保、市场化转贷、小微债等金融服务在内的"一站式"金融平台不断出现，金融产品服务平台可以有效解决欠发达地区金融机构和企业之间的信息不对称，可以解决欠发达地区中小企业融资难、融资贵的问题。目前，欠发达地区对金融服务平台的需求日益提高，对中小微企业金融服务平台的搭建起到了欠发达地区产融精准对接的桥梁作用，能有效防范欠发达地区资金融通的金融风险，不断满足其发展所需的融资需求。

第2节　中部欠发达地区金融供给考察

随着社会经济的不断发展，我国中部地区的金融业发展也日趋成熟，逐步形成以银行业金融机构为主体，证券、保险、期货等多家金融机构并存的多层次金融体系。本节主要从优惠政策、金融市场、金融机构深化程度及对外开放程度等方面来阐述我国中部地区金融支持的现状。

一、金融支持政策

我国中部地区虽然依托中部崛起战略，使经济有了很大发展，但由于自然、历史等多方面因素，与东部沿海发达地区的差距仍很突出，地区发展不协调，严重制约着全国经济的发展。为此，国家制定了一系列金融扶持政策来推动我国各区域经济协调发展。

（一）扶贫贴息贷款与小额信贷扶贫政策

针对中西部地区资金短缺这一突出问题，中央政府加大了对贫困地区的信贷支持。扶贫小额信贷是专门为欠发达地区建档立卡贫困户获得发展资金而量身定制的扶贫贷款产品。主要是为贫困户提供5万元以下、3年以内、免担保免抵押、基准利率放贷、财政贴息、县级建立风险补偿金的信用贷款。各级地方政府也根据各自的财力和条件，不断增加扶贫投入。2017年，国家要求各地在发展扶贫小额信贷过程中要坚持精准扶贫，坚持依法合规，坚持发展生产，切实提高贫困户脱贫内生发展动力。

湖北省一直把扶贫小额信贷作为专项扶贫的工作重点来推进。从 2009 年启动实施至今，经过了徘徊发展到创新跨越发展两个阶段，扶贫小额信贷正在"后发赶超"。2015 年 11 月，湖北省印发了《湖北省创新扶贫小额信贷工作的实施意见》（以下简称《意见》），该《意见》提出，根据信用评级，对符合贷款条件的建档立卡贫困户，实现"10 万元以内、3 年期限、无担保、免抵押、全贴息"信用贷款全覆盖；与此同时，建立风险补偿机制，实行财政扶贫贴息。

2017 年，山西省提出，各地要开展扶贫小额贷款保证保险，并完善扶贫小额信贷风险补偿基金、保证与保险相结合的风险补偿机制。政府除了对扶贫小额贷款进行贴息，还要对保证保险的保费进行补贴，同时鼓励政府性担保机构对实施主体开展担保业务。并开展"五位一体"精准扶贫小额信贷模式，以农业"龙头"企业、专业合作社、家庭农场等农业生产经营组织作为实施主体，通过集中使用扶贫小额贷款带动建档立卡贫困户增收脱贫，让扶贫小额贷款"活"起来。

（二）建立支援不发达地区经济发展资金的政策

建立支援不发达地区经济发展资金主要是针对欠发达地区一些有开发潜力和市场前景的项目及企业资金短缺的现象，提供资金支持，帮助企业启动一些开发项目。由于该资金具有针对性强、专款专用的特点，因此在使用上便于管理和操作。

（三）金融产品和服务方式创新的政策

我国中部地区开展了农村金融改革创新、推进小额贷款保证保险试点和商业保险参与社会保障等工作。如 2014 年 12 月，湖北省政府办公厅印发了《关于湖北省小额贷款保证保险试点工作实施方案》。2015 年 5 月，湖北省政府办公厅转发了省政府金融办、省工商局等四部门制定的《湖北省股权质押融资办法》。截至 2015 年年底，河南省农村地区共布放 ATM 机具 1.3 万台、POS 等服务终端 25 万台、助农取款服务点 7.1 万个，助农取款业务交易量（银联口径）跃居全国第一，农民工银行卡特色服务交易量连续 8 年稳居全国第一。2017 年，湖南省沅陵县作为农村金融改革的试点城市，紧紧围绕产业发展，着力攻克"放贷难、贷款难"两个难题，推进抵押贷款、担保贷款、信用贷款的纵深发展，使改革在艰难探索中"破冰"前行，沅陵县专门成立了"沅陵县农村金融改革试验区办公室"，全县 23 个乡镇成立了金融服务中心，499 个行政村设立了村级金融服务站，在政府、金融机构、农村群众之间搭建起一座"银农联结"

的桥梁。

（四）深化农村金融体制改革政策

2014 年 4 月，国务院提出深化农村金融体制改革、加大对重点领域的金融支持。深化农村金融体制机制改革很大一部分就是推进农村地区的金融机构改革。在我国中部地区，农村占比较大，政府在金融支持的过程中强调要扶持村镇银行、贷款公司等新型农村金融机构的发展。支持农村信用社进一步深化改革，落实涉农贷款税收优惠、农村金融机构定向费用补贴、县域金融机构涉农贷款增量奖励等优惠政策。我国中部地区各省正在积极推进农村金融体制改革。例如，安徽省着力推进农村合作金融机构改革，截至 2014 年年底，在全国范围内率先将全省 83 家农村合作金融机构全部改制为农村商业银行，以改革着力推动农商行增资扩股，完善治理机制，壮大规模实力。2017 年 8 月末，安徽省 83 家农商行股本总额达424.54 亿元，较 2017 年初上升 20.52 亿元。农村金融体制改革政策在一定程度上改善了我国欠发达地区农村的金融环境，促进了我国欠发达地区农村经济的发展。

二、金融市场

自 20 世纪 80 年代以来，我国金融市场，特别是股票市场、证券市场和保险市场发展迅速，金融市场体系日趋完善，现代金融市场框架初步形成。近年来，我国中部地区银行业社会融资规模平稳增长，股票市场上市公司数量日益增多，但仍需进一步发展，如扩大证券市场融资规模，进一步深化保险业和中部地区金融供给力度。

（一）银行业发展稳定，融资规模较快增长

我国中部地区银行业发展稳定，银行业总资产增速明显，资本流动性增强，各项贷款余额增长，信贷结构逐步优化，社会融资规模平稳增长，金融供给支持有力。

1. 银行业总资产增速明显，资本流动性增强

根据《中国区域金融运行报告 2019》统计，2018 年年末，全国银行业总资产同比增长 6.3%，较 2017 年末回落 2.4%。其中，东部、中部、西部和东北地区银行业总资产分别增长 5.3%、7.8%、4.8% 和 2.5%。中部地区银行业总资产增速最大。从资本充足率看，2018 年年末，中部地区地方法人银行资本充足率较 2017 年末下降 0.4 个百分点，风险抵补能力有待增强。从流动性比率看，中部地区地方法人银行流动性比率较 2017 年年

末提高了 4.7 个百分点。2017 年中部地区不良贷款率同比下降 0.27%，2018 年中部地区不良贷款率较 2017 年年末提高 0.17%，但中部地区高度重视信贷风险和金融生态环境建设，正积极促进金融与实体经济形成良性循环，如湖北省开展的涉金融领域失信问题专项治理和金融案件"飓风行动"、打击"老赖""百日攻坚"等金融维权行动成效显著。

2. 各项贷款余额增长，信贷结构逐步优化

根据《中国区域金融运行报告 2019》统计，2018 年年末，中部地区本外币各项存款余额为 29.2 万亿元，同比增长 7.9%，增速较 2017 年年末回落 2.3%。按存款类型看，住户存款同比增多明显，新增量在各项存款中占比 66.6%，较 2017 年年末提高 20.4%；非金融企业存款增长明显放缓，同比增长 2.9%，较 2017 年年末回落 7.7%。非银行业金融机构存款同比增长 20.4%，增速较 2017 年提高 8.0%。

中部各地区以供给侧结构性改革主线，不断优化信贷结构，重点领域和薄弱环节信贷投入力度加大，有力地支持了经济高质量发展。2017 年中部地区高耗能行业中长期贷款余额占全部中长期贷款的比重为 5.5%，同比下降 0.4%。下岗失业人员小额担保贷款、劳动密集型小企业贴息贷款、助学贷款、保障性住房开发贷款和金融精准扶贫贷款等民生领域贷款余额增长 59.2%，较各项贷款增速高 44.4%。如江西省保障性住房开发贷款余额同比增长 75.5%，金融精准扶贫贷款余额同比增长 63.0%。2018 年，湖北省建档立卡贫困人口及已脱贫人口贷款余额同比增长 46.1%。安徽省创新开展"千名行长进万企"专项活动，增强金融机构服务小微民营企业的内生动力。江西省探索建立"有求必应、合规授信、应贷尽贷、全程留痕"的小微客户融资服务长效机制，推进金融供给侧结构性改革。2018 年，中部地区高耗能行业中长期贷款余额占全部中长期贷款余额的比重同比下降 0.4%。贷款利率稳中有降。2018 年 12 月，中部地区新发放人民币贷款加权平均利率为 6.18%，同比回落 0.14%。其中，新发放小微企业贷款加权平均利率同比回落 0.05%。

（二）证券市场稳步发展，直接融资规模持续扩大

我国中部地区近年来证券业稳步发展。上市公司数目日益增多，服务实体经济能力进一步提升。

从历年来我国上市公司的数量来看，中部地区上市公司数量一直处于较低水平，仅占全国的 15% 左右，如表 4.1 所示。虽然从总体来看，中部地区上市公司数量整体呈现增长趋势，但是绝对数量仍处于偏低的水平。

2008—2018 年，中部地区上市公司数量占全国比例最高为 16.1%，如表4.1 所示。这个最高比例也是相当低的，可见中部地区上市公司数量之少，占全国上市公司总数的比重有待进一步提高。截至 2019 年 3 月末，我国中部地区各省的上市公司数量是：山西省 37 家、安徽省 102 家、江西省 142 家、河南省 78 家、湖北省 103 家、湖南省 104 家，如表 4.2 所示。中部地区除安徽、湖北和湖南三省的上市公司数量相对较多，其他省份数量也较少，与东部沿海地区的差距较大。这主要是欠发达地区国有企业多，亏损面大，符合上市条件的优质企业数量有限。同时，区域内民营经济发展不活跃，民营企业上市少。

中部地区的湖南省近年来多层次加快发展资本市场建设，市场结构基本完备。2018 年年末，全省上市公司 104 家，较 2017 年增加 3 家；上市公司资产合计 14 917 亿元，同比增长 63%；净利润 233 亿元，同比增长 27.5%。三板、四板市场稳步发展，全省共有新三板挂牌企业 223 家；湖南股权交易所新增挂牌企业 394 家，累计挂牌企业 3 410 家。湖北省近年来多层次资本市场稳健发展。2018 年年末，全省上市公司数量达 102 家，新增 5 家，全年湖北省资本市场实现股权融资共计 213.9 亿元，其中 5 家企业通过 IPO 实现融资 51.7 亿元，上市公司实现股权再融资 57 亿元；"新三板"挂牌企业总数达 360 家，减少 46 家，"新三板"挂牌公司通过增发实现融资 17.9 亿元；区域性股权市场开展股权融资 87.3 亿元。

表 4.1　2008—2018 年中部地区与全国上市公司数量　　　　单位：家

年份	2008	2009	2010	2011	2012	2013	2014	2015	2016	2017	2018
全国	1 625	1 718	2 063	2 342	2 494	2 489	2 613	2 827	3 052	3 485	3 584
中部地区	258	277	314	356	371	366	374	404	421	452	466
中部地区占比全国比重（%）	15.9	16.1	15.2	15.2	14.9	14.7	14.3	14.3	14.2	13.8	13.0

资料来源：根据《中国区域金融运行报告（2009—2019）》整理。

表 4.2　2019 年中部地区各省上市公司数量

省份	山西省	安徽省	江西省	河南省	湖北省	湖南省
上市公司数量（家）	37	102	42	78	103	104

资料来源：根据中国证券业监督管理委员会数据整理（截至 2019 年 3 月 30 日）。

（三）保险业主动适应经济新常态，风险保障和经济补偿功能持续增强

近几年，我国中部地区保险业运行总体稳健，保险密度和深度持续上升，但保费收入有待进一步提高。

1. 保险密度和深度持续上升

根据各省份金融运行报告统计，2018 年，全国保险密度为 2 558.5 元/人，较 2017 年全国保险密度（2 691 元/人）同比下降 5.1%。从保险深度来看，东部、东北、中部和西部保险深度逐次递减，近三年，我国全国保险深度分别为 4.22%、4.29%、4.16%，其中中部地区近三年保险深度为 4%、3.98%、3.57%，分别同比增长 0.5% 和 3.57%。全国大部分省份的保险深度在 3% ~ 5%，其中中部地区的山西省 2017 年的保险深度为 5.5%，仅次于北京，2018 年山西省的保险深度为 4.9%，在全国保险深度中，山西省排名第五。

中部地区湖南省的保险业务规模不断扩大。到 2018 年年末，湖南省共有法人保险公司 1 家；省级保险分公司 57 家，较 2017 年增加 2 家，其中财产险公司 24 家、人身险公司 33 家，均较 2017 年增加 1 家；保险专业中介法人机构 37 家，与 2017 年持平。全年保险业原保险保费收入 1 255.1 亿元，同比增长 13.1%；累计赔付支出 410.6 亿元，同比增长 9%。保险深度 3.4%，较 2017 年上升 0.2%；保险密度 1 829 元/人，同比增长 13.1%。

2. 中部地区保费收入有待进一步提高

2018 年，全国保险保费收入 38 016.62 亿元，同比增长 3.92%。就中部地区来看，其 2018 年保费收入为 6 154.9 亿元如表 4.3 所示。中部地区保费收入增速明显。横向来看，2018 年中部地区保费收入占全国的 21.94%，其中财产险保费收入占比 20.88%，人身险保费收入占比 22.36%，如表 4.4 所示。中部地区保费收入与西部地区相差不大，但与东部发达地区相比仍有较大差距。

表 4.3　2010—2018 年中部地区保费收入情况　　　　单位：亿元

年份	2010	2011	2012	2013	2014	2015	2016	2017	2018
保费收入	2 019.0	2 290.7	3 004.5	3 112.0	3 259.3	3 564.5	4 185.8	4 993.8	6 154.9

资料来源：根据《中国区域金融运行报告（2011—2019）》整理。

表 4.4   2017—2018 年末各地区保险业分布占比   单位:%

项目	东部		中部		西部	
	2017 年	2018 年	2017 年	2018 年	2017 年	2018 年
保费收入	54.6	50.41	19.2	21.94	18.5	20.93
其中:财产险保费收入	53.8	50.06	18.5	20.88	21.3	22.82
人身险保费收入	54.9	50.56	19.5	22.36	17.4	20.19
赔付支出	53.9	49.03	20.2	18.99	20.3	19.09

资料来源:根据《中国区域金融运行报告 2018》、中国证券业监督管理委员会数据、《中国统计年鉴 2018》整理。

三、金融机构

近年来,我国中部地区金融业稳步发展,各银行机构份额提升,金融支持力度逐步深化。

(一)银行业机构稳健发展,金融支持体系日益多元化

2018 年年末,中部地区银行业金融机构网点数量达 5.3 万个,银行从业人员 81.7 万人;银行业资产总额 37.1 万亿元,同比增长 7.8%,如表 4.5 所示。同期,我国东部地区金融机构个数是 90 803 个、从业人员为 1 739 948 人、资产总额 1 318 538.0 亿元,如表 4.6 所示,中部地区各指标体量与东部地区仍存在较大差距。在 2018 年年末我国银行业金融机构各地区分布占比情况中,我国中部地区银行业金融机构、从业人员、资产总额与法人机构个数在全国分别占比为 23.58%、20.79%、16.29%、23.79%,如表 4.7 所示。根据《中国区域金融运行报告 2019》统计,中部地区银行业金融机构网点数量、从业人数、资产规模占全国的比重分别较 2018 年下降 0.79%、上升 5.98% 和上升 7.78%。

就各省情况来看,根据各省 2018 年金融运行报告显示,河南省兰考县普惠金融改革试验区建设取得新进展;湖北省邮政储蓄银行"三农金融事业部"改革全面落地;湖南省农信社改制接近尾声,年末累计挂牌农村商业银行占比达 97.1%。法人金融机构自身实力不断增强。河南省郑州银行成为全国首家"A + H"股上市的城市商业银行;河南省辉县珠江村镇银行获得银监会、保监会首批"多县一行"试点资格;山西省有 8 家法人银行年内发行二级资本债券,资本补充渠道不断丰富。

表 4.5　2016—2018 年中部地区银行业金融机构概况

年份	营业网点			法人机构个数
	机构个数（个）	从业人数（人）	资产总额（亿元）	
2016	53 044	517 466	312 169.7	1 092
2017	53 762	869 054	343 917.7	1 110
同比增长（%）	1.4	67.9	10.2	1.65
2018	53 335	817 034	370 675.6	1 124
同比增长（%）	−0.79	−5.99	7.78	1.26

资料来源：根据《中国区域金融运行报告 2018》整理。

表 4.6　2018 年年末我国各地区银行业金融机构情况

指标		东部地区	中部地区	西部地区	东北地区
营业网点	机构个数（个）	90 803	53 335	60 750	21 275
	从业人数（人）	1 739 948	817 034	975 137	398 171
	资产总额（亿元）	1 318 538.0	370 675.6	435 385.5	151 227.8
法人机构（个）		1 759	1 124	1 430	411

资料来源：根据《中国区域金融运行报告 2018》整理。

表 4.7　2017—2018 年我国银行业金融机构各地区分布占比情况　单位:%

地区		东部地区		中部地区		西部地区		东北地区	
年份		2017	2018	2017	2018	2017	2018	2017	2018
营业网点	机构数量	40.28	40.15	23.73	23.58	26.67	26.86	9.32	9.41
	从业人数	43.97	44.27	21.99	20.79	23.55	24.81	10.49	10.13
	资产总额	57.99	57.94	15.93	16.29	19.24	19.13	6.84	6.64
法人机构		34.81	37.24	24.82	23.79	31.48	30.27	8.89	8.70

资料来源：根据《中国区域金融运行报告 2018》整理。

（二）证券业机构占比较小，与东部地区差距较大

根据各省份金融运行报告数据整理结果显示，2018 年年末全国各地区共有证券公司 128 家、期货公司 159 家、具有公募牌照的基金管理机构 143 家。其中，总部设在中部地区的证券公司、基金公司、期货公司数量分别占全国的 9.37%、9.37%、9.40%，占比数量仍比较小，如表 4.8 所示。其中，法人证券公司 12 家、法人期货公司 14 家，资产管理规模增长较快。从各地区总量占比情况来看，其各项数值与东部发达地区的差距比

较悬殊。中部地区证券机构有待进一步发展。

表 4.8 2017—2018 年各地区证券业分布占比 单位:%

地区	东部地区		中部地区		西部地区		东北地区	
年份	2017	2018	2017	2018	2017	2018	2017	2018
总部设在辖内的证券公司数量	72.97	71.09	8.1	9.37	14.87	14.84	4.06	4.68
总部设在辖内的基金公司数量	97.9	87.5	0	9.37	2.1	3.12	0	0
总部设在辖内的期货公司数量	76.1	75.16	8.8	9.40	10.7	10.73	4.4	4.69
年末境内上市公司数量	68.78	69.50	13.0	13.06	13.2	13.22	4.6	4.21

资料来源：根据《各省份 2018 年区域金融运行报告》整理。

（三）保险业机构占比低于全国平均水平，仍有很大的上升空间

2018 年年末，全国保险业提供保险金额 6 897.04 万亿元，同比增长 66.23%。其中，产险公司保险金额 5 777.37 万亿元，增长 90.65%；人身险公司本年累计新增保险金额 1 119.67 万亿元，增长 0.10%。全国保险公司法人和分支机构有 198 家和 2 379 家，同比分别增加 15 家和 554 家，保险业机构较快扩张。但中部地区的保险公司数量、辖内分支机构数分别占比 4.40% 和 15.63%，同比增长 1.0%、1.43%，均远远低于东部地区的 81.81%、54.43%，如表 4.9 所示。中部地区各项保险业机构仍有很大的上升空间。

表 4.9 2017—2018 年末各地区保险业分布占比 单位:%

地区	东部地区		中部地区		西部地区	
年份	2017	2018	2017	2018	2017	2018
总部设在辖内的保险公司数量	85.2	81.81	3.4	4.40	7.2	9.09
其中：财产险经营主体	76.3	73.49	5.3	6.02	12.9	13.25
人身险经营主体	87.0	85.36	3.3	3.33	4.3	7.77
辖内保险公司分支机构	49.4	54.43	14.2	15.63	29.5	22.40
其中：财险公司分支机构	48.7	59.33	13.0	12.24	32.4	22.59
人身险经营主体	49.8	55.40	15.7	17.25	26.5	18.94

资料来源：根据《中国区域金融运行报告 2018》整理。

四、金融工具

近年来，我国中部地区金融工具服务经济发展层次进一步加深，主要表现在社会融资规模平稳增长，金融支持力度进一步深化、证券业直接融资占比出现较快增长，服务实体经济的能力进一步提升。

（一）中部地区社会融资规模平稳增长，金融支持力度进一步深化

2018 年年末，全国社会融资规模存量为 200.8 万亿元，相比 2017年年末全国社会融资规模存量 174.6 万亿元，同比增长 15.0%，社会融资规模增量为 19.3 万亿元，同比少增 3.1 万亿元。就中部地区来看，中部地区社会融资规模增量 3.5 万亿元，占各地区的比重为 19.0%，较上年下降 1.1 个百分点，如表 4.10 所示。其中，分结构来看，实体经济发放的人民币贷款和企业债券等直接融资占比提升，表外融资降幅较大，委托贷款、信托贷款和未贴现的银行承兑汇票同比显著减少。中部地区社会融资规模合计下降 4 175 亿元，同比减少 1.0 万亿；本外币贷款占中部地区社会融资规模的 81.4%，较上年提高 11.1 个百分点；地方政府专项债券净融资 4 200.6 亿元，占中部地区社会融资 12.1%。如表4.11 所示。

表 4.10　2017—2018 年各地区社会融资规模增量占比情况　　单位:%

地区	东部地区		中部地区		西部地区		东北地区	
年份	2017	2018	2017	2018	2017	2018	2017	2018
地区社会融资规模	53.9	58.7	20.1	19.0	21.6	18.8	4.4	3.5
其中：人民币贷款	54.4	57.1	19.8	19.6	21.9	19.4	4.0	3.9
外币贷款（折合人民币）	197.9	92.5	−199	0.1	−45.3	0.1	146.5	7.3
委托贷款	40.7	61.2	24.9	12.7	33.3	12.7	1.1	10.2
信托贷款	54.4	95.3	19.4	7.0	24.4	7.0	2.1	−2.4
未贴现的银行承兑汇票	56.5	40.3	7.0	37.1	1.1	37.1	35.4	−15.5
企业债券	32.2	81.2	55.1	12.6	15.8	12.6	−3.1	−1.2
非金融企业境内股票融资	70.2	78.7	13.5	8.9	11.6	8.9	4.7	4.1

资料来源：根据《中国区域金融运行报告 2018—2019》整理。

表 4.11　2018 年中部地区社会融资规模增量结构分布情况

项　　目	占比（％）
人民币贷款	81.4
外币贷款（折合人民币）	0
委托贷款	−5.9
信托贷款	−0.9
未贴现的银行承兑汇票	−5.2
企业债券	8.6
非金融企业境内股票融资	0.9
地方政府专项债	12.1
其他	9.0
合计	100

资料来源：根据《中国区域金融运行报告 2018—2019》整理。

（二）证券业直接融资占比较快增长，服务实体经济能力进一步提升

据统计，截至 2018 年 6 月 30 日，全国 131 家证券公司总资产为 6.38 万亿元，净资产为 1.86 万亿元，净资本为 1.56 万亿元，客户交易结算资金余额（含信用交易资金）1.11 万亿元，托管证券市值 36.56 万亿元，受托管理资金本金总额 15.89 万亿元。根据 2012—2018 年中部地区证券业直接融资情况来看，国内 A 股筹资占全国总筹资额的比重从 11.6% 上升到 13.3%，上升了 1.7%，如表 4.12 所示。国内债券筹资从 10.8% 上升到 23.2%，上升了 12.4%。直接融资占比迅速提升，带动我国中部地区证券业进一步发展，中部地区证券产品和业务创新快速发展，直接融资规模持续扩大，区域多层次资本市场建设加快，服务实体经济能力显著提升。

表 4.12　2012—2018 年中部地区证券业融资在全国占比情况　　　单位:%

年份	2012	2013	2014	2015	2016	2017	2018
当年国内股票（A 股）筹资	11.6	14.9	12.5	10.3	12.3	13.2	13.3
当年国内债券筹资	10.8	13.3	10.7	15.2	23.8	22.0	23.2

资料来源：根据《中国区域金融运行报告（2012—2018）》整理。

五、对外开放程度

对外开放，一方面是指国家积极主动地扩大对外经济交往；另一方面是指放宽政策、放开或者取消各种限制，不再采取封锁国内市场和国内投资场所的保护政策，发展开放型经济。外贸依存度是衡量对外开放程度的重要指标，指的是一国（地区）对外贸易总额与国内生产总值（GDP）的比例。对外贸易包括商品贸易、技术贸易和服务贸易三部分，其中技术贸易和服务贸易所占比重很小，又受到统计资料的限制，所以在此用商品贸易（进出口总额）来计算对外贸易依存度。

2018 年，我国中部地区进出口总额为 20 766 亿元，占全国进出口总额的 6.8%，同比下降 1%，如表 4.13 所示。根据 2018 年我国中部地区的进出口总额和国内生产总值计算得到我国中部地区的贸易依存度仅为10.78%，同比增长 0.27%，如表 4.14 所示。就对外贸易依存度而言，2018 年中部地区比全国低 23.11%，比东部地区低 41.04%，比西部地区低 2.44%。在中国中部、东部、西部的三大区域中，我国中部地区的对外贸易依存度最低。中部地区的对外贸易依存度除 2016 年（11.40%）高于同期西部地区贸易依存度（11.21%），其余年份均低于西部地区，是我国对外贸易程度最弱的地区。由此可见，我国中部地区至今仍处于一种较为封闭的状态，地区经济的开放度低，由此影响了地区经济的发展。

表 4.13　我国各地区进出口总额　　　　　　　　单位：亿元

年份	2011	2012	2013	2014	2015	2016	2017	2018
东部地区	32 349	33 747	36 850	37 507	57 286	202 659	229 197	249 247
中部地区	1 628	1 934.2	2 196.7	2 474.2	6 413.0	18 327	18 635	20 766
西部地区	1 839	2 341.5	2 781.5	3 343.7	11 081	16 503	20 982	24 366
全国	236 402	243 300	258 300	264 300	245 849	243 386	278 101	305 077

资料来源：根据国家统计局数据以及历年各省份国民经济和社会发展统计公报整理。

表 4.14　三大经济区域外贸依存度　　　　　　　　单位：%

年份	2011	2012	2013	2014	2015	2016	2017	2018
东部地区	12.91	11.49	11.48	10.66	15.13	50.45	51.17	51.82
中部地区	1.56	1.66	1.73	1.78	4.36	11.40	10.51	10.78
西部地区	1.96	2.20	2.34	2.60	8.16	11.21	13.30	13.22
全国	48.31	45.02	43.39	41.04	35.68	31.20	33.71	33.89

资料来源：根据国家统计局数据以及历年各省份国民经济和社会发展统计公报整理。

第3节　西部欠发达地区金融供给考察

近年来，西部地区以新发展理念引领经济发展新常态，全力推进"一带一路"倡议的实施，地区经济增长保持平稳，地方金融改革有序推进，金融基础设施持续完善。金融业运行总体稳健。本节主要从财政政策、资本市场、金融机构、金融深化程度及对外开放程度等方面阐述我国西部地区金融支持的现状。

一、金融支持政策

由于自然、历史、社会等原因，我国西部地区虽然资源丰富，但经济发展相对落后，与经济相对发达的东部地区相比，仍存在较大差距，地区发展不协调严重制约着全国经济的发展。为此，国家制定了一系列金融支持的优惠政策，这些政策具有明显平衡区域经济、协调发展的意义，主要包括以下五项内容。

（一）扶贫贴息贷款与小额信贷扶贫政策

针对我国中西部地区资金短缺的这一突出问题，中共中央政府加大了对贫困地区的信贷支持。就各省情况来看，2014 年，广西壮族自治区政府出台了《关于加强金融支持扶贫开发的实施意见》（桂政发〔2014〕33号），其中规定对符合一定条件的贫困户单户信用贷款额度提高到 10 万元，专业大户单户信用贷款额度提高到 20 万元；对于农村青年、妇女创业的，由担保机构担保后，再按照保证金 1∶10 的比例给每户提供 5～10 万元的创业小额贷款等；同时，应加大财政资金贴息，设立扶贫信贷风险补偿资金，开展金融支持扶贫开发"百千万工程"。

由于贴息扶贫贷款的作用，中国贫困人口从 2.5 亿人减少到 1 400 多万人，贫困发生率由 30% 降至 1% 左右。自 2015 年 5 月启动扶贫小额信贷试点工作以来，重庆市有关区、县高度重视，积极探索，着力于为贫困群众提供特惠的生产性贷款，并取得初步成效。2017 年 2 月 10 日，全市 18个重点区、县已建立扶贫小额信贷风险补偿金 23 490 万元，实现了贫困地区全覆盖。2016 年，又为 24 272 户贫困户发放生产性贷款125 453.96万元，获得贷款支持的贫困户占 18 个贫困区县贫困户总数的 6.02%。2017

年 1 月，新增发放贫困户贷款 7 440.5 万元。

截至 2017 年 6 月，贵阳市金沙县共发放精准扶贫小额信用贷款 23 378.7 万元，涉及全县 24 个乡（镇、街道），受益贫困户 4 691 户，全部投入到市场经营主体参与入股分红，大部分贫困户享受到经营主体的入股分红。金沙县采取政府、银行、企业三方合作的方式，启动了金沙正大 50 万头生猪养殖扶贫项目建设，按照每 1 个养殖场投入 500 万元，建设 16 个生猪养殖场，每个养殖场由乡镇引导 100 个贫困户自愿贷款，自愿将资金入股合作社交正大公司建设经营，产权属村集体和贫困户所有，还款由正大公司负责。该项协议明确了正大公司实行 15 年的扶持政策，对贫困户前 3 年每户每年分红 3 000 元，后 12 年每户每年分红 2 000 元，15 年每户共计获得分红 3.3 万元；同时每年对养殖场所在村集体分红 2 万元，15 年每个村共获得 30 万元集体积累。2016 年，512 万元分红资金已经全部兑现，通过此举有效地解决了 16 个村集体、1 600 个贫困户稳定增收的问题。

（二）运用财税政策支持金融发展的政策

近年来，西部各省、市、自治区积极运用财税政策支持金融发展，尤其是四川省和宁夏回族自治区财政支持力度很大。四川省政府办公厅于 2015 年印发《关于实施财政金融互动政策的通知》（川办发〔2015〕85 号）。四川省政府决定从 2015 年 10 月 1 日起（有效期 3 年）实施财政金融互动政策，引导撬动金融资金支持实体经济发展。2015 年 10 月，出台了《关于实施鼓励直接融资财政政策的通知》（川办发〔2015〕86 号），通过贴息、补贴等方式支持债权融资、股权融资、支持资产证券化融资的发展。

2015 年 11 月，宁夏回族自治区政府出台《关于改善金融发展环境支持金融业健康发展的若干意见》规定，凡在宁夏回族自治区通过引进、新设各类金融机构（包括后援服务中心），注册资本在 1 亿元（含 1 亿元）以上的，在享受《自治区人民政府关于金融支持小型微型企业和"三农"发展的若干实施意见》（宁政发〔2012〕72 号）的基础上，再给予所设机构注册资本或营运资本（按实际到位资金计算）1% 的一次性财政补贴，最高补贴不超过 500 万元。

（三）对不发达地区实行定额财政补助政策

对不发达地区财政实行定额补助的政策，主要体现在通过财政转移支付制度，将一部分发达地区的收入通过转移支付形式，变为贫困地区财政的定额收入或贫困地区社会基础设施建设投入。这一扶贫政策一般基于贫困地区财政收入水平较低，不能维持最基本的政府运转和保证社会经济等事业发展，以及必须缩小不同地区经济和社会发展水平差距，保持区域经济和社会协调发展的需要。

（四）西部大开发税收优惠政策

近年来，为了落实西部大开发战略，鼓励中西部地区，尤其是西部地区经济的发展，国家相继出台了一系列的税收优惠政策。西部大开发税收优惠政策对享受优惠的产业以及税种都做出了明确的规定，享受优惠的产业包括鼓励类产业（不分内外资）和优势产业。优惠的税种涉及关税和企业所得税。其中，关税的优惠方式体现在符合条件的产业项目在投资总额内进口的自用设备，可在政策规定范围内免征关税。企业所得税减少，按15%税率征收，期限是2011年1月1日—2020年12月31日，共10年。对2010年12月31日前新办的交通、电力、水利、邮政、广播电视企业，根据《财政部国家税务总局海关总署关于西部大开发税收优惠政策问题的通知》（财税【2001】202号）规定，可以享受企业所得税"两免三减半"优惠的，继续享受到期满为止。这体现了对西部地区发展所需的主要基础设施行业的大力支持。

就内蒙古自治区包头市而言，西部大开发税收优惠政策的实施既减轻了企业税务负担，缓解了企业的资金压力，增强了企业市场竞争力，又有助于包头市产业结构的调整和优化，可有效吸纳资金、技术、企业和人才的进驻，同时也有利于包头市特色经济和优势产业的形成。截至2018年8月，包头市35家企业享受西部大开发税收优惠政策的服务，其中，向内蒙古自治区发展改革委员会通过新申请4家，年度备案审核31家，共计减免企业所得税2.49亿元。在35家企业中，农业有2家，减免金额0.03亿元；采矿业有1家，减免金额0.48亿元；制造业13家，减免金额1亿元；燃气、热力行业9家，减免0.9亿元；批发零售业6家，减免0.05亿元；电子软件行业2家，减免0.03亿元。

（五）"精准扶贫"财政支持政策

在中国的现行体制下，"精准扶贫"是在党中央和国务院的直接领导下实施的重大公共政策。2015年11月29日，中共中央、国务院发布了《关于打赢脱贫攻坚战的决定》，2016年10月11日，中共中央办公厅、国务院办公厅又印发了《脱贫攻坚责任制实施办法》，提出了中央统筹、省负总责、市县落实、合力攻坚的实施精准扶贫的责任体系。2017年10月，中国共产党第十九次全国代表大会召开，习近平总书记在报告中要求决胜小康社会建设，坚决打赢包括扶贫在内的三大攻坚战，小康路上不能让一个人掉队。西部地区因贫困人口多、贫困发生率高、深度贫困占比高，成为我国扶贫攻坚的重点区域。截至 2016 年年末，西部地区金融精准扶贫贷款余额 1.32 万亿元，个人精准扶贫贷款余额 1 696.53 亿元，其中，建档立卡贫困人口贷款余额 1 466.06 亿元，直接支持贫困人口 561.73 万人。单位精准扶贫贷款余额 1.15 万亿元，其中，产业精准扶贫贷款余额 3 153.19 亿元，带动和服务贫困人口 232.51 万人；项目精准扶贫贷款余额 8 322.73 亿元，服务人口 13 386.02 万人。2012—2017 年，全国农村贫困人口从 9 899 万减少到 3 046 万，其中，西部地区贫困人口从 5 086 万减少到 1 634 万，年均减少 25.5%。截至 2018 年 8 月 30 日，西部 12 省、自治区和重庆市贫困发生率已经全部降到 10% 以下，西部地区"精准扶贫"效果显著。

二、金融市场

近年来，我国西部地区金融市场总体运行平稳，银行、股票、证券、保险业进一步发展，资本市场融资和服务实体经济能力进一步提高。

（一）银行业信用风险暴露有所放缓，社会融资规模快速增长

我国西部地区银行业近年来金融机构改革步伐加快，信用风险暴露有所放缓、资产规模稳步增长，金融服务覆盖面进一步扩大。

1. 金融机构改革步伐加快，信用风险暴露有所放缓

我国西部地区存款保险制度稳步实施。有关机构完成对全国法人投保机构开展风险评级，初步实施基于风险的差别费率，强化对投保机构的正向激励；完善存款保险风险监测机制，开展存款保险现场核查，探索风险的早期识别和早期纠正，促进西部地区银行业金融机构的改革深化和稳健经营，宏观审慎地进行评估并使之有效落地。

2018 年年末，全国商业银行不良贷款余额 2 万亿元，不良贷款率 1.89%；关注类贷款余额 3.4 万亿元，关注类贷款率 3.16%。随着经济下行压力加大，西部银行不良贷款有所增加，同比增长 0.07 个百分点，关注类贷款比率提高 0.11 个百分点。从 2018 年地方法人银行机构部分运营指标来看，西部地区资本充足率同比下降 0.4%，资本的流动性比率同比增长 4.2%，资产的利润率同比下降 0.1%。如表 4.15 所示。西部各省高度重视防范金融风险。2018 年重庆市银行间市场直接债务融资工具存续期风险监测预警机制运行良好，债务融资工具保持零违约。四川省搭建信息共

享和风险处置合作平台，不良资产处置力度加大，不良贷款实现双降。

表 4.15　2018 年各地区地方法人银行机构部分运营指标　　单位：%

运营指标	2018 年比 2017 年平均增减		
	东部	中部	西部
资本充足率	0.5	−0.4	−0.4
流动性比率	7.4	4.7	4.2
资产利润率	0.0	0.2	−0.1

资料来源：根据《中国区域金融运行报告（2018—2019）》整理。

（二）证券业机构发展稳定，金融支持力度持续增大

我国西部地区近年来证券业机构发展稳定，主要表现在上市公司数目逐渐增多，证券业监管力度不断加强、证券业业务创新步伐加快。

1. 上市公司数目绝对量增加，相对量有待提高

从历年来我国上市公司的数量来看，西部地区上市公司数量一直处于较低水平，占全国数量的 15%，如表 4.16 所示。一方面，虽然从总体情况来看，2008—2018 年西部地区上市公司数量从 296 家增加到 474 家，整体呈现增长趋势，但是绝对数量仍处于偏低的水平；另一方面，我国西部地区上市公司数量在全国的占比仍处在较低的水平，占全国 15% 左右。2008—2018 年，西部地区上市公司数量最高占全国数量的 18.2%，并且近年来呈现逐步下降的趋势，如表 4.16 所示，这个最高比例也是相当低的，可见，西部地区上市公司数量之少，占全国上市公司总数的比重还有待进一步提高。2008—2018 年，我国西部地区上市公司数量在全国的占比从 18.2% 下降到 13.2%，下降了 5%。虽然从总体来看，我国西部地区上市公司数量呈上升趋势，但其相对量却在逐步减少。

表 4.16　历年西部地区与全国上市公司数量　　单位：家

年份	2008	2009	2010	2011	2012	2013	2014	2015	2016	2017	2018
全国	1 625	1 718	2 063	2 342	2 494	2 489	2 613	2 827	3 052	3 485	3 584
西部地区	296	304	338	356	364	366	379	404	432	461	474
西部地区占全国比重（%）	18.2	17.7	16.4	15.2	14.6	14.7	14.5	14.3	14.2	13.2	13.2

资料来源：根据《中国区域金融运行报告（2009—2018）》整理。

截至 2019 年 3 月末，我国西部地区各省的上市公司数量如下：四川省 125 家、重庆省 51 家、新疆维吾尔自治区 55 家、陕西省 49 家、云南省 35

家、甘肃省 33 家、广西壮族自治区 36 家、贵州省 29 家、内蒙古自治区 26
家、西藏自治区 18 家、宁夏回族自治区 13 家、青海省 12 家，如表 4.17
所示。西部地区除四川省、重庆市、陕西省和新疆维吾尔自治区的上市公
司数量相对较多，其他省份数量较少。而中部地区各省份上市公司平均 77
家，可见西部与其他地区上市公司数量的差距较大。这主要是西部地区地
理位置较为偏远，经济发展较为落后，劳动力稀疏，同时符合上市条件的
优质企业数量有限，这些都导致我国西部地区上市公司数量较少。

表 4.17　2019 年西部地区各省、自治区、直辖市上市公司数量　单位：家

省份	内蒙古自治区	广西壮族自治区	重庆市	四川省	贵州省	云南省
上市公司数量	26	36	51	125	29	35
省份	西藏自治区	陕西省	甘肃省	青海省	宁夏回族自治区	新疆维吾尔自治区
上市公司数量	18	49	33	12	13	55

资料来源：根据《中国区域金融运行报告（2009—2018）》整理（截至 2019 年 3 月 30 日）。

2. 证券业监管力度不断加强

近年来，西部地区资本市场监管力度不断加强，如加强基金子公司风
险控制、严格通道业务管理；规范上市，重组上市行为；降低证券期货经
营机构私募资产管理业务的杠杆倍数；充分运用监管函、自律监管措施等
手段监管异常交易行为，对有重大违法违规行为的上市公司予以终止上
市、强制退市的处罚。这些都促进了西部证券市场长期的、健康的发展。

西部地区四川金融风险防范和处置力度进一步加大，并取得显著成
效：资产质量下行压力有所缓解，银行业金融机构不良贷款实现双降；中
国人民银行成都分行依托金融科技，规范债券市场参与者行为，债券违约
风险处置取得积极进展；互联网金融风险专项整治取得积极成效，全省网
贷领域机构数量、业务规模、参与人数明显下降；积极防范和化解房地产
和地方政府债务风险；积极稳妥处置个别高风险金融机构风险；建立大型
问题企业风险监测和重大事项报告制度。

3. 证券业业务创新步伐加快

根据《中国区域金融运行报告 2018》统计，2017 年西部地区证券业
务创新步伐持续加快。其中，云南发行可续期绿色公司债 12 亿元，绿色企
业债券 5.5 亿元。2018 年云南成功发行全国首单绿色扶贫资产支持证券，
为云南省绿色发展、脱贫攻坚提供了金融创新的精准支持。重庆区域 OTC

市场新设科创板和青年创业板，全年融资 59.5 亿元。广西壮族自治区成功发行首单绿色金融债券 20 亿元，证券业创新步伐加快。

（三）保险业增长态势良好，总体运行平稳

近年来，我国中部地区保险业运行平稳，保险密度和深度均有待进一步深化，保费收入有所增长，但仍有待提升。

1. 保险密度和深度偏低，有待进一步深化

根据各省份金融运行报告统计，2018 年，全国保险密度为 2 558.5 元/人，较 2017 年全国保险密度的 2 691 元/人同比下降 5.2%。2018 年西部地区保险密度为 1 908 元/人，相较于 2017 年的 1 767 元/人，同比增长141 元/人。相较于其地区，2018 年东部地区保险密度为 4 034 元/人、中部地区保险密度为 2 073 元/人，东北地区保险密度为 2 219 元/人，我国西部地区的保险密度是最低的。从保险深度来看，2016—2018 年，我国保险深度分别为 4.16%、4.22% 和 4.29%，其中，西部地区 2016—2018 年保险深度为 3.46%、3.6% 和 3.84%，2017 年和 2018 年西部地区保险深度分别同比增长 0.14% 和 0.24%，相较于其他地区，西部地区保险深度偏低。

2. 保费收入有所增长，但仍有待提升

就西部地区来看，2018 年保费收入为 5 289.9 亿元，如表 4.18 所示，同比增长 24.94%。其保费收入占全国的 20.93%，其中财产险保费收入占比 22.82%，人身险保费收入占比 20.19%，如表 4.19 所示。保费收入占比低于中部地区，与东部发达地区仍有较大差距。

西部地区近年来保险市场运行良好，风险保障功能有效发挥。2018年，市场组织体系进一步完善，保险业务稳步发展，服务经济社会作用增强。全省新增 1 家法人寿险保险机构，保险公司资产总额、保费收入分别同比增长 8.1% 和 11.1%，提供风险保障和赔付支出分别同比增长 32.8% 和 14.1%。保险覆盖范围继续扩大，保险密度同比增加 179.2 元/人，保险深度同比提高 0.1%。农业保险风险保障作用增强，产品创新步伐加快。2018 年，农业保险累计提供风险保障 395.2 亿元，赔付支出和受益农户分别同比增长 78.8% 和 3.7 倍。全年新增开发并签单农业保险产品 23 个，累计开办农业保险产品险种 60 个。

表 4.18　2010—2018 年西部地区保费收入　　　　　　单位：亿元

年份	2010	2011	2012	2013	2014	2015	2016	2017	2018
保费收入	1 590.5	1 840.2	2 390.6	2 454.5	2 674.6	3 046.0	3 515.6	4 233.8	5 289.9

表 4.19　2017—2018 年年末各地区保险业分布占比　　　　单位:%

地区	东部		中部		西部	
年份	2017	2018	2017	2018	2017	2018
保费收入	54.6	50.41	19.2	21.94	18.5	20.93
其中: 财产险保费收入	53.8	50.06	18.5	20.88	21.3	22.82
人身险保费收入	54.9	50.56	19.5	22.36	17.4	20.19
赔付支出	53.9	49.03	20.2	18.99	20.3	19.09

资料来源: 根据《中国区域金融运行报告 2018》、中国证券业监督管理委员会数据、《中国统计年鉴 (2018)》整理。

三、金融机构

近年来，我国西部地区金融机构进一步发展，银行网点逐步增多，金融服务覆盖面进一步扩大，证券业、保险业机构平稳发展，各类市场主体持续增加。

(一) 银行网点逐步增多，金融服务覆盖面进一步扩大

2018 年年末，西部地区共有银行业机构网点约 6.0 万个、从业人员约 97.5 万人、法人机构 1 430 家。机构网点、从业人员、法人机构分别同比增长 0.58%、4.88% 和 1.63%，如表 4.20 所示。同期，我国东部地区金融机构 90 803 个、从业人员 1 739 948 人、资产总额为 1 318 538.0 亿元，如表 4.21 所示，西部地区各指标体量与东部地区仍存在较大差距。

2018 年年末，在我国银行业金融机构各地区分布占比情况中，我国西部地区银行业金融机构、从业人员、资产总额与法人机构数量在全国分别占比 26.86%、24.81%、19.13%、30.27%，分别同比增长 0.19%、1.26%、下降 0.11%、增长 1.21%，如表 4.22 所示。根据《中国区域经济运行报告》的统计，我国西部地区四川银行业机构营业网点数和资产规模均处于西部地区前列，占地区的比重均超过 20%。近年来，西部地区金融服务覆盖面稳步扩大，2017 年，云南省、广西壮族自治区、新疆维吾尔自治区、青海省新增村镇银行 19 家。新型金融组织建设取得积极进展，消费金融公司、金融资产管理公司、金融租赁公司等金融新业态加快布局。2018 年广西法人城商行新设普惠金融事业部；贵州法人城商行和村镇银行实现县域全覆盖；重庆小微专营支行、社区支行等机构达约 300 家。金融机构跨区域合作水平提升，2018 年陕西省发起筹建的"丝绸之路"农商银行发展联盟成员单位增至 82 家，辐射 15 个省、市，总资产达近 3 万亿元。

表4.20 2016—2018年西部地区银行业金融机构概况

年份	营业网点			法人机构个数
	机构个数（个）	从业人数（人）	资产总额（亿元）	
2016	60 418	927 454	379 404.4	1 092
2017	60 400	929 762	415 319.0	1 407
同比增长（%）	−0.030	0.249	9.47	28.85
2018	60 750	975 137	435 385.5	1 430
同比增长（%）	0.58	4.88	4.83	1.63

资料来源：根据《中国区域金融运行报告2018》整理所得。

表4.21 2018年年末我国银行业金融机构各地区情况

指标		东部地区	中部地区	西部地区	东北地区
营业网点	机构个数（个）	90 803	53 335	60 750	21 275
	从业人数（人）	1 739 948	817 034	975 137	398 171
	资产总额（亿元）	1 318 538.0	370 675.6	435 385.5	151 227.8
法人机构（个）		1 759	1 124	1 430	411

资料来源：根据《中国区域金融运行报告（2018）》整理所得。

表4.22 2017—2018年我国银行业金融机构各地区分布占比情况 单位:%

地区		东部地区		中部地区		西部地区		东北地区	
年份		2017	2018	2017	2018	2017	2018	2017	2018
营业网点	机构个数	40.28	40.15	23.73	23.58	26.67	26.86	9.32	9.41
	从业人数	43.97	44.27	21.99	20.79	23.55	24.81	10.49	10.13
	资产总额	57.99	57.94	15.93	16.29	19.24	19.13	6.84	6.64
法人机构		34.81	37.24	24.82	23.79	31.48	30.27	8.89	8.70

资料来源：根据国研网相关数据整理。

（二）证券业机构发展稳定，各类市场主体持续增加

根据各省份金融运行报告数据整理结果，2018年年末全国各地区共有证券公司128家，期货公司159家，具有公募牌照的基金管理机构143家。其中，2018年西部地区新增法人证券公司3家、基金管理公司1家，期货经纪公司1家。法人证券公司、基金管理公司、期货经纪公司合计数分别达到21家、4家和16家。总部设在西部地区的法人证券公司、基金管理公司、期货经纪公司数量分别占全国的14.84%、3.12%和10.73%，如表

4.23 所示。相比于 2017 年年末占比分别同比下降 0.03%、上升 1.02%、上升 0.03%。西部地区境内上市公司数量占比达到 13.22%，同比上升 0.02%。纵向来看，西部地区证券业金融机构逐步完善；横向来看，西部证券业金融机构占比超过中部六省，但与东部发达地区的证券业金融机构的占比仍有很大差距。

表 4.23　2017—2018 年年末各地区证券业分布占比　　　单位:%

地区	东部		中部		西部		东北	
年份	2017	2018	2017	2018	2017	2018	2017	2018
总部设在辖内的证券公司数量	72.97	71.09	8.1	9.37	14.87	14.84	4.06	4.68
总部设在辖内的基金公司数量	97.9	87.5	0	9.37	2.1	3.12	0	0
总部设在辖内的期货公司数量	76.1	75.16	8.8	9.40	10.7	10.73	4.4	4.69
年末境内上市公司数量	68.78	69.50	13.0	13.06	13.2	13.22	4.6	4.21

资料来源：根据各省份 2018 年区域金融运行报告整理。

（三）保险业机构稳步发展，但仍需进一步扩展

2018 年，全国保险保费收入 38 016.62 亿元，同比增长 3.92%。全国保险公司法人和分支机构分别有 184 家和 1 825 家，同比分别增加 2 家和 102 家，保险业机构较快扩张。西部地区的保险公司数量、辖内保险公司分支机构数量分别占比 7.2% 和 29.5%，但由于其体量为 12 个省的原因，其占比高于中部地区占比的 3.4% 和 14.2%，但均远远低于东部发达地区占比的 85.2% 和 49.4%，如表 4.24 所示。总体来看，西部地区各项保险业机构稳步发展，但仍需进一步扩展。

表 4.24　2017 年年末各地区保险业分布占比　　　单位:%

地区	东部	中部	西部
总部设在辖内的保险公司数量	85.2	3.4	7.2
其中：财产险经营主体	76.3	5.3	12.9

续表

地区	东部	中部	西部
人身险经营主体	87.0	3.3	4.3
辖内保险公司分支机构	49.4	14.2	29.5
其中：财险公司分支机构	48.7	13.0	32.4
人身险经营主体	49.8	15.7	26.5

资料来源：根据《中国区域金融运行报告（2018）》整理。

四、金融工具

近年来，我国西部地区金融工具进一步发展，主要表现在社会融资规模快速增长，金融支持供给力度继续扩张、证券业融资占比进一步扩大，服务实体经济能力提升。

（一）社会融资规模快速增长，金融支持供给力度继续扩张

2018年，西部地区实现社会融资规模增量3.4万亿元。全国社会融资规模增量为19.3万亿元。分地区看，西部地区社会融资增量占比为18.8%，东部、中部和东北地区占比分别为58.7%、19.0%和3.5%。西部地区社会融资规模逐年上涨，近五年社会融资规模平均增量为3.59万亿元，如表4.25所示。《中国区域金融运行报告2019》显示，2018年，西部地区社会融资规模增量中地方政府专项债增量占比13.3%，超过各地区平均水平的3.6%。各省、自治区、直辖市积极落实民营、小微企业金融服务政策，民营、小微企业贷款融资边际改善。广西壮族自治区再贷款、再贴现余额同比分别增长107.5%和95.5%，带动普惠口径小微企业贷款增速高于各项贷款2.6%。金融服务乡村振兴提质增效，内蒙古自治区创新开展活体牲畜质押贷款，余额同比增长1.1倍；金融精准扶贫纵深推进，宁夏回族自治区建档立卡贫困人口及已脱贫人口贷款余额同比增长77.5%；金融支持经济转型迈上新台阶，陕西省为军民融合企业制定专属服务方案，推动相关领域融资余额同比增长25.8%。重庆市创新开展科技型企业知识价值信用贷款试点，累计实现融资超过400亿元。

西部地区四川省融资总量平稳增长。2018年，四川省社会融资规模较年初增加8 086.5亿元，同比少848.4亿元。其中，本外币各项贷款余额占社会融资规模比重70.7%。受资管新规及委托贷款新规等监管趋严因素影响，委托、信托贷款和未贴现银行承兑汇票等间接融资比年初下降664.9亿元，而2017年同期较年初增加704.4亿元。直接融资（债券融资

和股票融资）规模有所增加，2018 年直接融资新增 886.3 亿元，同比多增 296.0 亿元。直接融资占社会融资规模比重 9.2%，较 2017 年同期下降 0.3%。

表 4.25　2013—2018 年西部地区社会融资规模增量　　单位：万亿元

年份	2013 年	2014 年	2015 年	2016 年	2017 年	2018 年
西部地区	3.4	4.07	3.5	3.1	3.9	3.4

资料来源：根据《中国区域金融运行报告（2013—2018）》整理。

（二）证券业融资占比进一步扩大，服务实体经济能力提升

根据历年西部地区证券业直接融资情况来看，2012—2018 年国内 A 股筹资占全国总筹资额的比重在 2012—2013 年上升，后在 2014—2016 年下降，并在 2017—2018 年又呈现上升趋势，西部地区国内 A 股筹资占全国总筹资额的比重在 2013 年达到峰值，为 24.7%。2018 年国内 A 股筹资占全国总筹资额的比重为 16.1%，较 2017 年同比增长 0.3%。2012—2018 年，国内债券筹资占比呈现上升趋势，从 12.4% 上升到 23.41%，如表 4.26 所示，国内债券投资占比迅速提升。

表 4.26　2012—2018 年西部地区证券业融资在全国占比情况　　单位:%

年份	2012	2013	2014	2015	2016	2017	2018
国内股票（A 股）筹资	17.4	24.7	19.5	18.6	13.3	15.8	16.1
国内债券筹资	12.4	12.8	14.3	16.9	19.6	21.1	23.41

资料来源：根据《中国区域金融运行报告（2018）》整理。

五、对外开放程度

2018 年，西部地区进出口总额为 24 366 亿元，占全国进出口总额的 7.98%，同比上升 0.48%。2018 年，西部地区的进出口总额为 24 366 亿元，如表 4.27 所示，由此可以计算出 2018 年西部地区的外贸依存度为 13.22%。2011—2017 年，西部地区的外贸依存度依次为 1.96%、2.20%、2.34%、2.60%、8.16%、11.21% 和 13.30%，如表 4.28 所示。西部地区贸易依存度逐年升高，西部地区的开放程度稳步发展。西部地区的对外贸易依存度除 2016 年为 11.21%，低于同期中部地区贸易依存度的 11.40%，其余年份均超过中部地区。由此可见，我国西部地区开放程度进一步加深。

表 4.27　我国各地区进出口总额　　　　　　　单位：亿元

年份	2011	2012	2013	2014	2015	2016	2017	2018
东部地区	32 349	33 747	36 850	37 507	57 286	202 659	229 197	249 247
中部地区	1 628	1 934.2	2 196.7	2 474.2	6 413.0	18 327	18 635	20 766
西部地区	1 839	2 341.5	2 781.5	3 343.7	11 081	16 503	20 982	24 366
全国	236 402	243 300	258 300	264 300	245 849	243 386	278 101	305 077

资料来源：根据国家统计局以及历年各省份国民经济和社会发展统计公报整理。

表 4.28　三大经济区域外贸依存度　　　　　　单位：%

年份	2011	2012	2013	2014	2015	2016	2017	2018
东部地区	12.91	11.49	11.48	10.66	15.13	50.45	51.17	51.82
中部地区	1.56	1.66	1.73	1.78	4.36	11.40	10.51	10.78
西部地区	1.96	2.20	2.34	2.60	8.16	11.21	13.30	13.22
全国	48.31	45.02	43.39	41.04	35.68	31.20	33.71	33.89

资料来源：根据国家统计局以及历年各省份国民经济和社会发展统计公报整理。

第 4 节　中西部欠发达地区金融支持存在的问题

近年来我国金融支持政策有较大改观，但与实际需求相比仍有差距。欠发达地区的经济基础薄弱，自我造血能力不足，亟须构建完善的金融支持体系以便加快发展。从前面我们对欠发达地区金融支持现状的分析中可知，欠发达地区的经济发展相对落后，在很大程度上是由于政府对欠发达地区的金融支持相对不足造成的。概括来讲，欠发达地区金融支持存在的问题主要有以下几个方面。

一、欠发达地区面临不合理的金融政策

目前，欠发达地区的发展相对落后于东部地区，这在很大程度上与国家实行的统一性的金融政策有关。长期以来，我国实行"一刀切"的金融政策，这种做法忽视了欠发达地区金融落后的实际，导致在全国区域的发展中欠发达地区处于劣势，具体表现如下。

（一）欠发达地区缺乏具有区域差异的准备金制度和利率政策

现行的政策实行的是统一的利率政策和统一的准备金制度，这事实上

是对欠发达地区政策的不公平。原因如下：欠发达地区向东部地区资金流出，欠发达地区货币成数低于东部地区；欠发达地区商业性金融机构可用资金较少；欠发达地区的货币信用水平远远低于东部地区，现金漏损率较高等。因此，国家应该根据各个地区不同的经济情况推行有差别的准备金制度和利率政策。

（二）欠发达地区过高的资本市场门槛

我国《公司法》规定，股票上市公司股本总额不得少于 5 000 万元，且要求连续 3 年盈利；发行企业债券的股份有限公司的净资产不低于 3 000 万元，有限责任公司不低于 6 000 万元，还须有实力强、信誉佳的单位担保。东部地区与欠发达地区经济差距较大，如果按照同一个标准在两个地方发行股票和债券，显然不利于欠发达地区进行融资。

（三）金融监管的不合理

欠发达地区经济与东部地区相比，整体欠发达，金融机构新设立的不多，对欠发达地区的金融监管主要侧重于经营合法性和风险性等方面，监管手段则侧重于行政性。然而，由于新设金融机构大多集中在东部地区，所以对东部地区金融监管的重点在市场准入层面，而对金融机构业务运营的监管有所忽视。

（四）金融经济政策传导衔接不畅，金融环境的可持续发展能力较弱

一方面，统一的货币政策缺少差异化的传递渠道。在欠发达地区，由于国有商业银行改革力度的加大和其他金融机构的缺乏，使得货币政策的传导失去了基层承载体，政策效应再次打折。另一方面，由于优良客户少，再加上银行信贷管理体制落后，信贷营销能力差，欠发达地区的贷款更多偏向于已形成规模效应的企业，"垒大户"的现象突出。

二、欠发达地区的信用环境不佳

一个地区的信用环境建设和经济建设基本上是同步运作的，二者相辅相成。欠发达地区由于经济落后，企业诚信度不高，增加了欠发达金融机构良性发展的难度。加上欠发达地区审计人员和会计人员素质不高，造成这些维护信用的中介机构提供的资信证明可信度不高。另外，欠发达地区市场开放的时间还不长，法制建设还不完善，还没有在大范围内形成良好的信用环境，更多边远地区和少数民族地区都还是延续朴素的民风和自身道德培养的信用观，所以说，欠发达地区的信用环境还没有达到市场经济和国际经济环境的要求。

（一）金融机构不良贷款比重较大

不论是欠发达地区还是东部地区，银行的不良贷款一直是金融界讨论的重要问题。随着金融改革的深化，虽然各金融机构不良贷款率有所下降，但总的来说仍然严重危害着整个金融市场的稳定和信用环境的改善。从东部地区与欠发达地区部分省份不良贷款的情况来看，2018 年东部地区省份的不良贷款率为 0.8% ~ 1.4%，欠发达地区不良贷款率为 1.89% ~ 5%，如表 4.29 所示，欠发达地区的不良贷款形势更为严峻。

表 4.29　2016—2018 年若干省份不良贷款情况的比较

	省份	2018 年年末各省（市）内不良贷款率（%）	2017 年年末各省（市）内不良贷款率（%）	2016 年年末各省（市）内不良贷款率（%）	2017—2018 年不良率变动（%）
东部地区	浙江	1.15	1.64	2.71	−0.49
	上海	0.8	0.57	0.68	0.23
	广东	1.4	1.70	1.90	−0.3
	江苏	1.21	1.30	1.41	−0.09
欠发达地区	内蒙古	3.67	3.47	3.47	0.2
	山西	3.00	3.50	4.50	−0.5
	四川	2.20	2.61	2.52	−0.41
	贵州	4.04	2.63	1.86	1.41
	河南	1.89	2.49	2.90	−0.6
	云南	1.89	3.35	2.95	−1.46
	甘肃	5	3.51	2.03	1.49

资料来源：《中国金融年鉴（2017—2019）》。

汇总 2018 年我国部分省、市的金融机构不良贷款余额及不良贷款率的情况可知，欠发达地区金融机构不良贷款率普遍高于发达地区。由于没有行之有效的办法提高逃废金融机构贷款的信用成本，在经济人假设前提下，欠发达地区特别是县、市地区，往往出现主动逃废贷款的现象，其中相当大的一部分是地区内企业在"逃废示范"的带动下，群体性恶意悬空银行债务造成的。特别是自从欠发达开发战略提出以来，很多企业利用国家对欠发达地区金融政策的优惠政策，钻漏洞到银行骗贷，再加之起初银行对贷款单位信息收集的局限性和市场监督管理部门监管制度的不完善，很多不良贷款都无法追回。而且欠发达地区的部分政府普遍包揽过多的经济管理职能，往往出现"行政介入信贷""行政为信贷背书"的现象。而贷款一旦发生信用风险，往往并不承担任何责任。所以说，欠发达地区金融机构的"惜贷""不贷"现象很大程度上是由欠发达地区的企业和政府自己造成的。

（二）信贷需求者素质不高

商业银行钟情于东部地区而限制欠发达地区，欠发达地区的信贷需求者往往成为商业银行惜贷的对象，这说明欠发达地区的信贷需求者有其自身的原因。

1. 企业整体水平低，质量落差较大

在欠发达地区有少量国家支持的重点企业、重点项目和垄断性企业，他们实力雄厚，经营稳定，有的甚至排名全国前列，成为信贷集中的对象。但广大中小企业、民营企业、农户等，底子薄、规模小，与东部相比，既没有现代化的运作方式和管理理念，又没有有利的空间和地域环境，效益也比较差，企业逃废银行债务严重。由于中小企业信用观念淡薄，采用种种方法逃废银行债务，严重影响了小微企业整体信用形象，大大挫伤了银行对小微企业资金支持的积极性。[1]另外，还在于欠发达地区缺少能够独当一面的中坚力量，具有发展前景和核心竞争力的中型企业很少，这种明显的断层导致没有信贷吸引力，银行可开发的市场很小，这也是造成欠发达地区资金外流的一个硬性原因。

2. 欠发达地区信用意识不足，违约情况严重

在欠发达地区国有企业的改制中，由于地方政府信用观念淡薄，地方保护主义严重，仍然用行政手段干扰银行业务的正常开展，一些坏账率高、信誉观念较差的企业逃废银行债务，致使商业银行在为企业"输血"还是"抽血"问题上处于两难选择的境地。金融部门在维护金融债权过程中，面临起诉难、判决难、执行难的问题，甚至出现"赢了官司、拿不到钱"的怪现象。企业改制使当地金融部门资产质量恶化，金融债权得不到很好的保护，对此有些金融机构采取限制在当地的分支机构发放贷款、停办部分业务等制裁性手段，使有些企业得不到金融支持。

三、欠发达地区金融市场发展较为落后

所谓金融抑制是指政府通过对金融活动和金融体系的过多干预抑制了

---

[1] 方玉泉，王晶，常艳秋. 欠发达地区金融支持小微企业发展存在的问题及建议［J］. 北方金融，2017（4）：99—100.

金融体系的发展，而金融体系的发展滞后又阻碍了经济的发展，从而造成了金融抑制和经济落后的恶性循环。这些手段包括政府采取的使金融价格发生扭曲的利率、汇率等在内的金融政策和金融工具。根据金融抑制理论的观点，不发达地区的金融市场是不完全的，大量的中、小民营企业被排斥在有组织的金融市场之外，不完全的金融市场导致了资源配置的扭曲。本来稀缺的资本流向了一些拥有"特权"而不具备良好投资机会的阶层，致使资本与良好的投资机会相分离。我国欠发达地区的资本市场就处于这样一个发展不健全的阶段。

（一）金融市场要素不健全

欠发达地区金融市场形成的时间比较短，发展比较缓慢，目前正处于市场发展的初级阶段，市场主体、市场工具及监管机制都还尚未完善，这样的市场环境是很难留住资金的。

1. 金融机构匮乏，网点过少，金融供给不足

欠发达地区的金融供给来源主要是国有商业银行分支机构、农业发展银行、农村信用合作社、邮政储蓄银行和少数其他金融机构。由于基础农业回报率低、回报期长，国有商业银行资金投入总量不大且撤并网点现象严重。此外，股份制商业银行、证券公司、保险公司及各类中小金融机构与发达地区相比数量甚微，致使欠发达地区民营企业难以通过风险投资公司、资本市场等方式直接融资，也无法通过保险公司分散风险，银行贷款或许成为唯一途径。

2. 金融市场主体不成熟

欠发达地区的企业和政府对于资本市场的参与程度也很低，在证券市场上发行股票、公司债券、政府债券的少，筹资额也少，而且投资于证券市场的企业也不多。证券公司等相关中介服务机构更关注"收益高、回报快、风险低"的IPO和上市公司再融资、并购重组等"高大上"的项目，加大了我国欠发达地区中小企业融资的难度。欠发达地区居民对资本市场的参与意愿不强，居民的收入多用于储蓄，很少投资。总的来说，主体实力不足、制度障碍和意识落后制约了欠发达地区资本市场的发展。

3. 金融市场中介机构不健全

欠发达地区现阶段市场金融还不成熟，中介机构少。金融市场上的各大机构相比其他省份总体上数量少、规模小、覆盖面窄。一方面，信息公布制度还很不健全，上市公司披露的信息缺乏真实性、准确性和实效性，不能完全、及时地把上市公司的信息传递给广大投资者，使投资者只能根

据历史资料进行分析判断，管理不善和信用缺失，导致欠发达资本市场不断出现信用危机，影响其健康发展；另一方面，金融市场担保机构缺失，财政扶持能力不足。欠发达地区企业向金融机构贷款往往需要提供有效担保或抵押，目前欠发达地区担保机构不足，服务项目单一，且担保机构的启动资金偏小，风险补充资金来源不稳定，无明确的注资预期，担保能力弱，不能达到金融机构的要求，直接制约了担保机构能力的发挥，导致欠发达地区企业较难得到财政扶持。

4. 金融市场监管力度不够

欠发达地区金融市场在监管方面还存在很多问题，比如市场约束强化与市场主体运作规范化程度不高的矛盾，充分发挥市场机制作用与市场主体不够诚实守信的矛盾，市场稳定发展与外部环境因素不适应的矛盾等，且这些矛盾仍然存在并愈加突出，相关部门的监管、引导力度还不够，市场缺乏规范性和有序性。

（二）欠发达地区金融市场结构失衡

我国欠发达地区金融市场结构失衡，主要表现在股票市场、债券市场、货币市场规模失衡、金融机构经营管理水平落后、金融机构业务创新不足方面，需要进一步完善以支持欠发达地区经济的跨越式发展。

1. 股票市场、债券市场、货币市场规模失衡

纵观我国金融市场，总体情况是股票市场相对规模大，影响广泛，债券市场规模和影响都小。对于成熟市场经济国家的企业来说，其资金来源的顺序是先内源融资，再外源融资。而在外源融资的方式选择上，短期资金主要以银行贷款为主，长期资本则以债券融资和股权融资的方式筹资。但在这二者的选择上，会优先选择债券融资，然后再选择股权融资的方式。在发达国家，企业债券的融资数额通常是股票市场的 3 ~ 10 倍。但在我国融资构成中，间接融资占有绝对地位，而直接融资份额较小，而且债券融资还远远落后于股权融资的发展，这种失衡状况在欠发达地区表现得更加突出。

2. 金融机构经营管理水平落后

目前欠发达地区金融部门不同程度地存在资金运用率不高、筹资不讲成本、负债结构不合理、经营管理和服务水平滞后等问题，影响到区域经济金融的可持续发展。一是信贷杠杆对项目和企业经营的指导作用发挥不够，缺乏对企业经营活动的高效率信贷介入，往往是在企业经营的重大决策、市场状况、内部经营管理等关键问题已经发生明显变化之后，银行

才能被动察知，没有充分发挥金融部门的信息、资金及管理等优势去指导企业提高经营管理水平；二是欠发达地区金融机构的内部管理和自我约束机制没有完全建立起来，部分机构习惯于行政方式办事，市场化经营意识不强，规章制度执行不严，管理漏洞比较多。许多金融机构经营业务发展单一，贷款投入比重过大，对中间业务发展不够重视，增收创利渠道少。

3. 金融机构业务创新不足

我国欠发达地区金融机构机制老化，服务功能不完善，业务交易制度创新、工具创新、经营手段创新、技术创新能力和动力严重不足。金融机构之间的竞争主要集中在贷款业务上，同时存贷款业务品种单一，对存贷款新方式、新品种及中间业务的运行机理层次的研究远远不够，金融业务发展不够深化，居民金融资产主要集中在存款资产，其他新型金融资产的持有量极其有限。

四、金融工具不完备

金融工具是实现资源优化配置的必要媒介。我国欠发达地区金融工具存在很多问题，主要表现在金融市场工具不完备，金融工具有待创新、金融工具信贷管理体制落后，金融生态环境有待改善，金融工具融资担保体系不完善，缺乏对担保机构给予政策扶持，金融工具融资功能混乱，缺乏合理的管理模式，因此需要进一步完善优化，以进一步提升金融支持的层次与水平。

（一）金融市场工具不完备，金融工具有待创新

我国金融市场投资工具品种相比一些发达国家来说很少，国家没有根据欠发达资本市场的特点，推出针对欠发达地区居民收入低、中小企业相对较多、企业实力普遍不强的现状而设计的各种投资工具。

（二）金融工具信贷管理体制落后，金融生态环境有待改善

目前，欠发达地区金融机构的信贷管理体制亟须改革：基层机构贷款权限上收、各类审批手续烦冗；基层机构无权因地制宜开发新的贷款品种，难以满足基层的多样化需求；信贷产品同质化现象严重，越来越难以满足欠发达地区民营企业"急、频、小"的融资特点。现阶段，农业个体、民营中小企业主要依赖于具有高利贷性质的民间融资机构，但政府对于民间借贷机构并无严格的准入机制和有力的监督引导。

欠发达地区的金融生态环境仍有待改善。经济主体信用观念淡薄，社

会信用意识缺失，道德风险普遍存在，企业逃废债现象严重，相应的法律法规建设不足。同时，欠发达地区企业经济基础差，自我"造血"能力不足，抗风险能力差，缺少抵押担保物品，银行拓展业务缺少可依托的载体。

（三）金融工具融资担保体系不完善，缺乏对担保机构的政策扶持

缺乏对融资担保机构做大做强的支持，政策性融资担保体系建设不完善，担保体系建设不足。这些问题使得欠发达地区小微企业面临融资困难，只得转向民间借贷，这会加重欠发达地区的不良融资现状。

（四）金融工具融资功能混乱，缺乏合理的管理模式

欠发达地区金融市场投机性极强，存在着换手率和市盈率过高、股价指数及成交额与违规活动正相关、股份上涨缺乏微观基础的支撑等问题，这一直也是困扰欠发达地区金融市场正常发展的一大问题。在金融工具融资方面，融资功能被滥用。在企业股份制改造和资产捆绑上市过程中，存在着重筹资、轻改制、过度包装和虚假包装的现象，以及假并购、假重组的行为，从资本市场筹集的巨额社会资金被廉价地使用，效率不高，产权约束功能和资源配置功能却没有得到应有的发挥。

五、欠发达地区农村非正规金融发展不足

一是在金融改革中对于农村金融发展重视得不够，忽视了农村金融改革的迫切性，没有估计到农村金融对于农村经济发展的巨大促进作用。金融机构数量减少，许多地区出现了金融机构空白和金融服务缺位的现象，金融业务产品单一，金融服务功能弱化，造成了欠发达地区农村服务的盲区，给农村经济的发展带来了不利因素。

二是金融发展不能满足支持和服务"三农"的需要，农业融资渠道单一。农业是弱势产业，经营农业贷款面临风险大、成本高、收益少、资金周转慢等不利因素，加上欠发达地区农民抵押担保少，还款无保障，农民融资难、贷款难、大量贷款得不到满足，较大程度依靠政府的财政拨款，在一定程度上制约了欠发达地区农村经济的发展、农业增产和农民增收。

三是欠发达地区农村金融机构资产质量较差，持续经营能力不强，农村信用社历史"包袱"沉重，亏损较严重，存在较大支付风险，因此大多数农村信用社为了减少风险，或"惜贷"，或提高贷款门槛。与发达地区相比，欠发达地区农村金融市场结构单一，农户可选择、可参与的金融品种有限，远落后于发达地区。同时，股本金普遍严重不足，产权不明晰，

法人治理结构不完善，内部管理责任不落实，银行也面临资产质量差，资本充足率严重不足的问题，银行的收购贷款损失规模较大，可持续发展受到影响。

四是民间借贷活跃，但缺乏规范。近年来，由于欠发达地区正规金融机构的疲软，民间借贷开始活跃起来，到期返还借款付息的特点较受欢迎，而且随着形式多样，有完全靠个人感情及信用行事，无任何手续的"口头约定型"，有仅凭借条或担保人的"简单履约型"，也有冒着巨大违法风险的"高利贷型"，范围和内容不断扩大。无论借贷金额、借贷次数，还是涉及农户数量，民间借贷均呈现增长趋势。但由于没有法律保护和监管约束，民间借贷良莠不齐，易诱发高利贷行为，增加农民债务负担和农村金融风险，影响社会稳定。

第5章 欠发达地区金融支持效果实证分析

本书前几章已对欠发达地区金融支持与经济发展之间的关系进行了宏观层面的分析，本章将利用欠发达地区金融行业相关数据与欠发达地区经济发展数据相关指标进行实证分析，进而对各地区的金融发展与经济增长关系进行计量分析，试图找出欠发达地区经济增长与金融发展之间的关系。

第1节 欠发达地区金融发展分析

一、欠发达地区整体经济温和增长

从经济增加值来看，近10年来，欠发达地区经济总量保持着持续增长的态势，但增长速度逐步放缓。2008年，欠发达地区GDP增加总值超过十万亿元，截至2018年年末，GDP总量增加到410 749.07亿元，约是2008年GDP总量增加值121 463.31亿元的4倍；"十二五"规划期间，欠发达地区GDP增加值总量增速有所放缓，从2011年的22.20%下降到2015年的5.49%。"十三五"规划以来，在我国经济整体下行的情况下，欠发达地区GDP增速有回升的趋势，欠发达地区GDP总量由2015年的291 969.38亿元增长到2018年的410 749.07亿元。总体来看，欠发达地区经济增长速度趋势符合我国经济发展环境和基本国情，也符合国际经济发展的大环境，如图5.1所示。

从欠发达地区银行业金融机构存贷款情况来看，存贷总量保持不断增长。2008年年末，欠发达地区存款总量合计148 638.09亿元，2018年年末存款总量合计达到615 214.60亿元，存款总量合计增长了约4.1倍；贷款合计总量由2008年年末的96 005.22亿元增加到2018年年末的503 009.22亿元。从存贷款合计总量增速来看，增速均缓慢下降，存款增

201

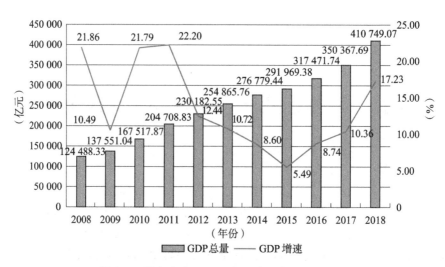

图 5.1　欠发达地区近 10 年经济总量及增长速度

速由 2009 年的 29.42% 下降到 2015 年的 14.44%，并且在 2016 年达到了历史最低值 3.12%；2018 年增长率上升到 16.69%，与 2009 年的 29.42% 相比，下降了大约 7.63%。贷款总额整体呈现上升的趋势，但是增长速度持续下降，由 2009 年的 35.76% 下降到 2018 年的 21.98%。整体来看，贷款增速较存款增速下降幅度稍大。

从欠发达地区保险业和债券业看，保险业保费收入总量保持持续增长，2008—2010 年，保费收入增长率达到了 20.9%，但从 2011 年起，保费收入增长率有所下降，2012 年达到最低 6.36%，随后呈现出稳步增长的态势，到 2018 年保费收入达到 15 193.32 亿元，但增速有所降低；债券业股票市场股票流通市值总量总体呈增长趋势，但增长发展相对不够稳定，2009 年增长率高达 135%，2010—2013 年股票流通市值总量呈现出下降趋势，但 2014 年以后又保持高速增长的态势，截至 2016 年年末，股票市场达到 58 257.99 亿元，约是 2008 年年末股票流通市值的 4 倍，如表 5.1 所示。

表 5.1　2008—2018 年欠发达地区经济相关指标数据　　　单位：亿元

年份	存款合计	增长率（%）	贷款合计	增长率（%）	保费收入合计	增长率（%）	股票流通市值	增长率（%）	GDP增加值	增长率（%）
2008	148 638.09	—	96 005.22	—	3 607.55	—	16 016.87	—	121 463.31	
2009	192 374.71	29.42	130 338.87	35.76	4 128.70	14.45	26 119.10	63.07	136 950.72	12.75
2010	234 288.17	21.79	159 591.99	22.44	4 991.55	20.90	37 661.19	44.19	166 286.76	21.42
2011	271 672.37	15.96	176 613.41	10.67	5 519.74	10.58	30 947.53	-17.83	204 071.22	22.72

年份	存款合计	增长率(%)	贷款合计	增长率(%)	保费收入合计	增长率(%)	股票流通市值	增长率(%)	GDP增加值	增长率(%)
2012	320 762.59	18.07	207 828.25	17.67	5 870.79	6.36	32 881.85	6.25	230 461.64	12.93
2013	370 731.56	15.58	242 473.44	16.67	6 552.85	11.62	28 722.94	-12.6	253 404.59	9.96
2014	410 212.46	10.65	283 487.77	16.91	7 589.34	15.82	40 830.89	42.1	276 754.68	9.21
2015	469 464.46	14.44	326 594.38	15.21	9 224.98	21.55	60 677.69	48.6	292 661.18	5.75
2016	484 123.27	3.12	369 160.86	13.03	11 444.95	24.06	58 257.99	-3.99	317 473.74	8.74
2017	527 223.83	8.90	412 363.06	19.26	13988.08	22.22	—	—	350 367.69	10.36
2018	615 214.60	16.69	503 009.22	21.98	15193.32	8.61	—	—	60 381.38	17.23

资料来源：根据中国人民银行、中国金融学会、中国银监会、中国证监会、中国保监会和国家外汇管理局官网2008—2018年资料整理。

二、欠发达地区金融机构存贷规模继续扩大

近几年来，尽管我国的资本市场已具有相当规模，但间接融资至今仍然构成欠发达地区的主体，因此，金融机构存贷款规模的大小可以在一定程度上反映该地区金融市场的发育程度。本书著者统计了欠发达地区各个省、直辖市、自治区从2008—2018年金融机构存贷款余额的数据，并在此基础上计算了存差占存款总额的比率。由此可以得出，欠发达地区存贷款额整体上呈现出上升的趋势，且多个地区存差的金额每年都在减少；2008—2018年，内蒙古自治区、云南省、甘肃省、西藏自治区、青海省、甘肃省、江西省、湖北省等地的存差金额呈现出先上升后下降的趋势，其中，内蒙古自治区、云南省、青海省、江西省的存款差额下降程度最大，在2018年达到了负值；四川省、重庆市、贵州省、陕西省、新疆维吾尔自治区、广西壮族自治区、安徽省、河南省、湖南省、山西省等地的存差金额2008—2018年整体处于持续增长的趋势，占存款余额比例相对稳定，其中，重庆市存款差额波动幅度较大，2008—2015年呈现持续上涨的态势，但是2016年大幅度下降，存款差额为负，在2017年又迅速回升，达到近十年的最大值。另外，欠发达地区部分省、自治区的存差金额有所减速，但总体而言，存差金额与存款余额的比率呈现日益下降的趋势。由上述分析表明，金融机构大量吸收存款，除个别省份外，大多数地区贷出资金逐渐增加，有利于促进资金的活跃程度和当地的经济发展，如表5.2所示。

表 5.2　欠发达地区 18 个省、直辖市、自治区金融机构存贷款情况

单位：亿元

省份	项目	2008	2009	2010	2011	2012	2013	2014	2015	2016	2017	2018
四川省	存款余额 A	18 787.69	25 127.78	30 504.05	34 971.21	41 576.80	48 122.10	53 935.80	60 117.72	66 892.4	72 541.00	77 391.02
	贷款余额 B	11 395.36	15 979.37	19 485.73	22 154.23	26 163.25	30 298.85	34 750.70	38 703.99	43 543.01	49 011.19	55 390.86
	存差 C	7 392.33	9 148.41	11 018.32	12 816.98	15 413.55	17 823.25	19 185.10	21 413.73	23 349.39	23 529.81	22 000.16
	C/A (%)	39.35	36.41	36.12	36.65	37.07	37.04	35.57	35.62	34.91	32.44	28.43
重庆市	存款余额 A	8 102.00	11 084.82	13 454.98	16 128.87	19 423.90	22 202.10	25 160.10	28 778.80	28 417.46	34 853.53	36 887.3
	贷款余额 B	6 384.03	8 856.56	10 888.15	13 195.16	15 594.18	17 381.55	20 630.70	22 955.21	31 216.45	24 785.19	32 247.75
	存差 C	1 717.97	2 228.26	2 566.83	2 933.71	3 829.72	4 820.55	4 529.40	5 823.59	-2 798.99	10 068.33	4 639.55
	C/A (%)	21.20	20.10	19.08	18.19	19.72	21.71	18.00	20.24	-9.85	28.89	12.58
内蒙古自治区	存款余额 A	6 380.54	8 413.96	10 278.69	12 063.72	13 672.99	15 263.75	16 290.58	18 172.17	19 361.01	21 456.03	23 261.35
	贷款余额 B	4 564.24	6 385.46	7 919.47	9 727.70	11 392.54	13 056.68	15 066.01	17 264.33	21 165.62	22 952.80	22 085.22
	存差 C	1 816.30	2 028.50	2 359.22	2 336.02	2 280.45	2 207.07	1 224.57	907.84	-1 804.61	-1 496.77	1 176.13
	C/A (%)	28.47	24.11	22.95	19.36	16.68	14.46	7.52	5.00	-9.32	-6.98	5.06
云南省	存款余额 A	8 418.94	11 119.64	13 478.86	15 429.41	18 061.48	20 829.34	22 528.00	25 204.56	27 921.53	25 857.57	30 740.8413
	贷款余额 B	6 594.33	8 779.63	10 705.99	1 853.69	1 988.50	2 066.09	3 097.55	3 875.95	23 491.38	30 160.73	28 485.685
	存差 C	1 824.61	2 340.01	2 772.87	13 575.72	16 072.98	18 763.25	19 430.45	21 328.61	4 430.15	-4 303.16	2 255.1563
	C/A (%)	21.67	21.04	20.57	87.99	88.99	90.08	86.25	84.62	15.87	-16.64	7.34

续表

年份 省份	项目	2008	2009	2010	2011	2012	2013	2014	2015	2016	2017	2018
西藏自治区	存款余额 A	829.02	1 028.40	1 296.73	1 662.50	2 054.25	2 500.94	3 089.19	3 671.22	4 379.66	4 959.06	4 934.62
	贷款余额 B	219.32	248.35	301.82	409.05	664.05	1 076.58	1 618.72	2 124.49	3 048.64	4 043.64	4 555.74
	存差 C	609.70	780.05	994.91	1 253.45	1 390.20	1 424.36	1 470.47	1 546.73	1 331.02	915.42	378.88
	C/A（%）	73.54	75.85	76.72	75.40	67.67	56.95	47.60	42.13	30.39	18.46	7.68
陕西省	存款余额 A	10 790.90	14 043.40	16 590.50	19 227.10	22 657.74	25 736.72	28 288.72	32 685.32	35 255.48	38 153.27	40 927.56
	贷款余额 B	6 056.82	8 276.64	10 222.20	12 097.30	13 865.61	16 537.69	19 174.05	22 096.84	23 921.75	26 924.48	30 742.73
	存差 C	4 734.08	5 766.76	6 368.30	7 129.80	8 792.13	9 199.03	9 114.67	10 588.48	11 333.73	11 228.79	10 184.83
	C/A（%）	43.87	41.06	38.39	37.08	38.80	35.74	32.22	32.40	32.15	29.43	24.89
甘肃省	存款余额 A	4 745.67	5 903.13	7 146.66	8 460.94	10 129.69	12 070.64	13 957.98	16 299.50	17 515.66	17 777.22	18 678.46
	贷款余额 B	2 768.44	3 739.90	4 576.68	5 736.20	7 196.60	8 822.23	11 075.78	13 728.89	15 926.41	17 707.24	19 371.74
	存差 C	1 977.23	2 163.23	2 569.98	2 724.74	2 933.09	3 248.41	2 882.20	2 570.61	1 589.24	69.98	−693.28
	C/A（%）	41.66	36.65	35.96	32.20	28.96	26.91	20.65	15.77	9.07	0.39	−3.71
青海省	存款余额 A	1 384.00	1 786.00	2 320.00	2 826.00	3 528.00	4 103.00	4 530.00	5 213.00	5 586.18	5 843.20	5 770.8852
	贷款余额 B	1 026.00	1 399.00	1 823.00	2 232.00	2 792.00	3 398.00	4 172.00	4 988.00	5 717.16	6 353.05	6 634.93
	存差 C	358.00	387.00	497.00	594.00	736.00	705.00	358.00	225.00	−130.98	−509.85	−864.05
	C/A（%）	25.87	21.67	21.42	21.02	20.86	17.18	7.90	4.32	−2.34	−8.73	−14.97
宁夏回族自治区	存款余额 A	1 598.17	2 068.42	2 586.66	2 978.40	3 507.16	3 881.40	4 228.84	4 822.96	5 460.63	5 867.22	6 028.40
	贷款余额 B	1 414.30	1 928.71	2 419.89	2 907.24	3 372.12	3 947.29	4 608.28	5 150.32	5 695.96	6 461.48	6 807.52
	存差 C	183.87	139.71	166.77	71.16	135.04	−65.89	−379.44	−327.36	−235.33	−594.26	−779.11
	C/A（%）	11.51	6.75	6.45	2.39	3.85	−1.70	−8.97	−6.79	−4.31	−10.13	−12。92

续表

省份	项目	2008	2009	2010	2011	2012	2013	2014	2015	2016	2017	2018
新疆维吾尔自治区	存款余额A	5 424.38	6 877.16	8 898.57	10 442.81	12 423.53	14 247.54	15 216.98	17 822.14	19 300.10	21 753.05	22 378.10
	贷款余额B	2 918.13	3 952.06	5 211.38	6 603.40	8 385.98	10 377.13	12 237.63	13 650.96	15 196.00	17 477.56	18 774.30
	存差C	2 506.25	2 925.10	3 687.19	3 839.41	4 037.55	3 870.41	2 979.35	4 171.18	4 104.10	4 275.49	3 603.80
	C/A（%）	46.20	42.53	41.44	36.77	32.50	27.17	19.58	23.40	21.26	19.65	16.10
广西壮族自治区	存款余额A	7 075.02	9 638.89	11 813.90	13 527.97	15 966.65	18 400.48	20 298.54	22 793.54	25 477.80	27 899.64	29 789.78
	贷款余额B	5 110.06	7 360.43	8 979.87	10 646.43	12 355.52	14 081.01	16 070.95	18 119.03	20 640.54	23 226.14	26 688.31
	存差C	1 964.96	2 278.46	2 834.03	2 881.54	3 611.13	4 319.47	4 227.59	4 674.51	4 837.26	4 673.50	3 101.47
	C/A（%）	27.77	23.64	23.99	21.30	22.62	23.47	20.83	20.51	18.99	16.75	10.41
贵州省	存款余额A	4 750.00	5 912.50	7 387.79	8 771.34	10 567.83	13 297.62	15 307.38	19 537.12	23 770.93	26 194.14	26 542.45
	贷款余额B	3 581.50	4 670.20	5 771.74	6 875.65	8 350.17	10 156.96	12 438.00	15 120.99	17 857.80	20 965.30	24 811.37
	存差C	1 168.50	1 242.30	1 616.05	1 895.69	2 217.66	3 140.66	2 869.38	4 416.13	5 913.13	5 228.83	1 731.08
	C/A（%）	24.60	21.01	21.87	21.61	20.99	23.62	18.75	22.60	24.88	19.96	6.52
安徽省	存款余额A	10 387.00	13 404.40	16 477.60	19 547.30	23 211.50	26 938.20	30 088.80	34 826.20	41 324.33	46 146.86	51 199.15
	贷款余额B	7 030.30	9 438.60	11 737.80	14 164.40	16 795.20	19 688.20	22 754.70	26 144.40	30 774.51	35 162.03	39 452.70
	存差C	3 356.70	3 965.80	4 739.80	5 382.90	6 416.30	7 250.00	7 334.10	8 681.80	10 549.82	10 984.83	11 746.45
	C/A（%）	32.32	29.59	28.77	27.54	27.64	26.91	24.37	24.93	25.53	23.80	22.94
河南省	存款余额A	15 340.10	19 175.06	23 148.83	26 774.80	31 648.50	37 591.09	41 931.10	48 269.67	53 977.6	59 068.7	64 983.00
	贷款余额B	10 439.70	13 437.43	15 871.30	17 648.90	20 031.44	23 511.40	27 583.30	31 798.60	36 501.2	41 743.3	48 870.60
	存差C	4 900.40	5 737.63	7 277.53	9 125.90	11 617.06	14 079.69	14 347.80	16 471.07	17 476.40	17 325.40	16 112.40
	C/A（%）	31.95	29.92	31.44	34.08	36.71	37.45	34.22	34.12	32.38	29.33	24.79

续表

年份 省份	项目	2008	2009	2010	2011	2012	2013	2014	2015	2016	2017	2018
湖北省	存款余额 A	13 563.40	17 653.05	21 716.59	24 090.55	28 188.45	32 818.92	36 407.01	41 345.87	26 989.14	29 141.81	56 076.44
	贷款余额 B	8 732.27	12 018.32	14 583.34	16 332.05	18 941.05	21 795.53	25 170.06	29 514.56	17 999.37	20 600.59	45 805.66
	存差 C	4 831.13	5 634.73	7 133.25	7 758.50	9 247.40	11 023.39	11 236.95	11 831.31	8 989.76	8 541.22	10 270.78
	C/A（%）	35.62	31.92	32.85	32.21	32.81	33.59	30.86	28.62	33.31	29.31	18.32
湖南省	存款余额 A	10 971.70	14 025.50	16 643.27	19 444.10	23 148.15	26 876.00	30 255.60	36 220.60	41 996.73	46 729.29	48 994.56
	贷款余额 B	7 115.28	9 536.60	11 521.67	13 462.50	15 648.59	18 141.10	20 783.10	24 221.90	27 532.29	31 849.97	36 460.54
	存差 C	3 856.42	4 488.90	5 121.60	5 981.60	7 499.56	8 734.90	9 472.50	11 998.70	14 464.44	14 879.32	12 534.0
	C/A（%）	35.15	32.01	30.77	30.76	32.40	32.50	31.31	33.13	34.44	31.84	25.58
江西省	存款余额 A	7 261.96	9 352.80	11 907.79	14 322.11	16 839.02	19 582.70	21 754.91	25 042.97	9 627.56	10 137.34	35 290.69
	贷款余额 B	4 613.25	6 416.20	7 843.28	9 301.95	11 080.15	13 111.70	15 696.83	18 561.09	8 707.23	10 364.58	30 567.14
	存差 C	2 648.71	2 936.60	4 064.51	5 020.16	5 758.87	6 471.00	6 058.08	6 481.88	920.33	-227.24	4 723.55
	C/A（%）	36.47	31.40	34.13	35.05	34.20	33.04	27.85	25.88	9.56	-2.24	13.38
山西省	存款余额 A	12 827.60	15 759.80	18 636.70	21 003.24	24 156.95	26 269.02	26 942.93	28 641.10	30 869.07	32 844.87	35 339.99
	贷款余额 B	6 041.89	7 915.41	9 728.68	11 265.56	13 211.30	15 025.45	16 559.41	18 574.83	20 356.5	22 573.77	25 256.43
	存差 C	6 785.71	7 844.39	8 908.02	9 737.68	10 945.65	11 243.57	10 383.52	10 066.27	10 512.57	10 271.10	10 083.56
	C/A（%）	52.90	49.77	47.80	46.36	45.31	42.80	38.54	35.15	34.06	31.27	28.53

资料来源：根据中国人民银行、中国金融学会、中国证监会、中国保监会和国家外汇管理局官网 2008—2018 年资料整理。

单位：亿元

表5.3　欠发达地区18个省、直辖市、自治区保险和证券业情况

省份	项目	2008	2009	2010	2011	2012	2013	2014	2015	2016	2017	2018
四川省	保费收入	494.27	579.03	765.77	778.07	819.53	914.70	1 060.60	1 267.30	1 684.15	1 939.39	1 958.08
	增长率（%）	—	17.15	32.25	1.61	5.33	11.61	15.95	19.49	19.41	15.16	0.93
	股票流通市值	9 498.00	3 922.00	5 222.00	4 521.00	4 573.00	4 463.70	6 865.48	9 880.37	6 036.41	15 400	10 800
	增长率（%）	—	-58.71	33.15	-13.42	1.15	-2.39	53.81	43.91	-38.91	—	—
重庆市	保费收入	200.55	244.70	321.08	311.81	331.03	359.23	407.30	514.58	599.95	744.75	806.24
	增长率（%）	—	22.01	31.21	-2.89	6.16	8.52	13.38	26.34	16.59	24.13	8.26
	股票流通市值	324.32	1 029.51	1 434.36	1 029.14	1 247.57	2 090.68	3 344.32	4 741.49	4 250.97	4 342.62	3 543.49
	增长率（%）	—	217.44	39.32	-28.25	21.22	67.58	59.96	41.78	-10.35	2.16	-18.40
贵州省	保费收入	80.00	95.20	122.63	131.81	150.22	181.62	213.06	257.80	320.64	387.73	445.88
	增长率（%）	—	19.00	28.81	7.49	13.97	20.90	17.31	21.00	24.98	20.92	15.00
	股票流通市值	681.62	2 648.30	2 549.76	2 654.81	3 078.32	1 025.89	1 627.35	4 822.15	5 952.38	9 378.5319	8 813.74
	增长率（%）	—	288.53	-3.72	4.12	15.95	-66.67	58.63	196.32	23.44	—	—
云南省	保费收入	165.39	180.08	235.68	241.10	271.29	320.77	375.99	434.60	529.36	613.28	667.99
	增长率（%）	—	8.88	30.88	2.30	12.52	18.24	17.21	15.59	21.81	15.85	8.92
	股票流通市值	495.24	1 660.69	2 109.16	1 608.50	1 822.41	1 864.12	1 538.60	—	3 325.92	—	—
	增长率（%）	—	235.33	27.01	-23.74	13.30	2.29	-17.46	-100.00	1.89	—	—

续表

省份	项目	2008	2009	2010	2011	2012	2013	2014	2015	2016	2017	2018
西藏自治区	保费收入	3.12	4.01	5.06	7.60	9.54	11.43	12.76	17.36	22.24	28.01	33.45
	增长率（%）	—	28.53	26.18	50.20	25.53	19.81	11.64	36.05	28.18	25.94	19.42
	股票流通市值	53.33	374.02	340.87	334.94	401.63	—	645.93	1174.22	1033.64	—	855.62
	增长率（%）	—	601.33	-8.86	-1.74	19.91	-100.00	—	81.79	-11.97	—	—
陕西省	保费收入	217.78	260.00	333.80	343.70	365.33	417.45	476.75	572.45	714.30	868.69	969.39
	增长率（%）	—	19.39	28.38	2.97	6.29	14.27	14.21	20.07	24.83	21.61	11.59
	股票流通市值	298.08	780.14	1 057.59	773.28	794.85	924.33	1 651.63	2 724.60	4 675.84	5 241.01	4 140.31
	增长率（%）	—	161.72	35.56	-26.88	2.79	16.29	78.68	64.96	71.62	12.09	-21.00
甘肃省	保费收入	97.45	114.38	146.34	140.93	158.77	180.15	208.44	256.89	307.65	366.38	398.98
	增长率（%）	—	17.37	27.94	-3.70	12.66	13.47	15.70	23.24	19.76	19.09	8.90
	股票流通市值	—	—	—	—	—	—	—	—	—	—	—
	增长率（%）	—	—	—	—	—	—	—	—	—	—	—
青海省	保费收入	14.11	18.21	25.70	27.89	32.40	39.02	46.09	56.30	68.72	80.18	87.66
	增长率（%）	—	29.06	41.13	8.52	16.17	20.43	18.12	22.15	22.09	16.68	9.33
	股票流通市值	524.16	640.89	977.52	578.91	527.74	438.50	834.94	1191.80	737.28	—	—
	增长率（%）	—	22.27	52.53	-40.78	-8.84	-16.91	90.41	42.74	-11.73	—	—
宁夏回族自治区	保费收入	31.79	39.28	52.75	55.34	62.69	72.70	83.90	103.31	133.89	165.21	182.83
	增长率（%）	—	23.56	34.29	4.91	13.28	15.97	15.41	23.13	29.60	23.39	10.67
	股票流通市值	113.60	354.87	471.89	334.60	328.69	305.93	289.70	685.20	736.64	572.81	320.13
	增长率（%）	—	212.39	32.98	-29.09	-1.77	-6.92	-5.31	136.52	7.51	-22.24	-44.11

续表

年份 省份	项目	2008	2009	2010	2011	2012	2013	2014	2015	2016	2017	2018
新疆维吾尔自治区	保费收入	152.51	156.69	190.92	203.61	235.56	273.49	317.41	367.43	439.89	523.77	577.26
	增长率（%）	—	2.74	21.85	6.65	15.69	16.10	16.06	15.76	19.72	19.07	10.21
	股票流通市值	834.55	2 277.12	3 007.44	1 769.51	1 942.10	2 072.43	3 755.69	4 099.61	3 809.23	—	—
	增长率（%）	—	172.86	32.07	-41.16	9.75	6.71	81.22	9.16	-7.08	—	—
广西壮族自治区	保费收入	133.48	148.60	190.90	212.65	238.26	275.47	313.30	385.75	469.17	565.10	629.03
	增长率（%）	—	11.33	28.47	11.39	12.04	15.62	13.73	23.12	21.63	20.45	11.31
	股票流通市值	—	—	—	—	—	—	—	—	—	—	—
	增长率（%）	—	—	—	—	—	—	—	—	—	—	—
内蒙古自治区	保费收入	141.35	171.30	215.54	229.78	247.69	274.69	314.00	395.48	486.87	569.91	659.50
	增长率（%）	—	21.19	25.83	6.61	7.79	10.90	14.31	25.95	23.11	17.06	15.72
	股票流通市值	398.81	324.13	2 434.19	2 004.25	2 319.11	1 446.57	3 450.57	2 826.24	2 907.7	—	—
	增长率（%）	—	-18.73	650.99	-17.66	15.71	-37.62	138.53	-18.09	2.88	—	—
山西省	保费收入	260.89	289.25	365.30	364.67	384.65	412.38	465.37	586.73	700.07	823.92	824.88
	增长率（%）	—	10.87	26.29	-0.17	5.48	7.21	12.85	26.08	19.41	17.69	0.12
	股票流通市值	1 039.33	4 720.33	5 008.66	3 968.09	4 349.78	3 321.48	5 068.13	4 678.31	4 568.5	—	—
	增长率（%）	—	354.17	6.11	-20.78	9.62	-23.64	52.59	-7.69	-2.35	—	—
安徽省	保费收入	296.50	357.20	438.30	432.30	453.60	483.00	572.30	699.00	873.16	1 107.16	1 209.73
	增长率（%）	—	20.47	22.70	-1.37	4.93	6.48	18.49	22.14	24.93	26.80	9.26
	股票流通市值	7 781.00	2 897.00	4 287.60	3 348.20	3 733.10	2 156.10	3 284.00	8 336.00	8 622.6	—	—
	增长率（%）	—	-62.77	48.00	-21.91	11.50	-42.24	52.31	153.84	3.44	—	—

续表

省份	项目	2008	2009	2010	2011	2012	2013	2014	2015	2016	2017	2018
江西省	保费收入	171.66	187.14	253.26	252.23	271.70	318.00	400.40	508.00	608.70	727.56	753.59
	增长率（%）	—	9.02	35.33	-0.41	7.72	17.04	25.91	26.87	19.72	19.53	3.58
	股票流通市值	—	—	—	1 501.20	1 495.40	1 556.60	2 223.40	3 368.70	3319.5	—	—
	增长率（%）	—	—	—	—	-0.39	4.09	42.84	51.51	1.46	—	—
河南省	保费收入	519.00	565.00	793.28	839.80	841.13	916.52	1 036.10	1 248.76	1 555.14	2 020.07	2 262.85
	增长率（%）	—	8.86	40.40	5.86	0.16	8.96	13.05	20.53	24.54	29.90	12.02
	股票流通市值	—	—	—	—	—	—	—	—	—	—	—
	增长率（%）	—	—	—	—	—	—	—	—	—	—	—
湖北省	保费收入	317.15	372.42	500.33	549.77	595.41	651.30	809.89	843.63	1 044.50	1 346.77	1 470.92
	增长率（%）	—	17.43	34.35	9.88	8.30	9.39	24.35	4.17	23.79	28.94	9.22
	股票流通市值	974.83	4 490.10	5 123.99	3 817.23	3 064.61	4 094.60	6 251.12	9 241.22	8 281.38	—	—
	增长率（%）	—	360.60	14.12	-25.50	-19.72	33.61	52.67	47.83	-10.39	—	—
湖南省	保费收入	312.49	348.45	438.53	443.53	465.10	508.60	587.73	712.20	886.46	1 110.18	1 255.07
	增长率（%）	—	11.51	25.85	1.14	4.86	9.35	15.56	21.18	24.47	25.24	13.05
	股票流通市值	—	—	3 636.15	2 973.85	3 203.54	2 962.00	—	—	—	—	—
	增长率（%）	—	—	—	-18.21	7.72	-7.54	—	—	—	—	—

资料来源：根据中国人民银行、中国金融学会、中国银监会、中国证监会、中国保监会国家外汇管理局官网 2008—2018 年资料整理

三、欠发达地区保险业和证券业发展差异明显

从欠发达地区的各省份、直辖市来看，保险业发展相对平稳，证券业发展差别则较大。

贵州、西藏、青海、宁夏等省、自治区保费收入均保持较高增速，平均增速为 19% 左右，青海省保费收入总量虽然相对较低，但该省保费收入增速比较快，2008—2018 年平均增速达到 20.37%，四川省、重庆市、云南省保险业发展较快。陕西、甘肃、广西、内蒙古、湖北等省、自治区发展相对平稳，近几年保险收入平均增速保持在 15% 左右，保持中等速度发展；山西、安徽、河南、湖南等省份增速保持在 12% 左右，增速相对缓慢。总体而言，欠发达地区各省份保险业发展趋势较好、比较平稳。

欠发达地区证券业发展差别较大，相对不够平稳。四川、云南、青海、安徽、江西等省份股票流通市值发展不够活跃，2008—2016 年股票流通市值平均增长区间为 10% ~ 20%；重庆、贵州、西藏、陕西、湖北等省、自治区股票流通市值发展较为活跃，流通市值增长较快，股票流通市值年增加量较快，保持较高的增长速度。2008—2016 年，股票流通市值平均增长率超过 50%，很大程度上保持了资本市场资金的活跃程度，有利于该地区经济的发展。宁夏、新疆、山西等省、自治区证券业发展保持中低速发展，也较好地促进了资本市场的活跃度。就整体而言，欠发达地区证券业发展差别较大，应促进欠发达地区证券业发展，提高资本市场活跃度，进而促进当地经济的发展。

第 2 节　欠发达地区金融支持效果计量分析

一、欠发达地区金融指标的选取

就如何衡量金融发展指标问题，美籍比利时经济学家雷蒙德·戈德史密斯在其著作中提出"金融相关比率（Financial Interrelation Ratio，FIR）"指标，即金融资产总额占 GDF 的比重。FIR 的变动反映了金融上层结构与经济基础结构之间存在规模上的变化关系，被视为金融发展的一个基本特点。美国当代金融发展理论奠基人，在研究发展中国家的金融控制与金融深化时，采用货币存量（M2）与国民生产总值的比例作为衡量金融增长

的指标。韩廷春、夏金霞（2005）设计了金融发展规模、金融结构、金融
效率等变量，研究分析我国金融发展与经济增长之间的关系；王志强、孙
刚（2003）从中国金融总体发展的规模扩张、结构调整和效率变化三个方
面，对中国金融发展与经济增长之间的相关关系和因果关系进行重新检
验。对金融结构、结构调整与金融效率三者之间关系的研究是探究金融结
构、金融发展与经济增长及其三者之间关系的一种转换。综上所述，在以
下实证分析过程中，金融发展变量选用金融规模、金融结构和金融效率三
个指标。

（一）金融规模指标（FV）

国内外有很多学者使用 Goldsmith（1969）提出的金融相关比率
（FIR）。由于国内缺乏省级金融资产统计数据，中国学者在使用省级数据
衡量金融规模时，部分学者使用存贷款余额之和代替金融资产总额，由于
数据的可获得性原因，本书使用股票流通市值代表融资额。因此，金融规
模指标 =（金融机构贷款余额 + 股票流通市值）/GDP。

（二）金融效率指标（FE）

由于金融市场效率较难衡量，且中国的金融业以银行为主导，因此很
多学者，如张林（2016）、姜琪（2016）、姚雪松和凌江怀（2017）等使用
存款向贷款转化的能力代表金融效率。本书作用机理部分指出，金融效率
提高可以直接促进储蓄向投资转化，从而促进经济增长，所以使用存款向
贷款的转化比例衡量金融效率具有一定代表性。因此，本书著者借鉴周力
和张宁（2016）的研究，使用地区金融机构贷款余额与地区金融机构存款
余额的比值作为衡量金融效率的指标，即金融效率 = 金融机构贷款余额/
金融机构存款余额。

（三）金融结构指标（FS）

不同学者根据自己的研究需求使用的衡量指标多有不同，有的学者使
用直接融资额或者间接融资额的环比变化率代表金融结构变化，有的学者
使用间接融资额或者直接融资额占总融资额的比重衡量金融结构变化，有
的学者则使用股票融资额与银行贷款余额的比值衡量金融结构变化。总体
来说，学者们衡量金融结构的方法多是从考察直接融资或间接融资地位的
角度出发的。中国以银行业为主导，直接融资方式虽在不断发展却仍不完
善，且直接融资对技术创新十分重要，因此本书著者借鉴以往学者的研
究，使用直接融资额占总融资额的比值衡量金融结构，由于数据可获得
性，金融结构 = 股票流通市值/（股票流通市值 + 金融机构贷款余额）。

二、经济增长指标的选取

一个国家或者一个地区的国内生产总值最能充分反映该国或该地区的经济增长能力。因此，本书著者选取 2003—2018 年欠发达地区的各省 GDP 加总值作为衡量整个欠发达地区的经济增长指标。

三、数据来源

本书著者选取了 2003—2018 年这一时间段，GDP 数据来自欠发达地区各省份的统计年鉴（2003—2018）；金融机构存贷款余额、保费收入、股票流通市值均来自 wind 数据库、中国人民银行、中国金融学会、中国银监会、中国证监会、中国保监会、国家外汇管理局（2003—2018），并整理得出相关数据。整个过程通过 Stata 工具完成。

四、欠发达地区金融支持实证分析

（一）模型分析

本书著者通过构建 PVAR 模型开展实证研究。PVAR 由 Holtz 等（1988）提出，是一种能够分析变量间动态关系的灵活工具。使用该模型能够满足本书的研究需求且具有合理性，具体分析如下。

第一，PVAR 模型能够满足本书的研究需求，借助 Granger 因果检验和脉冲响应，函数能够确定各变量间的影响方式，方差分解可以展现变量间的影响强度；第二，根据以往学者的研究可知，金融发展和经济增长之间具有复杂的相互作用关系，且金融发展三方面变化之间也存在相互作用的关系，而 PVAR 模型将所有变量视为内生，允许各变量间存在相互影响的关系；第三，PVAR 模型同时具备面板数据模型和 VAR 模型的优点，降低了数据量的要求，且考虑了个体间不可观测的异质性，能够有效考察变量间的关系，本书的数据量符合该模型的要求。

PVAR 模型的基本设定形式为公式：

$$M_{i,t} = A_0 + \sum_{j=1}^{k} A_j M_{i,t-j} + \theta_i + \delta_t + \varepsilon_{it} \tag{1}$$

$M_{i,t}$ 是包含所有变量的向量。PVAR 模型是一种灵活的计量工具，仅需将研究的内生变量包含其中即可验证其动态关系。有学者研究已经证明，金融发展三方面变化和经济增长各变量间的关系存在相互影响的内生性，因此本书的实证研究将 GDP、FV、FE、FS 四个变量包含在 PVAR 模型中进行实证检验。FE 为金融效率、FS 为金融结构、FV 为金融规模，GDP 为经济增长。i 代表各个区域，t 代表各个年份，k 为滞后阶数，A_0 和 A_j 是常数向量。θ_i 用于解释地区间的异质性，δ_t 用于解释时间趋势，ε_{it} 为随机扰动项。

（二）PVAR 模型的实证结果

本书著者使用欠发达地区 18 个省级区划 2003—2018 年的省级面板数据进行 PVAR 模型分析，并使用 STATA 软件借助学者连玉君的程序包进行数据处理。在处理动态面板模型时，本研究首先使用"Helmert"变化对原始数据进行处理，消除固定效应可能造成的有偏系数估计结果，然后进行后续处理。

1. 平稳性检验

为了防止伪回归现象，需先检验变量的平稳性。本书借助 LLC 和 IPS 两种方法对平稳性进行验证，结果如下。本书将各个变量的 LLC 和 IPS 检验结果进行汇总，详见表 5.4 和表 5.5。根据表 5.4 和表 5.5 的数据可知，在两种检验方法中，除了 IPS 方法中 FS 变量显示拒绝原假设，说明该面板数据是平稳的，其余均显示变量存在单位根，所以变量不平稳。

表 5.4　LLC 检验结果

变量	Adjusted Statistic	P 值
GDP	0.4367	0.9865
金融规模（FV）	0.2793	0.2600
金融效率（FE）	− 0.8603	0.1190
金融结构（FS）	− 0.6745	0.3263

表 5.5　IPS 检验结果

变量	W − t − bar	P 值
GDP	1.7201	0.9573
金融规模（FV）	0.0996	0.5397
金融效率（FE）	1.2130	0.8874
金融结构（FS）	− 3.3722	0.0004

由于各个变量均存在单位根，所以对四个变量进行一阶差分后再次使用 LLC 和 IPS 两种方法检验平稳性，结果详见表 5.6 和表 5.7。根据表 5.6 和表 5.7 中结果可知，四个变量一阶差分后都是平稳的。

表 5.6　差分 LLC 检验结果

Variable	Adjusted Statistic	P – Value
ΔGDP	-3.0811	0.0010
ΔFV	-8.9593	0.0000
ΔFE	-9.0046	0.0000
ΔFS	-10.3942	0.0000

表 5.7　差分 IPS 检验结果

Variable	W – t – bar	P – Value
ΔGDP	-9.0973	0.0000
ΔFV	-3.6804	0.0000
ΔFE	-1.6219	0.0050

2. 协整检验

由于本书使用的四个变量均为一阶单整变量，所以可以使用协整检验验证变量间是否存在协整关系。本书使用 westerlund 面板数据协整检验方法来验证四个变量间的协整关系，具体检验结果详见表 5.8。该结果显示，在 5% 的显著性水平下，变量间存在协整关系，因此可以构建 PVAR 模型并进行后续验证。

表 5.8　westerlund 协整检验结果

	Statistic	P – Value
Variance ratio	-3.7031	0.0001

3. 确定滞后阶数并检验模型稳定性

本书使用 AIC、BIC 和 HQIC 方法测度 PVAR 模型的最优滞后阶数，测度结果详见表 5.9，根据表中结果可知，本书将滞后阶数设定为 1。

表 5.9　滞后阶数

lag	AIC	BIC	HQIC
1	5.61423	6.83973 *	6.10813 *
2	9.21053	10.7482	9.8314
3	7.24388	7.24388	8.00711
4	5.40975 *	7.69053	6.33392

4. 格兰杰因果检验

格兰杰因果检验将所有变量分别作为因变量和自变量进行验证，以表明各个变量之间是否存在影响关系。但是使用该方法的前提是序列为平稳序列，或者序列间存在协整关系。通过以上检验可知，各个时间序列数据是同阶单整序列，而且存在协整关系，可以进行格兰杰因果检验。由于文本的研究目的主要是分析金融发展对欠发达地区经济发展的影响，所以本书将与研究目的相关的格兰杰因果检验结果列于表 5.10。

表 5.10 格兰杰因果检验部分结果

Equation	Exclude	Chi2	Prob > Chi2
GDP	金融规模（FV）	6.8774	0.0050
GDP	金融效率（FE）	30.0562	0.0000
GDP	金融结构（FS）	8.9732	0.0025

根据上述检验结果可知，在 5% 的显著性水平下，金融规模、金融效率和金融结构是经济增长的格兰杰原因，对经济增长具有显著影响。

5. GMM 估计、脉冲检验和方差分解

由上文的单位根检验可知，四个变量是同阶单整，可以建立 PVAR 模型，且最优滞后阶数为 1 阶，因此，通过 GMM 估计得到结果如表 5.11 所示。b_GMM 是系数值，se_GMM 是标准差，t_GMM 是 t 检验统计量。

表 5.11 PVAR 模型估计结果

		h_fv	h_fe	h_fs
	b_GMM	9.76	1.83	17.37
L. h_GDP	se_GMM	0.0059	0.0110	0.0215
	t_GMM	−1.83	1.67	−3.94

由上述检验结果可知，在 1% 的显著水平下，经济增长与金融结构具有显著关系，在 10% 的显著水平下，经济增长与金融规模、金融效率均存在显著关系。

本书在进行 PVAR 模型运算后使用脉冲响应函数图进行后续分析。其他变量不变时，在某一个变量的冲击下，另外一个变量的脉冲响应可以使用脉冲响应函数结果进行展示，借此可以清楚看出某一个变量对另一个变量具有怎样的影响。本书需要明确金融发展，指金融规模、金融效率和金融结构如何影响经济增长，所以著者使用脉冲响应图分析经济增长（GDP）对金融规模（FV）、金融效率（FE）、金融结构（FS）的脉冲响应。

对金融规模，随着金融规模的扩张，它对经济增长的正向影响在减小，这表明要使金融更好地服务实体经济，就不能盲目地扩张规模，而应该保持适度规模，所以欠发达地区金融规模扩大不能对经济增长产生持续的促进效应，如图 5.2 所示。

通过金融效率对经济增长的影响可以看到，金融效率对经济增长的影响持续为正，所以欠发达地区金融效率对经济增长具有促进效应，如图5.3所示。

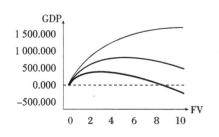

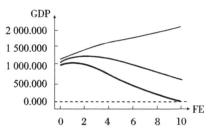

图5.2　金融规模对经济增长的影响　　图5.3　金融效率对经济增长的影响

金融结构对经济增长的促进作用明显提高表明要以优化金融结构作为促进经济增长的重要手段，同时意味着要建立健全多层次的资本市场体系，提高融资比例，这是金融结构改革的方向，因此欠发达地区金融结构对经济增长具有促进效应。如图5.4所示。

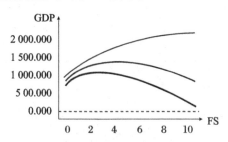

图5.4　金融结构对经济增长的影响

利用格兰杰因果检验，本研究确定了变量间的影响是否显著，使用脉冲响应函数图，本研究确定了变量间是正向影响还是负向影响。为了确定变量间的影响强度，本书使用PVAR模型的方差分解进行分析，结果如表5.12所示。

表5.12　方差分解结果

s	1	2	3	4	5	6	7	8	9	10
GDP	1	0.835	0.650	0.511	0.414	0.349	0.304	0.274	0.253 *	0.238
金融规模（FV）	0	0.034	0.077	0.1123	0.137	0.154	0.165	0.172	0.176	0.179
金融效率（FE）	0	0.102	0.230	0.335	0.411	0.465	0.502	0.528	0.547	0.560
金融结构（FS）	0	0.029	0.042	0.0421	0.037	0.033	0.029	0.026	0.024	0.023

根据方差分解结果可知，经济增长在第一期的方差全部可由自身解

释，随后自身的解释力度逐渐下降，直到第 10 期，有 23.8% 的预测方差来源于自身，说明经济增长主要依靠其他因素推动。金融发展对经济增长的作用力度相对较高，在第 10 期，金融规模、金融效率和金融结构三者加起来占预测方差的 76.2%。整体来说，金融效率和金融规模对经济增长的影响强度大于金融结构对经济增长的影响强度，这也从侧面说明，在研究金融发展对经济增长的影响时，任何方面都不容忽视。

第 3 节　主要结论与政策含义

一、主要结论

本书基于欠发达地区各省的数据使用 PVAR 模型分析现实中金融发展三方面即规模扩大、效率提高和结构完善的变化对经济增长的影响效果。本书首先对面板数据进行单位根检验，结果发现，四个变量均是一阶单整变量，且存在协整关系。其次，借助格兰杰因果检验分析变量间影响是否显著，结果显示，在 5% 的显著性水平下，金融规模、金融效率和金融结构是经济增长的格兰杰原因，对经济增长具有显著影响。最后，借助脉冲响应函数考察变量间是正向影响还是负向影响，即从长期来看金融规模对经济发展有负向影响，而金融效率、金融结构对经济增长会产生正向影响，同时借助方差分解分析变量间影响的作用强度。

从理论分析来看，金融规模扩大、金融效率提高和金融结构完善均能够促进经济增长。具体来说，结合以往学者的研究及金融深化理论等基础理论可知，金融发展包括三个方面的改变。根据内生经济增长理论、金融深化理论、金融功能理论、技术创新理论等众多学者的研究，金融发展三方面变化能够通过汇聚储蓄并促进其向投资转化的作用过程促进经济增长，也可以通过促进产业结构升级和经济发展方式转变的作用过程促进经济增长。所以，理论上金融发展三方面变化会直接或间接地促进经济增长。

从实证结果分析来看，欠发达地区金融效率的提高和结构的完善均会促进经济增长，但金融规模的扩张从长期来看并不利于经济的增长。这说明欠发达地区在金融规模发展过程中有盲目扩张的现象。相关资料显示，相较于我国东部地区，中西部地区的经济发展水平、经济市场化程度和投资主体对融资成本的承受能力都比较弱，对金融资源潜在的需求未能转化为现实的需求，金融资源只能产生较低的利用效率。因此，要使金融更好地服务实体经济，我国中西部地区一方面不能盲目地扩张规模，而应该保持适度规模；另一方面，要以提升金融效率和优化金融结构作为重要手段。

二、政策含义

上述结论具有重要的政策含义。

一方面，自"十二五"以来，我国欠发达地区的金融发展确实促进了经济增长，并且主要依赖间接融资提高了整个欠发达地区经济运行的效率，金融支持效果尽管不理想但十分显著，这意味着，在欠发达地区实现经济跨越式发展的过程中，仍然需要得到金融业的有力支持，利用金融杠杆推动欠发达地区经济快速发展。

另一方面，完善金融市场在欠发达地区经济实现跨越式发展过程中意义重大。由于欠发达地区金融发展对经济增长具有显著的作用，因此，在其实现经济跨越发展的过程，要着力推进欠发达地区金融市场的发展，对银行、证券、保险三个层面加大金融改革力度，进一步完善金融市场结构，尤其需要投放更多的资源用于资本市场的发展，扩大股票市场在欠发达地区金融体系中的作用，为金融支持欠发达地区经济的跨越式发展和可持续发展奠定基础。

第6章 欠发达地区跨越式发展金融支持的思考

在新环境下，随着我国社会经济的快速发展，欠发达地区要想迎头赶上发达地区就必须实现跨越式发展。为了更好地适应人民对美好生活的需要，欠发达地区要立足本地实际、遵循发展规律、紧扣发展大势，把推进跨越式发展作为引领经济发展的基本战略，使经济运行呈现良好态势。本章将从对跨越式发展的思考入手，对欠发达地区跨越式发展金融支持的必要性、可能性以及机遇与路径进行研究，并对典型案例进行分析，进一步阐述当前欠发达地区实现跨越式发展的情况和面临的主要问题，从而为健全欠发达地区实现跨越式发展金融支持体系提供路径选择。

第1节 欠发达地区跨越式发展的必要性和可能性

一、欠发达地区跨越式发展的必要性

（一）跨越式发展符合经济发展规律

我国各个地区之间的发展水平虽有高低之分，但却没有永远的先进和落后。国内外经济发展的客观事实证明，一些国家和地区通过一个或若干个快速发展时期，跨越某个发展阶段而跻身发达地区行列是完全有可能的。从国际上看，英国用了一百年的时间完成了科技革命和产业革命，实现了世界科技与经济中心由意大利向英国的转移；德国则用了50年的时间完成了英国一百年的事业，实现了世界科技与经济中心由英国向德国的转移；而美国只用了40年的时间就后来居上，超过了英国和德国，实现了世界科技和经济中心由欧洲向美国的转移，成为世界第一经济强国；日本战后也只用了40

年的时间就从一个落后于西方的国家一跃而成为世界"经济大国"。

从国内来看，以云南省为例。云南省作为一个集边疆、多民族、山区、贫困于一体的省份，通过从实际出发，实施乡村振兴战略；按照"五位一体"和"四个全面"战略布局；实施"一带一路"、沿边金融综合改革试验区等国家重大战略等。自改革开放以来，云南经济增速一直稳中有进，到2015 年，云南经济增速已位居全国前列。云南省仅仅用了几十年的时间就实现了经济的飞跃发展。由此可见，跨越式发展是由量变到质变的具体体现，是台阶式飞跃的外化形式，符合经济发展的基本规律。

（二）跨越式发展是实现欠发达地区经济腾飞的迫切需要

欠发达地区由于历史和自然的原因，经济和社会发展与发达地区相比都还存在较大的差距。邓小平在 1978 年第一次提出"先富"思想时就明确指出："在经济政策上，要允许一部分地区、一部分企业、一部分工人、农民，由于辛勤努力成绩大而收入先多一些，生活先好起来。"改革开放后，在自然环境、社会环境较优越的东部地区首先发展起来，并取得了很大进步。同东部地区相比，中西部地区已显得很落后、很贫穷。中西部地区无论从基础设施、企业状况、科技水平还是从人口素质、教育水平、生活质量方面，都远远低于东部地区。面对这种困难形势，中西部欠发达地区怎样才能完成国家战略布局，走上共同富裕之路呢？是从头开始，重温先行发达地区产业从竞争到集中的道路还是充分利用后起地区的学习效应提高规模经济水平和产业竞争力，这是两种不同的选择。东部要发展，中西部更要发展。当前，中西部只有更大幅度地实现跨越式发展，才有可能跟上东部地区的发展以及世界发展的浪潮。为此，我国相继提出的"乡村振兴战略"、产业扶贫以及供给侧结构改革等政策，分别在资金和政策方面向中西部欠发达贫困地区倾斜，这是中西部发展的难得的机遇。中西部地区应该好好抓住这些机遇，大胆进取，实现经济和社会真正的跨越式发展。

（三）跨越式发展是完善欠发达地区自身发展的必然要求

欠发达地区往往由于区域位置相对劣势，加上历史因素、国家宏观政策等方面的原因，一直相对落后，无论经济总量还是人均水平，与发达省市相比都有较大差距。例如，西部众多地区产业结构发展不合理，城乡之间发展不平衡，加之与东部地区之间发展差距较大，居民纯收入较低。如2016 年昆明与上海之间才通了高铁；2018 年贵州、甘肃和西藏自治区三个省区人均可支配收入还不足 2 万元。因此，要缩小这些差距，就必须从根本上转变体制、机制以及经济增长方式，采取非均衡发展模式，走跨越式发展的道路。另外，对欠发达地区近年来的发展客观地分析可以看出，欠发达地区已具备了加快发展的条件体现如下：农村脱贫数量逐步上升，正在由温饱型向小康型转变；工业化与城镇化已形成了迅猛的发展势头。如内蒙古自治区近年来依靠煤炭等能源产业的拉动，经济发展快速。湖北省和重庆市则分别有国家中心城市即武汉市和重庆市的拉动，工业化和城镇化水平都比较高。数据显示，2018 年，这三个地区的城镇化率均已超过 60%。其中，重庆更是高达 65.5%，已经逼近东南沿海地区的福建省；且原来制约经济发展的交通、电力、通信等基础设施建设"瓶颈"已逐步消除，而以生态优势为中心的后发优势正在充分显现；以政府管理体制改革为"龙头"的一系列改革创新，正在释放出新的动力等。因此，欠发达地区实现经济和社会跨越式发展是有可能的。

二、实现跨越式发展的可能性

（一）欠发达地区有着相对优越的内在优势

1. 区位优势

与发达地区相比，欠发达地区最大的优势就在于拥有良好的生态环境。而良好的生态环境则来自优越的地理区位。一方面，作为欠发达地区，尚未开发的土地较多，针对尚未开发的土地，可以运用当前先进的理念和技术进行合理规划和空间布局。发达地区现在可供开发的土地资源已十分有限，而早期的开发往往具有无序性和盲目性，因此造成土地资源的大量浪费。而且与早期相比，由于现在土地资源越来越稀少，土地的价格也必然越来越高，也就意味着单位面积的土地可以创造更多的财富，也可以为政府带来更多税收；另一方面，优越的地理位置能为欠发达地区转变经济发展方式提供有利条件。特别是少数民族地区可凭借着独特的地貌大力发展旅游业。不同地区的自然风光各有特色，如西北民族地区以沙漠和戈壁风光为特色；内蒙古自治区以高原、草原牧区风光为特色；广西壮族自治区和云贵地区以岩溶地貌风光为特色。不同民族地区的人文旅游资源也有很大区别。这是民族地区所特有的，其他地区所没有或很少有的，有的虽然不是民族地区独有，但民族地区的独特区位优势都远高于其他地区，在全国具有领先地位。

2. 自然资源优势

欠发达地区由于工业发展滞后，经济不发达，所以相对于发达地区来讲，所受污染少或者是无污染，广袤的城乡地区的空气、水质、土壤基本保持着良好的洁净水平，是难得的一方"净土"。在新一轮发展中，如何变自然资源优势为经济优势，是欠发达地区需要审视和思考的问题。要树立保护生态环境就是保护生产力、改善生态环境就是增强竞争力的理念。要意识到，优质资源、生态环境在一个比较长的时间里不可再造，不是政府可以调拨、一纸文书就会"应者云集"的。从这个意义上讲，欠发达地区拥有的自然资源是一种不可复制的优势。随着经济的持续发展和人类生活的需要，这种优势会越来越明显，并成为人类的稀缺资源。欠发达地区要保护好、运用好这种优势，坚定不移地实施可持续发展战略，强化生态建设和环境保护，变自然资源优势为经济优势，实现跨越式发展。

3. 人力资源优势

由于贫困人口众多，欠发达地区从某种意义上讲也构成一种人力资源优势。我们在对待欠发达地区人力资源上要有正确的认识。要看到欠发达地区人口的密度提供了人力的丰富性，人力的丰富性中隐藏了巨大的市场，不要把人力的丰富性看成是欠发达地区的劣势或包袱，要尊重欠发达地区人的生存权、发展权和追求财富的权利。1980 年诺贝尔经济学奖获得者舒尔茨通过对美国及其他一些国家经济增长现象的研究发现，发达国家和新兴工业化国家和地区经济发展的实践都表明，人力资源是经济发展的关键，是构成国家财富的最终基础。当代世界经济发展的现实也证明了这个道理。

（二）欠发达地区有着无比优越的外在支持

1. 跨越式发展是经济迈向高质量发展的必然选择

要准确判断一个国家或地方的经济状况及其发展路径，只有深刻认识其经济发展的阶段性特征，才能从其发展的历史脉络和现实状况中科学把握经济发展趋势。进入新时代，传统经济增长方式与维持经济发展高速增长率难以为继，推动高质量发展是新时代经济发展的根本要求。实际上，发达国家在经济发展迈向成熟阶段之后，必将转向经济增速放缓、发展水平日益提高的高质量发展期，这是经济发展过程中内在的和固有的客观规律。

正是基于对这种经济发展新常态的科学判断，党的十九大报告指出："我国经济已由高速增长阶段转向高质量发展阶段，正处在转变经济发展方式、优化经济结构、转换增长动力的攻关期。"高质量跨越式发展旨在推动实现效益好、质量佳、品牌优、可持续的良性增长，是解决经济发展过程中存在的质量不高、效益不好、创新能力不强、环境不优等问题的必然选择。但需要注意的是，高质量跨越式发展不再追求高增长，并不意味着不要经济增长速度。对于欠发达地区，更是如此。因为，高质量发展与跨越式发展是辩证统一的关系。作为量变和质变的统一体，当经济发展体量积累到一定阶段的时候，经济发展阶段特征就会发生质的变化，从而上升进入为一个新的发展阶段，这表现为经济发展进程中的渐进性和飞跃性的相互作用过程。高质量发展是事关发展方式、经济结构、增长动力的深刻变革，也是推动跨越式发展的源泉和动力。跨越式发展是解决科学发展不足、经济总量不大、产品质量不硬的根本要求，是欠发达地区奋起直追、同步小康的必然选择，也是夯实高质量发展物质基础的客观需要。

2. 金融环境逐渐完善，支持跨越式发展阻力小

当前，我国经济金融风险总体可控，要标本兼治，有效消除风险隐患；严厉打击非法集资、金融诈骗等违法犯罪活动；加快市场化法治化债转股和企业兼并重组；加强金融机构风险内控，强化金融监管统筹协调，健全对影子银行、互联网金融、金融控股公司等的监管，进一步完善金融监管，提升监管效能；防范并化解地方政府债务风险；严禁各类违法违规举债、担保等行为，省级政府对本辖区债务负总责省级以下各级地方政府各负其责，积极稳妥处置存量债务；健全地方政府举债融资机制。

在此良好的金融环境下，金融系统支持欠发达地区实现跨越式发展阻力小。

3. 供给侧改革为实现跨越式发展补足短板

我国坚持把发展经济着力点放在实体经济上，继续抓好"三去一降一补"，大力简政减税减费，不断优化营商环境，进一步激发市场主体活力，提升经济发展质量。就欠发达地区而言，其经济发展特征主要表现为经济总量小、生态环境好、人均收入低、高新产业少，特别是高新技术产业和产品竞争力不强等发展短板仍然比较突出，制约了欠发达地区经济发展规模的壮大与经济社会效益的提升。由此可知，欠发达地区同发达地区相比，无论是经济总量、人均收入还是发展质量和发展方式，都存在很大的差距。这种差距的存在突出表现为制约发展的体制机制障碍导致的产业层次偏低、结构不优、质量不高的不良情况仍然存在。

对此，坚持供给侧改革是促进欠发达地区经济健康发展的必然要求。2018 年，我国继续发展壮大新动能，做大做强新兴产业集群，实施大数据发展行动，加强新一代人工智能研发与应用，在医疗、养老、教育、文化、体育等多领域推进"互联网＋"。加快发展现代服务业。发展智能产业，拓展智能生活，建设智慧社会。运用新技术、新业态和新模式，大力

改造提升传统产业。加强新兴产业统计。加大网络提速降费力度，实现高速宽带城乡全覆盖，扩大公共场所免费上网范围，明显降低家庭宽带、企业宽带和专线使用费，取消流量"漫游"费，为数字中国、网络强国建设加油助力。

4. 创新驱动成为金融支持的动力引擎

创新是发展的灵魂，是欠发达地区金融支持跨越式发展的动力引擎。欠发达地区要紧紧扭住创新这个"牛鼻子"，把创新摆在核心位置，以科技创新引领产业创新，加快形成以创新为支撑的现代化经济体系，推动形成以企业为主体、市场为导向、质量为关键、需求为引领的"产学研用"深度融合的现代产业创新体系。要深入实施创新驱动发展战略，强化企业创新主体地位，完善引才、聚才、育才、用才政策，积极推动互联网金融和实体经济的深度融合，打造创新平台，紧紧围绕重点产业的生产技术需求，组织实施专项重大科技创新攻关，在关键领域、关键环节和关键技术上都取得了重大突破，取得自主创新技术。大力健全科技成果转化机制，建设建好产学研用一体化平台，促进创新链和产业链精准对接，使创新真正成为促进金融支持其经济增长的主要引擎，在创新发展中全面提升欠发达地区经济发展的质量，在增强发展效益的前提下实现较快速度的发展。

5. 绿色低碳是跨越式发展的鲜明标志

绿色低碳发展既是当今世界潮流也是跨越式发展的鲜明标志。坚持绿色发展观是发展观的一场深刻革命，也是坚持在发展中保护、在保护中发展，推动经济社会健康持续协调发展的必然要求。习近平同志指出："绿色发展是生态文明建设的必然要求，代表了当今科技和产业变革方向，是最有前途的发展领域。人类发展活动必须尊重自然、顺应自然、保护自然，否则就会受到大自然的报复，这个规律谁也无法抗拒。要加深对自然规律的认识，自觉以对规律的认识指导行动。"欠发达地区坚持生态优先、绿色发展，大力推进国家生态文明试验区建设，不断开辟绿色发展、绿色惠民、绿色强国新路径，加快推进资源全面节约和循环利用，推动生态要素向生产要素、生态财富向物质财富转变，让良好的生态环境成为人们生活质量的增长点。着力构建科技含量高、资源消耗低、环境污染少的产业结构，大力发展战略性新兴产业和高新技术产业，积极发展工业设计、全域旅游、文化创意等现代服务业，加快发展现代农业，实现由高成本、低效益向低成本、高效益的方向转变，从要素投入型增长走向效率型增长，让"绿水青山"真正变为"金山银山"，使绿色生态成为欠发达地区的最大特征、最大财富、最大优势、最大品牌，使绿色经济成为推动欠发达地区跨越式发展的主旋律，使绿色发展成为美丽中国最为坚实的发展基础。

第 2 节　欠发达地区跨越式发展的机遇和路径

一、欠发达地区跨越式发展的机遇

（一）着力推动供给侧改革，财政及货币政策实施稳健

这些年，世界经济复苏乏力，国际金融市场跌宕起伏，保护主义明显抬头。我国欠发达地区经济发展中结构性问题和深层次矛盾凸显，经济下行压力持续加大，遇到不少两难、多难抉择。面对这种局面，我们要保持战略定力，坚持不搞"大水漫灌"式强刺激，而是把握引领经济发展新常态，统筹稳增长、促改革、调结构、惠民生、防风险，不断创新和完善宏观调控，确立区间调控的思路和方式，加强定向调控、相机调控和精准调控。我国明确强调只要经济运行在合理区间，就业增加、收入增长、环境改善，就集中精力促改革、调结构、添动力，采取既利当前更惠长远的举措，着力推进供给侧结构性改革，适度扩大总需求，推动实现更高层次的供需动态平衡。经过艰辛努力，我们顶住了经济下行压力，避免了"硬着陆"，在形势变化中保持重心稳定，经济发展的"基础大盘"越来越牢固。

长期以来，欠发达各地区坚持实施积极的财政政策和稳健的货币政策。在财政收支矛盾较大的情况下，着眼"放水养鱼"、增强后劲，率先大幅减税降费。分步骤全面推开营改增，加上采取小微企业税收优惠、清理各种收费等措施，减轻市场主体负担。一方面，加强地方政府债务管理，实施地方政府存量债务置换，降低利息负担，调整财政支出结构，盘活沉淀资金，保障基本民生和重点项目。财政赤字率一直控制在 3% 以内。货币政策保持稳健中性，广义货币 M2 增速呈下降趋势，信贷和社会融资规模适度增长；另一方面，采取定向降准、专项再贷款等差别化政策，加强对重点领域和薄弱环节的支持，小微企业贷款增速高于各项贷款平均增速。改革完善汇率市场化形成机制，保持人民币汇率基本稳定，外汇储备转降为升。妥善应对"钱荒"等金融市场异常波动，规范金融市场秩序，防范化解重点领域风险，守住了不发生系统性风险的底线，维护了欠发达

地区经济金融安全。

（二）坚持全面深化改革，着力破除体制机制弊端

对欠发达地区，我国深化了能源、铁路、盐业等领域改革，放宽非公有制经济市场准入，建立不动产统一登记制度，完善产权保护制度。财税改革取得重大进展，全面推行财政预决算公开，构建以共享税为主的中央和地方收入分配格局，启动中央与地方财政事权和支出责任划分改革，中央对地方一般性转移支付规模大幅增加、专项转移支付项目减少2/3。我国基本放开利率管制，建立存款保险制度，推动大中型商业银行设立普惠金融事业部，深化政策性、开发性金融机构改革，强化金融监管协调机制。在欠发达地区教育综合改革方面，我国坚持完善城乡义务教育均衡发展促进机制，改革考试招生制度，建立统一的城乡居民基本养老、医疗保险制度，实现机关事业单位和企业养老保险制度并轨，出台划转部分国有资本充实社保基金方案，实施医疗、医保、医药联动改革，全面推开公立医院综合改革，取消长期实行的药品加成政策，药品医疗器械审批制度改革取得突破。推进农村承包地"三权"分置改革、确权面积超过80%，改革重要农产品收储制度。完善主体功能区制度，建立生态文明绩效考评和责任追究制度，推行河长制、湖长制，开展省级以下环保机构垂直管理制度改革试点。各领域改革的深化，推动了欠发达地区经济社会持续健康发展。

（三）区域协调发展和新型城镇化战略平衡发展，新的增长极、增长带加快成长

我国积极推进京津冀协同发展、长江经济带发展，编制并实施相关规划，建设一批重点项目。出台一系列促进西部开发、东北振兴、中部崛起、东部率先发展的改革创新举措。加大对革命老区、民族地区、边疆地区、贫困地区的扶持力度，加强援藏、援疆、援青工作。海洋保护和开发有序推进。实施重点城市群规划，促进大中小城市和小城镇协调发展。绝大多数城市放宽落户限制，居住证制度全面实施，城镇基本公共服务向常住人口覆盖。城乡区域发展协调性显著增强。

习近平同志指出："要采取有力措施促进区域协调发展、城乡协调发展，加快欠发达地区发展，积极推进城乡发展一体化和城乡基本公共服务均等化，使人民群众在共商共建共享发展中有更多获得感。"为破解区域发展不平衡不充分，区域协调发展机制不完善，产业空间集聚度不高等难题，欠发达地区基本上能够根据本区域各地的历史状况、主导产业、发展

潜力等特点，制定出合乎本地实际的发展战略布局，推动形成层次清晰、各显优势、融合互动、高质量发展的新格局、新布局和新趋势，积极推动生产要素在城乡之间合理流动，城乡差距逐步缩小，城镇与乡村融合发展日益增强，区域协调发展得到较大提升。

（四）精准扶贫有效落实，人民群众获得感不断增强

在财力紧张的情况下，我国持续加大对欠发达地区民生的投入。第一，全面推进精准扶贫、精准脱贫，健全中央统筹、省负总责、市县抓落实的工作机制，中央财政五年投入专项扶贫资金 2 800 多亿元；第二，实施积极的就业政策，重点群体就业得到较好保障；第三，坚持教育优先发展，财政性教育经费占国内生产总值比例持续超过 4%；第四，改善农村义务教育薄弱学校办学条件，提高乡村教师待遇，"营养改善计划"惠及3600 多万农村学生。启动世界一流大学和一流学科建设。重点高校专项招收农村和贫困地区学生人数由 1 万人增加到 10 万人。加大对各类学校家庭困难学生资助力度。劳动年龄人口平均受教育年限提高到 10.5 年。居民基本医保人均财政补助标准提高，大病保险制度基本建立，异地就医住院费用实现直接结算，分级诊疗和医联体建设加快推进。持续合理提高退休人员基本养老金。提高低保、优抚等标准，完善社会救助制度，低保人员和特困群众的基本生活得到保障。建立困难和重度残疾人"两项补贴"制度，惠及 2 100多万人。

（五）在加快发展中突出生态优先，生态文明建设取得明显成效

树立"绿水青山就是金山银山"的理念，以前所未有的决心和力度加强生态环境保护。第一，重拳整治大气污染，重点地区细颗粒物（PM2.5）平均浓度下降 30% 以上。加强散煤治理，推进重点行业节能减排，71% 的煤电机组实现超低排放。优化能源结构，煤炭消费比重下降8.1 个百分点，清洁能源消费比重提高 6.3 个百分点。提高燃油品质，淘汰黄标车和老旧车 2 000 多万辆。加强重点流域海域水污染防治，化肥农药使用量实现零增长；第二，推进重大生态保护和修复工程，扩大退耕还林还草还湿，加强荒漠化、石漠化、水土流失综合治理。开展中央环保督察，严肃查处违法案件，强化追责、问责；第三，积极推动《巴黎协定》签署生效，我国在应对全球气候变化中发挥了重要作用；第四，欠发达地区扎实推进国家生态文明试验区建设，认真抓好中央环保督察"回头看"反馈问题整改，大力推进蓝天、碧水、净土保卫战，实施长江经济带"共抓大保护"攻坚行动和"五河两岸一湖一江"全流域整治行动，开展城乡环境综合整治和绿色殡葬改革，一批突出的环境问题得到有效解决。以江西省为例，2018 年，江西鄱阳湖区域首次实施退耕还湿地项目，因地制宜开展造林"绿化、美化、彩化、珍贵化"建设，启动国家级抚河流域水环境综合治理与可持续发展试点，赣州山水林田湖草生态保护与修复试点取得初步成效。全面实施环境保护费改税。划定生态保护红线，规范完善河长制，全面推行湖长制、林长制，形成 26 项生态文明制度创新成果。全省生态环境质量得到巩固和提升，截至 2018 年 11 月，PM2.5 浓度均值同比下降 15.9%，空气优良天数比例达 88.3%，南昌市、景德镇市空气质量达到国家二级标准，断面水质优良率为 90.7%，江西省成为全国唯一"国家森林城市"设区市全覆盖的省份。

二、实现跨越式发展的路径

（一）充分发挥后发优势，破除发展障碍

后发优势论是跨越式发展的重要理论基础。在特定的历史条件下，欠发达地区利用后发有利因素，大力吸收先进地区的技术、设备、资金和经验，做到人有我有、人有我强、人强我优，可以实现经济的超常规发展。跨越式发展要利用好后发优势必须在"后发"上做文章，摆脱传统路径依赖，从跟跑为主到跟跑、并跑并存，甚至向并跑、领跑转变，变为"先至"，在制约发展的许多障碍上求得突破。欠发达地区充分利用后发优势能够有效地避开市场先驱摸索过程中遇到的发展陷阱和发展方向的错误，推广起来遇到的阻力和难度相对比较小，但在利用后发优势的同时也要强化先发优势。这是因为一个地方或一个企业，只有能够率先取得某个重要领域和关键环节的突破才可以领先技术和创新产品带来的持久竞争优势去开拓新的市场，进而有效地带动全局发展。为此，欠发达地区要充分利用后发优势与先发优势理论，根据经济发展的阶段性特征和实际状况，有效地促进正向激励，通过抓经济、保增长，促进稳就业、稳预期，实现社会动态稳定的跨域式发展目标。

（二）全力推动产业升级，引领创新之路

创新是推动人类不断发展进步的最核心动力，而通过自主创新生成的核心技术正是跨越式发展成功与否的决定性因素。正如习近平同志所说："技术创新是企业的命根子。要紧紧扭住技术创新这个战略基点，掌握更多关键核心技术，抢占行业发展制高点。"因此，只有把核心技术掌握在自己手中，才能真正掌握竞争和发展的主动权。欠发达地区要有效推动跨

越式发展就必须通过创新驱动带动传统产业转型升级，全面振兴实体经济。因此，一方面，我国要加强科技资源整合集聚和开放共享，重点抓好国家级重大创新平台、省内外重点共建创新平台、产业重点创新平台、军民融合创新平台建设，聚焦重点产业，推进创新链、产业链、资金链、政策链"四链融合"，打造具有地方特色的区域创新体系，促进创新体系协同有序、优势互补、科学高效；另一方面，要聚焦主导产业，加快培育新兴产业，改造提升传统产业，发展现代服务业，抢抓数字经济发展机遇。要建立健全以实体企业为主体、以市场需求为引领、以现代企业组织治理机制为纽带、以突破关键核心技术为目标，加快建设产学研用融合协同的新兴产业创新体系。通过自主创新技术促进传统产业转型升级、更新换代，以此来培育新兴产业的产业链，实现传统产业与新兴产业的有机融合、交互发展，全面提升欠发达地区经济发展的创新力、竞争力。

（三）注重人才培养，谋求共同发展

从长远来看，只有人力资源的提升才可能进一步利用知识来推动区域跨越式的发展。因此，欠发达地区要改变落后状况，必须有一个长远的、根本的措施，那就是争取在提高人的素质、培养与经济发展相适应人才方面能有突破性进展。跨越式发展，科技是关键，教育是根本。只有教育水平提高了，科技的发展才有后劲，经济发展才有希望。为此，欠发达地区在人才培育方式方法上，要坚持人岗适用化、成本经济化、模式科学化、技术高端化、产业规模化和发展集约化的主攻方向，深化产教融合、校企联动、供需协调、学有所长的培育理念，培养一批规模宏大、结构合理、素质优良、作用突出的优秀人才，为经济发展提供坚实有力的关键支撑。同时，现有的和今后培养出来的人才如何使用，也成为欠发达地区留住人才、发挥人才效用的十分突出的问题。欠发达地区的人才政策要接地气，要更加注重政策和服务精准化吸引自己需要的人才，而不是与沿海地区比"重金吸引人才"。在不拘一格招揽贤才的同时，更要大力营造凝聚人才、激励人才、留住人才的良好环境。针对重点产业岗位需要，积极探索高端人才特别引进和使用方式，使人才愿意留下来安心工作，而不是"吸金式"的"人才走穴"。

（四）充分利用政策资源，加大重大项目建设

政策资源是欠发达地区实现跨越式发展的支撑和工作抓手。从某种意义上说，欠发达地区之所以落后就是因为缺少一大批可以持续推动经济社会发展的重大政策资源。随着国家对欠发达地区经济发展的密切关注，陆

续提出"一带一路"、乡村振兴、"五位一体"和"四个全面"、金融综合改革试验区等国家重大发展战略,助力欠发达地区经济发展。因此,如何紧紧抓住机遇,充分用足用好政策资源,把它转化为欠发达地区经济社会跨越式发展的切实成效是当务之急。为此,一方面,要树立强烈的发展意识,彻底抛弃"等、靠、要"思想,把主动寻求政策扶持作为每个人的内在渴望和自觉行动,争当抢抓机遇的强者;另一方面,要树立强烈的政策配套意识,认真分析地方实际,仔细研究相应的配套政策,努力做到地方的优惠政策与国家的大优惠政策相衔接、相吻合,充分发挥政策的"放大"效应,争当创造机遇的智者。此外,在面临重大项目实施过程中,要抓住机遇,努力营造全社会抓重点建设的良好氛围,加大重大项目建设投资力度,以推动经济的发展和社会的进步。以云南省为例近几年云南省大力发展基础设施的建设,扎实推进"五网"基础设施建设,全省高速公路通车总里程达 5198 公里,82 个县通高速公路,铁路运营里程达 3856 公里(高铁运营里程达 1026 公里),通航运营机场 15 个,航线实现昆明至东南亚国家首都全覆盖,能源网络贯通城市和农村,互联网全面覆盖,物流网络也在加快建设。

(五)倡导低碳发展,建设绿色品牌

当前,欠发达地区要想实现跨越式发展,必须不折不扣落实推动绿色低碳发展。必须全员着力推进生态环境保护与发展的绿色行动,坚持全域治理、全域保护、全域建设、全域发展,坚决打好防范化解污染防治攻坚战和持久战。要适应信息技术发展趋势,大力发展大数据、云计算、电子信息等新兴产业和新兴技术,占据经济发展的有利优势。同时,大力实施乡村振兴战略,积极发展"绿色农业、特色农业、精品农业、品牌农业",以及中药产业和林下经济等绿色产业,着力培育大健康、全域旅游、休闲度假、绿色金融、工业设计和文化创意等现代服务业,着力彰显发展特色优势,进一步创立并筑牢欠发达地区绿色生态品牌效应。

第3节 跨越式发展的实践——以湖北省和云南省为例

欠发达地区在全国区域协调发展战略上正在以不同形式实现各自的跨越式发展,并都取得了一系列成效,本节以湖北省和云南省为例进行说明。

一、中部跨越式发展实践——以湖北省为例

近些年，湖北省凭借着自身优势，实现了经济的快速增长，GDP 增长率也一直维持在全国平均水平之上。湖北省作为中部崛起的重要战略支点，正在为实现跨越式发展不断努力。

（一）湖北省发展现状

第一，经济实现快速增长。首先，农业生产稳中有增。2018 年，全省农林牧渔业增加值为 3 733.6 亿元，增长 3.3%，比前三季度提高 0.1%。其次，工业经济运行总体稳定。2018 年，全省规模以上工业增加值增长 7.1%，虽比 2017 年回落 0.3%，但高于全国 0.9%。41 个工业行业大类中，有 35 个实现增长，增长面达 85.4%。高技术产业贡献突出。全省高技术制造业增加值增长 13.2%，快于全部规上工业 6.1%。装备制造业增长 7.3%，快于全部规上工业 0.2%，对全省工业增长的贡献率达 34.3%。最后，固定资产投资形势稳定。2018 年，全省固定资产投资增长 11.0%，与 2017 年持平。工业投资增速加快，增长 15.8%，比 2017 年加快 3.9%。工业技改投资保持高速增长，增长 24.2%。民间投资增速加快，增长 11.4%，比 2017 年加快 4.3%。

第二，高新技术产业加快增长。湖北省是我国的老工业基地，经过多年的建设，湖北省已经形成了汽车、冶金、化工、装备制造、建材、轻工、纺织等传统支柱产业和电子信息、新材料、生物医药等高新技术产业为主体、门类齐全的工业体系及较强的生产加工能力。在传统产业方面，2019 年全省农副食品加工、化工、建材、电气机械 4 大行业分别增长 9.8%、9.6%、11.4% 和 12.2%，均高于全国平均水平。在高新技术产业方面，高新技术产业增加值达 3 938.49 亿元，增长 13.7%；高技术制造业增长 16.0%，快于全部规上工业 7.1%。新产品产量保持较快增长。新能源汽车和工业机器人的产量分别增长 31.2% 和 19.8%。

第三，发展环境有新的改善。一是关键领域改革向纵深推进。积极推进"互联网 + 放管服"改革，全省政务服务"一张网"实现省、市、县三级联通。"双随机一公开"监管全面推开；二是高质量"引进来""走出去"扎实开展。2018 年成功举办湖北全球推介、世界 500 强对话湖北、重点上市公司走进湖北等重大活动。积极参与"一带一路"建设，成功举办 2018 年中国中部国际产能合作论坛；三是区域协调发展有效推进。武汉市

领跑带动作用进一步增强,襄阳市、宜昌市转型升级步伐加快。汉江生态经济带、淮河生态经济带均上升为国家战略。

第四,财政金融保持稳定。近年来,在金融服务实体经济过程中,金融资源流入湖北、用在湖北的态势明显,湖北省经济发展迅速离不开金融的支持。2018年,全省地方一般公共预算收入完成3 307.03亿元,增长8.5%。其中,税收收入2 463.46亿元,增长9.6%。一般公共预算支出7 257.55亿元,增长6.7%。截至2018年12月末,全省金融机构人民币各项存款余额为55 371.19亿元,增长7.1%,比年初增加3 662.97亿元;各项贷款余额为44 340.54亿元,增长16.2%,比年初增加6 176.75亿元。

(二)湖北省经济社会跨越式发展综合分析

分析湖北省现状可知,当前是湖北省转变经济增长方式,调整产业结构的重要时期。如果湖北省能够充分开发、利用这些优势潜力,依然有望在保持经济的较高增长下,不断实现经济的跨越式发展。

第一,国家大力促进中部地区崛起,中部地区的崛起成为湖北省跨越式发展的机遇。湖北省正在加紧建设粮食生产基地、能源原材料基地、现代装备制造及高新技术产业基地和综合交通运输枢纽,湖北自贸区、中部地区崛起、武汉市建成国家中心城市、长江中游城市群建设等国家层面战略机遇叠加,湖北省人民政府出台一系列关于促进产业加快发展的政策,一批国家战略重大项目建设的效应已逐步显现,湖北省逐步实现跨越式发展的内在条件趋于完备。

第二,湖北省服务外包产业创新体现跨越式发展。服务外包产业具有占用资源少、污染排放少、吸纳就业多、价值增值高的产业特点,湖北省服务外包产业发展以承接国外先进国家服务外包为主,对全省产业结构优化、经济方式转变和突破资源、要素瓶颈,增强发展后劲,实现跨越式发展具有重要作用。湖北省服务业供给侧结构性改革推进经济高质量发展。2017年,全省完成生产总值36 522.95亿元,增长7.8%,按可比价格计算,增长7.8%,快于全国0.9%。湖北企业承接的服务外包的项目遍及"一带一路"沿线30多个国家,执行额近2.7亿美元,同比增长4.39%。❶这样的发展趋势有利于湖北省以服务外包业为突破口,逐步实现经济的跨越式发展。

---

❶ 谢荣军,袁永友.湖北现代服务外包产业跨越式发展的机理与路径[J].湖北社会科学,2018(8):56—61.

第三，"三大攻坚战"有新进展。一是重大风险防范有效。全省银行业不良贷款率同比下降，高于全国及中部地区平均水平。二是脱贫攻坚精准推进。聚焦深度贫困地区，工作实现清单化、项目化、工程化推进，新增资金、项目、举措向深度贫困地区倾斜。三是污染防治效果明显。坚决做好中央环保督察"回头看"问题整改。生态环境持续改善，PM2.5 累计浓度均值同比降低。"三大攻坚战"取得如此突破性的进展，不仅可以成为湖北省调整经济结构、转变增长方式的重要抓手，也可以成为湖北省实现跨越式发展必由之路。

第四，充分利用后发优势实现跨越式发展。湖北省仍然有较大的后发优势，具有较大的发展潜力，这是湖北省实现跨越式发展的基础和条件。近年来湖北省充分发挥了这些后发优势，促进了经济追赶型高速增长，与发达地区的差距不断缩小。因此，湖北省要继续利用后发优势，挖掘发展潜力。对此，湖北省应继续深化体制改革，让市场机制在经济发展中发挥决定性作用。此外，还要大力发展民营企业，充分利用外资，促进多种经济协调发展。要充分利用人力后发优势，为技术进步、结构调整创造条件。要有效开展引进技术的消化吸收，并且调动企业的创新能动性，加强自主研发能力，加快技术进步的步伐，利用好东部向中西部的产业梯度转移机遇，实现产业结构调整的跨越式发展。

二、西部跨越式发展实践——以云南省为例

这些年，云南省总体经济水平日益增加，全省企业的经济效益也在持续增长，三大产业结构不断优化，科技创新能力也迈上了新台阶。通过国家宏观调控以及自身发展，云南省正在向跨越式发展迈进。

（一）云南省发展现状

第一，全省经济保持平稳运行。首先，农业经济平稳向好。云南省深入推进农业供给侧结构性改革，高原特色现代农业实现量效齐增，绿色食品产业不断发展壮大。2018 年，全省农林牧渔业增加值完成 2 552.78 亿元，同比增长 6.3%，增速较 2017 年提高 0.3%，排全国第 2 位。全年粮食产量 1 860.54 万吨，同比增长 0.9%。其次，工业高开稳走。全省大力推进深化供给侧结构性改革，抓好传统产业改造提升和新兴产业集群发展，加快培育新动能。2018 年，全省规模以上工业增加值同比增长 11.8%，增速较 2017 年提高 1.2%，高于全国（6.2%）5.6%，排全国第 2 位。最后，固定资产投资结构不断优化。全省聚焦重点，精准发力，推

动固定资产投资持续较快增长。2018 年，全省固定资产投资（不含农户）同比增长 11.6%，增速高于全国（5.9%）5.7%，排全国第 3 位。分产业看，第一产业投资保持快速增长，全年同比增长 36.8%；第二产业在连续 2 年负增长的情况下扭负为正，同比增长 11.3%；第三产业企稳回升，同比增长 10.6%。

第二，发展活力动力明显增强。全省主动服务和融入"一带一路"建设和长江经济带发展，争取国家出台支持云南省加快建设面向南亚、东南亚辐射中心的政策措施，出台 15 个配套实施方案，制定云南省新时代扩大和深化对外开放若干意见，中缅、中老经济走廊建设迈出实质性步伐，云南省良好的区位优势正在加快转变为发展优势。2018 年，云南省新引进中国中车、大华银行等 10 家世界 500 强企业，入滇世界 500 强企业达 114 家，引进省外到位资金突破万亿元大关。全年为实体经济企业减负 952.3 亿元。民营经济增加值增长 9.1%，占全省地区生产总值比重达 47.3%。

第三，产业结构调整迈出坚实步伐。2018 年，云南省委、省政府以构建"两型三化"现代产业体系为目标，大力发展八大重点产业，着力打造世界一流"三张牌"，生物医药、信息、新材料、先进装备制造 4 个重点产业"施工图"印发实施，产业推进路径更加清晰。在"健康生活目的地"方面，"一部手机游云南"引领云南旅游革命、推动旅游业转型升级；特色小镇建设成效明显，发展方向更加明确，支持政策更加精准。2018 年全省落实 22.5 亿元财政奖补资金支持 15 个特色小镇，树立起"大干大支持、不干不支持"的工作导向，形成了一批具有影响力的特色小镇示范。产业尤其是一批先进制造业项目的引进落地、特色小镇等新增长点的逐步形成，正不断增强全省高质量发展后劲儿。

第四，绿色发展加快推进。云南省委、省政府围绕争当"全国生态文明建设排头兵"，启动建设中国最美丽省份，全面推进蓝天、碧水、净土"三大保卫战"，打响九大高原湖泊保护治理等 8 个标志性战役，生态环境质量不断改善。2018 年，云南省万元 GDP 能耗下降 3%，14.7 万辆黄标车被全部淘汰，16 个州市政府所在地城市环境空气质量优良天数比率为 98.9%；完成营造林 823 万亩，退耕还林还草和陡坡地生态治理 336 万亩，森林覆盖率达 60.3%，较 2017 年提高了 0.6%；88% 的自然村对生活垃圾进行了收集处理，新增 42.9 万座农村无害化卫生户厕。

（二）云南省经济社会跨越式发展综合分析

在分析云南省发展的现状、审视云南经济发展的宏观环境和基础条件的基础上，我们认为，云南省实现跨越式发展既紧迫必要也科学可行。

第一，云南省正在迈出跨越式发展的坚实步伐。2015 年以来，云南省经济增速一直位居全国前列，经济总量从 2014 年全国第 23 位升至 2018 年全国第 20 位。2018 年，全省经济总量达 17 881.12 亿元，地方公共财政总收入达 3 719.77 亿元，分别 1952 年的 205 倍和 1 988 倍，全省城镇居民人均可支配收入 33 488 元，是 1950 年的 283.7 倍，农民人均纯收入 10 768 元，是 1956 年的 182.8 倍，培育了在全国有重要影响的烟草、旅游、能源、有色、生物等支柱产业，成为国家"西电东送""云电外送"重要绿色能源基地。2019 年上半年，全省地区生产总值增长 9.2%，继续保持全国前列。通过扎实推进"五网"基础设施建设，制约云南省发展的"瓶颈"正在突破，全省高速公路通车总里程达 5 198 公里，82 个县通高速公路，铁路运营里程达 3 856 公里（高铁运营里程达 1 026 公里），通航运营机场 15 个，航线实现昆明至东南亚国家首都全覆盖，能源网络贯通城市和农村，互联网全面覆盖，物流网络加快建设。❶

第二，全面深化改革是云南省实现跨越式发展的必由之路。在云南这样一个集边疆、民族、山区、贫困于一体的省份实现跨越式发展，一定要在习近平新时代中国特色社会主义思想指引下，按照"五位一体"总体布局和"四个全面"战略布局要求，牢固树立和贯彻落实新发展理念，扎实推进全面深化改革各项任务，确保重要领域和关键环节改革取得突破性进展，不断增强发展活力与动力。云南省切实深入推进供给侧结构性改革，积极稳妥化解产能过剩。按照"优化存量、引导增量、主动减量"的要求，有序淘汰落后产业，推动特困企业有序退出。加快调整优化工业结构，落实制造业升级行动，促进工业经济加快转型发展。最大限度地发挥优势产业对经济增长的主导作用，支持和鼓励企业推进技术改造和产品创新。帮助企业降低成本，强化企业服务，积极开展降低企业成本行动，实施涉企收费目录清单管理，抓好工业企业"惠企贷"工作，切实降低企业制度性交易、金融等成本。

第三，脱贫攻坚取得一定成效。坚持以脱贫攻坚统揽经济社会发展全局，坚定贯彻执行精准扶贫、精准脱贫的基本方略，聚焦解决"两不愁三保障"突出问题，推动脱贫攻坚工作取得显著成效。2013—2018 年，全省有 707 万贫困人口实现脱贫、5 068 个贫困村出列、48 个贫困县脱贫"摘帽"，独龙族、基诺族、德昂族三个"直过民族"和人口较少民族实现整

---

❶ 陈豪，阮成发. 闯出一条跨越式发展的路子来［N］. 人民日报，2019 – 08 – 01.

族脱贫。云南省顺应各族人民对美好生活的向往，不断增投入、保基本、补短板、兜底线、建机制、促公平，学有所教、病有所医、老有所养、住有所居、弱有所扶持续得到加强，各族人民真切感受到党的关怀。针对突出问题，云南省将继续打好决胜全面建成小康社会的三大攻坚战。坚持结构性去杠杆的基本思路，防范化解重大风险，在管住增量风险的同时注重化解存量风险，防范金融市场异常波动和共振，稳妥处理地方政府债务风险，做到坚定、可控、有序、适度。❶

第四，基础设施建设为跨越式发展打下坚实基础。云南省各企业主动融入"一带一路"、沿边金融综合改革试验区等国家重大战略部署，充分发挥建行经营牌照种类齐全优势，聚焦云南省"五网"基础设施建设、"四个一百"、8大产业、园区经济、新型城镇化和特色小镇发展等重大项目，通过"融资+融智"结合，"投+贷"联动，形成"资产业务+资管业务"合力，不断扩大信贷规模和综合融资范围，持续加大对全省重点领域和重点建设项目的金融支持力度。发挥好"泛亚跨境金融中心"平台作用，积极联动建行境外分行、境内外子公司，运用建信通、海外发债、跨境融资等产品，提升对"一带一路"项目及"走出去"客户的服务能力。❷

第五，云南省科技创新走上跨越式发展道路。2016年，云南省科学技术厅发布《云南省"十三五"科技创新规划》，这是云南省首次以科技创新命名的专项规划。该规划明确提出，科技创新是支撑、引领和建设创新型云南的第一动力。云南省要抢抓"一带一路"建设、长江经济带发展、新一轮西部大开发等一系列重大战略机遇，主动服务和融入国家战略，"第一动力"的定位准确，建设目标明确。云南省科技创新的跨越式发展主要体现在，一是跨部门、跨行业和跨领域的联动合作与科技协同创新，实现产学研政企各创新主体聚集，带动产业聚集，培育人才团队，凝聚各业英才，打造重点实验室，整合各方资源。二是跨地域、跨区域的科技人才流动与科技资源聚合，破解科技发展不平衡、差距大、布局不合理等难题，实现区域创新能力和竞争能力的整体提升，建设科技创新核心区、示范区、试验区等区域创新中心。三是大跨步提质增效与可持续发展齐头并进。云南省在科技创新的发展道路上要加速赶超，才能脱去原先的落后封闭，同时，还要坚持高质量和高效率保证稳健跨越而不至摔跤，确保科技

❶ 张雪鹏. 推动云南经济高质量跨越式发展 [J]. 社会主义论坛，2019（3）：30—31.
❷ 陈中新. 发挥金融"主力军"作用 支持云南跨越式发展 [N]. 金融时报，2018－03－05.

创新的可持续发展，为云南"生态文明建设排头兵"的发展定位提供支撑。在广泛多元的科技创新资源要素、多元多样的民生需求，"一带一路"建设背景下，云南的不同科技队伍必然选择走跨越式发展的道路。❶

　　第六，生态文明建设有所改善。2015 年 1 月，习近平总书记在考察云南时，要求云南"一定要像保护眼睛一样保护生态环境，努力使云南成为生态文明建设的排头兵"。围绕习近平总书记提出的战略定位，云南省推进生态文明建设需要在思想认识和工作方法上进行深入研究和探讨，坚决打好污染防治攻坚战，加快生态文明体制改革，大力推进"生态文明排头兵"建设，推动形成人与自然和谐发展的现代化建设新格局。对此，云南省紧扣"努力成为我国生态文明建设排头兵"的战略定位，以建设中国最美丽省份为目标，深入实施大气、水、土壤污染防治行动计划，全力抓好以九大高原湖泊保护治理、以长江为重点的六大水系保护修复等八大标志性战役，深入开展城乡人居环境提升行动和农村人居环境整治，深化生态文明体制改革，坚决打好污染防治攻坚战，推动生态文明建设和环境保护不断取得新进展。2012—2018 年，云南省全省森林覆盖率从 50.03% 提高到 60.3%，地级以上城市空气质量优良天数比率一直在 98% 以上，洱海、滇池等九大高原湖泊保护治理取得新成效，绿色发展和生态文明理念深植云岭大地。

第 4 节　金融支持欠发达地区跨越式发展的重要作用

　　近年来，欠发达地区在实现跨越式发展方面已取得了不错的成绩，接下来，欠发达地区要想继续缩小与发达地区之间的差距，加大跨越式发展的力度，金融支持是必须给予高度重视的中心环节，金融业对促进欠发达地区经济社会的跨越式发展发挥了重要作用，在对推动与国外贸易投资便利化和经贸往来方面奠定了良好的基础。

---

　　❶ 胡甜，陈光丽，石映波 ."一带一路"下云南科技创新差异化与跨越式发展探究［J］. 云南科技管理，2019（3）：13—15.

一、欠发达地区实现跨越式发展的基本情况

(一) 着力建设融入长江经济带的交通网络

交通网络是区域经济跨越式发展的前提。如果在资源信息获得、传递、沟通方面不能与其他地区一致，就永远存在思想滞后时差，永远存在行动时差，永远存在经济发展落差。中西部地区只有采用跨越式发展方式才能缩小与东部地区的差别，而跨越式发展内容最直接、最迫切、最容易率先实践的领域就是交通网络。长江经济带战略作为中国新一轮改革开放转型实施新区域开放开发战略，是具有全球影响力的内河经济带、东中西互动合作的协调发展带。对此，欠发达地区正在着力增强区域性综合交通枢纽功能，构建四通八达的交通网络，积极巩固加国际航班密度，大幅提升空中客货运输能力。如云南省昭通市就已实施交通先行战略，把昭阳建设成为云南融入长江经济带的交通枢纽，按照市委、市政府"一环两横四纵六联络"高速公路网布局，加快高等级干线公路建设，全力打通市际、区际、乡际"断头路""瓶颈路"，积极配合做好渝昆高速、策克（内蒙古）至磨憨（云南勐腊县）公路、都香高速、沪昭高速、张家界至巧家公路等干线公路援建工作，增设主城区干道与高速公路出入口的衔接，全面完成绕城高速、国道231、大山包一级公路建设。

(二) 以脱贫攻坚为契机，建成"扶贫攻坚示范区"

欠发达地区坚持以脱贫攻坚统揽经济社会发展全局，按照"六个精准"要求，紧紧围绕"脱贫、出列、摘帽、增收"目标，健全完善"投入增长、资源整合、社会参与、驻村帮扶、考核激励、退出约束"六项保障机制，解决好"扶持谁、怎么扶、谁来扶、如何退"等问题。聚焦贫困对象，深入实施"产业发展引领脱贫、基础设施务实脱贫、易地搬迁促进脱贫、发展教育带动脱贫、劳务输出支持脱贫、社会兜底保障脱贫、生态补偿扶持脱贫、资产收益辅助脱贫、恢复重建巩固脱贫、环境整治助推脱贫"十大行动，严格按照"四有一超受益"和"十有标准，特准施策、特准发力。2018年，我国中部地区农村贫困人口为597万人，比2017年减少515万人；西部地区农村贫困人口为916万人，比2017年减少718万人。各省农村贫困发生率普遍下降至6%以下。其中，农村贫困发生率降至3%及以下的欠发达地区省、自治区有15个，包括河北、内蒙古、辽宁、吉林、黑龙江、安徽、江西、河南、湖北、湖南、海南、重庆、四川、青海、宁夏等。

（三）以高新技术园区为平台的产业板块正在形成

欠发达地区把高新技术园区作为经济发展的主战场，实施园区经济倍增跨越计划，大力改善园区基础设施条件，加大招商引资力度，使大项目、大产业、大企业向园区聚集，着力打造园区经济"航母"。对此，欠发达地区应牢牢把握中西部地区承接东部沿海劳动密集型产业转移的历史机遇，以园区为平台，以战略招商为核心，积极争取经济效益好、资源消耗低、环境污染小的产业入驻，努力打造对内开放合作经济带承接产业转移示范区。2018 年，我国国家级高新技术开发区共有 156 个，分布在 29 个省、市、自治区（仅山西省和西藏自治区暂未设立国家级高新区）。截至 2017 年，我国高新技术产业园区已经拥有 4.6 万家高新技术企业，占全国的 39.4%，同比增长 18.6%。

（四）跨越发展的思想水平正在提升

当前，欠发达地区正处在跨越追赶的关键时期，但由于其经济社会发展的底子薄、欠账多、基础差、实力弱，所以在推动跨越式发展中还需付出更为艰巨、更为艰苦的努力。对此，各地区必须要转变观念，推陈出新，准确把握思想再解放，认识再深化，实践再发力，立足自身发展，把新发展理念和跨越式发展要求落实到各项工作中，奋力开创欠发达地区跨越式发展的新局面。近年来，欠发达地区已经开始优先、全面发展教育事业，增强科技创新能力，加大人才资源开发力度，积极推进文化建设，加快发展社会事业，着力保障和改善民生。完善城乡医疗卫生服务体系，推进医药卫生体制改革，大力加强就业和社会保障。2018 年，中西部贫困地区接受教育转移支付已达到约 2 454 亿元，占全国总支付的 80%。农村普通小学、初中生均教育经费支出保持较快增长，2017 年分别达到 1.14 万元和 1.55 万元。

二、金融支持跨越式发展的重要作用

（一）有利于调整经济结构和产业结构

欠发达地区经济发展的关键主要取决于产业结构的优劣。产业结构的调整，会引起社会资源的流动，这需要资金的扶持和金融税收的支持。加强金融支持力度，有利于积极推进现代工业化进程，加快发展战略性新兴产业，提高产业的市场化水平。产业结构的优化，有利于培育和引进大企业大集团，带动和促进中小企业以及非公有制经济的快速发展。同时，还有利于积极发展高附加值的产业，并以特色产业为核心，发挥产业集聚效应，提高地区的整体竞争力。比如，依托资源优势，可以积极推行产业园区建设，使之成为该地区经济跨越式发展的新亮点。

（二）有利于改善投资环境，引导资源合理配置

一个地区经济崛起的核心是采取一切可能的办法吸引资本。我国东南沿海地区迅速崛起的经验是开放引资带来经济总量扩张，经济总量扩张吸引到了更多的资本，从而实现了资本的快速积累。解决欠发达地区的资金问题，强化对跨越式发展的金融支持显得极为重要。通过金融支持，加快欠发达地区基础设施建设和生态环境建设，培育和发展优势产业，不仅能改善欠发达地区投资环境，增强投资吸引力，引导国内外投资流入这些地区，而且还可以通过资金的流入带动人才、技术、信息等相关资源的流入，并使欠发达地区经济发展所需的各类资源在更高层次上得到充分、合理的配置，从而为欠发达经济的进一步发展创造条件。

（三）有利于拓宽资金供给渠道，缓解资金供需矛盾

长期以来，欠发达地区经济发展所需的资金大部分依赖于中央财政和银行信贷资金投入，但通过银行部门的间接融资量与东部地区相比则明显不足且流失严重，直接融资量由于资本市场不发达则更是微乎其微。中央财政通过转移支付将进一步加大对欠发达地区跨越式发展的支持，但仍难以满足其中大规模基础设施建设、优势资源振兴项目建设和生态环境改善等所需的大量资金。要解决跨越式发展中资金供需矛盾，就必须通过采取切实有效的金融政策措施，健全金融体系，充分发挥金融筹资功能，拓宽融资渠道，引导资金流向欠发达地区地区，扩大资金注入量。

第 5 节　金融支持欠发达地区跨越式发展面临的挑战

一、跨越式发展缺乏资金支持

资金是社会生产的基本要素，其配置方向决定着经济增长的方式与质量。资金趋利性的市场化配置，就必然导致经济欠发达地区的资金流向经济相对发达的地区。资金趋利性的理性流向产生的资金配置的结构性失衡则不利于缩小经济欠发达地区与经济发达地区尤其是东西部地区间的经济差距，也不利于国家西部开发经济金融政策意图及资金扶持作用的充分发

挥。欠发达地区贷款权限高度集中的管理体制往往困扰着经济的发展。商业银行、信用社新增贷款主要是以农户贷款和小额信用贷款的方式发放的，由于其额度较小，不能满足农户的需要，而一些县级机构又无权审批额度大的贷款需求，从而导致金融机构贷款增长与支持地方经济发展不相协调。

二、吸收外部资源的政策力度不够，经济发展缓慢

欠发达地区经济在宏观经济中处于第三阶梯的后发角色上，阶梯为发达城市—大型制造业城市—县域经济区域—广大农村），经济增长及其效应客观上将高附加值资源配置到发达地区。在这种情况下，很多欠发达地区市、县级政府又在吸引外部资源推动本地经济发展的工作中重视度和主动性又都不够，很少拿出或根本拿不出本地具有比较竞争力的项目推出市场以吸引投资者，吸引人才、资金的软环境营造也不够，不善于利用自身的某些优势主动地融入以欠发达地区为核心的经济产业圈中去获取发展资源。

三、融资力度不足，企业竞争优势不明显

欠发达地区的中小企业快速发展，并在解决就业、贡献税收、技术创新、区域经济协调发展以及新农村建设中发挥着重要作用。但这些中小企业在发展中普遍面临着融资力度不足的问题，融资困境已成为制约中小企业生存和发展的"瓶颈"。主要体现在：一方面，欠发达地区中小企业在企业竞争力上获得较大提升的同时，多渠道获取资金以支持经济活动的需求也极为迫切，加上原材料、油价、运费等价格上涨，成本推动型的通货膨胀，更加重了企业流动资金紧张的局面；另一方面，小微企业融资多数依赖银行贷款，银行的服务对象主要集中在大企业、大集团和大行业，对中小企业的信贷门槛很高，而大部分小微企业由于资产规模小、资信等级低，信息透明度低、缺乏抵押物，财务制度不健全、抗风险能力弱，银行对于数额小、频率高、风险大、时间性强的中小企业存在"惜贷""惧贷"的现象。因此，欠发达地区必须保障融资畅通，这对促进欠发达地区中小企业成长壮大、推动地方经济社会持续健康发展都具有重要意义。

四、财政问题突出，人才流失加重

受现有财税体制、欠发达经济实力弱、承担任务繁重等因素的影响，目前，我国欠发达部分地区仍存在财政入不敷出的问题。因财政硬缺口大，从而导致欠发达地区经济自主发展能力不强，县乡级政府调控手段虚

弱，同时因政府长期负债造成农民负担加重，而县乡级财政基本上是"吃饭财政"，财政收支缺口过大，导致地区人居环境差、待遇低，不仅难以吸引资金和人才，反而使本地人才大量外流。特别是县乡村政府的信用明显降低，导致县乡农村金融问题十分突出，贷款难、难贷款的问题同时存在，县域经济发展缺乏强大的金融支持。

五、产业结构不合理，调整缓慢

一直以来，欠发达地区经济中的突出问题是经济结构不合理，产业结构调整滞后，产业及产品结构升级缓慢。一般来说，中西部地区第一产业所占比重都比较高，而在第一产业中，传统种植业仍然占据较大比重，优质高效农业、绿色农业和生态农业近几年虽然有所发展，但占经济总量的比重很小；第二产业优势不突出，工业基础薄弱，工业化水平低，规模经济及现代高科技企业少之又少，缺乏技术含量高或市场占有率高的"拳头产品"；第三产业近年来在比重上虽然有所提高，但是受第一、第二产业现状的制约，第三产业仍以传统服务业为主，缺乏现代商流、物流、信息流等现代服务业。

六、资本市场发展缓慢，直接融资渠道不畅

资本市场作为一种直接融资和体现市场金融交易关系的制度，对于推进金融发展与金融深化，促进整个金融制度的市场化转变具有重要意义。自20世纪80年代以来，我国资本市场特别是股票市场、基金市场和国债市场的发展十分迅速，市场体系日益完善，初步形成了现代资本市场的初步框架，但资本市场的区域结构极不平衡，欠发达地区资本市场的发展比较缓慢，直接融资渠道过窄。资本市场融资的区域不平衡性主要表现在两个方面：一方面，欠发达地区缺乏较大的区域性中心资本市场，证券化融资渠道不畅，资本市场容量小，股票与债券的发行量低、发行范围小。无论从上市公司数量还是从证券市场的募集资金额，中西部地区都远远落后于东部沿海地区；另一方面，欠发达地区的资本市场体系不健全，资本市场组织机能不完善，资本内生形成能力差，市场本身的融资能力不强，约束了整个市场的发展，在弱化欠发达地区融资能力的同时，又严重削弱了其产业的发展潜力，同时也加大了间接融资机构的融资压力和风险。

第7章 欠发达地区跨越式发展的金融支持体系构建

通过前面几章的理论与现状分析，我们对比分析了欠发达地区的经济、金融支持现状及其区域性特征，从中可以看出：金融市场发展不足、金融机构、政策发展不平衡、信用环境不佳等都严重制约着欠发达地区的经济发展。在这种情况下，就需要通过跨越式发展来帮助欠发达地区实现脱贫致富。基于此，本章需要解决的一个中心问题是：如何从金融支持角度入手，为欠发达地区实现跨越式发展提供足够的保障。我们认为，利用金融政策工具支持欠发达地区发展，必须使金融政策工具的优势与欠发达地区的金融需求特点双向契合，建立起政策金融与商业金融相互配合，资本市场、货币市场、债券市场和保险市场相互配套，法律保障和宏观政策共同促进的系统化政策体系。

据此，本书著者分别从金融市场、金融机构、欠发达地区金融改革试验区构建以及创新金融工具四个方面提出我国促进欠发达地区实现跨越式发展的四大金融政策。首先，金融市场主要从货币市场和资本市场两个角度给出了改善欠发达地区金融市场的相应措施；其次，分析了欠发达地区的商业银行、政策性银行、合作性金融机构及保险机构存在的问题，并给出了针对性的发展建议；再次，通过论述欠发达地区金融改革试验区构建在促进地区经济发展中的作用，分析了欠发达地区设立金融中心的现实与问题，从而提出了相应的构建措施；最后，从金融支持的角度，论述了其对欠发达地区民营企业及高科技企业的发展具有的重大作用，进而提出了创新欠发达地区金融工具的政策建议。

第 1 节　金融政策体系之一——培育发展金融市场

对欠发达地区而言，如果实行统一的金融政策，仅仅通过市场"看不见的手"来实现资金由发达地区向欠发达地区回流是不现实的。在现阶段，需要靠政府区域性的金融支持政策才能更好地解决欠发达地区资金需要的问题，以及更好地实现公平的金融政策问题。因此，必须利用政府这只"看得见的手"采取反向调节，才能实现资金向欠发达地区的聚集。因此，实施区域性金融政策，是解决欠发达地区资金供应问题的关键环节，进一步为营造其公平的金融市场环境提供有力支撑。其总体框架是要积极培育货币市场与资本市场两个层次。

一、货币市场

（一）进一步降低准备金率及再贴现率，逐步提高再贷款与再贴现限额

2018 年，我国提出，稳健的货币政策要保持中性和松紧适度，进一步降低欠发达地区金融机构的存款准备金率，增强其开展再贷款的能力，对欠发达地区跨越式发展发挥了积极作用。中央银行应在欠发达地区实行与发达地区有区别的、更加优惠的存款准备金政策，即发达地区的存款准备金率可以高一些，而欠发达地区的存款准备金率可以低一些，或弹性有所增加。并且针对金融机构因支持欠发达地区经济发展、国企改革而出现的临时性、季节性资金需求，国家应给予更大力度的再贷款、再贴现支持，适当扩大贴现和再贴现的对象和范围，进一步下放再贴现的审批权限，简化审批手续，期限可适当放宽，尤其对以城市商业银行与城乡信用合作社为主的中小金融机构再贷款应适当下调再贷款利率。以西部地区为例，西部大开发战略实施以来，央行通过调整存款准备金率和存贷款利率，合理调控银行信贷结构，吸引区域外的企业投资，使资金流入西部，增加货币供给量，满足西部的资金需求。中国人民银行确立了"三档两优"的存款准备金率新框架。为进一步深化金融供给侧结构性改革，引导农村金融机构服务县域，加强对"三农"和小微企业的支持，从 2019 年 5 月 15 日开始，人民银行将服务县域的农村商业银行与农村信用社的存款准备金率并

档，对仅在本县级行政区域内经营，或在其他县级行政区域设有分支机构但上年年末资产规模小于 100 亿元的农村商业银行，执行与农村信用社相同的存款准备金率。县级行政区域是指农村商业银行注册所在的县、自治县、县级市、市辖区、旗、自治旗等行政区划单位。此次并档约有 1 000 家服务县域的农村商业银行可以享受该项政策，释放长期流动性资金约 3 000亿元，相当于一次定向降准。此次调整于 2019 年 5 月 15 日、6 月 17 日、7 月 15 日分三次实施。实施到位后，我国的存款准备金制度形成"三档两优"的新框架。

（二）进一步实行优惠利率，增加货币资金供应

当前统一的利率政策实际上就是对发达地区投资行为的一种变相补贴，也是对欠发达地区投资行为的一种变相征税。欠发达地区利率市场化水平较低，导致金融机构筹资成本较高。这一方面导致使欠发达地区金融机构，尤其是国有商业银行惜贷和资金外逃；另一个方面，加剧了欠发达地区资金紧张的状况，并在很大程度上产生保护落后、抑制先进的负面效应。因此，进一步推进利率市场化改革，提高金融资源配置效率，完善金融调控机制对促进欠发达地区跨越式发展尤为重要。欠发达地区资金成本较高、经济效益较低，而这样可以保证金融系统在开发前期积累适当的资金，降低经营风险。近年来，我国加大金融扶贫力度，鼓励和引导商业性、政策性、开发性、合作性等各类金融机构加大对扶贫开发的金融支持。运用多种货币政策工具，向金融机构提供长期的、低成本的资金，用于支持扶贫开发。设立扶贫再贷款，实行比支农再贷款更优惠的利率，重点支持贫困地区发展特色产业和贫困人口就业创业。

此外，由于欠发达地区的货币弹性大于全国的货币弹性，因此，应在欠发达地区实行高于全国货币供应增长的货币投放政策，也就是放宽欠发达地区的货币发行与现金管理，增加货币投放，以促进商品经济的发展。另外，要按劳动生产率增长指标严格控制消费基金，不搞工资总额的总量控制，而改为与劳动生产率直接挂钩的办法，使工资增长与劳动生产率的增长保持合理的比例，从而兼顾积累与消费，促进经济发展。

（三）放宽金融机构业务限制，降低市场准入制度

在欠发达地区，放宽金融机构业务限制，并在现有的金融机构的基础上，降低欠发达地区金融机构市场准入制度。鼓励更多国内外金融机构增加对欠发达地区的信贷投入，进一步加强对地方商业银行、农村合作银行和外资银行的改革，共同为中西部建设提供资金支持。在全国银行同业拆

借市场上，促进欠发达地区一些管理规范、规模较大、资产质量与内部风险控制较好的商业银行及证券公司、信托投资公司等不同性质机构的发展，以增加交易频率，改变因为资格限制对欠发达地区融资的制约。同时，可以借金融业已经全面对外开放的契机，准许已落户欠发达地区的外资银行经营更多人民币业务，扩大欠发达地区利用外国政府与国际金融组织贷款的规模，并以此吸引更多国内外金融机构进驻欠发达地区开展金融业务，促进欠发达地区经济发展。此外，还可以借鉴村镇银行在部分农村试点的成功经验，加快在欠发达地区建立村镇银行，发挥政府主导作用，充分落实金融优惠政策。

（四）加大差异化信贷政策支持力度，促进产品结构和技术结构调整

运用好差异化信贷政策，引导资金更多投向小微企业、"三农"和贫困地区，促进产品结构和技术结构调整。国家应通过信贷政策适当降低建设项目资本金限制，延长银行贷款期限，对商业银行资金加以引导，优先支持欠发达地区交通、电信、农田水利等基础设施建设，为经济开发打好基础，创造一个良好的投资环境；实行鼓励地区城市商业银行发展的策略，相比较国有大型商业银行，这些银行在支持民营经济、微小企业贷款方面有更大动力。与此同时，促进国有商业银行信贷结构优化和业务调整。伴随着供给侧结构性改革的推进，政府出台了一系列政策支持产业结构升级，先进制造业、机器人、新材料、航空航天、人工智能、健康养老、文化旅游、高端医疗、电商平台等战略性新兴产业和新经济领域，出现了大量新市场和新客户。因此，我国要合理促进产品结构和技术结构调整，为扩大欠发达地区的信贷资金规模创造良好的政策环境。此外，国家要高度重视巩固脱贫、防止返贫工作，继续加强对已脱贫地区金融政策运用，加大对脱贫地区经济发展和群众增收的金融支持，确保脱贫攻坚期内脱贫不脱政策，增强脱贫致富的稳定性。推动、巩固和完善融资担保、风险补偿等金融扶贫的配套政策体系，注重强化市场化激励约束，激发贫困地区内生发展动力，促进实现可持续发展。

二、资本市场

资本市场作为金融市场的主要组成部分，其作用在于通过迅速有效地把资金从储蓄者手中转移到投资者手中的转移机制，来实现资本不断地在运动中保值增值，并以此来促进整个社会资源的优化配置。利用资本市场开展直接融资是解决西部地区发展中资金短缺的重要途径。这就要求西部

地区根据其所处的发展阶段、融资状况和制度创新等方面对资本市场发展的约束，做大做强资本市场，通过股权、债券融资的方式提高直接融资比重，服务实体经济，并加快培育多层次资本市场，使其走向成熟和完善，进而发展欠发达地区区域性金融中心。

（一）加大欠发达地区股票及债券发行政策的倾斜力度

近五年来，我国多层次资本市场体系建设加快推进，紧扣供给侧结构性改革主线，提高资本市场服务实体经济和国家战略的能力。在稳定市场和防范风险的基础上，积极扩大直接融资，在股债两个市场上同向发力，切实发挥资本市场优化资源配置、降低杠杆率、促进创新创业等方面的积极作用。

1. 股票发行与上市政策实行适当的区域或产业优先

在资本市场的几个子市场中，股票市场的市场性最强，因此股票市场支持西部大开发的侧重点应放在市场信誉高、效益好的改制企业上。在符合上市条件的情况下，可优先考虑欠发达地区企业上市，扶持与培育一批具有增长潜力与带动力强的公司上市，进一步提高欠发达地区的资本市场筹资规模与提高欠发达地区上市公司数量在全国总数中的比重。2017 年，西部地区上市公司业绩表现突出，截至 8 月底，西部 12 省（区、市）共有上市公司总市值达 6.6 万亿元。而 2017 年上半年，西部地区上市公司净利润同比增长 54%，较上市公司整体水平高出 36 个百分点。❶

特别是证监会认真贯彻落实中央决策部署，自觉将支持西部地区资本市场发展放在战略全局中去谋划和推动，在企业上市、新三板挂牌、人才支持等方面出台倾斜政策，资本市场与西部地区经济社会发展的联动性越来越强。2017 年，西部地区上市公司股权融资 1 800 多亿元，并购、重组金额 1 500 多亿元，分别同比增长 9% 和 34%。截至 2017 年 8 月底，西部地区在新三板挂牌企业达到 1 100 多家，在区域性股权市场挂牌企业达 4 700 多家，累计为企业融资 2 400 多亿元。

2. 支持地方银行发行地区金融产业债券

欠发达地区银行业服务功能比较弱，发展水平和金融服务质量的非均衡性和差异性，加大了欠发达地区经济发展的难度。鉴于欠发达地区的分散集资状况，应支持欠发达地区的银行独立发行地区金融产业债券，这样可以把地方分散筹资转变为银行有计划地集中筹资，从而有利于把地方开

---

❶ 徐昭. 提升资本市场服务 助力西部地区发展 [N]. 中国证券报，2017 - 09 - 16.

发的积极性与发展战略协调起来，使投资者与经营者结合，有利于金融参与产业。同时，为共同营造区域金融发展良好环境，我国要不断优化金融司法环境，为打击银行、证券违法犯罪活动保驾护航，通过交流任职、相互挂职等方式，进一步加大中央金融监管部门与地方政府的干部交流力度，为区域金融发展提供智力支持，从而为欠发达地区实现跨越发展找到了解决资金需求的新途径。

3. 加大企业债券发行力度

对于欠发达地区而言，企业债券的财务杠杆作用尤为显著。企业债券有利于保持对企业的股权控制，有利于加强对企业经营的监督，并且可以降低企业经营成本。此外，还有利于优化企业财务结构，进而实现市场价值最大化。

4. 加快完善信用担保体系

为了使欠发达地区经济能够持续发展，必须完善我国信用担保体系，多层次发展信用担保机构，转换政府职能，加强市场的信用管理，这对欠发达地区信用担保业良性发展具有十分重要的意义。

5. 发展债券二级市场，增加债券的流动性

目前，债券交易主要在证券营业网点完成，而落后地区的证券营业网点相对偏少，且与国债、城投债等其他券种相比，结构单一、收益率较低等问题仍制约着债券在二级市场的流通，债券在流通转让方面遇到了困难。对此，可以拓展债券衍生品，具体可以考虑债券远期、债券期货、债券期权等衍生工具，也可以考虑对地方政府债券进行资产证券化。通过债券衍生产品丰富债券市场的投资品种，能有效满足投资者不同的资金配置需求，便于风险管理，提高交易积极性，同时也增强了债券的流动性。此外，还可以扩大国际市场，随着人民币的国际化，在自贸区发行债券的基础上，可以引入更多经营人民币业务的外资金融机构、QFII（合格的境外机构投资者）和中外合作基金管理公司参与债券的买卖，从而促进债券二级市场流动性的提高。

（二）积极发展欠发达地区开发基金、产业投资基金及中外合资基金等基金组织

从一些发达国家开发落后地区的经验看，建立区域性开发投资基金是通常做法。因此，在欠发达地区开发中应拓宽资金来源渠道，增加建设资金，在欠发达地区增加建立产业投资基金、开发基金、中外合资基金等基金组织。可以将现存中央支持欠发达地区发展基金、老少边穷地区温饱基

金与扶贫发展基金集中起来，再以从财政中取一部分无须偿还的拨款形成基金来源的重要部分。发达地区沿海地区的对口扶贫资金可以构成基金的另一个来源。当前，根据"一带一路"的战略指导，西部地区进一步发展产业投资基金，对中新城市的柜台交易市场进行了开放，促进了证券市场的发展，扩大了中小型企业的债券股票的发展前景，同时建设了区域性的初级交易市场，在交易市场中，可以合理地优化产业结构，合理地进行布局。● 此外，基金还可以为引导居民将储蓄转化为对经济的直接投入提供新的机制，并且基金的发展，特别是成立中外合资基金还可以拓宽引进外资的渠道。在加强宣传的基础上，积极争取组织与外国政府的捐赠，从而使大量外资进入，作为基金资金的重要补充。基金的发展可以筹措巨额资金，从而极大地促进欠发达地区交通、水利等基础设施建设与粮棉基地、畜产品基地、石油化工基地及有色金属基地等重要产业的项目建设。

（三）大力发展区域性资本市场，建立区域性金融中心

金融机构是市场经济条件下资金配置的主体力量，而大型金融财团不仅是构造产业布局的主导力量，也可以直接承担符合社会化分工的大型项目，以及为大中型企业和优势企业提供强大的金融支持，促使这些企业在激烈的市场竞争中发展壮大，同时也是稳定国民经济运行的强大力量。当产业资本和金融资本相结合时，就能在执行政府的宏观产业政策方面，以及调整产业结构和产业布局中发挥关键作用。

各区域金融中心的优势互补可以促进资金跨区域自由流动与优化配置，积极推动区域产权交易市场和要素市场的发展，整合产权交易资源，为不同区域的企业重组、并购、产权置换提供交易平台，促进金融资源跨区域配置。培育区域性资本市场和金融中心不仅能稳住地区已有的资金，而且可以吸引更多的外部资金的投入，从而建立起开发该地区的资本投入机制，同时也有利于减轻现有证券市场上的压力，减少投机和泡沫经济成分。与此同时，区域性金融中心的建立，一方面有利于发展与完善多层次的全国金融市场网络，以西部地区为例，可以在重庆、成都、昆明等经济基础较好的城市考虑建立上海证券交易所与深圳证券交易所的异地交易中心；建立规范的场外交易市场，允许欠发达地区一些管理规范、效益好的非上市公司的股票进行场外交易，在合理安排欠发达地区资本市场发展布

● 冯兰刚．"一带一路"战略下产业基金支持我国西部区域经济发展研究［J］．时代金融，2017（30）：39—41．

局的情况下，使区域交易中心与柜台交易相结合，构建证券流通网络。同时，在条件成熟时，放开发展地方性债券的发行与交易市场，从而可以形成多层次、开放性的金融市场体系；另一方面，可以在现有商业银行的基础上，以新的人民银行大区分行所在地为核心，组建跨地区、跨行业、跨所有制的大型区域资金融通中心，以股份制进行组合和运作，吸收优势企业、商业银行和非银行金融机构参加。这样的区域资金融通中心的形成和发展，对其周围地区将会产生极大的集聚和辐射作用，对按照区位优势和市场要求优化资源配置，调整地区产业结构将产生积极作用。

第2节　金融政策体系之二——健全、完善金融机构

金融是实体经济的血脉，为实体经济服务是金融的宗旨，要把服务实体经济作为根本目的，把深化金融改革作为根本动力，促进经济与金融良性循环。健全的金融机构体系可以减少信息和交易成本，进而影响资金流向、技术创新和长期经济增长率。金融机构之间相互协调的质量与经济增长有着密切的联系。在经济发展的不同阶段，金融业的结构也随之有所不同，发挥的主要功能也不同。从金融功能的角度看，对金融发展和金融机构的研究应围绕金融功能展开，从功能角度衡量金融发展，寻求资本节约、结构优化和效率提升，可实现内涵式和可持续发展。

要深化欠发达地区的金融机构改革，围绕将"输血机制"改为"造血机制"的科学金融功能观，进行各方面的金融制度建设，逐步完善政策性金融机构、国有商业银行、中小金融机构及保险机构的功能及组织体系，切实减少金融业交易成本，提高资源配置效率，只有这样才能真正发挥金融在支持欠发达地区经济增长中的作用。

一、政策性金融机构

欠发达地区经济基础薄弱，投资环境相对较差，而且弱势农业占比较大，商业性金融机构不仅不愿增加投入，而且纷纷撤并、退出。为此，要解决商业性金融不愿介入的问题，实现欠发达地区的跨越式发展，就必须加大政策性金融对欠发达地区经济的资金投入。由于欠发达地区在地理位置、历史沿革、生产力结构等方面的原因，经济发展明显落后于其他地区。而在单纯的市场经济作用下，资金的配置遵循由低收益项目流向高收

益项目、由落后地区流向发达地区市场的原则，这使得贫富差距扩大、两极分化严重的"马太效应"不可能自己发生变化，而资金流动的选择机制显然加剧了各地区经济发展的不平衡，最终将影响到国家生产力布局和社会资源的总体效益。作为整个社会利益代表的政府，自然需要采取措施来对此加以弥补和矫正，市场经济越发展，这种需要就越强烈。在众多手段中，政策性金融机构的设立和运转无论是从其干预成本上还是从其有效性方面，都是实现这一目的的最佳方式或手段。它在逆向资源配置、资金流向引导、落后地区开发等领域都发挥着巨大的支持作用。因此，完善区域性的政策性银行，主要定位在欠发达地区。具体来看，要做好以下三方面的工作。

（一）完善区域性的政策性金融机构

欠发达地区融入国际经济大环境是大势所趋，我们设立政策性金融机构体系可以为欠发达地区创造良好的投资环境，从而吸引发达地区及国外资金的投入。政策性银行的主要资金来源是国家预算拨款、发行债券集资或中央银行再贷款，相对于商业银行来说，成本较低，期限较长，也比较稳定，因此可以发挥成本优势，对接欠发达地区期限较长但收益率较低的项目，如基础设施建设等。结合欠发达地区实际情况，要充分发挥政策性银行的作用，必须抓住国家重要战略机遇，明确功能定位，让政策性金融机构成为欠发达地区宏观调控的重要工具。

（二）拓宽融资渠道

受政策性金融的性质的制约，政策性金融机构的融资渠道都十分有限。但各国的情况也不一样，我国三大政策性银行的融资渠道就不相同，中国进出口银行、农业银行的融资渠道都较为单一，主要是依靠政府的补贴，而国家开发银行的融资渠道是以债券为主要方式。相比之下，日本政策性金融机构的融资渠道要广泛得多，日本拥有较为完善而成功的财政投融资制度，其内容是：政府为实现一定的政策目标，通过邮政储蓄等金融渠道，把吸收的资金集中起来，再以财政信用的方式，直接或间接地贷给企业、事业的一种宏观管理制度。具体来说就是日本政府将邮政储蓄、养老金、国民年金、简易生命保险金等居民储蓄集中起来，再加上政府的担保债券收入等，建立起财政投融资系统，该系统不到一半的资金由政府直接用于公共事业支出，另一半多则交给政府金融机构使用，从而形成了日本政策性金融长期而稳定的资金来源。

由于我国的经济发展日益增长，我国政策性银行在资金需求上日益加大，政策性银行在市场经济中迫切需要拓宽资金来源。随着全球经济的发展，国外的政策性银行，如日本、美国等进出口银行也都进行了相应的转型，进行改革发展，从资金来源看，他们一方面主要是通过政府的财政补贴，另一方面是政府与社会资本共同构成，在一定程度上拓宽了资金的渠道。因此，要发挥政策性金融在欠发达地区开发中的重要作用，有必要参照国外的经验，考虑更宽、更有效率的融资渠道来满足欠发达地区开发政策性金融支持体系的需要。针对当前欠发达地区资金投融资渠道较窄的问题，应当结合欠发达地区资金投融资渠道的实际情况，积极进行融资渠道拓展。网络融资渠道的建立是一种投融资信息整合的平台，利用网络平台在信息共享和传播方面的优势，使欠发达地区的资金需求与投资者投资需求结合在一起，为投资者提供相应的资金需求信息，便于投资者通过各种形式对欠发达地区小微企业进行投资。加强推进扶贫专项债券作为募集资金用于支持精准扶贫项目建设的债务融资工具，可为贫困地区的企业提供长期限、低成本的债券资金，从而对推动贫困地区的发展起到重要的资金保障作用。同时，精准扶贫资产支持证券有利于实现贫困地区企业存量资产的盘活，为金融扶贫提供了新的渠道。

（三）加强对政策性银行风险的防范和控制，提高政策性金融运行效率

政策性金融制度存在的基本依据是弥补市场调节的缺陷，这一点使政策性金融在贯彻国家宏观经济政策、促进经济的稳健运行和高速发展中起到了重要的推动作用。但同时也容易导致政策性银行资金运用效率的低下。作为银行，流动性、安全性以及一定意义上的赢利性同样是政策性银行应遵守的基本原则，如果政策性银行不良贷款的规模过大，那么必然要影响政策性金融的可持续发展能力。为此，凡是成功地运用政策性金融支持后进地区、产业和其他弱势群体的国家和地区，都十分注意建立和完善政策性金融机构的信用风险防范和控制制度。就欠发达地区开发而言，要注意防范和控制政策性金融风险，提高政策性金融的运行效率。

二、国有商业银行

对欠发达地区而言，由于资金、技术、人才的缺乏，在发展过程中给自然生态环境带来的负面影响往往更大，加之欠发达地区自然环境的脆弱性，因此转变生产方式显得更为紧迫。而且，不少地区工业、服务业还处于起步阶段，采用先进生产方式的成本更低，因此，在欠发达地区推广先

进发展方式效率可能更高。但这种推广一方面需要国家政策支持，另一方面需要大量资金投入。因此，在这一领域，商业银行也将大有可为。加快欠发达地区经济发展是 21 世纪欠发达地区实行赶超型发展战略、缩小地区发展差距、实现国民经济协调发展的战略保证。金融是现代经济的核心，欠发达地区经济发展在启动阶段急需资金的大量投入，因此作为当前最重要的融资渠道之一，即通过金融机构充分发挥间接融资渠道的作用就显得尤为重要。其中，占比最高的商业性金融机构对欠发达地区经济发展的支持应注意哪些方面、应实现何种倾斜才能更好地带动这些地区的经济发展，将是欠发达经济发展中金融支持需着重解决的问题。

（一）适当降低西部地区设立金融机构的门槛

根据目前情况，金融机构对欠发达地区的经济发展、促进就业等方面有重要的意义，但在其发展中还存在着很多困难，因此，第一，应适当降低西部地区设立金融机构的门槛，对于资本充足率、信息披露、不良贷款容忍度等方面给予一定的放宽政策，并鼓励国有控股大型商业银行在欠发达地区设立营业网点。进一步深化投融资体制机制、"放管服"等重要领域和关键环节的改革，健全欠发达地区农村产权流转交易市场体系和信息网络服务平台，加快培育欠发达地区农村产权流转交易中介服务组织，如高农地、农房等资产交易流转的市场化程度，促进欠发达地区农村生产要素的有序流动；第二，应实行有差别的金融机构设置管理条件，适当降低欠发达地区设置区域性商业银行、非银行金融机构在资本金、营运规模等方面的要求，大力促进这些地区各类金融机构的发展，提高金融效率。如美国在设置商业银行的资本金方面是依据各地区不同情况提出不同要求，显然，这对于促进经济落后地区的金融发展是十分有利的。

（二）对欠发达地区，国有商业银行应给予更为积极的优惠政策

1. 改进目前商业银行信贷规模管理制度

由于欠发达地区大部分企业规模较小，优势不明显，评级较低，贷款申报很难被审批。这对信贷资金向经济发达地区和大企业、大项目、垄断行业集中起到了加速作用。据此，我们建议，商业银行应创新金融调控思路和方式，保持货币信贷适度增长和流动性基本稳定，不断改善对实体经济的金融服务。在银行内部实行资产负债比例管理与贷款规模管理相结合，加大授信力度，增强欠发达地区商业银行支持经济大开发的信贷供给能力，改善总行对欠发达地区基层行审贷授权过小的现状。在确保安全的前提下，各总行要适当提高欠发达地区分支机构的存贷款比率。对欠发达

地区省级分行在系统资金往来利率和期限上实行比发达地区更加优惠的政策，降低欠发达地区国有商业银行省级分行的二级准备金率，满足欠发达地区开发的合理流动资金需求。实行按行业贷款授权制度，改变"一刀切"的做法。

在欠发达地区开发中，对一些好的建设项目，总行与欠发达地区分支机构可以搞联合贷款，以便加大对欠发达地区的投入力度。适当提高固定资产贷款的比例，延长欠发达地区固定资产贷款期限，以便促进欠发达地区国有企业加快技术改造和基础设施建设。对支持欠发达地区开发的专项贷款实行更加优惠的贷款利率或加大贷款贴息力度，以便减轻欠发达地区的利息支出。启动"政策性金融脱贫攻坚"工程，加大扶贫再贷款、扶贫小额信贷、易地扶贫搬迁贷款等政策性金融扶贫产品的支持力度。此外，商业银行要把好信贷准入关，严控新增融资风险。在经济新常态下，市场变化将更加复杂和严峻，银行经营环境也面临极大的不确定性。国家对金融风险防控工作极端重视，从严监管、从严问责将成为新常态。在这样的情况下，要准确把握政策取向，加强信贷业务调查环节和客户准入环节，准确把握信贷实质性风险，防范虚假信贷。在客户准入上，实行联席会议表决制度，由相关部门共同分析、研判潜在的风险因素。强化贷后管理和风险分析制度，提前做好风险防范措施，利用好现场检查和非现场监测等有力手段，做好风险预警，切实按照"守住风险底线，把控实质风险，强化基础管理"的思路来发展业务与并重风险防范，提高精细化管理水平。❶

2. 帮助欠发达地区商业银行减轻包袱、增强实力，使之轻装上阵

由于欠发达地区的投入具有效益低、风险高的特征，要吸引商业金融的投入，政府有义务加以扶持和引导，主要是通过财政为相关金融机构提供担保、减免税收、利息补贴等政策扶持来提高投资补偿率，从而提高商业金融贷款投入的积极性。以东北老工业基地为例，东北地区的国有企业，特别是国有大中型企业所占比重较大，这些企业过去都曾为国家作出过重大贡献，但目前负担较重、发展困难。为了发挥国有商业银行在欠发达地区开发中的作用，我们建议国家在扩大对欠发达地区资金投入时，要结合老工业基地的特点，优化行业和产业结构，做到基础设施与重点产业双向发展。增加欠发达地区国有大、中型企业债转股指标，为商业银行盘活存量打下一定基础。为了使商业银行减轻包袱，各商业银行总行要考虑

❶ 祝成海. 关于经济欠发达地区国有大型商业银行信贷业务发展路径的思考——以吉林省白城市某国有大型商业银行为例 [J]. 现代交际，2018（5）：63—64.

欠发达地区的实际，牢牢把握"综合化、国际化、轻型化、数字化、集约化"的新型银行发展方向，通过轻资产、轻渠道、轻流程、轻管理等全领域改革，寻求资本节约、结构优化、效率提升，实现内涵式和可持续发展。针对商业银行支持传统工业产生的不良贷款，应放宽税前贷款核销条件，允许扩大税前提取拨备范围，加大政策扶持，化解金融支持经济转型而产生的不良贷款。建议政府部门建立贷款担保基金和风险补偿基金，降低银行因支持经济转型而产生的不良贷款，解决银行后顾之忧。在扶持"三农"政策方面，建议采取降低法定存款准备金率或发放一定额度支农再贷款、支小再贷款等方式给予一定的政策扶持。健全防范和制止逃废金融债务的相关制度，设立恶意逃废金融债务"黑名单"制度，并信息共享，发挥司法机关的追偿和震慑作用，共同维护金融债权。对欠发达地区，尤其是少数民族地区国有商业银行实行财务倾斜政策和亏损补贴政策，改善其经营状况，提高其对少数民族地区和贫困地区经济发展的支持能力。继续推进农村金融综合改革试验，健全农村金融组织体系，丰富农村金融产品，激活农村要素市场，强化农村金融风险防控，努力破解金融资源配置扭曲的体制、机制障碍。

3. 地方政府及相关部门应加大对国有商业银行的支持

地方政府及相关部门应广泛利用包括新闻媒介宣传媒体在内的多种方式，强化市场主体的信用观念，为商业银行营造良好的社会信用环境，对逃废银行债务的地方企业要摒弃落后的保护思想，地方市场监督管理及执法机构要协助商业银行维护银行债权，保障银行合法权益。地方政府要在水、电、安全保卫等银行经营的基础设施和保障方面给予大力支持。此外，地方政府的人事组织部门应采取切实有效措施，在户籍管理方面多开"绿灯"，为国有商业银行引进人才广开方便之门。更重要的是，地方政府要从大局出发，积极协调有关部门支持金融机构严厉打击逃废债务的行为。对金融部门依法起诉的收贷案件要做到快审快结，对已经进入执行程序的要依法执行。维护金融部门的合法权益，维护法律的严肃性，同时也需要对金融机构进行整合，对国有商业银行机构可进行撤并重组，在县域只保留一家国有商业银行，或者将目前县域的国有商业银行合并组建成区域性银行，以充分发挥其对地方经济发展的支持作用。

（三）加强国有商业银行的业务管理和拓展

1. 优化信贷结构，提高金融资源配置效率

合理的信贷结构是商业银行正常经营的基本要求，也是其能够支持欠

发达地区经济发展的前提条件。国有商业银行应准确把握供给侧结构性改革要求，在扩大信贷规模的同时，不断调整和优化信贷投向和结构，主动将投入重心与国家发展战略对接，努力实现可持续的业务增长。信贷结构优化主要包括区域结构和产业结构两方面的优化。

（1）区域结构优化。在促进欠发达地区经济发展这一均衡发展战略中，要实施非均衡的发展，应结合"一带一路"倡议、京津冀协同发展、长江经济带建设"三大战略"的长期规划和要求，调整区域发展战略，鼓励根据地方特色制订相应方案，配合地域性重要战略与关键项目的落实。按照佩鲁克斯的"发展极"理论，要抓住重点城市和重点地区优先发展，并以此为发展极带动其他地区发展。在当前金融资源有限的条件下，商业银行应针对欠发达地区发展的现状和梯级推进的发展格局，加快机构网点的战略布局调整，集中现有的人力、物力、财力，优先支持各城市行的发展，对各层次的区域增长极有重点、有选择、按顺序地拓展业务领域，加大投入力度。对非发展极地区，应加大机构撤并和重组的力度，更加有效、合理地配置金融资源。

（2）产业结构优化。当前正处于逐步建立、发展和完善社会主义市场经济体制的转型时期，欠发达地区需要在传统开发模式的基础上赋予新的内容，即在继续实行优势资源开发、强化资源后续加工业发展力度的同时，将基础设施、生态环境、产业结构调整和科技教育等作为欠发达地区发展的新内容。国有商业银行也应顺应这一战略导向，实施差异化的金融政策，调整信贷投入结构，加快降低"两高一剩""僵尸企业"的资源占用，充分发掘兼并重组过程中的结构性机会，使资产质量在业务发展中不断得到提高。同时，为保障信贷资产质量，扶持企业快速成长，实现银行、企业、政府三方互利共赢的良好局面，建议由政府部门牵头，针对政策鼓励和新兴的产业，搭建信贷政策平台，规范信贷资金的投放和收回。如搭建民营经济融资平台，由政府部门牵头成立民营经济管理协会，负责统筹协调民营企业的融资、筹资管理，以政府信誉作为保障，发挥民营经济集群效应，取消商业银行贷款管理的后顾之忧。

必须强调的是，欠发达地区实现跨越式发展是一个长期过程，不同时期有不同的侧重点。在战略实施的初期，国家支持的重点主要是基础设施建设和发展科技教育，培养人才，因此这一时期的信贷资金投向重点是以交通、通信、水利、电网为主要内容的基础设施建设和对科研院所的金融服务。随着经济发展环境的逐步改善，发展重点将主要转向优势资源产业、高科技产业和新兴产业，信贷政策也应相应做出调整，助推产业结构向中端、高端升级。

2. 强化金融创新

（1）大力推动普惠金融。商业银行应在薄弱领域积极推动普惠金融发展，以设立普惠金融事业部为抓手，从产品创新等方面创新，不断扩大金融服务的广度和深度，增强金融服务能力，加大对小微、"三农"、扶贫、"双创"、助学贷款等普惠金融的业务力度，有效解决现阶段"三农"领域和小微企业面临的"融资难、融资贵"问题。结合欠发达地区重点区域、重点行业、重点项目和重点客户，开发出更多的金融产品，增强对欠发达地区的金融支持力度，促进"高发展潜力、高科技、高附加值"的新型产业发展，推动传统产业改造升级。比如，成立普惠金融事业部，与当地政府合作，打造本地化融资产品。鼓励金融机构积极开展农村土地承包经营权、集体建设用地使用权、农民住房财产权抵押贷款业务试点，大力推广"订单农业"与供应链融资、联保贷款、"信贷＋保险"等成本低、可复制、可持续的普惠金融产品和服务。欠发达地区大开发先期进行的基础设施建设投资周期长，需要大量资金，存在潜在的利率风险，应准许欠发达地区各行开办大额浮动利率存款业务，并相应开办浮动利率贷款；欠发达地区交通建设以公路为主，公路建设设备租赁业务前景将比较广阔，商业银行可考虑开展与之相关的金融租赁业务；欠发达地区资金比较短缺，银行在一定程度上还处于主动地位，应允许各行开办备用承诺、周转信用等贷款方式，以增加中介业务收入；在欠发达地区的一些大型中心城市，个人住房贷款发展较快，商业银行应考虑在个人住房贷款证券化方面有所突破，可以在欠发达地区的某些大城市搞试点，争取比发达地区率先发展起来；积极开展个人金融服务，在有条件的欠发达地区、城市大力发放个人住房、助学、装修、汽车等消费贷款，同时进一步完善个人资信评定，拓展个人理财的项目和范围。总之，大力发展金融产品，既要注重结合当地实际情况，又要充分利用欠发达地区大开发赋予的灵活宽松的政策。

（2）倡导绿色金融理念，大力发展各类绿色信贷，探索绿色债券、绿色理财产品的发行。如创建与环境相关的产业投资基金，设计以绿色发展和生态保护为目的的保险产品等，进一步完善绿色金融服务体系。也可引进先进绿色金融理念，扩大绿色金融产品的种类和范围，如完善碳交易市场，创新碳远期、碳期货等碳金融衍生品，综合运用融资租赁、订单融资、并购贷款、贷款重组等多种信贷融资工具创新金融产品。

（3）稳妥发展供应链金融。供应链金融是金融机构的重要利润来源和未来最具潜力的利润增长点，商业银行等金融机构应紧跟供应链应用与发展趋势，不断创新供应链金融模式，在拓展自身业务的同时，促进供应链和各参与主体持续健康发展。但在目前供应链融资模式中，商业银行切不可与核心企业勾结，将供应链金融作为转嫁核心企业财务成本的工具。监管机构在进行普惠金融考核时应防范此类现象的发生，并建立透明监督机制，营造公平的金融市场环境，使商业银行在为供应链金融提供流动性支持的同时切实参与供应链流程的优化，创造更大的价值，实现普惠金融的目标。

（4）积极拓展各种中间业务。商业银行可以通过在国内外发行长期债券筹措资金用于欠发达地区；也可直接投资欠发达地区建设项目；或通过购买欠发达地区长期国债和政策性银行的金融债券等间接形式投资这些地区；还可以为欠发达地区的投融资活动提供服务，如承销支持欠发达地区的各种债券、托管欠发达地区投资基金等。此外，商业银行还应扩大代理业务范围，如代理财政拨款，代理政策性银行、外资银行和其他金融机构委托发放的贷款，代收、代付企业和居民的生产、投资和生活用款，代理农村保险业务等。在巩固和扩大传统中间业务的同时，基层商业银行还应充分利用银行信息和信用优势，结合自身特点，积极开拓理财、委托等中间业务品种，以客户需求为前提争取客户，拓宽业务领域，获得收益，并得以存续和发展，实现收入结构多元化的经营目标。

（5）加强对商业银行个人业务的创新。个人业务创新的重点在于针对性、个性化产品的设计和不同业务之间关联性的增强。要加强对传统业务品种的改造；要针对欠发达地区个人金融需求的特性设计个性化产品，通过给产品的不同功能赋予不同价值来改变产品功能，从而制造出高度符合客户要求、定价灵活透明的产品；也要加快综合业务平台的建设，为个人客户提供"一揽子"金融服务，从存款、贷款、结算到理财业务，都应通过一个业务平台提供，这样既有利于增强各业务之间的关联性，也有利于培育客户对银行的忠诚度。

3. 完善金融服务

商业银行在支持欠发达地区发展中的作用不仅体现在信贷资金的支持，还体现在各项金融服务的支持上，即发挥金融部门的行业优势，为欠发达地区企业提供金融配套服务。

第一，要积极灵活运用各种金融工具，提供结算、汇兑、转账和财务管理等多种金融服务，做好信贷监督，监测资金运行，充分运用金融手段，提高企业资金的使用效益。第二，要充分利用商业银行视角广、信息灵的优势和便利条件，为企业提供多种信息咨询服务。由于多种条件限制，欠发达地区企业信息比较闭塞，因此为企业提供信息指导服务尤为重要。要组织企业管理人员学习金融知识，运用现代金融知识，更好地用好、用活现有资金，努力提高资金使用效率。要建立和完善相应的信息咨询系统，为企业提供诸如政策信息、商业信息、新技术推广、应用信息等多种信息咨询服务。要努力帮助企业在发展中完善有关内部财务管理，积极盘活资金存量，将有限的资金用到"刀刃"上。第三，积极引入投行、租赁、基金、信托、保险等，不断创新融资模式，拓宽融资渠道。认真贯彻落实金融服务小微企业的各项要求，在授信、经济资本、信用等级等方面给予政策倾斜，优化业务流程，提高审批和放款效率，破解小微企业的融资难题。积极探索"科创贷""政府增信""转贷引导基金"等小微产品与服务创新。第四，商业银行应在注重稳健经营的前提下，加快金融服务的创新，大力发展资金和资产等新型业务，努力开展结算清算、银行卡和私人银行等中间业务，全面开展金融资产等服务业务。

（四）国有商业银行应在促进金融资源由发达地区向欠发达地区的流动中发挥主导作用

欠发达地区商业银行的支持是生产要素由发达地区向欠发达地区流动的保障。在追求利润最大化的商业动机驱使下，发达地区的部分企业或采用设立分支机构、新建生产基地的方式，或与欠发达地区企业合作合营，或采取并购、重组等手段投资欠发达地区，其投资初期的资金供给和金融服务通常由发达地区银行提供，这就带动了发达地区的项目、资金、技术和人才全面流向欠发达地区。但应该指出的是，发达地区银行对企业从欠发达地区"掘金"的金融支持类似风险投资对风险企业的扶持，项目成熟时，为避免异地贷款项目管理的高成本，发达地区银行会撤出资金，这就要求欠发达地区商业银行做好信贷接力工作，以保证发达地区生产要素流向欠发达地区的持续健康运行。事实上，生产要素流动过程中存在信用链条和信用循环。发达地区银行对该地区企业的信用状况了解，故给予其向落后地区投资的初期资金支持；随着项目在欠发达地区的进展，欠发达地区的商业银行一方面有机会直接了解企业的信用状况和项目的赢利前景；另一方面，国有商业银行可以通过发达地区分支机构间接了解发达地区企业信用历史，同时企业能得到发达地区银行的支持本身就是对企业的一种信用肯定，欠发达地区的商业银行应加强对符合贷款条件项目的金融支持，这样也为这些项目提供启动资金的发达地区银行持续支持发达地区企业西进增强信心，从而保证发达地区生产要素源源不断地参与到欠发达地区经济发展中来。

三、中小金融机构

改革开放以来，在我国的金融机构组织体系中，中小金融机构是发展最迅速、最具活力的一个群体。这个群体主要包括：城市信用合作社、农村信用合作社、股份制城市商业银行和跨区域股份制商业银行，以及信托投资公司、证券公司、财务公司、租赁公司、融资公司等数量众多的非银行金融机构。地方中小金融机构能专心致志地为当地发展极提供具有可持续性的金融支撑。

为地方发展极提供金融支撑是历史赋予地方中小金融机构的战略使命。特别是对欠发达地区中低层次的发展极而言，大型金融机构一般难以重点光顾这些区域，全力提供金融支撑的机遇和责任就落在了地方中小金融机构的肩上。近几年来，小额贷款公司和村镇银行异军突起，在支持欠发达地区经济发展方面发挥着越来越重要的作用。

中小金融机构支持欠发达地区经济发展的措施落在两个方面：一方面是各级政府及职能部门提供制度供给，促进中小金融机构在该地区的发展，壮大欠发达地区金融机构队伍；另一方面是充分利用现有的和即将成立的中小金融机构，支持欠发达地区的经济发展。

（一）促进欠发达地区中小金融机构发展的政策措施

1. 中央银行对欠发达地区现有中小金融机构的发展给予必要的扶持

一是中央银行要允许中小金融机构针对不同的贷款对象和贷款种类确定不同贷款利率，允许中小金融机构在中央银行规定的幅度内适当提高居民和企业的存款利率水平，使中小金融机构的存贷款客户对风险和利益有进行比较、选择的空间。

二是扩大欠发达地区中小金融机构资金来源和应用渠道。建立股份制商业银行、城市商业银行与国有商业银行之间的同业借款制度，包括信用和抵押借款以及转贴现等。对经营规模较大、经营状况良好的欠发达地区的中小金融机构可适当放宽再贷款和再贴现条件。

三是调整我国存款准备金率。截至 2018 年，我国中小金融机构存款准备金率下调 0.5 个百分点，主要是为了应对外汇占款减少产生的流动性缺口，以保持金融体系流动性合理充裕，引导信贷平稳适度增长，为供给侧结构性改革营造适宜的货币金融环境。最近一次降准表明，央行在货币政策操作上仍将配合使用准备金率等传统工具，同时降准能为金融体系补充流动性，一定程度上起到支持欠发达地区经济发展的作用。

四是支持中小金融机构业务创新，增加业务品种。如解决城市商业银行的结算问题和中小金融机构对小企业、个体企业的贷款发放和管理问题；简化手续、放宽条件，扩大对居民消费贷款的发放，进一步强化金融咨询和服务意识，在业务创新上赋予财务公司新的经营方式和业务范围。

五是考虑到中小金融机构规模小、经营成本高、利润率低等因素，对中小金融机构，特别是对中小金融机构发展的政策支持，不仅要改变现有的不利于中小金融机构发展的限制性政策，为中小金融机构营造公平竞争的环境，要通过制度供给，使先天不足的中小金融机构具备实际意义上的竞争力。

六是探索金融扶贫新模式，加快脱贫步伐。农村信用社在直接投放扶贫小额信贷的同时，应积极探索"农信社 + 龙头企业 + 贫困户""农信社 + 政府 + 龙头企业 + 贫困户""农信社 + 合作社 + 贫困户"等金融扶贫新模式，帮助贫困户更快脱贫。

七是给予中小金融机构正确的定位。其目的是化解中小金融机构的风险，拓展中小金融机构的发展空间。为此，中国人民银行在机构网点的增设上，要根据金融机构业务的适当分工，对现有的机构布局进行适当的调整。国有商业银行的分支机构要加快从县城和乡镇收缩，将其分支机构转让给城乡信用社，以扩大它们的生存空间。出于目前许多城乡信用社已经缺乏合作的性质，可考虑在直辖市、省会城市、一些发达的地级市不再保留，而将其组建为城市商业银行，或者由国有商业银行、股份制商业银行兼并，作为其分支机构。这样，就形成了大银行主要以大城市为发展空间，中小金融机构主要以中小城市和农村为服务对象的格局。

2. 积极发展多种形式的中小金融机构

（1）稳步推进小额贷款公司的发展。自 2006 年中国人民银行试点小额贷款公司以来，这种新型的金融机构便在全国各地迅速发展。它具有国有大型商业银行不具备的特点：规模小、经营灵活、审批高效。一笔贷款最多不超过 5 天便可办完所有手续，与商业银行相比，这无疑对客户产生了极强的吸引力。但是其不良贷款率却并没有因为其快捷的审批而上升。据我们在内蒙古鄂尔多斯市融丰小额贷款公司的调研情况来看，这是人民银行批准成立的第一批小额贷款公司之一，它的客户主要是当地个体户、养殖户等微型企业，在帮助他们解决资金困难、实现快速发展等方面起到了非常显著的作用。但是在小贷公司发展过程中，仍存在以下问题亟待解决。首先，融资难。这是限制小贷公司发展最根本的因素，由于不能吸收存款，其发展的可持续性无法得到保证；其次，营业区域受到严格限制，小贷公司自成立之日起，便被严格限制在所在区域经营，这严重限制了其业务的拓展；最后，小额贷款公司存在多个职能部门，由于风险管理体系不完善，各部门在履职方面不能有效制衡。对此，我们可以从以下三个方面进行改进。

一是允许小额贷款公司吸收机构存款。根据其运营情况，对于资质较高并有优秀管理团队的小额贷款公司，可适当放宽政策，允许其在小范围内吸收机构存款；对于持续盈利的小额贷款公司，可适当扩大其吸收机构存款的范围和限额；二是允许小贷公司开展资产证券化业务或进行债券融资。建议允许小额贷款公司发行信贷资产证券化产品，或是进入银行间债券市场发行债券产品，这样做可以补充小贷公司业务发展需要的资金，及时解决小贷公司资产流动性问题；三是加强内控管理机制建设，提高风险管理水平。要建立健全公司的机构设置，有效开展内部控制工作。小额贷款公司设置部门机构时应结合自身业务特点，合理分配岗位权责，增设内部审计等风险相关部门，并明确各部门的规章制度，明确业务办理的操作规范。❶

（2）进一步引进和建立区域性非国有商业银行。一是要进一步积极引进股份制商业银行，诸如中信、民生、光大、浦东发展、招商、华夏、兴业等全国或区域性股份制商业银行和外资银行，到欠发达地区设立分支机构，开展金融业务，增强欠发达地区自身的"造血"功能。二是要放松管制，加快审批欠发达地区城市商业银行。对欠发达地区城市商业银行的审批应采取积极的态度，在合规的情况下多开"绿灯"。组建城市商业银行本身是城市信用社的正确发展方向，完全符合我国实际和现代市场经济条件下机构竞争与自身发展的需要。有条件的大、中城市，要将星罗棋布的单个城市信用社继续按条件组建成城市商业银行。对于欠发达地区大、中城市商业银行更应加快审批，只要城市信用社有此意愿，都应采取积极的欢迎态度，同时力求缩短验收和审批时间。

（3）积极发展融资租赁机构。租赁融资是现代中小企业的一种新的融资方式。对于承租人而言，不需要资本积累便可以进行生产经营，因此投资少、风险小。同时，租赁融资可使企业设备保持行业先进水平，从而在产品质量上领先，创造企业的发展优势。截至 2017 年年底，全国融资租赁企业总数约为 9 090 家，同比增长 27.4%；行业注册资金约合 3.2 万亿

---

❶ 姜姗. 小额贷款公司发展困境亟须［需］关注［J］. 黑河学刊, 2018（6）：108—109.

元人民币，同比增长 25.3%；全国融资租赁合同余额约为 6.06 万亿元人民币，同比增长 13.7%。然而，在融资租赁行业迅速发展的过程中，西部仅占 3.26%，融资租赁业发展出现了区域不平衡的状态，西部融资租赁业发展严重滞后。因此，积极发展融资租赁机构对西部地区经济发展具有重要意义。对此，欠发达地区政府可出资或提供优惠政策促进区域性的专业设备租赁公司的设立，由租赁公司根据中小企业的申请，购进所需设备，以出租给中小企业使用并收取租金。此外，国家应加快出台融资租赁相关法律，以完善市场机制。

（4）加快组建中、小企业商业信用联合会。商业信用是中小企业融资的一种传统方式，主要包括赊购和票据支付等内容。在当前状况下，欠发达地区中小企业应加强建立并改善商业信用，充分发展企业间纵向经营纽带关系，与生产经营的上游企业和下游企业建立长期稳定的业务合作伙伴关系，结成松散的经营联盟，并通过这种生产纵向关系扩大商业信用。同时，还可举办共同经济事业，提供公共服务，如共同设立防水处理、仓库、冷水设施等，从而以低成本建立企业的产前、产中和产后的各种服务体系。中小企业还可利用商业信用为其进行债务融资。中小企业只有依靠外源融资，避免自身生产规模小、固定资产较少、抗风险力弱等缺陷，才能保证其成长发展。商业信用融资作为银行信贷的一种替代资金来源，对中小企业解决融资问题具有重要意义。中小企业信用联合会还可考虑构建与大企业的良好分工协作关系，为大企业提供配套的中间产品服务，以便获得大企业的资金援助，从而解决资金不足的困难。陷入债务危机的中小企业还可以考虑寻求与自身有一定关系且资金雄厚的企业将自己兼并，兼并方承担被兼并企业的全部债务，并注入相应的经营资金。该种融资方式以牺牲企业独立性为前提，但由于它不仅涉及债务的解脱、资金的注入，也涉及企业通过与兼并企业的产业经营关系寻找到便利的产品市场，故而从长期发展角度看，仍不失为良策。

（5）建立完善全国性银行在欠发达地区的村镇银行。在有效防控风险的前提下，积极稳妥推进欠发达地区村镇银行培育发展工作，尤其是在东部、西部扶贫协作和对口支援地区发起设立村镇银行，扩大村镇银行县市覆盖面，健全多层次、广覆盖、可持续的农村金融服务体系。第一，明确村镇银行功能定位。坚守"支农""支小"战略定位，结合县域"三农"和小微企业的金融服务需求，制定整体发展战略规划。要优先引进优质涉农企业投资入股，建立面向"三农"和小微企业的股权结构和服务机制，发挥商业银行专业技术优势和村镇银行社区型银行特点，激活农村金融服务市场。第二，对村镇银行在机构准入和业务创新等方面给予支持。健全风险、资本、审计、内部交易和风险隔离等制度，全面强化村镇银行风险管理和并表管理，提高村镇银行经营管理水平。要着力强化村镇银行中后台服务功能，建立标准化的服务体系，为村镇银行提供有力的系统支持和资金支持，降低村镇银行运营成本，提升服务能力和水平。第三，加强风险监管，落实属地监管责任。督促指导村镇银行建立规范的股权管理制度，加强股东资质和股东行为管理。要规范履行村镇银行主发起人职责，尊重和维护村镇银行经营自主权。切实落实村镇银行属地监管责任，健全多维度、前瞻性的风险监测预警体系，提升监管有效性，加强对同业、票据和投资理财等重点领域风险的跟踪监测，强化村镇银行合规监管，对违法违规行为，加大监管力度。第四，重视对金融产品的创新与宣传，加大银行业务的宣传能力，提升村镇银行在村镇企业中的影响力，将银行自身的发展向特色化转型，尽量做到银行业务创新，具有独树一帜的作用。利用网络发展的形式，对自身的银行业务和金融产品等进行营销与宣传，建立有利的分支机构拓展业务的范围，扩大客户的群体。第五，村镇经济发展，为银行的信贷发展提供了机会，在进行信贷发展的基础上，需要加强对于信贷机制的管理与完善，尽量降低信贷的金融风险。

3. 中小金融机构要加大互联网金融创新力度

一是推动中小金融机构的组织机构扁平化。传统银行的金字塔状的管理模式很难适应地方金融市场快速变化的特点。组织扁平化要求减少管理层级、压缩职能部门和机构，降低各级组织之间的协调成本，以便使金融机构快速地将决策权延至地方金融经营的最前线，减少客户反馈信息向上级传达过程中的失真与滞后，从而提高对市场变化的敏感度。中、小金融机构在这方面是有优势的。

二是推动业务流程电子化。业务流程问题是制约金融机构进一步发展的基础性障碍。例如，农村金融机构在农村地区拓展业务，尤其在广大的牧区开展业务的成本是很高的，因此必须建立集约化的电子业务管理体系，针对农民、牧民的需求特点，通过手机银行、网上银行等方式，方便存款流程、简化贷款流程、完善信用审查流程，并将这些业务进行合并集中处理，减少交易成本，提高工作效率，增加业务的灵活性。更多利用手机银行、网上银行、电子支付、POS 机、ATM 机等组成的一个立体化支付、授信和服务系统，极大地改善农村和牧区金融服务环境。这一点对于面积广大、地广人稀的边疆民族地区尤为重要。金融服务的电子化和网点虚拟化是推进边疆民族地区普惠金融构建的重要机制保障。

（二）利用中小金融机构促进欠发达地区经济发展的措施

1. 中小商业银行和国有商业银行优势互补

欠发达地区经济发展需要金融机构的支持，商业银行作为金融机构的主要构成更应在欠发达地区经济发展中有所作为。国有商业银行和中、小商业银行，大有大的优势，小有小的特色，两者在良性竞争的基础上，应取长补短、优势互补，共同促进欠发达地区经济发展。

国有商业银行资产实力雄厚，和国有企业又存在着天然的联系及长期的合作关系，支持欠发达地区国有企业改革理所当然应更多地由国有商业银行来承担，这也是市场化选择的一种结果。为国有企业改革提供金融支持，同样是收益和风险并存，只要国有商业银行能严格贷款项目选择和贷款管理，加强成本管理和风险控制，同样能实现商业银行的"三性"目标。当然，中小商业银行也并不是完全被排斥在国有企业业务门外，但从市场定位应充分体现银行优势的原则来看，中小商业银行应主要面对中、小企业。中小商业银行尽管不具备国有商业银行那样的资产优势，同时也不像国有商业银行那样在国有大中型企业客户群里有着合作的基础，但中小商业银行也有其自身优势：中小商业银行的管理层次少，反应比较灵活，管理成本低，能够从多方面满足中、小企业的需要，特别是以技术为先导的小型高风险、高回报企业，由于初期业务量少，风险大，一方面无法获得国有商业银行的青睐，另一方面国有商业银行的管理体制也不能满足技术型中、小企业及时快速的金融服务需要，而这正是中、小金融机构拥有的优势。中小金融机构通过服务中、小企业，一方面能获取短期收益，另一方面通过扶持企业的发展也能使自身得到稳步发展。此外，随着社会主义市场经济的逐步发展，在经济总量增长的同时，中国经济结构也发生了重大变化，中小企业的迅猛发展对金融支持和金融服务都提出了新的要求。而国有商业银行为提高管理效率和经营效益，在改革中采取集约化的经营方式，逐步收缩经营效益差的基层网点，在客观上造成了中小企业和居民金融服务需求增长与金融服务主体减少的市场错位。中小商业银行的成立和发展，适应了中国经济结构的变化，在一定程度上填补了国有商业银行收缩机构造成的市场空白，较好地满足了中小企业和居民的融资需求。同时，中小商业银行以其优质便捷的服务、遍布城乡的网点，极大地丰富了对城乡居民的金融服务，方便了百姓生活。

2. 信托业在支持欠发达地区经济发展中应有所作为

我国信托业在不断经历"异化—整顿—再异化—再整顿"的过程后，

如今信托业已经在"一法三规"的约束引导下，规范行业自身发展，认清信托业的真实发展定位。截至 2017 年，我国信托业与宏观经济基本保持协调发展，2017 年信托业资产规模增速有所放缓，但基本实现稳步增长。在宏观经济发展模式转变和加强监管形势下，信托业粗放经营、专业管理能力不强等问题亟待改变。然而信托业从事的财产管理、中长期融资、中介服务等业务取向，正是欠发达地区经济发展对多渠道资金来源和多样化资金运用的客观要求。因此，新型的信托投资公司在支持欠发达地区经济发展中应扮演重要角色。

（1）进行社会直接投资，弥补信贷资金和财政资金的不足。财政资金投入的有限性和商业银行信贷资金的短期性，决定了信托投资公司在欠发达地区经济发展中有着广阔的空间。信托投资公司可根据国家产业政策要求，以自有资金或吸引的社会资金直接投资欠发达地区能源、交通、通信等基础设施和支柱产业，一方面形成多样化的资金来源，弥补信贷资金和财政投资的不足；另一方面可以扩大直接融资比重，降低企业资产负债率，提高经营效益和竞争力。对信托资金在实业的布局上，我国必须要与时俱进，真正构建基于产业的投资管理能力。与此同时，要把握国家大政方针，从供给侧改革出发，以解决过剩产能、降低企业成本、防范和化解金融风险为主要出发点，优先进入与国家战略、人民生活具有强相关性的行业。信托公司必须要有自己的"专属捕鱼区"，在大资管时代的竞争格局中找到自己的独特优势。

（2）担当融资中介，动员和引导广大民间资本参与欠发达地区开发。随着我国国民收入水平的提高和藏富于民的经济改革的实施，我国民间资本迅速膨胀，民间资本寻求资本增值的愿望也日趋强烈，信托业"受人之托，代人理财"的运作机理正好能够满足这一愿望，为民间资本提供多样化的投资渠道。信托公司可依据其财产管理职能，设计出适宜的业务品种，架设民间资本通向欠发达地区开发的桥梁，将民间资本引向推动欠发达地区经济发展中去。党中央、国务院在西部开发工作会议上也表示"鼓励民间资本参与西部大开发"。将民营企业在西部地区投资的资本利润率提高到接近发达地区或者全国的平均水平，通过这种利益驱动，吸引民间资本到西部去"淘金"，参与西部地区的经济开发，这样既有利于通过市场机制合理配置社会资源，也有利于减轻中央财政的压力。

（3）充当对外融资窗口，积极引进外资参与欠发达地区开发。信托公司可以通过积极参与海外中国基金信托业务，大力吸引外资参与欠发达地区开发。对信托业自身而言，为达到超常发展的经营目标，引进外资可以充实资本金、提高防范风险的能力、降低不良贷款率、优化公司治理结构、增强市场辐射能力、全面提升自身的综合竞争力；对欠发达地区而言，通过引进外资可以拓宽外资进入渠道、推动产业结构转型升级、改善投资环境，使欠发达地区与世界的联系更加密切。四川省信托投资公司在这方面提供了成功的经验。四川省信托投资公司在四川省政府的大力支持下，与新加坡大华银行协商创设了大华创业中国科技产业投资基金。该基金的设立将拓展西部招商引资的渠道，加大引进外资力度，实现外资向该地区的流动，既有利于欠发达地区基础产业、先导产业、支柱产业和新兴产业的发展，又健全了欠发达地区金融体系，为欠发达地区经济发展作出了重要贡献。

3. 银企合作加快推动供应链金融服务实体经济

供应链金融是指银行围绕核心企业，管理上、下游中、小企业的资金流和物流，将风险控制在最低的金融服务。供应链金融模式通过银企合作，立足产业供应链，对成员企业进行融资安排，既有利于银企合作双赢，又有益于降低银行资本消耗。供应链创新与应用是欠发达地区供给侧结构性改革的重要抓手，是引领全球化提升竞争力的重要载体。规范发展供应链金融有利于拓宽中、小微企业的融资渠道，有利于增量资金流向实体经济，最终推动实体经济发展。

（1）营造良好的供应链金融创新环境。鼓励民间资本参与欠发达地区设立供应链创新投资基金，为企业开展供应链金融创新提供资金支持；鼓励欠发达地区金融业选择发展较好的城市开展供应链创新试点，培育应用示范企业；建立区域银企合作信息共享平台，为供应链上、下游中、小微企业提供高效的融资渠道。

（2）加强供应链金融的信用和风险监管。推动金融机构和供应链核心企业建立信用评级体系，推进各类供应链平台有机对接，加强对评级、风险及违法失信信息的披露和共享，创新供应链监管机制，整合各环节政策，加强供应链风险管控。

（3）重视供应链技术的创新及其在国民经济中的应用。我国乡村振兴战略的实施需要通过灵活多样的金融产品，将银行信用融入供应链的购销行为中，通过农业供应链的产业聚集、人员聚集和商品聚集推动地方物流和支农资金流的聚集，逐步推进城乡发展一体化。

（4）实现供应链企业有效的信息共享。促进供应链企业的经营、信用、物流等信息的开发与共享，包括全国与地方信用信息共享平台、商业银行、供应链核心企业等开放共享信息，逐步形成信息透明对称，鼓励并促进产业链供应企业讲信用、守规则的行为规范，使融资提供方能够较为便捷地获取有效充分信息评估企业的信用风险。信息的有效对接、开放有利于拓宽中小微企业的融资渠道，有效防范风险。

4. 积极引进外资金融机构，参与欠发达地区经济建设

相对于沿海发达地区来说，欠发达地区存在着经济水平落后、基础设施不发达、开放程度低、市场意识淡薄等多方面的不足，从而制约了欠发达地区对外资金融机构的引进。欠发达地区经济要发展，除需要大量的国内资金，也不能忽视对国外资金的引进，而外资银行无疑是引进外资的重要途径。外资银行的设立不仅可以带来资金，而且还可以带来国际市场信息、先进的管理经验和大量客户，从而推动欠发达地区的经济发展。为引进外资金融机构，关键要做好以下四方面。

（1）加强欠发达地区招商引资的舆论和政策导向，改善投资环境，为引进外资，支持欠发达地区发展，应做到以下两方面：一方面，政府应把握正确的舆论和政策导向，充分利用新闻媒体和大众信息传播方式，宣传欠发达地区的资源优势、市场优势、劳动力成本优势；另一方面，要在基础设施建设、税收政策、生态环境等方面营造良好的投资环境，鼓励劳动密集型产品出口，开展多形式、多渠道的对外经济合作，大力引进国际跨国公司到欠发达地区发展，从而吸引和带动外资银行到这些地区设立分支机构。

（2）国家在制定引进外资金融机构的规划时，应向欠发达地区倾斜，考虑到欠发达地区对资金的迫切需求，以及欠发达地区外资金融机构发展不力的现状，国家在制定引进外资金融机构的规划时，应向欠发达地区倾斜。据资料显示：国开行、农发行、进出口银行3家政策性银行，工、农、中、建、交5家大型银行，邮储银行及兴业、招商等12家股份制银行均在四川设立有省级分行，并不断在市（州）、县（市）区和大的乡镇新设分支机构；上海银行、哈尔滨银行等8家兄弟省份的商行也均在四川设立分行。

（3）通过多种途径积极推广宣传欠发达地区区位、人力资源和相关政策优势，引导银行业机构设立各类后台服务中心。目前，工行、兴业、澳新银行等已在成都设立各类后台服务分中心40个；交行、民生等也已在成都设立信用卡片区分中心6个，为西南各省服务。

（4）欠发达地区要以更加开放和包容的姿态吸引各类金融机构的入驻，从而为外资银行的发展带来前所未有的机遇。2017年，为进一步推动外资银行在武汉设立机构、开展业务，提升中部地区的金融发展与服务水平。武汉金融局举办外资银行考察团"江城行"活动，并启动外资银行引

进工程。从目前来看，外资银行在与中资银行的"同台共舞"中得到了蓬勃发展，给市场带来了新的理念、新的金融产品和新的服务模式，已成为武汉市金融业的一个重要组成部分。

四、保险机构

保险业被称作是经济平稳、持续发展的"保障剂"。在欠发达地区，保险市场发展远远滞后于全国平均水平，这当然与当地经济发展较慢有密切的关系。也正因为这个原因，很多人认为保险业只有在经济发展到一定程度时才会有较大发展。其实恰恰相反，越是贫穷落后，越是发展缓慢，越要发展保险业，只有这样才能发挥保险业长期稳健的风险管理和保障功能，保证当地居民来之不易的发展成果。在我国经济转型升级与市场经济不断完善的大背景下，保险业迎来了重要的发展机遇。国务院于2006年出台《国务院关于保险业改革发展的若干意见》并指出，统筹保险业区域发展，提高少数民族地区和欠发达地区保险服务水平。2013年"一带一路"倡议的提出，为西部民族地区保险业的发展带来了新机遇，也提出了更高的要求。我们认为，实现欠发达地区的跨越式发展，不仅是一个地区GDP的增长，更重要的是居民收入的增加。在欠发达地区，农村人口所占比重较大，提高农民收入水平便显得尤为重要。在保障农业生产、稳定农民收入水平方面，保险的作用尤其显著。建立农业保险体系可以提高农业抵御自然灾害的能力，保证农业生产持续发展，从而稳定农村居民收入水平。具体而言，我们有以下建议。

第一，补贴政策，鼓励已上市的商业性保险大力发展保险普惠事业。贫困是"三农"问题的核心症结，西部地区要把全面服务"三农"、切实保障"三农"作为保险助推脱贫攻坚的突破口，发挥好普惠金融，特别是保险普惠的"助推器""减震器""稳定器"作用，让贫困群体应享尽享保险普惠的福祉、福利。提速发展保险普惠事业，对于化解西部地区金融发展不平衡、不充分的难题，对于决战脱贫攻坚、决胜同步小康、推动乡村振兴都具有重大的现实意义。

第二，提高保险监管力度，完善相关立法。保监会等部门应该加强对欠发达地区保险业的监管，全方位提高监管力度。监管内容涉及组织监管、经营监管和财务监管。在监管体系中应包括保险监管法规、保险监管机构、保险行业监管三大部分。不仅要对保险公司的发展进行监管，而且还要出台维护被保险人合法权益的具体措施，从而为欠发达地区保险业的健康发展奠定基础。

第三，建立并完善农村担保体系，有效分散金融支农风险。建议由地方政府出面组建农业担保公司，采取地方财政出资、企业和农户参股的方式，切实解决农村牧区抵押担保难的问题。

第四，完善保险保障体系。创新险种和保险范围，以商业化保险提高中西部地区企业抵押市场风险、自然风险的能力，提高农牧民的信用水平。加强社会保险保障力度，成立社保基金征缴处，提高社保基金统筹层次，加强社保经办机构的建设。

第五，保险业需加强反洗钱工作。保险产品是一种风险防范工具，同时也是投资理财的一种手段。作为理财工具，保险产品具有品质多样、期限灵活和操作性强的特点，这些特点为洗钱分子隐瞒及转移犯罪所得创造了条件。因此，根据《反洗钱法》和《保险法》，结合保险业反洗钱实际情况，欠发达地区有关部门必须修订和完善现有反洗钱制度，增强保险业反洗钱内控制度的适用性和有效性。

第六，其他可供选择的路径。政府应实施一些优惠的税收和保费政策，促进保险公司积极参与中国农业保险市场的开发。同时，也可引进外资农业保险公司，共同推动中国农业保险市场的快速发展。

第3节　金融政策体系之三——构建金融改革试验区

我国以往的改革都是在较发达的东部沿海地区进行试点，这似乎成为改革的"惯例"。在促进欠发达地区跨越式发展的过程中，不妨在金融改革领域"先行先试"。本书著者认为，在一定区域内建立金融改革试验区是发挥金融支持作用、促进欠发达地区实现跨越式发展的重要模式。

从理论的抽象思考来看，经济发展的金融支持有多种渠道，如促进资本的形成、提高金融体系的效率与活力、适度放松金融管制的力度等。但从实践的具体操作来看，我们必须找到一种可行的模式来落实发挥金融支持作用。特别是当我们在"欠发达地区实现跨越式发展的金融支持"的前提下研究问题时，其隐含的一个事实就是：区域开发是政府的任务。因此，我们讨论的金融支持也不是一种市场自发的、内生的金融行为，而带有很强的政府有意识地调控和利用的外生色彩，可以说是一种强制的制度变迁，而金融改革试验区正是这样一种政府主导的强制制度变迁。本节将对区域金融改革试验区的构建做具体的分析。

一、金融改革试验区的类型

2019 年是中华人民共和国成立 70 周年，也是全面建成小康社会的关键之年。国家综合配套改革试验区要以习近平新时代中国特色社会主义思想为指导，积极贯彻落实党中央、国务院关于深化改革的重大决策部署，坚持向改革要动力，进一步发挥好试验区在全面深化改革中的示范、突破、带动作用。但无论从经济总量还是金融规模来看，中西部地区很难在短时期内完全依靠自身的积累成长为金融中心，进而承担试验区重任。因此，各试验区要切实承担主体责任，健全工作机制，细化工作方案，压实工作责任，落实改革时间表、线路图，同时及时向国家发展改革委报送改革进展、经验案例、问题难点及意见建议，及时反映推进综合配套改革试点试验过程中遇到的新情况、新问题。

目前，我国处于可持续发展和绿色发展的大背景下，国务院批准了五省及地区建立绿色金融改革创新试验区的方案，对五个省份八个地市从发展绿色金融事业部、扩大绿色信贷和绿色债券发行、发展绿色基金、加快发展绿色保险、建立环境权益市场、建立绿色信用体系、强化政策支持等多个方面进行了部署。因此，中西部地区应立足自身优势，在金融综合改革试验区基础上，建立绿色金融试验区，通过构建绿色金融发展机制，走绿色发展模式；建立筹资型区域性金融中心，起到内向型金融的中介作用，加大金融对中西部经济的支持力度。

（一）区域金融中心

在欠发达地区跨越式发展的背景下，欠发达省份亟须大量资金注入，而区域性金融中心能够集中大量金融资本和其他生产要素，推动该城市及周边地区的经济发展，因此，可以在该区域建立区域金融中心，从而更好地推动欠发达地区的经济发展。

对于西部地区而言，可以在成都和西安打造西部金融中心。从资金的来源和流向看，成都市及广大西南地区都是资金需求迫切而资金供给缺口较大的地区。因此，成都市适合建成一个筹资型的区域性金融中心。西安市以及"丝绸之路"沿线各省需要紧盯招商引资、产业升级、创新创业等领域，加强区域金融合作交流，因此，西安适合打造丝路国际金融中心。目前，我国的发展目标是打造市场主体活跃、组织机构健全、配套功能完善、风险防控有力的现代金融产业生态圈，进一步做大做强金融产业，提升金融服务实体经济能力，建立健全金融风险防控体系，力争到 2022 年，建成立足四川、服务西部、具有国际影响力的国家西部金融中心。对此，我国出台了一系列构建推动西部金融中心建设政策支持体系。一是加快制定出台《关于进一步加快建设国家西部金融中心的若干意见》《关于推进普惠金融发展的实施意见》等政策意见，认真落实《关于创新要素供给培育产业生态提升国家中心城市产业能级财政金融政策措施的实施细则》《成都国家中心城市经济证券化行动计划》等政策文件，引领深化西部金融中心建设各项工作。二是按照行业领域细化扶持政策，认真执行《成都市市级金融业发展专项资金实施方案》《进一步做好成都市农村承包土地的经营权和农民住房财产权抵押贷款试点有关要求》《鼓励和引导金融机构参与"农贷通"平台服务19意见》《成都市"农贷通"风险资金管理暂行办法》等政策文件，将成都金融发展扶持政策做细做实。

对于中部地区而言，在武汉市和郑州市打造中部金融中心。从金融机构数、外资银行数、法人金融机构数来看，武汉市均位居中部第一，作为长江经济带与"一带一路"的重要节点城市，其科技水平较高，适合建立以科技金融为重点的区域金融中心。

具体而言，可以从以下三个方面实施。

第一，努力发展本地金融产业，加速金融商务区建设及金融基础设施建设。完善促进金融业发展的政策措施，在税收、土地、城市规划、人才及家属安置等方面提供优惠政策，吸引金融机构落户和发展。探索运用财税手段促进金融业发展的新途径，建立金融创新和发展基金，鼓励金融创新，支持金融业发展。

第二，基本建成国内外多种所有制金融机构共同发展、功能互补、规范稳健、覆盖广泛、竞争有序的金融组织体系；基本实现货币市场、资本市场、保险市场和产权市场协调发展、间接融资和直接融资互补、股票融资和债券融资均衡发展，融资功能和服务功能相统一的多层次金融市场体系；基本建成信用征集、评估、担保等功能完善的社会信用体系，使金融业成为当地重要支柱产业。

第三，把金融中心的金融服务功能向省外辐射。建设多层次资本市场，积极争取国内外金融机构进驻成都，打造影响全国、面向世界的区域性国际资本市场；加强财富管理组织、市场、服务和监管等体系建设，加快形成面向中西部的财富管理基地；积极扩大离岸存款、贷款和贸易结算等各类离岸金融业务，培育发展中国中西部离岸金融中心；支持欠发达地区股权投资基金基地建设，打造中西部创投融资中心，在全国创新创业要素交易体系中提升成都战略支点地位；大力发展面向互联网的金融创新业态，支持民间资本依法设立各类金融机构，积极发展普惠金融，规范民间融资，引进金融后台、服务外包等金融配套产业，构建全国新型金融先行区。

（二）绿色金融改革试验区

在各国竞相发展绿色经济、寻求经济可持续发展的背景下，建立和完善绿色金融体系已经成为的主要趋势。发展绿色金融有利于我国加快建设环境友好型社会、推进环境治理、促进结构性改革。发展绿色金融是实现绿色发展的重要推动力量，也是供给侧结构性改革的重要内容。建设绿色金融改革创新试验区，是推动绿色金融的新尝试，有利于经济绿色转型升级。绿色金融试点工作必须有充分的代表性，既要考虑经济发展阶段也要考虑空间布局。基于以上几点，选择中部地区的贵州和江西，西部的新疆地区作为区域绿色金融改革试点城市，试行金融配套改革。

江西和贵州虽然都属于中部地区的经济后发地区，但其绿色资源比较丰富，生态优势明显。因此，可以通过绿色资源，探索绿色金融发展模式。新疆是我国西北地区对外开放的"窗口"，位于"丝绸之路"经济带的核心区，生态文明建设条件较好。新疆应该依托"一带一路"的倡议，充分发挥建设"绿色丝绸之路"的示范和向外辐射作用。这项改革试点也比较符合中央的中西部扶贫政策，有利于缩小东西部的差距，加大对中西部地区金融对经济的支持力度。

考虑到中西部地区经济发展的现实状况，其构建区域绿色金融改革试验区必然需要大量的资金支持与投入，需要诸多的配套措施。具体而言，可以从以下三个方面给予实施。

第一，努力发展本地绿色金融产业，加快绿色金融商务区建设及金融基础设施建设。支持金融机构设立绿色金融事业部或绿色支行，鼓励小额贷款、金融租赁公司等参与绿色金融业务。支持创投基金、私募基金等境内外资本参与绿色投资。鼓励发展绿色信贷，探索特许经营权、项目收益权和排污权等环境权益抵质押融资。鼓励绿色企业通过发债、上市等手段进行融资。

第二，探索建立排污权、水权等环境权益交易市场，建立企业污染排放、环境违法违规记录等信息共享平台，建设绿色信用体系。强化财税、土地、人才等政策扶持，建立绿色产业、项目优先的政府服务通道。加大地方政府债券对公益性绿色项目的支持。建立绿色金融风险防范机制，健全责任追究制度，依法建立绿色项目投融资风险补偿等机制。基本建成组织体系完善、产品服务丰富、基础设施完备、稳健安全运行的绿色金融服务体系，绿色金融服务覆盖率、可得性、满意度得到较大提升，探索形成有效服务实体经济绿色发展的可复制、可推广经验。

第三，把绿色金融中心的金融服务功能向外辐射。到 2030 年之前，把江西和贵州建成资源开发与环境保护相协调，经济效益和生态效益兼具、承东启西的中部地区绿色金融中心；把新疆建成以哈密市、昌吉州、克拉玛依市为代表，辐射国内外的西部地区绿色金融中心。最终，与东部地区的广东和浙江遥相辉映，共同构成我国层次分明、功能互补、相辅相成的绿色金融中心辐射连通网络。

（三）农村金融改革试点

乡村振兴战略是我国全面小康社会建设的重要抓手。金融服务在推动农村经济发展、改善农民生活方面发挥了核心作用。2017 年，人民银行有关部门紧紧围绕"金融服务实体经济"宗旨，通过现场调研、组织召开试点经验交流会、推动召开试点研讨会等方式，加强对我国区域农村金融改革试点工作的指导，并在日常工作中形成了涉农金融改革季度信息报送制度，建立了良好的"上下联动"工作氛围。农村金融改革涉及黑龙江省"两大平原"、吉林省、四川省成都市、浙江省丽水市、广西田东县的农村金融改革等。旨在建立较为完备的农村金融服务体制机制，形成推动新型城镇化和农业现代化发展的金融支撑体系，基本实现城乡金融服务均等化。❶ 具体实践可从以下三个方面开展。

第一，分类施策，提高措施针对性。根据地区和项目特点，中国人民银行对试点改革项目进行分类管理和指导，并重点抓好改革两端：一端推动现代农业产业和城乡统筹发展，包括黑龙江省"两大平原"、吉林省和四川省成都市的试点等；一端是推动金融普惠"三农"，特别是边远地区和贫困人口，例如浙江省丽水市、广西田东县等。

第二，各地区地方政府和中国人民银行根据本地农业生产和经济发展需求，不断推动涉农金融产品创新。吉林省围绕重点特色涉农项目创新产品，引导金融机构开发了"大棚贷""优先贷""开犁贷""光伏贷""大米贷"等特色涉农信贷产品。黑龙江省创新开发了"订单农业贷款""企业＋农民合作社＋农户""企业＋家庭农场"等农业产业链服务模式。

第三，健全机构，增加供给。壮大农村商业金融组织体系，引入外部

---

❶ 卜永祥. 中国区域金融改革的探索与展望［J］. 金融与经济，2017（9）：4—14.

机构和培育本地金融组织机构相结合，扩大金融机构大额和长期资金供给能力，形成适度竞争的农村商业金融组织体系；设立准公益性金融服务站便捷服务农民。

二、促进区域金融改革实验区建立的相关对策与措施

为将上述规划转化为现实，具体而言，应从以下三个方面促进区域金融改革试验区的确立。

（一）充分发挥政府推动作用

中央政府应当明确中西部绿色金融中心的功能和定位，从区域经济协调发展、地区间均衡的角度予以支持。从金融支持方面来讲，首先，地方政府要积极提升金融业在地方经济中的地位，提高金融产业增加值占 GDP 增加值的比重。其次，地方应支持金融机构改革与发展，尤其是支持各全国性银行在江西、贵州和新疆的分支机构加快发展，同时加快地方金融机构，以及各类金融中介机构的发展。从绿色金融支持方面来讲，要逐步完善促进绿色金融发展的正向激励机制，比如中央政府和地方政府的财政贴息、税收优惠的支持，央行再贷款的支持，以及绿色发展基金这些低成本的资金，来综合降低绿色融资的成本。

（二）加强金融法规建设和金融管理

金融法规的健全是任何一个现代金融中心正常运作不可缺少的条件。为此，可考虑由地区中国人民银行加强制定创建金融中心所需的有关金融法规。在法规的设计中，要注意资金流动管制问题，资金不能只许进，不许出，否则就不可能进一步发展金融中心；在利益保障上，可适当给予外来金融机构一些优惠，但要注意尽量和本地金融机构一视同仁，构建平等竞争环境；在出台的政策方面，前后要一致，努力保证政策的连贯性。

在金融监管方面，要强化地区中国人民银行的功能，创新监管方式和监管体系，完善监管内容，保证各金融机构合规经营，严格防范各种金融风险，维护金融市场的平等自愿、等价有偿、诚实信用原则，为金融业的竞争创造良好的金融环境。同时，强化环境信息披露要求，建立公共环境数据平台，完善绿色金融产品的标准，完善绿色评级和认证，以有效制约污染性的投资；完善绿色信用评价体系，建立企业污染排放、环境违法违规记录等信息共享平台，建立健全绿色信用体系。

（三）积极改善金融生态环境，着重开发新的金融工具

中西部地区与全国一样，金融生态环境极为脆弱。针对这个问题，第

一，要加强征信体系建设，充分利用央行已经建立起的社会征信系统，在企业和个人信用体系建设方面加大投入，同时积极推进担保体系建设。第二，要努力改善金融生态，在全社会开展金融诚信宣传教育，提高居民金融诚信意识。要坚决整治严重干扰金融市场秩序的行为，严格规范金融市场交易行为，规范金融综合经营和产融结合，加强互联网金融监管，强化金融机构防范风险主体责任。加大打击逃废金融债务的力度，有效保护金融债权，维护金融企业的合法权益，坚决打击金融违法犯罪活动，维护金融秩序。

当代世界各国金融发展的经验表明：没有金融产品的创新，就没有现代金融，没有金融改革的方向。目前，金融产品的创新和现代化程度已成为金融业发达与否的重要标志。为了发展中西部金融中心，各级金融机构的领导要把金融产品的开发、创新放到重要的工作内容上来；要建立金融产品开发的调研部门、设计部门，加紧金融产品的营销研究；既要敢于拿来有用的"舶来品"，也要根据自身市场的特点，开发自己的金融产品。

（四）争取国家金融政策倾斜

积极争取国家的政策支持，采取对欠发达地区的金融倾斜政策。如本章前面几节所述，首先，可以施行地区差别的税收政策，对该地区金融机构给予税收优惠；其次，可以设置有差别的金融机构准入门槛，例如适当降低该地区设置区域性银行、非银行金融机构在资本金、营运资金的最低限额等方面的要求等。还可以考虑区域差异化的货币政策，例如有利于存款准备金率、利率政策等方面的优惠；最后，着力满足欠发达地区合理金融需求。按照新增金融资金优先满足欠发达地区、新增金融服务优先布局欠发达地区的原则，从信贷资源投放、网点与服务终端布设、金融知识培训等方面加大支持力度。各金融机构要结合自身业务特点，选择有效带动贫户发展的重点项目、特色产业增加信贷投放。力争实现欠发达地区扶贫再贷款占所在省份扶贫再贷款的比重高于上年同期水平和各项贷款增速高于所在省份贷款平均增速。

（五）加强区域金融交流合作

首先，建立区域金融合作的制度机制和信息共享平台。建立统一的企业信用评级体系以及企业信用平台、企业和个人相关纳税、金融信息系统，提高区域金融服务的信息化水平，提高金融产品的运行效率，推动区域金融市场一体化建设。其次，加强各区域金融中心的交流合作。推动金融产品跨区域配置，使各区域金融中心可以实现优势互补。最后，加强区域协调，完善制度性安排，发挥"亚金协"等区域国际金融组织参与性力量，整合区域内金融资源，推动信用体系融合，搭建交流合作平台，深化区域金融合作，促进区域生产、贸易与投资的便利化，为新兴产业的发展提供适宜的金融环境，打造金融合作新生态。

（六）创新区域科技金融

创建区域科技金融改革试验区，促进科技与金融的创新融合，可以有效解决地区科技型企业融资难、融资成本高等问题。对于欠发达地区，主要是以创新为主线，将金融资源与科技进行对接，实现多层次、多元化的科技金融科学体系。谋求科技与金融的融合发展，创新产品和优化服务方式；科学地规划金融产业组织体系和市场体系，使其不断完善，进而提升金融服务能力和服务水平；提高金融创新风险的容忍度，将风险防范和体系创新统一融为一体；优化金融资源的生态环境，集聚增强金融资源；对高新技术产业进行扶持培育，通过利用互联网金融对金融服务能力进行大幅度的提升。加快创新区域科技金融，实现科技资源与金融资源的有效对接，加快形成多元化、多层次、多渠道的科技投融资体系，为深化科技金融改革创新、金融服务实体经济探索可复制、可推广的新路径。

第4节　金融政策体系之四——创新金融工具

金融工具是实现资源优化配置的必要媒介。首先，风险投资作为金融工具创新的一种重要形式，在引导资金合理配置方面发挥着越来越大的作用。发展风险投资，推动科技进步是知识经济条件下的大势所趋。其次，在欠发达地区扶贫工作中，证券期货类金融工具尚属"新鲜事物"，近年来，证券期货扶贫工具开始在欠发达地区扶贫工作方面得到广泛应用。最后，政府需要从优化激励机制、加快人才建设、强化风险防控等方面采取具体措施，充分发挥融资租赁在欠发达地区经济发展中的作用，进一步提升金融支持的层次与水平。

一、风险投资

欠发达地区金融工具的匮乏不利于这些地区经济结构的优化，从而制约了其经济的发展。大力发展风险投资，将有利于欠发达地区金融和经济结构的优化。此外，经济欠发达地区"金融抑制"现象严重，在发展风险投资的过程中，应当正确运用政府导向，健全风险投资企业制度与风险投资的风险控制机制，还要注重培育一批有能力的风险投资家，这样欠发达地区的风险投资业才能走向良性循环的轨道。

在风险投资体系的三个市场参与主体中，投资者作为风险资本供给者是风险投资业发展的基础。没有足够的资金支持，一切创新都难以实现，风险投资只能成为空谈，我国目前风险投资发展最大的"瓶颈"正是风险资本有效供给不足。我国风险资本供给存在三个方面的问题：第一是总量小。第二是资金来源相对单一。在美国，20世纪90年代中期的风险投资资金来源构成中，养老基金占50%，捐赠基金、银行持股公司、富有家庭和个人各占10%，其他来源占20%。而我国风险投资公司资金来源主要是股东投入的资本，由于这些股东通常是国有企事业单位，导致事实上我国的风险投资资金主要来源于国家。第三是单个风险投资公司资本少，不具备提供长期资金的能力。在欠发达地区，经济发展中的资金"瓶颈"尤为突出。如何增加风险资本的有效供给，是发展欠发达地区风险投资的一项重要任务。

（一）中央政府对欠发达地区风险投资的发展应给予资金支持

尽管政府直接介入风险投资存在诸多弊端，但在欠发达地区风险投资的发展初期，政府直接投资仍是必不可少的。首先，政府投资能有效弥补发展初期的市场供给不足；其次，政府的介入为民间资本提供了信心，增强了民间资本介入高风险的风险投资的勇气和决心；最后，我国中央政府逐渐解决了风险投资行业的合法性问题与税收优惠制度的导向问题，并将投资风险与我国资本市场视为社会发展高新科技的重要途径。因此，政府资金的合理运用，能有效地带动民间资本的介入。由于欠发达地区经济发展水平落后，地方财政实力不足，许多地区还存在严重的财政纵向不平衡问题，地方财政完成公共职能都显得力不从心，出资支持风险投资的发展更是无从谈起，支持风险投资业发展的政策职能不可避免地落在中央政府的头上。政府可以设立专项投资，并引导企业、金融机构和风险投资企业加大对中西部地区的投资力度。

（二）大力吸收民间资本参与

随着我国市场化改革的逐步推进，我国经济建设取得了举世瞩目的成就。2016年，国务院办公厅《关于进一步激发民间有效投资活力促进经济持续健康发展的指导意见》《关于进一步做好民间投资有关工作的通知》

以及《关于进一步激发社会领域投资活力的意见》等文件陆续出台和实施，有效改善了民营企业的投资环境，带动了基础设施、社会领域、高技术产业等行业民间投资的增速明显提高。随着金融改革的深入，民间资本的力量将得到更大限度的释放，市场进行资源配置的效率也将大幅提升。民间风险投资作为一种新的投资形式，能有效地吸引以教育、养老等保险型需求为动机的长期存款的参与。

欠发达地区要大力发展风险投资，单纯依靠中央和地方政府的资本投入是远远不够的，必须制定政策鼓励民间剩余资本的参与。首先，要制定有关风险投资的地方法规，从法律角度保障投资者的合法权益，以解除其后顾之忧；其次，对参与风险投资的民间资本给予诸如提供政府担保和免除所得税等多方面的优惠，简化立项审批流程，以良好的收益预期抵消投资者可能面临的高风险，用利益机制吸引民间资本的介入，鼓励多类型主体协作，激发民间资本对基础设施和公共服务等项目的参与热情；最后，在时机成熟时，应鼓励欠发达地区以公募形式筹建风险投资基金，为民间资本参与风险投资提供渠道。

（三）支持欠发达地区有实力的企业创立风险投资公司

欠发达地区尽管总体经济水平落后，但仍不乏有实力的企业或企业集团。以西南地区为例，传统行业中的五粮液集团、红塔集团、长虹集团、茅台酒业，以及新兴行业中的东方钽业等都是其中的佼佼者，这些企业集团完全有创建风险投资公司的资金实力。大公司所属的风险投资组织可以是独立的经济实体，也可以是附属于大公司的一个部门，随着经济开放程度的加深，前者将成为越来越普遍的一种形式。此外，欠发达地区需要创立科学的风险投资公司组织制度，设计高效的风险投资公司治理结构。在这方面，国外风险投资公司的一些经验可以借鉴，我国现代企业制度建设的一些思路也可以利用。在美国，风险投资公司多采取有限合伙制度，即普通合伙人与有限责任合伙人的混合制度。普通合伙人负责公司管理，并对公司负有无限责任，有限责任合伙人不直接参与公司管理，对公司负有限责任。对于风险投资公司而言，这是一种比较有效的制度安排，体现了责任与权利对称，既有利于扩大风险资本来源又有利于对风险企业家进行有效的产权约束，从而有利于降低风险投资的经营风险与道德风险。在创建风险投资企业的过程中，应当结合中国国情，借鉴其中的有用之处，创造有中国特色的风险投资企业组织制度。

（四）大力塑造金融机构投资主体

金融机构投资者主要指保险公司、社保基金、商业银行等。在国外，金融机构投资者一直是风险投资基金的重要来源，如美国金融机构投资者在风险资金来源中占 60% 以上；英国在风险投资基金的资金来源中，金融机构资金占 80% 以上。与之形成对比的是，我国的金融机构对风险投资的参与很有限。随着我国银行商业化进程的推进和我国社保体系的建立和完善，我国的商业银行、养老基金、保险公司的实力都有了长足的进步，参与风险投资应不存在实力方面的问题。事实上，造成这种空白的主要因素是对金融机构业务进行限制的相关法律，包括《商业银行法》《保险法》《担保法》《养老基金管理条例》等。我国的《保险法》第 104 条规定：保险公司的资金不得用于设立证券经营机构和向企业投资。《商业银行法》第 43 条规定：商业银行在中华人民共和国境内不得从事信托投资和股票投资，不得向非银行金融机构和向企业投资。此外，我国的《养老基金条例》也禁止养老基金参与风险较大的投资项目。

这些确保金融机构分业经营的法律法规对规范金融秩序、防范金融风险都有着积极的意义，但却明显不适应风险投资这一创新金融的发展。事实上，养老基金等金融机构参与风险投资基金的发起、管理活动，并不是必然伴随着风险，而完全可以通过法律设计和加强监管来最大限度地规避风险，如在法律上可通过组织分离、职能分离等途径来消除可能存在的道德风险；在组织设计上，金融机构投资者作为有限合伙人，不参与风险投资基金的经营管理，仅以出资为限对公司债权人负有限责任。因此，在未来修订《社保基金法》和《商业银行法》等法律时，应放宽对金融机构的投资限制，允许一定比例的资金适度参与风险投资。如允许一定比例的养老基金、保险金和商业银行存贷差额资金参与风险投资，同时规定只能通过高新技术产业投资基金或创业投资基金的形式进行。这样，一方面能满足养老基金、保险基金长期保值增值和商业银行增强自身生存能力与长远发展的需要；另一方面能解决我国目前风险资本有效供给不足和风险投资公司资本规模偏小的难题。在国家进行法律制定或修改之前，可考虑先在欠发达地区试点。

（五）引进外资参与欠发达地区的风险投资

中国良好的发展前景和欠发达地区蕴含的巨大潜力，使得外国投资者对中国的欠发达地区给予了极大的关注，也为这些地区引进外资参与风险投资打下了基础。引进国外风险资本可以充分利用国内、国外两个市场，两种资金资源，不仅可以拓宽风险资金来源，还可以吸收先进的风险资本运行经验，更好地为中西部地区经济发展提供金融支持。要引导外资投向科技型企业、新兴企业和创立期企业，欠发达地区必须提供更好的风险投资环境。欠发达地区如果能更多地采取一些与国际接轨的措施，比如在员工持股、股票上市方面做出政策上的松动，国际风险资本进入这些地区是完全可以期待的。引进外资参与欠发达地区风险投资，在拓宽欠发达地区风险资本来源的同时，也有利于国外先进的风险投资理念在这些地区的传播，从而有力地促进当地风险投资的发展。

二、证券期货

风险投资作为欠发达地区经济发展的重要金融工具之一，已经在政府、金融机构、民间资本、外资等多个方面发挥了积极的作用。近几年，中国金融工具创新速度逐步加快，新的金融工具不断涌现，这大大地丰富了中国金融市场上金融产品的种类，扩大了中国金融市场的规模，完善了金融市场的类型，进而推动了中国金融业对外开放。不仅如此，更重要的是，欠发达地区扶贫工作与金融工具的创新发展有着天然的密切联系，金融工具的不断创新演进，也为支持我国欠发达地区扶贫事业的发展发挥了重要作用。

改革开放以来，我国已经初步形成了较为完备的金融工具体系。在欠发达地区扶贫工作中，证券期货类金融工具尚属新鲜事物。2016 年，中国证监会发布《关于发挥资本市场作用服务国家脱贫攻坚战略的意见》后，证券期货扶贫工具开始在欠发达地区扶贫工作方面得到了广泛应用。

（一）证券期货行业要不断助力金融扶贫

我国证券期货行业当前的规模和服务能力都达到了较高水平，具备在贫困地区开展资金帮扶和提供专业服务的水平和条件，行业协会要继续优化证券期货经营机构分类评价标准，精准考核各类经营机构扶贫工作的成效，为分类评价提供公允的参考依据，更好地发挥行业经营机构在脱贫攻坚中的示范和引导作用。因此，证券期货行业要真抓实干、埋头苦干，不断助力金融扶贫，当好地方政府的金融参谋。鼓励上市公司、证券公司等市场主体帮助贫困县发展产业、带动就业，真正实现脱真贫、真脱贫。稳步扩大"保险＋期货"试点，探索"订单农业＋保险＋期货（权）"试点，服务贫困地区产业发展，帮助贫困群众稳定脱贫。

（二）建立差异化监管制度

为了进一步发挥证券期货工具的扶贫潜能，我国可以在欠发达地区建立差异化监管制度。首先，充分考虑贫困地区企业和项目的特征，对贫困地区证券期货经营机构实施差异化的净资本监管要求；其次，鼓励证券期货经营机构在贫困地区县城合理开设网点，并且加快审批速度；再次，监管部门可与税务部门协商合作，对证券期货经营机构在贫困地区的网点实施适度税收减免，增强在贫困地区开展业务的内生激励；最后，在风险可控的前提下，鼓励商业银行、保险公司和公募基金提高购买贫困地区债券产品的优先级，稳步解开市场认购不活跃的困局。

（三）完善小额贷款公司资产证券化

小额贷款公司开展资产证券化，能够使小额贷款公司在金融扶贫工作中发挥更大的作用。为了能成功地通过资产证券化进行融资，创新小额贷款公司融资渠道，以便更好地服务于中小微企业，促进金融扶贫工作的开展和欠发达地区经济发展，应主要从以下两个方面开展。一是推行"循环购买"的证券化交易结构。要求资产证券化产品发行方——券商资产管理公司根据贷款对于资金的需求情况进行多次发行，在满足总额不超过一定规模的前提下，将每次产品的发行额度都划分成较小的额度，并且期限也限定在1～2年以内，同时在资产池的日常管理中也要制定详细的计划，用于对基础信贷资产进行循环投资。二是健全证券化流程中的风控体系。要求包括小额贷款公司从业人员、证券公司、资产管理机构、资信评级机构等各方参与主体与各中介服务机构立足于实际，积极开展金融创新，以实际行动推动监管机关规范小额贷款资产证券化的法规政策出台，进一步改善我国小额贷款资产证券化发展的配套环境，在大力发展普惠金融、促进资源合理配置的同时，防范金融风险。

（四）完善农产品"保险＋期货＋银行"模式

对农产品实行"保险＋期货＋银行"模式，促进资本市场服务实体产业。以苹果为例，陕西省宜君县、甘肃省秦安县、陕西省延长县都开展了苹果"保险＋期货"试点项目，3个试点项目累计为52名果农的366吨苹果现货提供目标价格保险，累计为果农减少约40万元的损失。为了完善苹果"保险＋期货＋银行"模式，当地主要从以下三个方面开展：一是警惕苹果期货市场的过度投机行为。期货交易所、期货业协会、期货市场监控中心要切实承担起一线监管职责，加强对苹果期货市场信息的共享和监管联动，严厉打击投机炒作、操纵市场等违法行为。二是建立专项基金等保费补贴长效机制。政府主管部门、期货交易所、保险公司、期货公司、银行通力合作，共同建立保费补贴专项基金，参与"保险＋期货＋银行"项目的投保农户，其保费由专项基金全额支付或部分补偿，同时大力引进扶贫组织、慈善公益组织加入专项基金，为专项基金引入更多源头活水，从而提高农户参保的积极性，真正做到精准扶贫，服务"三农"。三是吸引更多商业银行等金融机构加入"保险＋期货"项目当中。

在"保险＋期货＋银行"模式中，应注重大力引进更多的商业银行等金融机构加入其中，商业银行与当地政府、涉农企业等有着长期和深入的合作关系，对当地的农业生产情况更加了解，能够帮助"保险＋期货"等精准扶贫项目找到需要目标价格保险的农户，有利于后续金融精准扶贫项目目标客户的筛选，银行也可以充分发挥自身的专业优势，有利于为项目方案的完善提供建议与帮助。

（五）集中期货行业力量　建立扶贫长效机制

目前，国家脱贫攻坚工作已进入"啃硬骨头、攻城拔寨"的冲刺阶段。期货市场是资本市场的一部分，期货行业是国民经济行业的重要组成部分，期货经营机构作为期货市场最重要的中介机构，是金融服务于实体经济发展的重要推手，期货经营机构自身的发展与实体经济的发展也存在"一荣俱荣、一损俱损"的关系。积极参与扶贫事业，为国家脱贫攻坚战略尽一份责、出一份力，是期货经营机构作为社会公众金融企业应承担的政治责任和社会责任。期货经营机构下一步精准扶贫工作可重点从以下三个方面着手。一是充分加强与行业内部经营机构、交易所、监控中心等主体，行业外部政府部门、其他金融机构等主体的合作，形成行业精准扶贫的行动合力。二是充分利用自身优势，合理选择帮扶主体，确定帮扶范围，因地制宜、因人施策，开展精准扶贫。三是充分发挥期货品种优势、市场功能优势、人才主体优势、产业客户优势等行业的专业优势，着重加强对涉农主体、产业企业等帮扶对象的专业扶持，激发帮扶对象的内生动力，形成专业扶贫特色。

三、融资租赁

习近平总书记在党的十九大报告中指出，经济新常态是国民经济由高速增长转变为高质量增长。这就要求金融支持欠发达地区经济发展要贯彻发展新理念，根据欠发达地区贫困人口的金融需求，不断创新金融工具。融资租赁源自20世纪50年代的美国，目前在美、日等发达国家的覆盖率已经达到20%~30%，融资租赁成为与银行信贷同等重要的融资工具。融资租赁由于具有兼顾融资、融物双重功能的多方安排，为资金需求者提供了一种成本较低、较为便捷的融资方式。租赁物品的多样化和业务内容的广泛化，与租赁形式的多样化实现良性互动。同时，申请流程也相对较为简捷。具体到涉农融资租赁层面，该业务具有广阔的市场需求，业务模式简单、高效，比较适合我国欠发达地区金融市场的发展状况。

（一）创新融资租赁业务

在进行面向贫困人口进行具体业务和产品的开发时，可以通过标准化的流程和产品，明确不同租赁公司的核心竞争力，将核心和标准化资源有效区分，推动租赁咨询服务的开展，进一步丰富租赁产品，优化产品组合、交易结构、租金安排、风险控制等设计，提高专业租赁公司的核心竞争力。推动租赁标的物、承租人等方面的创新，探索将林权、生物资产、畜禽圈舍作为租赁标的物，同时将种植大户、家庭农场、专业合作社等农村地区新型的生产主体作为承租人，推动具体业务领域的创新，开展农业机械设备租赁业务，实现涉农租赁资产证券化等，尝试利用金融租赁工具，实现财政资金的金融化管理。

（二）降低管理成本

由于作为承租人的农户和其他农业生产主体居住地偏远且分散，造成提供金融服务的租赁公司监管成本较高，难以及时发现并处理可能出现的风险隐患。为有效解决这一难题，一些国家要求有信贷需求的农户采用共同承租的方式进行承租，收到了良好的效果。根据我国欠发达地区的发展状况，可以考虑借鉴马达加斯加的CECAM租赁公司的举措，由相互了解的贫困人口组成共同承租小组，每一位成员对承租物品进行联合担保，成员之间相互监督，确保租赁资产的合理使用。一旦出现违约不能如期支付租金的现象，小组其他成员负有连带经济责任，必须代为偿付租金。同时，还可以从信誉度较高的涉农小微企业入手，优先考虑信贷记录良好的企业，选择处于成长期、行业发展前景好、管理规范、负债率较低的企业作为承租人。

（三）促进租赁与信托的合作

融资租赁的业务创新一般包括两个方面，一是通过业务交易各主体内部对风险和收益的调整产生的内部创新；二是通过融资租赁的实施主体与银行、保险、担保公司等利益相关者的有机结合，在更大范围内实现风险和收益的转移和分担。随着投资机构的快速发展，委托租赁资金、租赁信托计划也将成为租赁公司按投资人意愿开展租赁业务的重要资金来源。因此，积极开展租赁与信托的合作，促进租赁债权证券化发展，发展应收债权融资市场，加快租赁资产的流动，多渠道拓展租赁公司资金来源，是租赁业发挥拉动社会投资功能的重要方式。

（四）加强专业人才队伍建设

把加强欠发达地区的金融基础设施建设作为金融支持其经济发展的重要环节，为融资租赁行业的健康成长提供一个良好的外部环境，使其在开发进程中发挥应有的作用。加强融资租赁从业人员职业能力建设，支持高校在条件具备时开设融资租赁相关专业，推动专业化人才队伍建设。支持企业通过组织从业人员开展专业培训来增强从业人员的综合素质，培养一批具有国际视野和专业能力的融资租赁人才。探索通过风险补偿、奖励、贴息等政策工具，激励融资租赁公司加大对涉农小微企业支持的主动性和积极性，在此基础上鼓励金融行业的各种相关协会开展专业培训、经验推广、业务交流等工作。

第8章　欠发达地区跨越式发展的金融支持对策与建议

综上所述，可知我国欠发达地区经济社会发展确实在经济增速、产业结构调整、固定资产投资、创新示范区等方面取得了一定进步，但与我国东部地区相比仍然存在一定差距，主要是我国欠发达地区仍然存在经济总量偏低、产业比重失衡、资金支持力度不够、信贷结构不合理等问题。因此，在经济新常态下，构建一个健全的金融支持体系是欠发达地区实现经济发展的强力支撑。

本章将以金融体系作为支持点，进一步提出有针对性的对策建议来解决制约欠发达地区经济持续发展的一系列问题，提高金融服务经济的水平。基于此，本章将细化研究对象，针对我国中西部地区不同的发展现状及其存在的问题，分别具体探讨相应的对策与建议，进一步提高金融发展对欠发达地区实现经济跨越式发展的水平。

第1节　中部地区跨越式发展金融支持对策与建议

我国幅员辽阔，各区域的经济发展水平存在很大差异，与我国东部地区相比，中部经济总量偏低、产业比重失衡等问题较为明显。金融是现代经济不可或缺的一部分，金融的发展有利于推动区域经济增长，因此，中部地区的崛起离不开金融的支持。对此，本书著者提出针对中部地区跨越式发展金融的相关对策与建议。

一、加强中部地区金融支持政策

目前，中部地区市场经济发展总量较低，中央政府的区域政策和制度安排都会影响各区域金融业的发展。中部地区特有的地理位置、历史文化环境等因素造成了中部地区的金融发展现状，因此，中央政府应因地制宜，对金融业的干预应逐渐从行政性干预转变到由市场规则来进行约束。

第一，可以根据中部地区与其他区域的差异性制定和实施差异化的货币财政政策。经济发展较好的地区可以给予落后地区一些资金支持。经济发展较差的地区，政府部门应提供特殊的优惠政策，实行差别化存款准备金政策，调节各地区之间的资金平衡。一方面扩大商业银行的经营业务种类和规模，提高公开市场操作力度，宏观调控欠发达地区货币资金的投放量，充分发挥利率杠杆作用在欠发达地区经济发展中的作用，采用存贷款利率、自由浮动政策，灵活吸引存款扩大贷款。政策性优惠贷款利差损失通过财政补贴的形式予以补偿，实行差别对待和分级管理的形式。另一方面，中国人民银行有效增加政策传导渠道，对接弱势金融需求。基于地方中小法人金融机构信贷投向以中小微企业、涉农企业为主的情况，以农村信用社、村镇银行、城市商业银行等地方中小法人金融机构作为再贴现重点扶持的对象，并逐步提高再贴现限额，以促使其扩大票据融资业务、优化资产结构，提高资产负债结构管理水平。[1]

第二，加强中部地区金融制度改革。中部六省大多是农业省份，据调查，截至 2016 年年末，中部地区新型农村金融机构在全国占比最低，其中村镇银行全国占比 27.6%、贷款公司 13.3%、农村资金互助社 14.9%、小额贷款公司 20.6%。因此，政府引导构建中部地区的农村金融组织体系十分必要。

二、完善中部地区金融服务体系

第一，中部六省目前的经济水平和金融市场发展还有很大差异，一方面，可以建立一个统一开放的区域金融市场。使中部各省份建立起金融与经济的良性互动关系，相互影响、相互促进。如上海作为全国性乃至国际性的金融中心，可在条件成熟的中部地区培育和发展区域性金融市场，从而形成多层次、开放性的全国金融市场网络，为中部地区的发展提供资金，增强其资本形成的能力。一方面进一步完善同业拆借市场，积极发展票据市场，规范市场行为，抑制中部地区资金的无序流动；注重资本市场的基础建设，推动欠发达地区资本市场的发展。另一方面，要不断改进金

---

　　[1]　孙礼旭，朱玉红. 甘肃欠发达地区金融现状分析——以酒泉市为例［J］. 兰州工业学院报，2018（5）：98—103.

融产品，不断促进证券市场和保险市场的稳定发展，对国有企业加大改革力度，帮助中、小企业扩展融资途径。例如，中国人民银行可以结合产业特点创新金融产品，围绕中部地区特色产业创新金融产品和服务方式，稳妥推进农村承包土地的经营权抵押贷款、林权抵押贷款，拓宽抵押物范围。积极推广仓单、订单质押等产业链、供应链金融，促进特色种养业、农产品加工业的发展。加强互联网、大数据、云计算等信息技术的运用，鼓励发放信用贷款。积极创建产业扶贫示范点，利用"万企帮万村"等载体，对接贫困地区产业发展金融服务需求。

第二，拓宽融资渠道。一方面，要确保股票市场直接融资功能的实现。只有积极推动上市公司兼并重组，充分发挥现有上市公司的再融资功能，中部地区才能通过上市融资得到更多的资金支持。另一方面，要对中部地区符合国家重点支持产业的企业发行公司债、资产支持证券等，实行"专人对接、专项审核"，适用"即报即审"政策。支持该地区符合条件的企业通过发行短期融资券、中期票据、扶贫票据、社会效应债券等债务融资工具筹集资金，实行会费减半的优惠；为解决政策性金融债券流动性差的问题，增强对投资者的吸引力，应允许政策性金融债券在交易所挂牌交易，并对交易者给予国债交易的待遇，减免利息税；在政策性金融债券可交易的情况下，中央银行可通过其公开市场业务，为中部地区开发政策性金融机构的融资提供间接支持；相关政府部门应当对商业银行进行正确的引导，特别是国有商业银行，应当发挥在促进欠发达地区经济发展方面的责任，为其经济发展提供更加充足的资金支持，提高对小微企业融资的支持范围。相关部门应当引导社会资本进入这一投资领域，为投资者提供相应的投融资信息平台，提高对农村小微企业融资的支持力度。

第三，推动中部地区公司债券发行，确保期货市场的发展，不仅要鼓励相应的大中型公司，一些符合法规的中小企业还可以发行债券，以解决自身的资金需求，完善财务结构。首先，要积极推进中部地区金融产业债券，尤其是在地方性小金融机构债券发行的基础上，加快中部地区重点企业债券上市的步伐，优先安排企业债券筹资用于中部地区投资，优先安排中部地区建设国债，并可以赋予省级政府一定的融资权限，以省级财政担保发行区域性中长期建设债券。其次，鼓励地方证券公司介入中、小企业债券发行领域，将地方证券公司作为推动中小企业债券发行的重要平台，发挥地方证券机构在中、小企业债券发行中的主导地位。最后，积极扶持地方证券机构的发展，通过增资扩股、改制上市、战略合并等方式充实资

本、增强实力。❶

第四，构建地区资本市场的多层次性。由于中部地区资本市场发展的现实基础相对薄弱，基于国有经济占主导的事实，从长期看，中部地区资本市场的发展应注重产权交易市场的建设，推动国有资本的流动与重组，加快资本经营的步伐。推进中部地区股份制改革进程，以推动股票市场、债券市场的发展。

此外，还要不断完善中部地区的资本市场，提高中部地区资本形成能力。对现有金融组织、金融业务和运行机制不断改革，为中部地区的中小企业发展、国有企业的转型和产业结构优化创造前提条件，提供金融支持。

三、加快中部地区金融机构内控制度改革

完善中部地区各金融机构的内控制度改革，有利于提高各金融机构的工作效率。加强对金融部门的内部监管力度，有利于各金融部门稳定运营。第一，金融机构要有严格的岗位分工并规定明确的岗位职责。各部门之间积极配合，提高工作效率。要加强每项工作的事后检查力度，每项业务要有专门负责人对业务流程进行把关。第二，要完善金融机构的授权审批机制，加强对上级领导干部的内控。每一项交易分给不同的人进行审查，每个人的权限都是有限的。第三，在网络化、电子化的今天，各金融部门要赶上时代的脚步。加快金融机构内控方面的电子化建设，尽快适应业务发展需求。充分利用计算机网络对金融机构各项业务进行检查，建立起一套先进的内部控制信息系统。第四，要充分发挥稽核部门的监管职能。实行对法人代表负责的内部审计核查管理制度，安排熟悉金融法律法规的、具有丰富工作经验的人员从事核查工作。

四、优化中部地区金融生态环境

目前，中部地区国有企业正处于改革转型期，与东部地区的金融环境相比还是比较落后的，因此，优化中部地区金融生态环境是非常必要的。

第一，加强监管部门的检查力度和审查透明度，有效监管中部地区各金融机构，必须从以下五个方面进行努力。一是加强资金使用的监督和信贷风险的控制，确保资本水平持续满足监管要求。二是加强金融机构与其

---

❶ 刘海锋，张洋. 经济欠发达地区中小企业债券融资难点与对策——以河南省为例［J］. 债券，2017（6）：72—76.

代理机构委托代理业务的信息传递和反馈，避免信息的滞后和管理上的脱节。三是参照世界银行、亚洲开发银行的模式，开发银行向中部地区提供技术援助资金，用于有关贷款项目开发的前期准备和论证工作，使开发银行信贷政策导向作用前移，提高项目开发的成功率。四是推行项目建设工程监理和保险制度，以保证工程建设质量，规避风险，并确保建设失败后的重建资金补偿，建立开发银行与中部地区省级政府联席工作会议制度，包括领导层和工作层的会晤，以沟通情况、协商解决有关问题。五是构建资本评估机制，每年至少进行一次内部资本评估。完善资本约束，构建以资本充足率为核心的约束机制，加强资本监管，有利于引导政策性银行提升自身抵御风险的能力，平衡资本约束和可持续发展的关系，有效支持、服务国民经济的重点领域和薄弱环节。

第二，加强社会信用，健全金融法律法规。政府应该制定相关条例来保护金融债权，司法机构也应不断完善相关法律法规来维护债权的合法权益。

第三，不断完善信用担保体系，不断改善企业，尤其是中小企业信贷担保难的现状，加快发展信用担保公司。首先，加大对担保机构的支持，除运作好现有的担保机构，还要鼓励和支持社会组织创办担保机构。多形式、多层次发展担保机构，扩大担保机构规模，为中小企业融资担保提供方便。其次，将国家对欠发达地区财政方面的优惠政策落到实处。最后，要加快完善社会信用管理体系的立法，促进信用担保机构的健康发展。

第四，加快企业征信系统建设，保证信用的公平性。有序地组建信用服务中介机构，建立信用风险分担机制。利用现代网络技术，建立信用信息网络平台。

第五，政府、银行、企业之间要做到及时沟通、相互协作，使信息采集、加工、共享一体化，不断提高经济决策的准确性，保护各金融机构的资金安全，为中部六省金融机构和投资者营造安全的金融生态环境。

第 2 节　西部地区跨越式发展金融支持对策与建议

西部地区作为当前我国经济整体规划中的重点支持地区，在我国西部大开发战略的指引下，经济已取得了长足而快速的发展，但从前对西部地区的现状与问题描述中也应看到，西部省份在发展数量和质量的综合研究下，仍滞后于东部省份。这其中原因尽管很多，不乏西部省份间自然资源、生态环境资源差异较大，整体发展基础相对薄弱等，但缺乏结构完善、直接融资与间接融资并存的金融体系支撑，使得实体经济、整体产业发展因缺乏金融的有效支持而难以得到良性、高效发展，则是其中的主要原因。为此，本书著者将根据前文西部地区金融发展状况以及存在的问题，提出相应的对策与建议。

一、制定符合西部地区发展战略的金融发展政策

长期以来，我国金融政策的制定者是中央银行，政策制定具有统一性，无法体现区域性特色。与东部地区相比，西部地区金融资源缺乏，金融资源的地区分布明显不均。因此，结合西部地区金融发展的现实状况，制定符合西部地区发展战略的金融发展政策，尤其是在当前国家"一带一路"倡议指导下，国家需要结合西部地区金融发展现状，制定符合其金融发展的政策，鼓励加强与周边国家产业领域中的金融合作，通过金融重点支持其战略性产业发展。

因此，一方面，我国应大力支持资源开发项目与高新技术产业发展，通过合理的产业金融政策，更好地服务于整个国民经济的战略性重组，服务于技改结构、产品结构和产业结构的优化配置，合理引导西部地区产业发展与经济结构升级，为扩大西部地区的资金规模创造良好的政策环境，从而有效地传导金融发展政策对西部地区经济发展的支持力度。

另一方面，我国政策性金融机构应该重点关注以下三个方面。

一是重点项目发展部主要负责支持重点项目实施。如加快推进"一带一路"基础设施联通，努力为"一带一路"建设提供坚强的交通运输保障。西部地区资源丰富，长期以来其资源优势未能有效地转化为经济优势，落后的基础设施是制约开发这些资源的关键。因此，财政支持的重要着力点是西部地区基础设施建设，主要应集中于交通和通讯，应进一步深化交通运输供给侧结构性改革，下大力气降成本、补短板、强服务；进一步做好交通扶贫、对口支援等工作；进一步为服务好国家重大战略提供交通运输保障。

二是农业发展部坚持以政策性业务为主体，将中国农业发展银行建设成为具备可持续发展能力的农业政策性银行。西部地区需要进一步巩固农业资源基础，强化生态环境功能，建立高效率的农业产业组织机制和具有竞争性的农业产业体系都需要大量的资金投入。农业发展部要提供国家规定的农业政策性金融服务，积极筹集农业政策性资金，协助解决农业的深

层次问题，通过引导金融机构加强对农业"龙头企业"、农民专业合作社等农村新型经营主体的支持，大力推广产业扶贫新模式。截至2017年9月，农发行累计投放粮棉油收储贷款2.53万亿元，支持收储粮油1.035万亿千克、棉花1 316.8万吨，平均每年支持收购的粮食约占全社会收购量的60%，支持收购的棉花超过总产量的50%，在新疆地区超过70%。在服务城乡发展一体化方面，中国农业发展银行还加大了对水利、棚改、农村路网等重点领域和薄弱环节的支持力度，有力改善了农民生产生活条件。

三是进出口发展部应该充分发挥在稳增长、调结构、支持外贸发展、实施"走出去"战略中的功能和作用。其中，中国进出口银行可以帮助出口商获得出口信用，或直接为其提供出口信用，它可以作为利率的补贴者，或风险的承担者，是政府和出口企业之间的纽带和桥梁，其信用作用受政府的支持，并且直接为对外贸易服务，是金融与贸易相结合的产物。此外，立足政策性职能定位，进出口银行全力服务国家政治和外交大局，服务"一带一路"建设、国际产能和装备制造合作、"中国制造2025"等国家战略，支持建设了蒙内铁路、C919和鲲龙—600等一批具有重大意义的项目，可以说，西部地区融入国际经济大环境是大势所趋，我们设立政策性金融机构体系可以为西部地区创造良好的投资环境，从而吸引发达地区及国外资金的投入。

二、形成西部地区金融发展与国内外投资、贸易的良性互动关系

无论是投资还是贸易，这些主要的经贸合作领域均需要金融业的巨大资金支持。与东部地区相比，西部地区的贸易投资活动明显不足，知名企业较少，其国际竞争力较低，这在很大程度上是因为缺乏强大的资金支持作为后盾。形成金融发展与国内外投资、国际贸易之间的良性互动关系，不仅需要加强投资与贸易二者直接的联系，而且更需要将金融发展支持经济增长的作用纳入投资与贸易活动之中。

具体来看，首先，金融机构可以派专业人员深入参与企业的投资及贸易活动之中，通过更为深入的了解，来制定合适的策略，真正发挥金融的作用。其次，可以适当撤并效益不好的国有商业银行经营点。西部地区国有商业银行比重较高，在改革开放初期，其对于集聚社会建设资金用于重点地区和重点项目，以实现经济的快速增长曾起到了重要的作用。然而，西部地区一些基层营业点效益低下，不良资产比例较高，已成为地方经济

发展的桎梏。因此，应当撤并效益不好、扭亏无望的基层营业点，充分发挥国有商业银行中心城市分行的作用，集中资金和人力支持大中型向跨地区、跨行业、跨所有制及跨国经营方向发展，实现规模收益。最后，结合西部地区发展的特点，建立地方性商业银行，为中小企业和民营企业服务。西部大开发应当充分发挥中小企业和民营企业的作用，以效率优先来发展经济，因而建立地方性商业银行，提供小额信贷为中小企业服务是必然的选择。

三、制定长效机制，解决人力资本流失问题

西部地区不仅自然环境较差，而且金融生态环境也需要进一步改善。现实状况表明，西部地区的金融人才流失已经非常严重，当地无法留住人才。制定长效机制，解决人力资本流失问题，已经成为当前的一项紧迫任务。

一是需要创新人才交流合作的新机制，加强西部地区与东部地区之间的人才交流，通过交流全面提升其综合素质。

二是制定人才稳定政策，重视人才，尤其是对金融专业人才需给予高度重视。对于科研机构和高等院校而言，也需要在人才培养方面加大力度，培养出适合当地经济发展需要的高素质专业人才，从而为西部地区长远推进金融发展，促进经济增长作出贡献。

三是不仅要加强对基础设施等硬环境的建设，从根本上改善交通、电力、通信、科技、教育环境，这是吸引人才的物质基础；还要创造有利于人才成长和发展的软环境，通过建立企业经营管理者激励和约束机制，营造利于企业家人才成长的社会环境；通过实施鼓励民营经济发展的政策，为民营经济的发展提供良好的服务，从而形成利于私人投资的社会环境；通过为广大科技人员成果转化提供良好的政策环境、融资环境和投资环境，吸引他们来地区创业，把科技成果转化为经济成果。

四是加强技能培训机构建设，为社会人员提供更多的培训途径，提升职业技能和综合素质，在有条件的情况下，可以为社会人员参加培训提供适当的物质补助，以提高他们参加培训的积极性。

四、调整贷款结构，避免惜贷

目前，西部地区金融机构贷款对象偏向于大型企业，而对中、小型企业的支持明显不足。然而，尽管西部地区的中、小型企业尚处于发展初期，但中小型企业已经成为一支不可忽视的生力军。因此，西部地区需要

调整贷款结构，加大对中、小型企业的资金支持。此外，考虑到欠发达地区储蓄水平与企业的经济效益，在欠发达地区采取与发达地区不同的存贷款利率，即允许欠发达地区商业银行在中央银行规定的基准利率浮动范围内适度提高欠发达地区的储蓄利率，降低企业的贷款利率，并在欠发达地区金融机构与利润留成上给予适当优惠，实行特殊的利润留成办法，以弥补降低贷款利率所带来的利润减少。同时，为避免惜贷行为，积极向企业尤其是中小型企业贷款，增强中小企业的融资渠道，并进一步推进利率市场化改革，提高金融资源配置效率，完善金融调控机制对促进欠发达地区跨越式发展尤为重要。

第9章 欠发达地区跨越式发展的金融支持配套政策

在对欠发达地区实施区域性倾斜政策中，金融支持政策可以解决欠发达地区最重要的资金问题，但是仅靠金融支持政策不够支持欠发达地区经济实现跨越式发展，促进欠发达地区经济跨越式发展是一项系统工程，需要以金融政策为核心，加强部门协作，实现国家产业政策、财政政策和人力资源政策等各种调控工具全方位地配合，以期形成合力，共同促进欠发达地区经济社会发展。本章将从产业政策、财政政策和人力资本政策三个方面提出一些政策建议。

第1节 支持欠发达地区跨越式发展的产业政策

制约欠发达地区经济社会发展的首要因素是产业结构不合理。欠发达地区要结合地区资源禀赋优势和区位特点因地制宜地优化产业布局，调整产业结构。欠发达地区要加快发展，就要在比较优势和后发优势的基础上走新型工业化的道路，跨越其曾经经历过的某个阶段和曾经走过的某些弯路，把经济、社会以及生态效益有机统一起来。要把工业化和信息化很好地结合起来，以信息化带动工业化，消除区位条件弱势。发挥后发优势，努力实现产业组织与支撑技术的跨越，才能迅速提升欠发达地区的竞争优势，走上经济发展的"快车道"。缩小与发达地区的差距。因此，跨越式发展是欠发达地区的必然选择。

一、发展高技术产业

高新技术是建立在现代自然科学理论和最新的工艺技术基础上的知识密集与技术密集，能够带来巨大经济效益与社会效益的技术群。高新技术产业是在高新技术的研究开发、推广和应用的基础上形成的企业群或企业集团的总称。它已成为代表 206 个国家和地区综合实力和整体竞争力的重要的先导产业，成为国民经济和社会发展最重要的新增长点。高技术产业的特征主要包括八个方面：高效益、高投入、高智力、高融合性、高风险、高竞争、高度创新性、高势能。正因为高新技术具有以上突出的特点，所以高新技术在产业化过程中，也必须具有与其他产业相比突出的特征。与此同时，对高新技术的保护，以及顺利、高效地实现产业化是当今世界各国努力的目标。

开发与使用新技术是市场经济中的企业获取竞争优势的主要手段。那么，到底哪些产业可以视为高新技术产业呢？根据工业化国家产业演化和技术进步具有的普遍特征，我国确定的高技术涉及国民经济信息化、传统产业改造、发展新兴产业等领域。具有战略规划性质的"863 计划"涉及生物、航天、信息、激光、自动化、新能源、新材料七大领域，以及互联网＋"、人工智能创新发展和数字经济试点等重大项目。从中可以看出，高技术产品比高技术产业涉及的领域要宽泛，但由于技术领域分类与行业分类、产品分类不相衔接，在高技术产品统计的操作上有一定难度。在相对欠发达地区，高新技术产业的定位适合树立长远的发展目标，高新技术产业开发区建成并投入运营后，并不意味着发展的结束。而且高新技术产业开发区的存在不是独立的，它可以产生联动优势。因此，用新的思维和战略推动高新技术产业开发区的发展，有助于相对欠发达地区建立特有的竞争优势，激发全国范围内新的经济发展浪潮。

（一）我国高技术产业的区域分布

从高技术产业分布来看，我国高技术产业创新能力普遍提升，东部地区高技术产业发展有比较突出的优势，包揽了全国的前五位，是国内高技术产业最具竞争力的地区；中部地区在企业效率、创新投入和创新效果指数方面提升明显；西部地区呈现出加速发展的态势，其中四川省、陕西省高技术产业创新能力大幅提升。东部的高新技术产业已到转型升级阶段。江苏省和广东省在发展能力、获利能力、偿债能力和产业贡献等方面明显优于其他地区，成为"一东一南"两个最重要的技术创新中心和高技术产业集聚区域。2018 年，两省高技术产业主营业务收入合计 6.85 万亿元，占全国高技术产业主营业务收入总额的比重达到 44.52%，利润总额占全国高技术产业利润总额的 43.32%。中部地区高技术产业的发展取得较大成就。高技术产业投入力度大，企业效率持续上升，创新效果提升明显。

企业效率指数比 2017 年提高 4.17 个百分点，高新技术产业增加值达到 7 268.16 亿元，比 2017 年增长 10.97%，劳动生产率每人比 2017 年增长 2.36 万元，高新技术产业利润总额比 2017 年增长了 0.03%。西南的四川省、西北的陕西省高技术产业创新能力大幅度提升，对西部地区的高技术产业的发展发挥创新引领、带动和示范作用。西部地区高技术产业获利能力指数比 2017 年提高 7.61 百分点。

从高技术产业的内部构成来看，西部各地区行业发展非均衡程度要大于东部、中部地区，航空航天器制造业、电子计算机、办公设备制造业及大数据人工智能发展非均衡程度大于其他行业。其中，东部地区航天航空器制造业、医药制造业、电子及通信设备制造业、医疗设备及仪器仪表制造业的非均衡程度呈下降趋势，而电子计算机、办公室设备制造业及大数据人工智能发展的非均衡程度均呈上升趋势；中部地区的电子及通信设备制造业的非均衡程度有所增加，而其他行业有所缓解；西部地区航空航天器制造业、电子计算机、办公设备制造业及大数据人工智能的非均衡程度增大，而其他行业的发展差异缩小。全域范围内，高技术企业呈现波动式上升，主营业收入和企业平均收入水平呈现指数型波动态势，大批量、收入高的高技术产业的企业在东部地区形成空间产业集聚，而在中部和西部地区从事高技术产业的企业数量少，且整体收入偏低。此外，医疗类、电子类等基础设施行业的企业数量相对较多，而航空航天制造业的企业数量相对较少。

（二）欠发达地区加速发展高新技术的政策措施

1. 各省、市、自治区应成立高新技术产业发展规划实施办公室，并发挥其应有的作用

各地方发展改革委员会应主动牵头，积极联合地方科委、经委、财政局等部门参加成立规划实施办公室或者领导小组，负责组织推动本地区的高新技术产业发展规划的实施和政策的落实，以集合一个地区各方面力量共同推进高新技术产业发展。政府及相关部门要实行严格的发展评估。政府所制定的引导政策是否可行、管理是否科学、高新技术产业开发区的发展是否符合相对欠发达地区的实际、各项增长指标是否理想等，都必须通过严格的评估得出结论。政府部门应设立详细的指标评价体系，对每个评价指标给予一定的权重，最后综合得出评分，并根据评估结果对建设工作予以必要的调整，尽快迈向发展目标。

2. 制定扶持高新技术产业发展的政策和规划

第一，不同地区普遍综合运用了财税政策、投融资政策、人才政策、产学研政策、知识产权政策和产业促进政策等，通过政策的协调统一共同促进高技术产业发展。例如，天津和西安侧重于高技术产业扶持政策中的财税政策，而深圳市、成都市则表现出对人才政策的重视。而其他各个城市发布的政策条款比重则相差不大。

第二，差异化政策因地制宜提升竞争优势。各地区政府结合本地的经济条件和实际发展需要，制定了适宜的高技术产业发展的政策，通过各类政策在资金支持力度、产业扶持重点、具体配套措施等方面的调节，促进当地高技术产业形成竞争优势。如，北京市出台了《北京市关于进一步促进高新科技产业发展的若干政策》《文化创意企业申请高新技术企业认定指南》等；成都市出台了《成都高新技术及其产业开发的若干政策规定》《关于加快科技创新和高技术服务业发展的若干政策》等。最后，密集化政策促进产业形成特色。不同的地区在特定的产业方向、特定领域上密集出台和颁布了相关政策。其中，北京市在产学研领域的力度较大，成都市在知识产权领域的力度较大，深圳市在人才领域的力度较大。

第三，各地为发展高技术产业在引进人才方面展开激烈竞争，针对科技领军人才、留学回国人员、大学生等均出台了人才引进政策配套政策。

3. 培育和发展优势产业

第一，依托欠发达地区丰富的矿产资源和独特的地貌与气候条件下形成的动植物资源，积极发展特色农牧业、特色旅游业、特色矿产品开发与加工、特色手工艺品加工、特色边境贸易等特色产业，构筑具有绝对优势又具有广泛覆盖面的特色产业群。欠发达地区的企业家应积极参与国内外市场竞争，强化工业品的质量意识与品牌意识，积极培育配套产业与辅助产业，强化加工制造业的产业内分工与产业间分工，加快具有竞争优势的特色加工企业的健康发展。

第二，利用特有资源禀赋条件，进行资源精深加工开发。例如，青海的盐湖资源开发、包头的稀土产业发展、云南的生物资源开发、藏青宁等地的特色中药材深加工等；另外，发挥技术比较优势，相机抉择发展新兴工业和优势产业，例如电子信息产业、航空航天技术产业、现代生物技术产业、环保生态产业、汽车、摩托车工业、机电产品制造业等。

4. 大力实施重大高新技术产业化项目

各地政府设立高新技术产业化专项资金，用于支持具有自主知识产权的重大高新技术产业化项目建设，并且开发适合高新技术产业发展的项目，吸引高新技术人才和团队的进入，创造区域新的经济增长点。积极开展关键技术研发和产业化。支持欠发达地区努力开展电子信息、先进制造、生物医药、新材料、新能源、节能环保等关键领域的科技攻关，加速高科技成果转化和产业化。省、市有关部门的各类科技计划项目和创新资源要重点向高新区和高新技术企业倾斜，支持其开展研发和产业化活动。引导高新区积极创建国家知识产权试点示范园区，全面加强高新区知识产权创造、应用、保护和管理工作。例如，西安高新区已经形成了以电子信息、先进制造、生物医药、现代服务为主的四大主导产业。2018 年以来，西安高新区全面启动实施项目落地攻坚战，形成了"一项目、一方案、一领导、一团队、一抓到底"的项目落地"五个一"机制。

5. 建立高新技术投融资体系

加快建设多元化的高新技术产业投资体系和融资渠道。鼓励高新技术企业利用上市融资、知识产权出让等多种途径筹措开发和产业化资金，鼓励民间投资，探索多元化的风险投资担保机制。以资本为纽带，整合现有科技风险投资机构，吸纳民间资本，培育形成一批骨干风险投资机构。比如，采取多种方式吸引各类民间投资者参与科研机构的改制、改造以及重大项目的研发；成立市级中小企业担保有限公司，运用政府信用为企业提供担保，通过税收优惠、风险补偿、奖励政策和担保费补助等方式，引导各类担保机构为技术创新或自主知识产权企业提供担保服务，逐步建立起重点向中小科技型企业提供融资、担保服务的科技风险投资担保机制。

6. 提高创新能力

围绕欠发达地区的先进制造业、高新技术产业、军工工业与特色产业发展，建设若干能够代表欠发达创新水平并跟踪国内外先进技术走势的重点实验室与试验基地。超前进行欠发达地区优势产业下一代技术的预测研究，有重点、有目标地集成资金、技术、人才和信息，建立产学研一体化的共用共享平台，加强产学研之间的经济联系。围绕欠发达地区新农村建设和脱贫致富的需要，更好地实施"星火计划"项目，促进市、县科技进步。政府部门应优化现行的管理体制，从高新技术产业的特点出发，集中落实专利技术申报、推广、产业化应用，重点科研项目支持等工作。通过管理体制的创新，相对欠发达地区可在开发区内部就完成新技术应用的核心推进工作，真正起到加速生产力进步的作用，实现有形资本和无形资本的持续增长。

二、加快促进高技术产业集群的形成

相互关联的众多企业在同一个地域聚集时往往会使集聚区及其产业产生竞争优势。产业集群集中了大量的具有产业关联性的企业以及相关服务、管理和科研等支撑机构，在此特定空间范围内共享包括专业人才、市场、技术和信息等诸多产业要素，从而形成强劲、持续的竞争优势。产业集群能够充分发挥产业关联和协作效应，降低交易和创新成本，促进生产要素合理流动和优化配置，有利于提升产业和区位竞争力。

高新技术产业是增强国际竞争力的先导性和战略性产业。产业集群和高技术产业发展密不可分，高新技术产业集群式发展是世界高新技术产业发展的客观规律。应把产业集群作为高新技术产业发展的战略途径，加快产业向优势区域和中心城市集聚，建设一批有特色的高技术产业基地，发挥辐射和带动作用，以带动高新技术产业全面发展。与传统产业聚集形成的农业园和工业园相比，高新技术开发区是一种现代产业聚集形态。产业集群是高新技术开发区内企业乃至整个开发区获取竞争优势的一种有效机制。在高新技术开发区，产业集群的动力从过去共享基础设施、节约运输成本等静态的集群经济效益转向有利于技术、知识的创新和扩散等动态的集群经济效益上来。相互关联、高度专业化的产业集群已经成为发达国家企业、产业和区域竞争力的重要来源。现代产业集群从提高生产率、创新和促进催生新企业三个方面影响区域的竞争力。

（一）高新技术产业区域聚集的模式

高新技术产业集群是指大量关联密切的高新技术企业与相关机构在一定地域范围内集群的现象，区内的高技术企业专业化程度高、分工发达，在市场交易与竞争过程中彼此之间形成密集的合作网络，协同创新。创新的网络根植并融入当地不断创新的社会文化环境，进而形成具有较强创新动力和竞争力的集群。根据研究和观察，高技术产业集群发展主要有以下三类发展模式。

1. 与大企业共生的中小企业集群网络

这种产业集群区的最大特征就是在某一大企业或核心企业的外围分布着众多具有上、下游产业关系链的中小企业。大企业或核心企业与广大中、小企业或非核心企业之间可以形成长期稳定的生产或经营协作关系。大企业或核心企业可以更加专注于关键部件或投入品的研制和生产，使之保持领先地位和竞争优势。由于产品的生产过程同时也就是价值的创造过程，单个企业的价值链是镶嵌在更大范围的价值系统之中的，整个价值系统包括管理、研发、供应、制造、分销、会计等一系列基本活动和辅助活动。它的每一个活动既会增加公司收益，也会增加公司在生产、销售产品过程中的成本，为了降低生产成本和组织成本，企业控制价值链上的关键环节，将有些环节保留在企业内部，而多数环节转包、承包给其他企业。第一级承包商又可下包给第二级承包商，以此形成以大企业为核心的多层级小企业承包商构成的集群网络。如日本丰田汽车公司就有 160 多家中、小企业与之直接发生外包交易，由于彼此之间相互依赖、共享知识与技能，共同开发与生产，所以既降低了丰田公司因业务交易的不确定性因素所导致的风险，同时又降低了生产成本，改进了质量，加速了新产品的开发过程。

2. 依靠技术合作与创新形成的企业集群网络

这类形式的区位集群主要有两类：一类是企业间通过横向、纵向联系而构建的企业集群。企业通过与竞争对手或供应链企业的信息交换以获得最小化风险与最大化的竞争能力。由于高新企业的高投入和高风险的特性，使企业可通过相互交换产品和沟通减少不确定性，提高集群群体的利益。在现实中许多企业采取结盟的形式，共同研发新技术和新产品；另一类是企业与大学、科研机构、中介机构间协同作用形成高新技术产业集群。为防止自发形成的企业集群由于缺乏创新能力而衰落，引入外部创新能力与资源就显然尤为重要，其结果就是促成了以大学或科研机构为核心的中、小企业集群的形成和发展。在这种合作群体中，大学或科研机构为众多的中、小企业提供新技术和科技人才。中、小企业则为大学或科研机构提供资金和实习的场所。这一模式最著名的例子就是美国的"硅谷"。在硅谷不到 500 平方公里的土地上，集群的生产性和服务性企业总数达10 000多个，它们与著名的斯坦福大学一起构成了从高技术产品的研究、设计、生产到风险资本、法律咨询等相互配套的中、小企业集群。这一模式也是世界高新技术产业区位集群的主要形式。

3. 基于政府的导向政策导向式的集群网络

各地政府为鼓励产业集群的发展，往往会采取一定的优惠政策，如提供土地使用的优惠政策，提供完善的基础设施、便利的交通条件。通过政府的介入和引导，克服产业集群发展的无序性和盲目性，这种类型产业集群的典型代表是国家高新技术开发区和大学科技园等。例如，河南郑州国家高新技术产业开发区，是中原经济区内省会城市国家级高新区，也是国家科技部部署创新体系首批 4 个重要战略支点之一，还有吉林的大学科技园。主要是在计算机及信息技术、现代农业和生物及制药技术、光机电一体化技术、新材料和汽车等技术领域，实现高科技产业的跨越式发展，成为本地区高新技术的辐射源和新的经济增长点。

（二）促进高新技术产业区域集群的发展

开发区既是高科技产业集中发展的载体又是承接产业转移的主阵地。加快欠发达地区开发区建设和发展的重要意义在于，它能促进欠发达地区工业化和城镇化，促进承接产业转移、促进传统产业优化升级、提升自主创新能力、带动区域经济增长、促进地区经济融入国际产业分工与合作的链条中。

欠发达地区应充分利用国家的优惠政策，以已有产业园区为平台，整合资源，优化产业布局，提高产业集中度，培育、延伸产业链，形成各具特色的高度社会化分工、专业化协作的配套体系。比如，实施地区产业"龙头计划"，建立"龙头企业"动态管理机制，实行分级管理、分类指导、重点扶持，每年确定一批市级重点"龙头企业"。持续扶持"龙头企业"发展，强化协作配套以推动产业集聚发展，以三类产业集群（主导产业、特色产业、新兴产业）为主轴，通过整合电子信息、医药、装备制造、机械和航空航天等在内的先进制造业与高新技术产业，用先进实用技术改造传统的电力、钢铁、有色金属和水泥制造等产业。继续创造条件和改善投资环境，吸引发达地区与发达国家的制造业进入各类园区。国家应大力支持欠发达地区进一步完善各类开发区基础设施。进一步发挥基础设施的先导效应，加强规划、合理布局、明确定位、完善设施、创新体制，提高各类开发区发展高科技产业转移项目的吸纳和承载能力，更好地发挥产业的聚集效应。此外，国家应大力支持欠发达地区建设一批承接国际和东部产业转移的专门开发区，努力使各开发区成为承接产业转移、带动当地工业快速发展的基地和"龙头"。

欠发达地区要以产业园区建设和深化对外开放为主要方面，不断发展数字经济。从各国经济看，产业园区已经成为经济发展的"桥头堡"，这些园区在建设初期就已经承担着某些使命，如工业园区、软件产业园区等，而这些园区与其他地方相比，在税收、人才等方面都有着较大优势，因此无论是已有的大型数字经济企业还是初创的企业，都偏好落户产业园区。数字经济企业落户产业园区成为数字经济集群发展的重要基础，如2017年贵州省数字经济增速位居全国第一。数字基础设施发展迅速，贵州省已全面建成光网，截至2018年年底，贵州省通信光缆达到96.9万公里，光纤到户覆盖家庭达到 2 371 万户。贵州省这样一个欠发达的内陆地区能够迅速成为数字经济的聚集区，得益于国家大数据（贵州）综合试验区的建设，也得益于贵州省不断深化对外开放。因此，对于欠发达地区而言，一是不断完善园区建设，优化营商环境；二是不断深化对外开放，既要重视与国际发达地区的交流合作，也要增强与国内发达地区的交流合作。❶

三、发展低碳经济

（一）我国新能源各区域储量与分布

为了坚持贯彻习近平主席"绿水青山就是金山银山"的生态理念，欠发达地区应当努力解决我国的高碳排放和高耗能等问题。同时低碳产业作为一个新兴产业，利用风能、核能、潮汐能等新兴能源实现资源的重复利用，无疑成为一个朝阳产业，对未来经济的发展有着难以估量的推动作用。发展低碳产业是我国的一个新机遇，我国欠发达地区应紧紧跟上，把握这次机会来促进经济发展和巩固社会地位。我国新能源的储量与分布各具优势，沿海地区海洋能资源丰富，而西部太阳能和风能资源非常丰富。新能源具体分布如下。

1. 风能

我国幅员辽阔，风能资源丰富。现有风电场场址的年平均风速均达到 6 米/秒以上。一般认为，可将风电场风况分为三类：年平均风速 6 米/秒以上为较好；7 米/秒以上为好；8 米/秒以上为很好。可按风速频率曲线和机组功率曲线，估算国际标准大气状态下该机组的年发电量。我国 6 米/秒以上的地区仅仅限于少数几个地带。就内陆而言，大约仅占全国总面积的 1/100，主要分布在长江到南澳岛之间的东南沿海及其岛屿，这些地区是我国最大的风能资源区和风能资源丰富区，包括山东半岛、辽东半岛、黄海之滨，南澳岛以西的南海沿海、海南岛和南海诸岛，内蒙古从阴山山脉以北到大兴安岭以北，新疆达坂城，阿拉山口，河西走廊，松花江下游，张家口北部等地区，以及分布于各地的高山山口和山顶。

2. 太阳能

我国属于太阳能资源丰富的国家之一，全国总面积 2/3 以上地区年日照时数大于 2 000 小时。我国的西藏藏族自治区、青海省、新疆维吾尔自治区、甘肃省、宁夏回族自治区、内蒙古自治区高原的总辐射量和日照时

---

❶ 郭霖. 欠发达地区数字经济产业集群研究［J］. 知识经济，2019（19）：8—10.

数均为全国最高，属于世界太阳能资源丰富的地区之一；而四川盆地、两湖地区、秦巴山地则是太阳能资源低值区；我国的东部、南部及东北为资源中等区。

3. 海流能

海流能是指海水流动的动能，主要是指海底水道和海峡中较为稳定的流动，以及由于潮汐导致的有规律的海水流动。海流能的能量与流速的平方和流量成正比。相对于波浪而言，海流能的变化要平稳且有规律得多。潮流能随潮汐的涨落每天 2 次改变大小和方向。一般来说，最大流速在 2m/s 以上的水道，其海流能均有实际开发的价值。海流能的利用方式主要是发电，其原理和风力发电相似，几乎任何一个风力发电装置都可以改造为海流发电装置。但由于海水的密度约为空气的 1 000 倍，且装置必须放于水下，故海流发电存在着一系列的关键技术问题，包括安装维护、电力输送、防腐、海洋环境中的载荷与安全性能等。此外，海流发电装置和风力发电装置的固定形式和透平设计也有很大的不同。海流装置可以安装固定于海底，也可以安装于浮体的底部，而浮体通过锚链固定于海上。海流中的透平设计也是一项关键技术。我国沿岸潮流资源根据对 130 个水道的计算统计，理论平均功率为 13 948.52 万 KW。这些资源在全国沿岸的分布，以浙江省为最多，共有 37 个水道，理论平均功率为 7 090MW，约占全国的 1/2 以上；其次是台湾、福建、辽宁等省份的沿岸，约占全国总量的 42%；其他省区则较少。

4. 地热能

地质调查证明，我国的地热资源丰富，并且分布广泛，其中盆地型地热资源潜力在 2 000 亿吨标准煤当量以上。全国已发现地热点 3 200 多处，打成的地热井 2 000 多眼，其中具有高温地热发电潜力的有 255 处，预计可获发电装机 5 800MW，但现已利用的只有近 30MW。目前，全国已有 29 个省、自治区、市进行过区域性地热资源评价，为地热资源的开发利用打下了良好基础。几十年来，国家地矿部门列入国家计划，进行重点勘探，进行地热储量评价的大、中型地热田共有 50 多处，主要分布在京津冀、环渤海地区、东南沿海和藏滇地区。

（二）促进低碳经济的发展

1. 发展环保产业

围绕节能、降耗、减排设备市场的需求，积极发展符合资源节约与环境友好需要的新设备、新技术。不仅要积极发展环保设备，而且要延伸到消耗资源较高、环境污染较重的原料加工与制造业领域。比如，在水泥生产设备更新换代立窑设备时，应重视旋窑设备生产；在重视减排的过程中，重视火电厂、钢铁厂运营中除尘设备的生产；重视环保车与垃圾分拣设备的生产；积极推进太阳能与风能设备的生产。

2. 发展循环经济

发展循环经济虽然是全国性的战略，但对欠发达地区经济的发展尤为重要。为了推进地区生态文明建设，应做好生态恢复和环境保护工作，改善生态环境质量。当前应当研究解决企业节能、降耗、减排的标准问题，由于欠发达地区的产业结构和沿海地区有所不同，因此节能、降耗、减排的标准不应当完全一样，对欠发达地区的有关企业应有必要的政策扶持。总之，发展循环经济必须以政府为主导，企业为主体，全社会共同参与。应当建立和健全节能减排激励机制、产业分工引导机制和约束机制、产业转移的利益共享和补偿机制；控制高耗能产业，淘汰落后产能，强化节能减排目标责任制；建立节能减排统计体系、监测体系和考核评价体系；探索生态脆弱地区生态改革的新途径和新模式，确定主体功能定位、发展方向、开发时序和管制原则，科学制定配套政策和绩效评估考核体系。坚持实施科教兴区、人力强区的战略，努力实现经济增长由主要依靠增加物质资源消耗向主要依靠科技进步、劳动者素质提高和管理创新转变。

3. 发展绿色观念

从企业角度来说，现代企业要想在激烈的市场竞争中生存和发展，必须转变生产方式和管理思想。在决策中，既要考虑企业的利益又要考虑社会利益和环保利益。树立绿色营销观念，培育绿色企业文化。在了解信息的基础上，企业要根据自身的人力、物力、技术力量等方面的实际情况，确定实施绿色营销的具体目标。以绿色营销为基本指导思想，对市场进行有效细分，选择合适的目标市场，开展绿色市场定位。从消费者角度来说，要提高公众的环境保护意识，引导社会消费模式的转变。倡导节能减排、低碳消费的理念，鼓励公众自觉参与节能减排活动。

四、加快发展现代服务业

现代服务业的飞速发展是经济现代化的重要标志，大力发展现代服务业是世界经济发展中带有普遍性的发展趋势。西部欠发达地区现代服务业发展明显滞后，制约因素和有利条件并存，只有构建良好的制度环境，不断提高科技的贡献率，营造有利于良性竞争的市场环境，加大资金扶持力度，大力推进集聚式发展，才能不断调整产业结构，转变经济发展方式，为优势产业提供新的低成本支撑，进而加快追赶先进的步伐。

（一）欠发达地区现代服务业的发展重点

1. 金融保险业

党的十九大报告提出：深化金融体制改革，增强金融服务实体经济能力，提高直接融资比重，促进多层次资本市场健康发展。健全货币政策和宏观审慎政策双支柱调控框架，深化利率和汇率市场化改革。健全金融监管体系，守住不发生系统性金融风险的底线，进一步完善证券市场，培育壮大证券服务企业，不断扩展民间资金投资渠道；加快放开金融市场步伐，吸引国内外金融、保险企业开展中外合资金融保险中介服务机构，加强对各类企业的金融服务，加快金融电子化建设，提高电子商务中的金融服务水平；对保险公司做出适当的补贴。在欠发达地区，保险公司经营农业保险等势必会产生较高的成本和风险，因此政府应加大扶持力度，促使保险公司积极承保。例如，采取涉农业务税收优惠，对保险公司由农业保险业务产生的盈利进行适当的税收优惠，以减轻保险公司的承保压力，提高其承保积极性。

2. 现代物流业

充分利用港口、铁路等基础设施，发挥市场优势。建设现代化综合运输体系和专业化物流服务网络，支持企业发展"互联网＋"高效物流，加快发展农产品、汽车、电商、快递等重点物流领域，加快推广城市共同配送、多式联运、甩挂运输、航空快递、自动分拣等先进组织方式，提供专业化、个性化、定制化的优质物流服务。提高物流企业融资能力，加速物流银行建设，不断创新金融产品，为欠发达地区物流业的发展创造更好的服务环境，提供更适合企业发展的产品，多元化、全方位地对欠发达地区物流业的发展进行金融支持。

3. 现代商贸业

加强商业基础设施建设。规划兴建大型购物中心，进一步完善现有的商业旺区，合理布局步行街。大力推行连锁经营、代理制、配送制等现代营销方式。提高连锁经营企业规模化和规范化水平，通过资本经营、战略合作和业务重组，培育发展一批实力雄厚的大型连锁"龙头企业"。推进电子商务等新型交易方式，将有形市场和无形市场相结合，扩大市场的辐射范围和交易规模。积极推动传统农贸市场向生鲜食品专业化、超市化连锁转变，营造绿色、卫生和安全的消费环境。在充分发挥欠发达地区产业优势的基础上，结合区域要素禀赋，打造具有地域特色的现代商贸服务业。

4. 旅游业

第一，要客观地评价开发条件，选好突破口。应选择开发条件最好的资源进行重点开发。第二，要尽量选择投资少、有特色、见效快的项目。第三，要强调生态特色，注意生态环境保护。第四，要学会包装宣传。包装宣传能够使一个旅游区或者一个地方大大增值。在欠发达地区，旅游管理部门的作用十分重要，发展旅游业启动地方经济的重任落在他们肩上。具体来说，可以从以下几方面入手：针对不同人群的消费和体验需求，大力推进旅游与商贸、文化、体育、会展融合发展，构建观光游、文化游、乡村游、休闲游、体验游等内容丰富的城市旅游产品体系。加快旅游环境建设，提升旅游公共服务水平，加强区域旅游合作，建设以各主要旅游城市为中心的旅游门户。着力打造具有国际吸引力的旅游精品，深化与国际旅游机构和组织的交流与合作，完善涉外旅游服务体系，强化国际营销和旅游集成服务功能，积极融入国际旅游市场产业链。

5. 信息与科技服务业

深化科技体制改革，积极培育科技市场，发展多层次、综合性的技术开发研究和科技信息服务，重点发展技术推广、科技交流和科技咨询服务业，充分发挥生产力促进中心和大企业研发机构的作用，促进科技创新和产业升级，推进欠发达地区高新技术及产业加快发展。此外，要实现科技和金融的相互融合，建设科技金融服务综合平台，提供贷款担保、科技保险、天使投资等多样资金融通渠道，实现差异化服务。

6. 文化创意产业

建设高品质文化基础设施，推进文化产业园区和基地特色化、差异化发展，支持市场主体发展演艺娱乐、艺术品原创、传媒动漫游戏、创意设计、出版发行、版权服务、非物质文化遗产项目等。大力推动文化创意产业与城乡建设、科技、金融、旅游、会展、体育等行业融合创新发展，支持发展文化体育竞赛表演业。支持文化创意企业拓展海外市场，发展外包服务。进一步完善文化市场体系，优化文化创意产业创新创业环境。实施一批重大文化产业项目，通过项目带动、加大对公共技术服务平台建设、"龙头企业"培育、产业园区建设、投融资平台建设、人才培养的扶持力度，形成一批产业特色鲜明、创新能力强、产业链完整、规模效益明显的文化产业园区。如兰州创意文化产业园、庆阳农耕和民俗文化产业园、临夏民族文化产业园、丝绸文化产业园、平凉中华汉字园等。

7. 社区服务业

科学规划社区商业服务设施、优化社区商业结构和布局，完善社区便民利民服务设施和网络,构建方便快捷的社区生活服务圈。重点发展社区物业管理、便利店、菜店、家庭服务、物流配送、再生资源回收等服务,培育新型服务业态和服务品牌。鼓励和支持有实力的商业品牌企业以直营、加盟等形式整合社区商业资源。支持社会力量参与公共服务设施运营,大力促进社区服务企业规模化、品牌化和网络化发展。在欠发达地区,由于社区服务业发展受资金限制较大,且金融创新相对不足,小微企业获得银行贷款的难度较大、融资成本相对较高,直接影响其发展,难以满足现阶段的实际需求。因此,在实际的发展过程中,应结合现阶段的规划与时代需求,重视对欠发达地区社区服务业的发展。

8. 转型升级传统服务业

运用现代经营方式、服务技术和管理手段,引进国内外先进技术、资金、管理和人才,加快改造提升社区服务、交通运输、邮政电信等传统服务业,通过鼓励小企业的联合和集中,建立现代企业制度,走集约化、集团化和规模经营的路子,进一步提高服务质量和竞争力。在经济新常态下,传统服务业的商业模式已经受到严重冲击,企业发展举步维艰,要想继续生存下去,企业转型升级迫在眉睫。推进服务质量标准化建设,持续提升服务质量是实现转型升级的必然要素和有效途径,是传统服务业转型升级过程中的当务之急。

(二)加快欠发达地区现代服务业发展的措施

1. 改革行政管理方面

要简化手续、放宽限制、促进公平竞争。充分发挥市场配置资源的基础性作用,打破不利于服务业市场竞争的行政和区域垄断,防止和杜绝对企业采取刻意保护或随意干预行为。积极探索和引入市场竞争机制,制定合理的市场准入条件和服务质量标准,建立公开透明、管理规范和全行业统一的市场准入制度。要对服务业市场准入的有关规定进行清理,降低市场准入门槛,改革市场准入的行政审批制度,减少行政审批项目。加强对服务市场的依法监管,整顿规范服务市场秩序,营造公开、公平、竞争有序的市场环境。

2. 加大政策扶持力度

融资、信贷方面要节省费用,简化手续。为服务企业提供创业等全方面、多方位的中介服务;支持符合条件的服务业企业进入资本市场融资;在财税方面,积极落实财政部、国家税务总局有关支持和鼓励发展第三产业(服务业)的政策措施,切实执行减征或免征所得税的有关规定,全面推进服务业对国内外开放;缩小区域发展差距,在充分享受国家优惠政策的基础上,各欠发达地区也应从自身实际出发,制定相应的地方配套政策,以鼓励区域经济快速发展。例如,甘肃省在已出台的《甘肃省国民经济和社会发展第十二个五年规划纲要》中就明确提出,要大力发展服务业,构建现代产业体系,要着力培育和发展物流、旅游、金融、信息等现代服务业,不断提升传统服务业发展水平;要实施"中心带动、两翼齐飞、组团发展、整体推进"的区域发展战略。

3. 加快人才的培养和引进

加快培养服务业所需的各类人才,提高服务业从业人员的素质。发挥政府职能作用,加快培养经济管理、外贸、物流、旅游、高新技术等各类不同层次的专业人才,为现代服务业发展培养高层次应用型人才。设立城市重点产业人才培训专项经费,加强岗位职业培训。加快引进高层次、急需紧缺的科技人才,并且开展科技信息、网络、技术创新等培训。推行"职业资格证书"制度,提高服务业从业人员的职业素质。培养科技型人才,加强国际交流与合作。利用"科技援青"平台和"昆仑英才"等科技人才计划,加强科技服务人才和团队的培养与引进。引导高校加强与科技发展相关的学科专业建设,鼓励开展对口和定向培养、培训,解决欠发达地区人才短缺问题。

4. 规范服务业的市场经营秩序

加快制定和完善有关规范服务业市场主体和市场行为方面的法规,对服务业的行业标准、服务范围、价格收费、产权管理、奖惩办法、职业道德、纠纷仲裁等均作出明确与合理的规定,建立健全服务业的监管、调查、统计、信息发布制度;坚持严格执法,继续加大力度整顿市场秩序,打击制售假冒伪劣商品行为,全面清理无证照经营,加强安全生产的监督管理,为现代服务业的发展营造公平竞争的文明环境,保护消费者的合法权益;发挥舆论导向和监督作用。加大宣传力度,使社会各方面对服务业的功能作用、发展规划和政策导向有全面和正确的认识,引导社会资金投入服务业领域。对无照经营、坑蒙拐骗、弄虚作假等现象进行舆论监督,营造良好的舆论环境,促进服务业规范发展。

5. 巩固装备制造业和军工产业

鼓励欠发达地区瞄准国家重大产业发展方向与重点的转移,以其优势产业区为基础,立足于西安、成都、重庆、兰州、昌吉等市三线建设基础较好的装备制造业基地,围绕汽车、飞机、电力设备等重大产业领域的需求,建设若干有竞争力并体现专业化特色的装备制造业基地。依托欠发达地区的军工工业基础，适应军民结合、平战结合的需要，在军工领域向民营企业开放的基础上，强化军工企业与民营企业的竞争与联合，在政府采购与市场化招标结合的基础上，瞄准国际市场军工技术变动的趋势，积极培育和扶持军事工业的发展，建设一批适应于打赢高科技局部战争具有技术先进性、产品独特性的军事工业产业群。

6. 提升承接产业转移的能力

随着经济全球化的发展，国外一些发达国家和地区、国内沿海地区部分升级换代产业，特别是劳动密集型企业，正在向内地进行产业转移。国家应大力支持欠发达地区完善基础设施保障，加强公共服务平台建设，为承接产业转移营造良好的环境。一是完善承接地交通基础设施。加强区域间交通干线和区域内基础交通网建设，加快发展多式联运，构建便捷、高效的综合交通运输体系。促进物流基础设施资源整合和有效利用，完善现代物流体系，进一步降低物流成本。二是强化公共服务支撑。建立并完善公共信息、公共试验、公共检测、技术创新等服务平台，规范发展技术评估、检测认证、产权交易、成果转化等中介机构。加快社会诚信体系建设，建立区域间信用信息共享机制。三是改善商业环境。清理各种变相优惠政策，避免盲目投资和恶性竞争。整顿和规范市场秩序，促进投资贸易便利化。推进依法行政，加强知识产权保护，完善法制环境，保障投资者权益。

7. 不断提高科技对现代服务业的贡献率

现代服务业是一种现代化、信息化意义上的服务业，具有资源消耗少、环境污染少的优点，是地区综合竞争力和现代化水平的重要标志。而生产性服务业由于充分运用现代科技成果，不仅科技含量高，而且在技术、管理、经营等方面的创新也引领世界潮流。因此，欠发达地区不仅要发展生产性服务业，更要努力提高现代服务业的科技含量和创新水平。首先，要鼓励现代服务业企业建设各类研究开发机构和增加科技投入，使企业成为研究开发投入的主体。其次，要支持企业组建各种形式的战略联盟，对品牌创立、管理与延伸进行战略规划，在关键领域形成具有自主知识产权的核心专利和技术标准。最后，要通过设立专项基金等方式，对服务于产业转移的生产性服务业如物流、研发、公共服务平台等予以支持，以提高现代服务业的科技含量和创新能力。

五、大力发展移动金融

随着时代的发展进步，人类正逐渐步入移动信息化社会。移动互联网、智能移动技术与终端的发展日新月异，现代通信技术日臻成熟，为移动金融这一新兴领域奠定了基础。目前，我国的移动金融以手机银行为主要工具，利用移动互联网和智能终端为客户提供综合性、个性化的金融服务，是移动金融最重要的表现形式。同时，伴随着移动信息技术的不断进步，变革日新月异，移动金融的内涵与范畴不断拓展，服务内容更加广泛。因此，通过实现信息化与欠发达地区金融发展的高起点、高跨度对接，以移动信息技术引领金融制度创新、管理创新、组织创新与业务创新，发挥信息化、电子化、智能化、网络化的优势，优化金融结构，提升中西部金融业效率。

（一）欠发达地区发展移动金融产业的必要性

1. 大力发展移动金融与国家经济结构转型的战略目标完全契合

信息化对工业化、城镇化和农业现代化均具有渗透、覆盖和拉动作用，逐渐成为"新四化"同步发展的关键。移动金融代表着信息化向金融渗透的发展方向，与我国加快金融信息化建设、全球货币电子化与服务移动化的大趋势相吻合，不仅能够推动金融业的转型与创新，而且能通过信息消费来拉动内需，为"新常态"背景下促进经济结构调整奠定了基础。

2. 符合欠发达地区复杂的金融地理与金融资源非均衡分布状况

我国区域发展存在着巨大的非均衡性，尤其以东西部地区、城乡发展的不平衡为代表。西部区域自然环境恶劣，地理状况和气候条件复杂多变，交通设施网络不及东部地区发达。西部地区城乡二元结构形态更为明显，小农经济特点更为突出，贫困偏远的农村和人迹罕至的少数民族村寨大量散布在广袤的西部区域，从实体金融机构网点及人力配置的金融资源状况来看，东西部之间、西部省份之间也表现出明显的非均衡分布。解决西部边远地区、农村地区、少数民族聚居区金融发展严重滞后，基础金融服务空白的关键就是要大力发展以手机银行为主要工具的移动金融。从国际现实情况来看，经济越发达的国家与地区，如欧洲、美国和日本，移动金融的应用推广速度越慢，而在经济欠发达或者较贫困落后的国家与地区，如非洲的肯尼亚、赞比亚、南非，东南亚的菲律宾和印度尼西亚，以手机银行为主要工具的移动金融普及率高。国内外的实践经验与成功事例均表明，移动金融应该成为我国西部欠发达地区金融发展的一个重要趋势与方向。

3. 移动金融提升了金融服务效率，推动了金融创新

与传统金融相比，移动金融的最大优势在于大大降低了交易成本，打破了时空限制，能够为欠发达地区的偏远农村、山区、少数民族聚居区的居民提供质低价优的金融服务，极大地提高了金融效率。比如，手机银行在欠发达地区的广泛应用和普及具有经营管理成本低、投入成本低、网络覆盖面广、信息传输与处理高速的特点，可以帮助商业银行，特别是西部欠发达地区多样化银行业金融机构主体解决网点铺设高成本和处理小额交易高成本的问题。根据世界银行扶贫协商小组的统计数据显示，手机银行及第三方中介的成本是建立物理银行分支机构网点的1/30，用手机银行替代传统银行服务使得银行运营成本能够降低50%左右。

（二）着力制定发展移动金融的相关对策

1. 发展移动金融的模式选择

移动金融服务的运营模式是移动金融产业链的核心，国际上划分为银行机构主导和非银行机构主导，非银行机构又包括以移动运营商为主导和以第三方支付企业为主导两大运营模式。总体来看，欠发达地区要建立和完善以银行为主导的移动金融产业链。以银行机构主导的运营模式主要针对欠发达城镇，以移动运营商和第三方支付的运营模式主要针对欠发达地区偏远山区和农村地区。欠发达地区的城镇金融机构种类多，物理网点分布广泛，金融生态环境与基础设施较为完善，以银行机构为主导的移动金融服务为主要模式；欠发达地区偏远山区、农村地区、少数民族村寨基于已有为数不多的农村金融机构网点，主推手机银行与支付业务，利用这些地区高手机持有率的优势，向有银行账户的居民提供转账、支付、查询、存取款等一系列服务。金融机构已有的先进技术平台和支付结算系统，为手机银行业务提供了强大支撑，拓展了金融服务渠道与边界；金融机构主导的手机银行业务还能降低西部山区、农村物理网点的运营成本，实现规模经济效益，并且农户对农村金融机构开展的移动金融业务有较高的信任度，对其风险管理、安全条件也有较高的认同度。

2. 构建合理定价机制，发挥移动金融的低成本优势

欠发达地区移动金融发挥其功能的重点是要有一个针对居民可负担的合理定价。银行机构与非银行机构在普及与推广移动金融的过程中要树立"降低费用成本、追求长期效益"的理念，逐步增强手机银行及支付相关业务在偏远山区、农村、少数民族村寨的成本竞争优势。移动产业链中的各个环节，包括：硬件和软件供应商、移动运营商、银行金融机构、第三方支付和商户要给予欠发达地区一定的收费政策倾斜，如给予这些地区用户一定的通信费用补贴；降低特约商户手续费标准；按照较低的特色银行卡服务业务标准对使用手机支付结算业务的偏远山区、农村、少数民族村

寨居民收取费用。移动金融产业链的各个环节都应立足长远，加强互动合作，其普及率和使用率的不断提升会让手机银行及支付业务规模效应的功能发挥与成本降低相伴而行，使用户在享受到高质低价服务的同时，移动金融供应商也能实现盈利。

3. 完善监管，加强移动金融风险防范

高效而完善的监管与风险防范是移动金融广泛普及与应用的保障。政府应该秉持审慎的态度，采取相对稳健的措施监管手机银行，完善相关法律准则，特别是应出台针对手机支付操作规范与技术标准的适用性法规。建立健全有针对性的消费者金融保护部门，完善面向移动金融的消费者保护机制。加强信息安全管理，建立风险识别与评估体系，把防范风险与消费者权益保护放到与支付创新同等重要的位置。加强和完善手机银行综合安全保障机制，切实保障居民金融财产安全。建立动静结合、分类有别的监管体系。

4. 加大宣传力度，提升用户感知与认同度

欠发达地区金融发展水平落后于东部发达地区的一个很重要的因素在于越是经济落后的地区，现金的持有、支付、结算等金融活动占比就越高，而现代金融产品、工具、手段的接受程度就越低。欠发达地区的居民习惯现金的支付结算业务，对于移动金融相关工具的接受与认同需要一个持续的引导和宣传过程。这其中政府应该扮演移动金融推动者的角色，运用相应的官方媒介宣传、推广手机银行及其支付的基本知识。已有的金融机构网点可通过其大堂经理、理财经理、客户经理和柜员对来到银行办理查询、转账、存取款等金融业务的客户，积极宣传手机银行和支付"安全、快捷、便利"的优势，也可派网点职员予以演示并提供注册帮助，提高用户的感知度。移动运营商应借助偏远地区通讯基础设施建设、维护等日常工作，进村入户，宣传移动金融知识，并将手机银行技术与用户需求紧密结合起来，突出强调小额移动支付的安全性与便利性。广大农村、少数民族聚居区还可利用农村信用体系建设和金融消费者权益保护活动，建立覆盖村镇、山区的移动金融业务义务宣传网络。在此基础上，加强对用户的金融安全教育，详细讲解手机银行等移动金融业务安全保障措施、用户安全操作注意事项，逐步消解居民对新兴金融工具的戒备心理和对手机银行安全的忧虑，引导偏远地区居民，特别是少数民族村寨的农户改变旧有的消费习惯，提升对移动金融的认知度，接受先进便捷的金融服务媒介、工具与手段。

第2节　支持欠发达地区跨越式发展的财政政策

经济欠发达地区经济发展较为落后主要受自然条件恶劣、历史遗留的体制等因素的制约。在市场调节机制尚不健全、调节作用不能有效发挥的情况下，为了促进欠发达地区经济的协调、持续、健康发展，充分发挥国家宏观调控的财政政策的作用显得尤为重要。单一的金融支持政策不能支持欠发达地区实现跨越式发展。实施倾斜政策，加大对欠发达地区的财政投入是实现跨越式发展的必要配套措施。为此，应建立规范化的财政转移支付制度，制定税收优惠政策，加大政府补贴。

一、完善规范化的新型转移支付制度

近年来，国家对于财政转移支付非常关注。2018年2月，国务院办公厅出台的《基本公共服务领域中央与地方共同财政事权和支出责任划分改革方案》明确要求，共同财政事权分类分档转移支付，被归入一般性转移支付范畴。转移支付制度包括横向平衡和纵向平衡两种模式。前者主要是为保证各地政府提供的公共支出水平基本均衡而给予的补助，后者主要是针对地方政府的财力不足以满足其支出的需要而给予的拨款。考虑到目前我国不同地区在交通、水利、能源和通信等重大基础设施方面存在的巨大差距，应建立以纵向平衡为主、横向平衡为辅的转移支付模式。目前我国财政转移支付的方式很多，除一般性转移支付和专项转移支付，各地方还存在税收返还、地方上缴等其他方式，应当仅保留一般性转移支付和专项转移支付，取消其他支付方式。保留的这两种支付方式一般性转移支付要以实现财政均等为目标，对财政资金进行科学分配；专项转移支付则要制定更严密的监管措施，明确专项转移支付的目的、要求和流程。

应当高度重视对现行过渡期转移支付办法的完善工作。目前，我国的财政转移支付制度还处于过渡型体制，正需要我们探索出一条适合我国现在经济社会发展状况的转移支付改革道路，促进我国宏观经济的稳定与发展，缩小东西部发展差距，实现基本公共服务均等化是当前财政体制改革的核心。中央政府可以对地方财政转移支付实现资金配置，促进西部地区基础设施、公共服务及时跟进。现行预算管理体制下的转移支付形式以体制补助、专项拨款、结算补助和税收返还为主，主要是维持原有财政配置结构，缺少东西部自主协调和规范的运行体制，更多依赖中央政府集权后的再分配。为了建立更加规范有效的转移支付制度，我们也需要借鉴国外的相关经验，进一步完善我国规范化的新型转移支付制度。

　　要建立转移支付的监督和效果考评机制，因为转移支付方式的大部分资金为无条件拨款，不规定专门用途。这样，由于缺乏有效的约束和监督机制，就大大增加了灰色交易的可能性。加上实践中往往存在着"重投入、轻监管"的倾向，各级部门很少对整个资金流程进行跟踪检查，这样，势必难以控制资金使用过程中的不合理因素，导致资金的浪费。因此，政府一方面应加快转移支付立法和制度建设，尽快研究制定转移支付条例，条件成熟时推动其上升为法律，增强转移支付制度的规范性和权威性，保护资金的安全使用，为改革提供法律保障，如制定财政法、转移支付法、预算法、财政监督法等。应健全财政稽查制度，加强对转移支付资金分配使用的全过程监控和检查力度，建立健全信息反馈、责任追究和奖惩机制，重点解决资金管理"最后一公里"问题。建立严格的项目准入机制，减少有条件拨款项目建立的随意性和盲目性。对转移支付的执行效果，要建立专门的考评体系和一系列的量化指标，对其进行社会效益、经济效益的考察评价，以保障转移支付资金运用的政策性要求，并不断提高资金的使用效率。另外，政府一方面要严格转移支付资金管理，规范分配使用，加强指导和监督，做到公平、公开、公正；另一方面要加快资金拨付，避免大量结转结余，注重提高资金使用效率。

二、加大对基础产业的财政投入

　　欠发达地区自身条件有限，吸引外来投资的能力不足，因此增加该地区投资的责任就自然要由国家财政来承担。国家财政的投入并不是在各个方面大包大揽，而是有选择地集中加强对基础产业的投入。基础产业包括基础设施和基础工业两个方面。其中，基础设施是指交通运输、通信、供水供电等设施；基础工业主要是指能源工业和基本原材料工业。针对欠发达地区基础设施落后、国民经济"瓶颈"制约严重的现状，应加快该地区的基础设施建设，尤其是交通设施建设。基础设施建设的发展有利于推动我国西部地区同"一带一路"沿线国家的交流与合作，促进跨区域、跨国境基础设施互联互通，推进贸易和投资自由化和便利化。同时，针对欠发达地区资源相对丰富但又分散的特点，在开发过程中，应注意结合各地的资源优势，选择资源能源丰富的地区进行重点开发，努力培植地区经济"增长极"或"增长带"，直接投资或参与兴建战略性产业的骨干企业建设等，以推动地区战略性产业的迅速成长。中央财政建设资金、其他专项建设资金还应继续向生态环保建设倾斜，以减少其对国债资金的依赖。

三、加大税收优惠

(一) 所得税

首先，统一内外资企业所得税，实现中央地方共享，适当增加欠发达地区的分享比例，增加的分享部分主要用于欠发达地区发展，同时还要对原有的优惠政策进行调整，增加欠发达地区的税收优惠，特别是相关产业优惠，实现税收负担的差异性，以提高西部地区承接省外和国外产业转移的吸引力。对中西部地区属于国家鼓励类产业的企业，继续减按15%税率征收企业所得税，对其他符合条件的企业继续提供税收优惠；同时符合西部大开发15%优惠税率条件，又符合《企业所得税法》及其实施条例。在减免税期内，符合条件的企业可以按照25%的税率计算的应纳税额减半征税。其次，改革个人所得税，对于在欠发达地区从事工作的高新技术人员和紧缺人员给予优待，对其费用扣除方法要按照供养人口、物价指数等逐年进行调整，对在不发达地区取得的股息、红利降低税率课征，对于工资薪金所得要提高费用扣除标准，为欠发达地区的人才引进创造便利条件。最后，对从事农业、林业、牧业，以及设在经济欠发达的边远地区的外商投资企业，在依照规定享受"二免三减半"所得税优惠待遇满后，经企业一年和第二年免征国务院税务主管部门批准，在以后的十年内继续按应纳税额减征15%～30%的企业所得税。

(二) 流转税

首先，由于增值税转型可以增加扣除，降低投资成本和税收负担，对基础产业和资本有机构成高的企业有利，既符合国家产业政策和产业结构调整的要求，又符合对欠发达地区开发的战略要求，还能够为以后统一实行消费型增值税积累经验。因此，可在欠发达地区的能源、交通、原材料生产等基础性产业、高技术产业，以及重复征税较严重、税收负担较重的资源型企业等全面实施消费型增值税。其次，扩大消费税的征收范围，对高档消费行业、天然气、电力等能源产业进行征税；同时还要调整营业税，降低交通运输、金融机构、邮电通讯、旅游等行业的营业税税率，这样做既方便于基础设施的改善，又为地区筹集发展资金创造便利条件。最后，加强减免税收管理。要进一步宣传国家有关的税收优惠政策，让企业、下岗人员、自主择业军转干部城镇士兵和农民了解优惠政策的内容和具体报批程序，要不折不扣地落实执行，决不能设置任何"门槛"。

(三) 资源税

首先，扩大资源税的征收范围。由目前主要限于煤炭、石油、天然气等矿产资源，扩大到森林、水力、草场等自然资源，这样既可以广开财源，增加地区财政收入，又可以提高资源利用率，缓解资源短缺的状况。其次，实行从价定率征收，并适当提高税率水平。从价定率征收，可以使地方政府通过税价关系的调整，抑制资源利益外流，更好地运用税收杠杆调节资源级差收入。最后，建议将资源税改为共享税，加大地方分成比例，为资源开发积累资金，并将新增收入留给地方，用于环境保护。

(四) 区域性税收优惠政策

保留或适当增加对欠发达地区的税收优惠，如对于在西部重点开发区从事农业、能源、交通等基础产业的投资开发，或鼓励投资的生态环境整治、污染处理和资源综合利用等，均可考虑予以流转税方面的优惠。对于以资产重组形式推动欠发达地区现有国有企业改制、转产或产业结构升级的各类投资者，也可考虑给予税收返还等税收优惠政策。特别是要制定更有利于吸引外资的税收政策。对到欠发达地区的投资，科技与各种减免税的优惠，如给予免征一定年限的企业所得税，实行加速折旧政策，提高企业研究和开发费用在所得税列支中的比例，并实施再投资减免税的政策。

(五) 产业性税收优惠导向

为了促进产业结构优化，资源的有效配置，生产要素的合理流动，对于交通、能源、通信、水利和重要原材料等基础设施，以及基础工业、农业和为农业直接服务的产业、高科技产业及知识产业等，应实行全方位的优惠政策。同时对一般纳税人的资格条件进行修改，降低小规模纳税人的征收率。对外商投资兴办的产品出口企业，在按照税法规定减免企业所得税满后，凡当年企业出口产品产值达到当年企业产品产值70%以上的，可以减半征收企业所得税。其中，属于已经按15%的税率缴纳企业所得税的，可以减按10%的税率征收企业所得税。对先进技术企业，免征地方所得税3年。

(六) 税收优惠的操作方式

从直接优惠为主转向间接优惠为主。间接优惠方式主要由加速折旧、费用扣除、特定准备金、债转股等，其特点是对税收的间接减免，表现为延迟纳税行为，防止税收流失。既有利于降低投资风险，体现政策导向，

又有利于公平竞争，保障税收收入，为地区经济开发营造良好的发展环境。❶

四、采用适当财税政策导向

长期以来，我国欠发达地区，尤其是西部地区经济结构比较单一，大部分地区都是以农、牧业为主，同时存在少量的军工企业和分散布局的能源、采矿以及冶金工业，基础较为薄弱。因此，必须同时对欠发达地区进行产业结构调整，并结合各地实际确定相应的优势产业和特色产业。政府必须采用适当的财税政策导向，努力培植地区优势产业，实现该地区的经济结构调整。从具体上看，财税政策有多种可供选择的方面：一是政府要发挥投资导向的作用。政府用适度规模财政资金投资于有发展潜力的优势产业，主导这些产业的形成并解决一些基础性问题，从而引导社会资本向欠发达地区投入。二是政府要运用税收调节的功能，实行一定的优惠政策，促进欠发达地区的产业结构调整。三是政府要采取适当的财政补贴措施，鼓励农民退耕还林以搞好环境保护和生态平衡，同时积极引导农民调整农业生产结构。

五、发挥财政补贴制度作用

欠发达地区战略性产业结构的合理布局还需要发挥财政的补贴作用。因为财政补贴制度可体现政府的政策意图，构成对战略性产业形成和布局的有力支持，从而刺激和推动地区战略性产业结构的合理布局。一是国家预算对欠发达地区的专项补贴，包括对战略性产业结构布局的补贴，对公益性项目的配套补助，对治理和改善生态环境的专项补助，以及扶持地区高新技术产业、航空航天产业的贷款贴息；二是国家财政对欠发达地区农业的特殊补贴，在面向全体农户基本险基础上，推出保险金额覆盖直接物化成本和地租、面向适度规模经营农户的大灾保险产品，提高试点的保费补贴比例，开展大灾保险试点，推动农业供给侧结构性改革，提高规模经营户防范和应对灾害的能力；三是充分发挥财政杠杆作用，动用一部分财政资金对外地投资者到欠发达地区进行战略性产业投资给予投资补贴；四是通过政府担保、财政贴息的办法，发行地区重点企业债券和财政担保，用于发展地区的能源、交通、通信和重要原材料等战略性产业的大型骨干

---

❶ 王小焕，王柏义. 如何实施有利于西部大开发的财政税收政策 [J]. 时代经贸，2007 (5)：10—12.

项目。

六、注重财政政策和金融政策的联合实施

为了完善欠发达地区金融保障措施，必须注重财政政策和金融政策的联合实施。一是发挥财政政策的杠杆作用，引导金融资源支农扶贫。如设立金融机构涉农贷款增量奖励试点，激励各地金融机构扩大涉农贷款的投放，促进金融资源支持"三农"领域发展；对符合条件的新型农村金融机构和金融服务基础薄弱地区的银行业金融机构均给予定向费用补贴，缓解农村金融机构开办初期的资金压力；鼓励农户参加农业保险，为投保农户提供一定保费补贴。通过以上政策工具的运用，引导与激励金融资源流向贫困地区。二是财政部门应鼓励设立扶贫贴息贷款风险补偿金。贫困县区可投入财政扶贫资金作为扶贫贷款风险补偿金，金融合作机构则可按照投入资金金额的数倍作为贷款额度。开展面向贫困户的扶贫小额信贷、针对贫困地区企业、项目贷款的贷款，从而支持贫困农户和特色产业的发展。三是各级财政部门与人民银行及地方金融机构相配合，推进地方政府开展置换债券资金的工作。此项举措可以缓解地方政府过重的财务负担，将高成本、短期限的债务大规模置换为低成本、长期限的债券，这样做不仅降低了银行风险资产规模，而且也减轻了地方财政压力，增强债务可持续性。

第3节　支持欠发达地区跨越式发展的人力资本政策

人力资本是相对物质资本或非人力资本而言的，是人们花费在教育、培训、健康、迁移等方面的开支形成的资本。按照舒尔茨的观点，人力资本投资包括教育投资、在职培训、娱乐保健和劳动迁移四个方面，政府、企业、家庭或个人是进行人力资本投资的三大主体。人力资本是决定一个国家和地区经济增长与发展的重要因素，经济的可持续发展离不开人的全面发展。

一、发展国民教育

我国欠发达地区从基础教育到高等教育均有较大发展，培养了大量人才，但相对发达地区而言仍然存在较大差距，也未形成有效的用人、留人

机制。为提高人力资本存量，促进经济可持续发展，必须大力发展教育事业。

第一，政府加大支持力度。有统计数据表明，国家对欠发达地区的财政性教育经费投入远远少于东部。在贫困落后地区，国家更应加大教育扶持力度，在政策、资金方面促进欠发达地区教育和科技事业的发展。

第二，拓展投资渠道，加大人力资本投资力度。除要争取国家加大教育投入，还应该借鉴多种资金筹措方式，拓宽投资渠道，鼓励采取集资、合资、外资和私人投资等多种投入形式，用优惠条件吸引国内外高校来合办高等学校，从而形成有效的激励机制。可采用对私人、企业办学给予优惠的税收政策，并创造条件促进科研成果的市场转化等方式，来调动个人、企业、社区等社会各方的办学积极性，提高人力资本积累能力。

第三，加强基础教育。欠发达地区的第一、第二产业仍占有很大比重，强化基础教育可以为工业化的发展提供更多的熟练工人，使他们掌握先进的技术知识和引进设备的使用，通过对发达地区和国家的先进技术设备的引进来发挥本地区作为技术跟随者的后发优势，以促进地区经济增长所需的人力资本积累。要优化配置教育资源，尤其是要重视对农村和贫困地区的基础教育投资，从提高儿童的学习能力和基本技能入手，为经济的可持续发展储备人力资本。

第四，发展职业教育，实现人力资本增值。欠发达地区工业技术水平较低，工业化进程加快，而技能性劳动力极其缺乏，导致科技成果转化率低，在生产中的应用水平低，产品质量和劳动生产率低，消耗和污染高，竞争力低。在目前我国强调技术创新的时期，加强职业技术教育显得尤为重要。我们应根据市场的需要进行有针对性的职业培训，这样不仅可以提高工人的技能水平，而且能够扩大劳动者就业渠道。通过职业教育，将丰富的人力资源转化为人力资本，实现人力资本的增值。

第五，提高创新型人力资本投入的比重并努力改善其质量。在继续扩大高等教育规模和受教育人口数量的同时，要注重培养受教育者的综合素质和创新能力，提高人力资本的积聚量。

第六，推进教育精准扶贫，提高贫困人口的自我发展能力，保障欠发达地区人口按期脱贫并且不再返贫；提高欠发达地区农村劳动力素质，培养创新型、知识型和技能型知识人才，提高农村剩余劳动力与现代工业、现代农业、现代服务业就业需求的契合度，加速农村剩余劳动力转移，促进"二元经济"转型。

二、改善配套措施

首先，建立科学的人力资本投资与回报的收入分配机制，促进人力资本投资的实际收益和市场收益尽可能接近。在吸引和使用人才时，我们应该通过提高人力资本投资收益率，在不断完善人力资本产权的基础上，提高人力资本的边际产出效率。

其次，建立完善开放的人力资本市场配置机制，促进人力资本的有效利用。人力资本的定价应完全由市场调节，既要体现其价值也要反映供求关系，用人单位应将人力资本拥有的知识、技术、科研成果、技能、创造力等作为分配要素，合理列入相关的各期收入分配之中，充分发挥市场配置劳动力资源的优势。加快国有企业的改革和市场机制的引入，使员工的工资能够差别化的反应劳动者的人力资本水平，从而促使劳动者主动提高其人力资本水平；在劳动就业中引入竞争机制，激发劳动者提高自身综合素质的学习动力，调动人力资本投资主体的积极性，提高对人力资本的投资意识。

再次，构建有效的人力资本市场体系，依托人力资本的开发促进经济增长方式的转变。知识经济非常注重知识的创造作用，在知识经济背景下的经济发展，更需要依靠高素质的人去组合各种生产要素，使有限的资金和技术发挥更大的效率。建立有效的人力资本市场体系，培育以人力资本为支撑、以科技进步和信息传递为动力的新的经济增长点，是培育欠发达地区经济增长的突破口。

最后，建立相应的政策法规体系，弥补市场缺陷，为保护人力资本存量，加速人力资本积累，创造公平合理的社会环境提供法律保护。

三、改善投资环境

环境资本有一定的地域性，而人力资本和物质资本总是流向基础设施好、社会环境稳定、投资收益率高的地区，这是市场经济运行的规律。为了创造人力资本积聚的良好环境，首先，要加强对基础设施等硬环境的建设，从根本上改善交通、电力、通信、科技和教育环境，这是吸引人才、留住人才的物质基础。其次，要创造有利于人才成长和发展的软环境，通过建立企业经营管理者激励和约束机制，营造利于企业家人才成长的社会环境；通过实施鼓励民营经济发展的政策，为民营经济的发展提供良好的服务，从而形成利于私人投资的社会环境；通过为广大科技人员成果转化提供良好的政策、融资、投资环境，吸引他们来地区创业，把科技成果转化为经济成果。再次，制定各种优惠政策，减少本地人才流失，同时吸引外地人才流入。欠发达地区的气候条件、经济条件、社会福利以及住房条件都相对较差，社会保障水平低，为吸引人才和留住人才就必须建立比东部医疗、住房和社会保障水平更高的外部环境。最后，加强技能培训机构建设，为社会人员提供更多的培训途径，提升其职业技能和综合素质，在有条件的情况下，可以为社会人员参加培训提供适当的物质补助，以提高他们参加培训的积极性。

四、促进人力资源形成机制

资本是能够带来剩余价值的价值，人力资本的价值就是能够创造出高于其自身价值的价值，实现其本身价值的外在增值。人力资本价值的实现，除了要建立能够最大限度发挥其本身潜能的良好环境外，还要建立起能够促使人力资本发挥出本身形成和创造价值的用人机制。

第一，立足本土，用好现有人才。要充分发挥现有科技人才的聪明才智，正确处理物质资源开发与人力资源开发的关系，优先开发人力资源，同时，要转变用人观念，不拘一格使用人才，建立公平竞争的用人机制。

第二，创造条件吸引外部人才来创业和发展。东部经济的迅速发展在很大程度上要归功于人才的引进，正是其有效的机制和良好的外部环境才使得全国各地的人才不断会聚。欠发达地区在引进人才时既要借鉴东部地区的成功经验，还要根据区位条件形成自己的特色，在引进人才时遵循劳动力市场和人力资本的特征与运行规则，在经营管理中采用更加多元化、人性化、柔性化的管理模式。

第三，建立人力资源的共享机制。对于一些专业技术型人才，可以采用项目带动的阶段性使用原则，提高人力资本的利用效率。另外，在一些重大项目的前期论证、设计和关键技术的研发阶段，可采用专家评审或外包的形式共享人才资源，这样既可以节约成本又可以提高效率。

五、加大信息技术投资

手机、互联网等信息网络技术的应用直接或间接地提高了国民使用者的书面和口头语言沟通能力及语言理解能力，对初中以下文化程度的成年人来说特别显著。因此，我们认为，通过计算机网络技术等手段来集成已有知识、经验和市场信息与传统人力资本结合实际上已形成了一种新型人力资本，我们称为信息技术型人力资本。信息技术型人力资本是指劳动者通过信息网络技术在收集存储信息、加工处理信息、利用和传播信息等投资中所获得的知识和技能累积而凝结在劳动者身上的资本量，同时还包括劳动者通过信息网络技术整合和吸收组织资本和社会资本而凝结在劳动者身上的资本量，它与劳动者通过教育、培训、迁移、保健、实践经验等方面的投资而获得的知识和技能累积或凝结在劳动者身上的资本量有着显著的不同。例如，在现实中，农民使用手机的本意是与外界联系，但在客观上却提高了农民使用者的非传统书写、阅读理解和语言沟通能力，订制手机短信和上互联网浏览则可以增加农户使用者在特定领域的知识量。因此，信息网络技术投资会促进欠发达地区经济和社会发展。

参考文献

[1] 安增龙, 姚增福, 王乐玲. 黑龙江农业产业化金融支持体系构建的理论研究 [J]. 时代金融, 2007 (6): 40-42.

[2] 卜永祥. 中国区域金融改革的探索与展望 [J]. 金融与经济, 2017 (9): 4-14.

[3] 蔡昉, 都阳. 中国地区经济增长的趋同与差异——对西部开发战略的启示 [J]. 经济研究, 2000 (10).

[4] 曹婷婷, 葛永波. 中国金融扶贫的创新举措——以苹果"保险+期货+银行"为例 [J]. 金融理论与实践, 2018 (12): 90-96.

[5] 陈艾, 李雪萍. 脆弱性—抗逆力: 连片特困地区的可持续生计分析 [J]. 社会主义研究, 2015 (2).

[6] 陈辉. 社会工作参与精准扶贫的路径选择 [J]. 中共福建省委党校学报, 2017 (3).

[7] 陈慧琴. 从韩国、巴西利用外资的经验教训中得到的一些启发 [J]. 中国工业经济, 1996 (9).

[8] 陈建军. 长江三角洲地区的产业同构及产业定位 [J]. 中国工业经济, 2004 (2).

[9] 陈立平. 非政府组织在孟加拉国微型金融体系中的角色 [J]. 剑南文学, 2013 (1): 291.

[10] 陈蕊, 熊必琳. 基于改进产业梯度系数的中国区域产业转移战略构想 [J]. 中国科技论坛, 2007 (8).

[11] 陈恕祥, 柳芳. 美国贫困问题研究 [M]. 武汉: 武汉大学出版社, 2000.

[12] 陈学军, 张沁梅, 李云芳. 湖南民族贫困地区经济发展中金融支持问题与对策研究 [J]. 中南林业科技大学学报 (社会科学版), 2016, 10 (3): 50-54.

[13] 陈贻辉. 西部地区融资租赁与经济增长的关系研究 [J]. 山西农经, 2018 (22): 10-11.

[14] 陈增帅. 破解西部欠发达地区发展不平衡不充分难题的路径选择 [J]. 新东方, 2019 (2): 40-45.

[15] 陈志良. 生产力跨越式发展及其当代特点 [J]. 中国人民大学学报, 2002 (2): 8-13.

[16] 戴宏伟, 王云平. 产业转移与区域产业结构调整的关系分析 [J]. 当代财经,

2008（2）．

[17] 丁豫，张目．金融发展对综合扶贫的作用机理研究［J］．科技创业月刊，2018，
    31（5）：107-111．

[18] 樊纲．发展的道理［M］．北京：三联书店，2004．

[19] 贺善侃．发展哲学论纲［M］．北京：三联书店，2003．

[20] 樊士德，朱克朋．劳动力外流对中国农村和欠发达地区的福利效应研究——基于
    微观调研数据的视角［J］．农业经济问题，2016，37（11）：31-41，110．

[21] 范光．英国欠发达地区发展政策及模式［J］．政策与管理，2005（5）．

[22] 范剑勇，杨丙见．美国早期制造业集中的转变及其对中国西部开发的启示［J］．
    经济研究，2002（8）．

[23] 方洁．日本欠发达地区金融政策对我国的启示——以青海省为例［J］．青海师
    范大学学报（哲学社会科学版），2011，33（6）：5-8．

[24] 方玉泉，王晶，常艳秋．欠发达地区金融支持小微企业发展存在的问题及建议
    ［J］．北方金融，2017（4）：99-100．

[25] 冯兰刚．“一带一路”战略下产业基金支持我国西部区域经济发展研究［J］．时
    代金融，2017（30）：39，41．

[26] 冯延成．供应链金融助力乡村振兴［J］．中国金融，2018（10）：60-62．

[27] 付剑．山西省循环经济发展的金融支持体系构建［J］．经济问题，2014（4）：
    110-115．

[28] 郭霖．欠发达地区数字经济产业集群研究［J］．知识经济，2019（19）：8，10．

[29] 郭新明．西部地区普惠金融体系建设［J］．中国金融，2014（2）．

[30] 韩凤芹，周斌，韩凤伶，闵义铉．日本运用科技政策推动区域经济发展的实践及
    启示［J］．经济研究参考，2012（51）．

[31] 何佳．西部欠发达地区农业循环经济金融支持体系构建研究［J］．理论探讨，
    2014（1）：97-100．

[32] 何亮，崔坤宇，刚羊秀．欠发达地区科技服务业创新发展研究——以青海省为例
    ［J］．惠州学院学报，2018，38（5）：61-66．

[33] 何苑．孟加拉国贫困问题研究［D］．昆明：云南大学硕士论文，2016．

[34] 贺曲夫，刘友金．基于产业梯度的中部六省承接东南沿海产业转移之重点研究
    ［J］．湘潭大学学报（哲学社会科学版），2011（9）．

[35] 洪元杓．韩国赶超战略回顾：经济增长与技术创新［J］．经济论坛，2018（7）．

[36] 侯亚军．中国欠发达地区城镇化进程的金融支持体系改革与创新［J］．改革与
    战略，2016，32（9）：103-106．

[37] 呼彩院．浅析对经济欠发达地区村镇银行可持续发展的思考［J］．财经界（学
    术版），2017（7）：17-18．

[38] 胡鞍钢．中国地区发展不平衡问题研究［J］．中国软科学，1995（8）：42-50．

[39] 黄国平，陈宇．欠发达地区金融支持县域经济发展的问题与建议——以抚州市为

例［J］．武汉金融，2010（9）：53－54．

［40］黄开燕．供应链金融助力中小微企业普惠金融发展分析［J］．中国商论，2018（35）：64－65．

［41］黄余送，赵琳．2017年我国农村金融和普惠金融试点改革进展及工作设想［J］．金融会计，2018（6）：49－52．

［42］姜姗．小额贷款公司发展困境亟需关注［J］．黑河学刊，2018（6）：108－109．

［43］焦文慧，王武．我国区域金融结构调整与产业结构升级的关系研究［J］．江西金融职工大学学报，2010，23（6）：37－38．

［44］匡小平，赵松涛．欠发达地区跨越式发展中的制度创新［J］．贵州社会科学，2009（6）：93－96．

［45］雷蒙德·W．戈德史密斯．金融结构与金融发展［M］．上海：上海人民出版社，1995．

［46］雷娜，邓淑红．中小企业运用商业信用融资探讨［J］．现代农业，2017（6）：96－98．

［47］黎春燕，贺琦，余英．我国地区高技术产业扶持政策文本的量化比较——基于最具产业竞争力城市的视角［J］．企业经济，2018，37（2）：148－155．

［48］李村璞，何静．适度金融发展与经济增长：基于我国产业数据的分析［J］．经济问题，2018（10）：52－57．

［49］李海鹏，梅傲寒．民族地区贫困问题的特殊性与特殊类型贫困研究［J］．中南民族大学学报（人文社会科学版），2016（3）．

［50］李虹，艾熙．构建适应我国循环经济发展的金融支持体系［J］．浙江金融，2011（1）：26－28．

［51］李健，张兰，王乐．金融发展、实体部门与中国经济增长［J］．经济体制改革，2018（5）：26－32．

［52］李仁贵．高鸿鹰．韩国增长及战略实践及其启示．［J］．亚太经济．2012（4）．

［53］李涛．战后德日银行体系对经济发展影响的比较研究［D］．武汉：武汉大学，2012．

［54］李小龙．英国萧条地区治理研究［R］．西安：陕西师范大学．2015．

［55］李艳．欠发达地区经济发展的金融支持系统构建［J］．经济问题探索，2010（11）：158－164．

［56］李飏，李旭瀚．我国欠发达地区现代化指标体系研究——以广东省为例［J］．广东社会科学，2018（4）：52－57．

［57］李原，吴静静．论西部大开发中的金融支持［J］．财经科学，2000（S2）：150－151．

［58］李卓．从世界经济的发展看我国政策性银行的走向［J］．金融经济，2017（8）：10－12．

［59］林丽妍．促进欠发达地区商业银行可持续发展［N］．金融时报，2017－11－20

(12).

[60] 林勇，张宗益，杨先斌. 欠发达地区类型界定及其指标体系应用分析 [J]. 重庆大学学报（自然科学版），2007 (12)：119 – 124.

[61] 刘海锋，张洋. 经济欠发达地区中小企业债券融资难点与对策——以河南省为例 [J]. 债券，2017 (6)：72 – 76.

[62] 刘增学，刘君莲，刘畅. 金融支持经济发展的作用机理探析 [J]. 河南科技，2013 (11)：214.

[63] 龙建平. 欠发达地区金融支持乡村振兴的路径选择 [J]. 金融与经济，2018 (11)：89 – 92.

[64] 卢延颖. 乡村振兴对金融服务的需求刍议 [J]. 农业科技与装备，2019 (4)：89 – 90.

[65] 陆立军，郑燕伟. 欠发达地区如何迈向现代化 [J]. 浙江经济，2001 (9)：32 – 33.

[66] 罗纳德·W. 麦金农. 经济发展中的货币与资本 [M]. 上海：上海三联书店，1998：66 – 68.

[67] 骆伦良，韦愈，韦雨，杨朝祖，覃安柳，罗永宣. 金融支持连片特殊贫困地区经济发展研究 [J]. 区域金融研究，2013 (3)：24 – 29.

[68] 吕德宏. 借鉴美国经验建立我国西部区域金融政策 [J]. 开发研究，2003 (3).

[69] 吕明元，尤萌萌. 韩国产业结构变迁对经济增长方式转型的影响——基于能耗碳排放的实证分析 [J]. 世界经济研究，2013 (7).

[70] 吕振宇. 浅论日本落后地区的开发 [J]. 经济研究导刊，2009 (7).

[71] 蒙永亨，蒋蓉华. 欠发达地区经济发展的金融支持研究——国外的经验及对我国的启示 [J]. 改革与战略，2006 (12)：68 – 70.

[72] 缪纤. 绿色金融改革创新试验区实践经验对宁夏发展绿色金融的启示 [J]. 吉林金融研究，2018 (11).

[73] 牛磊，王岩. 论当前我国农村经济发展中的金融支持 [J]. 对外经贸，2012 (5)：63 – 64.

[74] 朴馥永，黄阳华. 以经济转型跨越"中等收入陷阱"——来自韩国的经验 [J]. 经济社会体制比较，2013 (1).

[75] 邱卫. 湖南金融发展对产业结构升级的金融支持研究 [J]. 财务与金融，2014 (6)：1 – 8.

[76] 舒尔茨，珠华. 论人力资本投资 [M]. 北京：北京经济学院出版社，1990.

[77] 宋志辉. 印度农村反贫困的经验、教训与启示 [J]. 南亚研究季刊，2009 (1).

[78] 苏宁宁. 西部地区承接东部产业转移的SWOT分析 [J]. 消费导刊，2010 (3).

[79] 孙礼旭，朱玉红. 甘肃欠发达地区金融现状分析——以酒泉市为例 [J]. 兰州工业学院学报，2018，25 (5)：98 – 103.

[80] 孙敏. 促进东西部的平衡发展——德国重新统一后的财税政策对我国的借鉴意义

[J]. 财政研究, 2001 (11): 73 - 76, 16.

[81] 谭崇台. 发展经济学的新发展 [M]. 武汉大学出版社, 1999.

[82] 谭春枝, 张家寿. 巴西对欠发达地区的金融支持及其经验教训——兼论对少数民族地区经济发展的启示 [J]. 拉丁美洲研究, 2007 (2): 38 - 42, 80.

[83] 谭春枝. 张家寿. 印度对欠发达地区的金融支持及经验教训 [J]. 广西民族大学学报, 2007 (1).

[84] 谭志雄. 西部欠发达地区推进绿色发展的路径与政策建议 [J]. 经济纵横, 2017 (5): 99 - 104.

[85] 陶良虎. 国内外产业转移与中部地区产业承接问题研究 [J]. 理论月刊, 2010 (1).

[86] 王安琪. 对拓展欠发达地区农村资金投融资渠道的思考 [J]. 中国经贸导刊, 2016 (17): 18 - 19.

[87] 王建平. 印度反贫困的沿革及其启示 [J]. 老区建设, 2009 (17).

[88] 王涛. 美国区域调控的经验及其对我国的启示 [J]. 经济学研究, 2006 (6).

[89] 王文倩. 创建区域科技金融改革创新试验区的思考与对策——以嘉兴市为例 [J]. 中国高新区, 2017 (18).

[90] 王小焕, 王柏义. 如何实施有利于西部大开发的财政税收政策 [J]. 时代经贸, 2007 (5).

[91] 韦海鸣. 西部地区实现跨越式发展的制约因素分析 [J]. 重庆邮电学院学报, 2004 (5): 31 - 34.

[92] 魏后凯. 美国联邦政府对地区经济的干预与调节 [J]. 经济学动态, 1997 (1).

[93] 伍艳. 西部欠发达地区城镇化进程中的金融支持 [J]. 西南民族大学学报, 2005 (2): 126 - 129.

[94] 武友德. 不发达地域经济成长论 [M]. 北京: 中国经济出版社, 2000.

[95] 谢煊. 以开放促发展是新疆实现跨越式发展的重要路径 [J]. 财政研究, 2012 (11): 57 - 60.

[96] 星焱. 改革开放40年中国金融扶贫工具的演化 [J]. 四川师范大学学报 (社会科学版), 2018, 45 (6): 36 - 44.

[97] 熊彬, 谢换春. 论新农村经济建设中的金融支持体系构建 [J]. 现代化农业, 2014 (8): 46 - 48.

[98] 徐光曦. 对阻碍欠发达地区商业银行中间业务发展因素的分析 [J]. 北方金融, 2017 (4): 101 - 102.

[99] 徐颖. 以延边州为例探索欠发达地区的低碳经济发展问题 [J]. 科技创新与应用, 2017 (18).

[100] 许贵舫, 闫道锦. 三大国家级自主创新示范区创新驱动比较研究 [J]. 区域经济评论, 2017 (2): 93 - 95.

[101] 严长远. 欠发达地区农村金融体系构建与发展研究 [J]. 农业经济, 2012

（5）：97 – 99.

[102] 杨文武. 印度政府反贫困的政策 [J]. 南亚研究季刊, 1997（4）.

[103] 杨晓光, 王传胜, 盛科荣. 基于自然和人文因素的中国欠发达地区类型划分和发展模式研究 [J]. 中国科学院研究生院学报, 2006（1）：97 – 104.

[104] 衣保中, 任莉. 论日本的区域经济政策及其特色 [J]. 现代日本经济, 2003（5）.

[105] 依布拉音·巴斯提. 发达国家对经济欠发达地区金融支持经验的借鉴 [J]. 国际金融, 2013（8）.

[106] 尹彬. 印度农村金融体系的管理模式与经验 [J]. 世界农业, 2014（7）：147 – 150.

[107] 张家寿, 谭春枝. 日本对欠发达地区的金融支持及其启示——世界若干国家对欠发达地区金融支持研究系列论文之三 [J]. 改革与战略, 2007（11）：89 – 93.

[108] 张建深. 西部民族地区保险业发展的 SWOT 分析 [J]. 西北民族大学学报（哲学社会科学版）, 2017（1）：141 – 147.

[109] 张洁. 欠发达地区县域经济发展与金融支持研究——以贵州省为例 [J]. 中国经贸导刊, 2011（6）：61 – 63.

[110] 张青, 陈铎, 张梦生. 论德国金融体系发展历程及借鉴 [J]. 商, 2011（5）：146.

[111] 张仁枫. 欠发达地区跨越式发展路径创新的系统性分析 [J]. 系统科学学报, 2013, 21（4）：65 – 68.

[112] 张荣. 金融保险业的现状分析及其合规管理研究 [J]. 时代金融, 2018（23）：291, 294.

[113] 张文合. 战后日本的区域发展规划及其实践 [J]. 世界经济研究, 1989（3）.

[114] 张咏梅. 我国金融发展与经济增长关系的实证分析 [J]. 统计与决策, 2014（12）：165 – 167.

[115] 张中锦. 金融发展效应、收入增长与城乡差距 [J]. 中国经济问题, 2011（7）.

[116] 赵具安. 西部欠发达地区金融体系建设问题研究——以甘肃省天水市为例 [J]. 广西经济管理干部学院学报, 2016, 28（3）：92 – 98.

[117] 赵鑫. 信托业发展前景浅议 [J]. 合作经济与科技, 2018（18）：72 – 73.

[118] 赵彦普. 中西部欠发达地区跨越式发展的思考 [J]. 老区建设, 2008（12）：34 – 35.

[119] 郑菲. 西部地区高校人才流失因素及对策研究 [J]. 太原城市职业技术学院学报, 2018（5）：54 – 57.

[120] 中国人民银行兰州中心支行课题组, 李文瑞. 普惠金融发展对欠发达地区经济增长的影响 [J]. 开发研究, 2018（5）：147 – 153.

[121] 中国人民银行乌海市中心支行课题组，马秀娟，杨舒同. 经济欠发达地区构建绿色金融体系研究——以乌海市为例 [J]. 北方金融，2017 (3)：70-72.

[122] 周皓. 中西部承接产业转移的皖江经验研究 [J]. 金融经济，2011 (11)：34-36.

[123] 周淑芬，李妍，王康. 绿色金融视角下农业循环经济发展的政策支持研究——以河北省为例 [J]. 中国农业资源与区划，2017，38 (7)：200-206.

[124] 朱建华，周彦伶，刘卫柏. 欠发达地区农村城镇化建设的金融支持研究 [J]. 城市发展研究，2010，17 (4)：137-139，143.

[125] 朱决胜，胡军太，刘达云. 欠发达地区在中部崛起中的金融支持问题思考 [J]. 武汉金融，2006 (3)：58-59.

[126] 祝成海. 关于经济欠发达地区国有大型商业银行信贷业务发展路径的思考——以吉林省白城市某国有大型商业银行为例 [J]. 现代交际，2018 (5)：63-64.

[127] Albrecht, D. E. The industrial transformation of farm communities: Implications for family structure and socioeconomic conditions [J]. Rural Sociology, 1998, 63: 51-64.

[128] Albrecht, D. E., Albrecht, C. M. and S. L. Albrecht. Poverty in Non-metropolitan America: Impacts of Industrial, Employment, and Family Structure Variables [J]. Rural Sociology, 2000, 65: 87-103.

[129] Alexander G. Economic Backwardness in Historical Perspective [M]. Boston: Harvard University Press, 1962.

[130] Brezis, Paul K. Tsiddon. Leap-frogging in International Competition: A Theory of Cycles in National Technological Lead Lership [J]. American Economic Review, 1993: 83.

[131] Barro, R. J. and X. Sala-I-Martia. Technological Diffusion, Convergence, and Growth [J]. National Bureau of Economic Research (Working Paper Series), 1995, 5151.

[132] Fisher, D. R. Resource Dependency and Rural Poverty: Rural Areas in the United States and Japan [J]. Rural Sociology, 2001, 66: 181-202.

[133] Fisher, M. On the Empirical Finding of a Higher Risk of Poverty in Rural Areas: Is Rural Residence Endogenous to Poverty? [J]. Journal of Agricultural and Resource Economics, 2005, 30: 185-99.

[134] Hekan Y. Thresholds in the Finance-Growth Nexus: A Cross-Country Analysis [J]. Word Bank Economic Review, 2011, 2 (25): 278-295.

[135] Hicks J. A Theory of Economic History [M]. Oxford: Clarendon Press, 1969.

[136] Lichter, D. T., McLaughlin. D. K. Changing Economic Opportunities, Family Structure, and Poverty in Rural Areas [J]. Rural Sociology, 1995, 60: 688-706.

[137] Lobao, L. M., Schulman. M. D. Farming Patterns, Rural Restructuring, and Poverty: A Comparative Regional Analysis [J]. Rural Sociology, 1991, 56: 565

－602.

[138] M. Ievy. Modernization and the Structure of Societies: A Setting for Intenational Rela-
tions. Princeton: Princeton University Press, 1966.

[139] Abramjoritz, M. Thinking about Growth [M]. Cambridge: Cambridge University
Press, 1989.

[140] Rupasingha, A., Goetz, S. J. The Causes of Enduring Poverty: An Expanded Spatial
Analysis of the Structural Determinants of Poverty in the US [J]. Rural Development
Paper, 2003, 22.

[141] Rosenstein－Rodan, P. N. Problems of Industrialisation of Eastern and South-eastern
Europe [J]. The Economic Journal, 1943, 53: 202－211.

[142] Rowntree, B. S. Poverty: A Study of Townlife, London: Macmillan, 1901.

[143] Swaminathan, H., and Findeis J. Policy Intervention and Poverty in Rural America
[J]. American Journal of Agricultural Economics, 2004, 86: 89－96.

[144] Nelson, S., Phleps E. Investment in Human, Technological Diffusion, and Economic
Growth [J]. American Economic Review, 1966 (5).

[145] Sen, A. Poverty, Inequality and Unemployment: Some Conceptual Issues in measure-
ment [J]. Economic and Political Weekly, 1973 (8): 1457－1464.

[146] Townsend, P. Poverty in the United Kingdom: a Survey of Household Resources and
Standards of Living. Los Angeles: University of California Press. 1979.

[147] VanElkan, R. Catching Up and Slowing Down: Learning and Growth Patterns in An
Open Economy [J]. Journal of International Economics, 1996, 41.

[148] Walter B. Lombard Street [M]. Homewood, Illinois: Irwin, 1873.